哲學研究叢書·宗教研究叢刊

中國基督教史
——唐代至清代南京條約

梁鑑洪　著

李序

　　中國基督宗教若以唐代貞觀九年傳入中國，此即中國基督宗教自西元六三五年傳入至今已有一三八八年歷史。其間歷經唐、宋、元、明、清五大朝代，惟是教會的建立和發展，均屬承繼耶穌基督在世傳教事業的延續。就耶穌在世的傳教業事，在《馬太福音》9章35節有載：「耶穌走遍各城各鄉，在會堂裏教訓人；宣講天國的福音；又醫治各樣的病症。」此即「在會堂裏教訓人」，屬於理濟於心的教育事工，培養立人之道；「宣講天國的福音」，屬於道濟於靈的傳道事工，培育立天之道；「又醫治各樣病症」，屬於利濟於身的服務事工，以表對人身、心、靈的全人的關懷。是以推知，基督宗教在中國歷朝的傳播，亦不外耶穌在世聖工的擴展。

　　梁鑑洪博士出版《中國基督教史——唐代至清代南京條約》一書，是將西方不同時代的傳道會進入中國分為唐代景教；元代也里可溫教；元明清天主教；晚清基督教作出系統的研究和敘述，前後共有一二〇七年歷史。本書第一篇〈基督教來華之存疑時代〉，是近代中國基督教史學者所研究中國史發掘資料，將中國基督教史推前六百多年，雖屬存疑，但值得研究成為中國基督教史新的編章。第二篇所論唐代之景教，有關景教在唐代發展，以及八部經典和傳教策略至為詳盡。第三篇所載宋人筆下的景教，則為中國教會史學者少以論述。第四篇〈元代之基督教〉，分別論述元代也里可溫教；元代的天主教，以及元代也里可溫教與其他宗教的關係。第五篇〈明代之天主教〉，以及明清之際西學輸入中國；康熙禮儀之爭；馬禮遜牧師來華及初期

基督教事業和發展。全書行文精簡扼要,有利讀者在本書章節提述綱
要,可作深入研究發揮,而作專文專書之研究,藉以擴充學術思維的
發展。按本書是以清代南京條約為終止,未嘗涉及晚清和近代、當代
教會的發展,故不屬《中國基督教史》全貌,有望梁鑑洪博士繼續完
成下集,俾對《中國基督教史》有整全體認和學習。

基督教文化學會

李志剛 牧師敬書

二〇二三年九月十日

目次

第一篇
基督教來華之存疑時代

　　基督教來華始於何時？此問題尚未能有肯定之答案，故此有幾種主張。

第一章　漢代傳入說

　　此說云耶穌之門徒聖多馬，巴多羅買已經到過中國。據《多馬行傳》所載，耶穌的門徒把世界各地攤分，前往各自的目的地傳道，抽籤決定了印度屬於多馬的傳道範圍。於是多馬就去了印度傳道。[1]

　　因此，有些學者就認為多馬等人曾經到過中國傳道，如樊國樑《燕京開教略》說：「各往一方，廣傳聖言之德。聖多默宗徒所往之區即印度諸國與印度迤東之中國也。」[2]馬拉巴的主教所著的《迦勒底史》說：「天國福音，散遍各處，竟至中國……中國人與埃提阿伯人得信真理，皆出於聖多馬之力。」[3]

　　此外，亦有人指出東漢馬援征交趾時，基督教已經傳入中國。[4]

　　不少天主教學者都贊成此一說法，如若翰剛保利、茄斯巴克羅、

1　黃根春編：《基督教典外文獻——新約編》（香港：基督教文藝出版社，2001年），冊3，頁198。

2　樊國樑：《燕京開教略》，見輔仁大學天主教史料研究中心編：《中國天主教史籍彙編》（臺北：輔仁大學出版社，2003年），頁305。

3　轉引自王治心：《中國基督教史綱》（香港：基督教文藝出版社，1979年），頁25。

4　陳垣著，吳澤編：《陳垣史學論著選》（上海：上海人民出版社，1981年），頁184。

聖方濟各・沙勿略（S. Franciscus Xaverius）、農諾大公哈等。[5]

第二章　三國傳入說

此說之證據乃在江西盧陵出土之鐵十字架，上有赤烏年月，赤烏是三國孫吳之年號；明朝劉子高詩集與李九功《慎思錄》，都記載云洪武年間，在江西盧陵地方，掘得大鐵十字架一座，其上鑄有赤烏年月，劉子高遂作鐵十字架歌，以誌其事。[6]而供奉鐵十字架的木龕上，更刻有對聯一副云：「四海慶安瀾，鐵柱寶光留十字；萬民懷大澤，金爐香篆藹千秋。」[7]

亦有一種說法，指蜀國的關雲長也是基督徒。[8]

第三章　晉代傳入說

此說以《楚辭》為據，假設《楚辭・天問》其中幾段文字在晉朝被人竄改，又假設竄改者是晉朝來華之基督徒，再假設被竄改之地方是述說基督教之事蹟。[9]

以上各種說法，都無足夠之史料以證明。有些說法亦太無根據，不能使讀者信服。[10]基督教正式傳入中國的時期，現時尚未有定論，

5　〔德〕德禮賢（Pascal M. D'Elia）：《中國天主教傳教史》（臺北：臺灣商務印書館，1983年），頁1-2。

6　〔清〕黃伯祿：《正教奉褒》，見《中國天主教史籍彙編》，頁463。

7　樊國樑：《燕京開教略》，見《中國天主教史籍彙編》，頁310。

8　樊國樑：《燕京開教略》，見《中國天主教史籍彙編》，頁306。

9　李聖華、劉楚堂著：《耶穌基督在中國古籍中的發現》（香港：春秋雜誌社，1960年），頁6-22。

10　陳垣著，吳澤編：《陳垣史學論著選》，頁184。

近代人士雖然作過了很多考證，但沒有有力的證據，我們只能以傳疑的時代視之。[11]

若果基督教真的在東漢時期就傳入中國，何以在中國的歷史典籍中沒有絲毫蹤跡尋到。就算利瑪竇（Mathieu Ricci）在中國多年，也沒有聽聞這些傳說呢。

---

11 王治心：《中國基督教史綱》，頁25。

第二篇
唐代之景教

第一章　唐代景教之來源

　　基督教來華之始，有史可考者，首推唐朝之景教，於唐太宗貞觀九年（635）由波斯傳入中土，「景教」之名乃來自〈景教碑〉之「功用昭彰，強稱景教」一句碑文。唯景教之來源卻可推至西元五世紀之涅斯多留派，羅香林云：「所謂景教，即基督教之聶斯脫里派（Nestorian Christianity）也，其創始人聶斯脫里（Nestoria），為敘利亞安都城（Antioch）人。」[1]「安都城」即《聖經・使徒行傳》十一章十九節所說的「安提阿」，[2]位於地中海中部，羅馬帝國時期這城屬敘利亞省境內，現在則屬土耳其境內之地，[3]在第一至四世紀是基督教其中一個文化中心。有別於《聖經・使徒行傳》十三章十四節所說的「彼西底的安提阿。」[4]

一　涅斯多留

　　涅斯多留曾在安提阿做過修道士和長老，於西元四二八年，被選為君士坦丁堡的主教長，他的神學思想與當時的神學家有衝突，尤其

1　羅香林：《唐元二代之景教》（香港：中國學社，1966年），頁2。
2　《聖經・新約全書》（香港：聖經公會，1988年），頁180。
3　陳嘉式：《中文聖經註釋・使徒行傳》（香港：基督教文藝出版社，1984年），頁132。
4　《聖經・新約全書》，頁182。

關於基督的神性與人性方面,華爾克(Williston Walker)有此分析:

> 他的教義和立場,原與安提阿派根本相同,然而他不能贊成在
> 基督裏面有兩個位格——人所指責他的正是這點,「我們在基督
> 一個名字上面同時指定兩種性格,……神性與人性在本質上的
> 特點是永遠劃分清楚了的」,也許他與當時流行的得救概念相
> 差更遠之點,從下面這句話,可以見得到:「那稱為道的上帝,
> 也稱為基督,因為祂時常與基督結合,要那稱為道的上帝脫離
> 人性而可以作任何事情,是不可能的,因為一切都在一種密切
> 的結合中計劃好了,與人性化為神性無關」,涅氏所注重者乃是
> 基督人性與神性真實性與完整性,並二者之間的意志合一。[5]

亞歷山大的主教長(412-444)區利羅(Cyril),是涅斯多留的死敵,
一直嫉妒涅氏的康士坦丁堡主教長職務,他向皇帝提阿多修二世
(Theodosius II)和皇后優多迦(Eudocia)上訴,又向皇帝布勒克利
亞(Pulcheria)控告涅斯多留,又把他反對涅氏的理由告訴教宗色勒
斯丁一世(PopeCelestine I, 422-432),教宗接納了區利羅的主張,教
宗又藉四三〇年在羅馬所開的一次會議,強迫涅斯多留放棄其主張,
否則革除會籍。[6]

兩派之爭論,影響甚大,引發了西元四三一年的以弗所大會,華
爾克說:

> 這次爭論已經普遍的影響全國,於是激起了兩位皇帝,東方皇

---

5 〔美〕華爾克(Williston Walker)著,謝受靈、趙毅之譯:《基督教會史》(香港:
　　基督教文藝出版社,1970年),頁234。

6 〔美〕華爾克(Williston Walker)著,謝受靈、趙毅之譯:《基督教會史》,頁237。

帝提阿多修二世，西方皇帝瓦倫提尼安三世，於四三一年，在以弗所召開一次大會議，區利羅一派的人到會很早，涅斯多留也如期到會，惟有擁護涅氏的一班人延遲沒有趕到會期，區利羅與以弗所主教麥母能（Memnon）不管人數是否到齊，急速把會議組織起來，吩咐開會；而且在一日會議中就把涅斯多留定罪撤職。[7]

二　涅斯多留派的流佈

涅斯多留與弟子十七人退隱於小亞細亞，涅氏於西元四五〇年冬天，客死於埃及，其弟子進入以得撒（Edessa）地區。[8]他們以行醫和各種手藝技術謀生，並在以得撒地區宣揚教義，有不少信徒，但在西元四八〇年以後，又受羅馬皇帝放逐，他們逃入波斯，在斯賓地方（Seleucia-Ctesiphon）再度傳教，[9]此時正值波斯薩贊王朝時代（226-651），此王朝在西元四九六年時，發生內亂，涅派信徒保護居多和王（Kowad，或稱 Kulad）兩度逃入匈奴和土耳其古族人之中，後得突厥酋長之助，恢復王位，此王為感謝神恩，乃保護基督教，因此，涅斯多留派，在波斯成為一大宗派。[10]

三　涅斯多留派的教義

羅香林把此派之教義歸納為六大點，其謂：

7　〔美〕華爾克（Williston Walker）著，謝受靈、趙毅之譯：《基督教會史》，頁228。
8　龔天民：《唐代基督教之研究》（香港：基督教輔僑出版社，1960年），頁2。
9　龔天民：《唐代基督教之研究》，頁5。
10　龔天民：《唐代基督教之研究》，頁6。

一：聖母馬利亞所生者非天主聖子降生之人，天主聖子乃結合
於聖母所生之人其結合乃倫理的（Ethical），非著形的
（Physical）；

二：因此，聖母不能稱為天主之母，僅為天主聖子所結合之人
之母。其教徒不拜馬利亞也。

三：基督有二主體，一為有形可見之人，一為無形不可見之天
主聖子，所謂二位二性也；

四：因此，乃謂基督實人體而為「Theophore」者。「Theo」，神
也、盛也，基督意謂盛神之器也。

五：僅留十字架，而不用設像。反對化體說（Theory Of
Transubtantiation），而承認受聖餐時，耶穌必來臨也。

六：行監督制，分教士自教務大總管亦稱法主（Patriarch）、總
主教（Metropolitan）、主教（Bishop），（以上為監督〔The
Episcopate〕），下至司祭（Presbyter〔亦譯為司鐸〕）、副僧
正（Archdeacon），（以上為司祭〔The Presbyterate〕），及助
祭（Deacon）、佐祭員（Sub-Deacon）、讀經司（Reader），
（以上為執事〔The Deacon〕）等，為八級。司祭以下，
皆可娶妻。而教務大總管即法主則常駐波斯京城賽流西亞
（Selucia），且必為選舉受任焉。[11]

聶斯脫里派因得皇帝信任，且建立各種慈善工作，在中亞各地傳道，
教勢大得發展。終於，在唐太宗貞觀九年，由阿羅本把聶派帶進中
國，時唯西元六三五年。

---

11 羅香林：《唐元二代之景教》，頁2-3。

第二章　景教之發展及其與唐室之關係

　　基督教入華的確實時期，有足夠史料證明之理論，是唐朝傳入說。「景教」是一外來之宗教，在唐朝有不錯之發展，雖然比之佛、道二教，景教尚是小形宗教，但比當時之外來宗教如祆教、摩尼教則有過之而無不及。據〈景教碑〉及歷史文獻記載，景教由唐太宗至德宗期間均有相當好的發展，值得研究中國教會史者探討。

一　唐代基督教的名稱

　　基督教在唐朝來華，現代人多稱之景教，然而在唐朝的基督教，除了景教一名之外，尚有多個名稱，茲分述於後：

（一）波斯教

　　「波斯教」是景教在唐朝最初使用的名稱，因為貞觀九年景教從波斯傳入中土，把景教傳入中土的阿羅本，〈景教碑〉稱之為波斯僧，《唐會要》亦稱之為波斯僧，景教寺亦稱為波斯寺。[12]

（二）大秦教

　　「大秦教」這個名稱經常在中國歷史文獻中出現，在唐玄宗前，景教原名為波斯教，但因為其源自大秦，唐玄宗天寶四年九月下詔修改，將波斯寺改名大秦寺，[13]唐穆宗時，舒元輿所撰〈鄂州永縣重巖寺碑銘〉亦稱景教為大秦教，[14]景教被稱為大秦教，乃因其出自大

12　〔宋〕王溥：《唐會要》（北京：中華書局，1955年），中冊，頁864。

13　〔宋〕王溥：《唐會要》，中冊，頁864。

14　〔唐〕舒元輿：〈鄂州永縣重巖寺碑銘〉，見〔清〕董誥輯：《全唐文》（北京：中華書局，1965年），冊8，卷727，頁27，總頁7498。

秦,〈景教碑〉的題目是〈大秦景教流行中國碑頌并序〉,已經說明了
景教之出處。

(三)彌施訶教

彌施訶是希臘文「μεσσιας」的音譯,其意是受膏者或救世主,
此名見諸長安西明寺僧圓照所撰的《貞元新定釋教目錄》卷十七之般
若傳,其云:「景淨應傳彌施訶教,沙門釋子弘闡佛經。」[15]

(四)景教

「景教」此名,到現時仍使用,蓋有〈景教碑〉之流傳,景淨於
唐德宗建中二年(781)所撰的〈大秦景教流行中國碑頌并序〉,從題
目已知景教之名,因為此碑之緣故,後世遂稱唐代基督教為景教。

二 唐太宗時代之景教

李淵滅隋煬帝,建立唐朝,是為唐高祖,以武德元年(618)為
始,在位九年,傳位其子李世民,是為唐太宗,太宗改元貞觀,建立
有名之貞觀之治。從可據的史料來看,基督教來華之始,實為唐朝太
宗貞觀年間之事,其時稱為景教,據其流傳下來的〈景教碑〉[16]及其
他景教文獻,再加上唐代的歷史典籍,可以考見其發展的概況。

唐太宗貞觀時代,為景教正式進入中土時期。景教僧阿羅本於貞

---

15 〔唐〕釋圓照:《貞元新定釋教目錄》,見中華佛教文化館影印大藏經委員會編:
《大藏經》(臺北:新文豐出版公司,1996年),冊55,頁892。

16 〈景教碑〉的拓本,可在香港中文大學崇基學院圖書館、香港信義宗神學院圖書
館、香港浸信會神學院的入口找到,崇基學院圖書館的拓本有敘利亞文,信義宗神
學院及浸信會神學院的拓本只得中文,本人亦藏有中文拓本一通。

觀九年（635）由西而東，進入長安，太宗派房玄齡迎接其入京。〈景教碑〉云：「太宗文皇帝，光華啟運，明聖臨人。大秦國有上德，曰阿羅本，占青雲而載真經，望風律以馳艱險，貞觀九祀，至於長安。帝使宰臣房公玄齡，總仗西郊，賓迎入內，翻經書殿，問道禁闈，深知正真，特令傳授。」[17]據碑文所載，唐太宗待阿羅本以上賓之禮，隆而重之的迎之進京。由此而言，在貞觀九年之前，阿羅本已在中國西面邊境傳教，而且名氣頗大，受人尊重，其行止早已有人稟告太宗，否則太宗又豈會以上賓之禮待之。[18]阿羅本入京之後，甚得太宗禮待。

　　太宗不但讓阿羅本留住唐朝之首都長安，更讓其「問道禁闈」，即請阿羅本入宮，向其詢問景教之教理。更重要者是「翻經書殿」，即讓其翻譯景教之經典，翻經之事，乃房玄齡及魏徵之意見，〈尊經〉之附錄云：「謹案諸經目錄，大秦本教經，都五百卅部，並是貝葉梵音，唐太宗皇帝，貞觀九年，西域太（大）德僧阿羅本，屆于中夏，並奏上本音，房玄齡、魏徵宣譯奏言。後召本教大德僧景淨，譯得以上卅部。卷餘大數具在貝皮夾，猶未翻譯。」[19]按〈尊經〉所言，阿羅本於貞觀九年進入長安，就把五百卅部「貝葉梵音」之景教經典上奏太宗，所謂「貝葉梵音」原是佛教用語，景教士用之形容其經典。「貝葉」者，印度貝多羅樹之葉，印度人多用之寫經文，唐朝人有稱佛經為貝葉之言者，《大唐貞元續開元釋教目錄》云：「弘道真言宣揚像教，皇明遠振，佛日再明，每為黎元俾開講誦，其仁王經望

17　〔唐〕景淨：〈景教流行中國碑頌并序〉，見夏傳才主編：《詩經要籍集成二編》（北京：學苑出版社，2015年），冊40，頁209-211。

18　方豪：《中國天主教史人物傳》（北京：中華書局，1988年），上冊，頁5-6。

19　〈尊經〉，見王美秀、任廷黎分卷主編：《東傳福音》，收入周燮藩主編，中國宗教歷史文獻集成編纂委員會編：《中國宗教歷史文獻集成》（合肥：黃山書社，2005年），系列之三，冊1，頁9。

依梵來夾，再譯舊文，貝葉之言永無漏略，金口所說更益鮮明。」[20]
亦有稱佛經為貝葉經者，李商隱〈奉寄安國大師兼簡子蒙詩〉云：「憶
奉蓮花座，兼聞貝葉經。」[21]貝葉經即佛經，又〈題僧壁〉詩云：「若
信貝多真實語，三生同聽一樓鐘。」[22]朱鶴齡的《李義山詩集箋注》引
《酉陽雜俎》云：「貝多，出摩伽陀國西上，用以寫經，長六七丈，經
冬不凋。」[23]而「梵音」指佛之音聲，《法華經・序品》云：「梵音深
妙，令人樂聞。」[24]此云佛說法之聲音微妙。景教初到中土，缺乏其
自成一格之詞語，唯有借用其他流行之宗教術語如儒家、道教及佛教
之用語，「貝葉梵音」乃指用敘利亞文寫成之景教經典，彷如上帝之
說話。景教之經典，是用敘利亞文寫的，因〈景教碑〉除了中文之外，
尚有一些敘利亞文的名字，由此推之，唐時來華之景教士，應是使用
敘利亞文，其所使用之經典也應該是用敘利亞文寫成。

〈尊經〉提及之「五百卅部」經典，暫時無法得知其全部之名
稱，〈尊經〉只列出其中卅五部而已。[25]此卅五部景教經典，早在太宗
貞觀九年，由阿羅本將其原文上奏太宗。而且，阿羅本可能已開始翻
譯其中一部份。到了德宗時，才由景淨完成此等翻譯工作。總而言
之，唐太宗貞觀年間，景教士已經開始其譯經工作，則是事實。

太宗頗喜景教，阿羅本除了可在長安譯經傳教外，更可在長安建
寺立教。於貞觀十二年，阿羅本獲准在長安義寧坊興建一大秦寺，且

---

20 〔唐〕釋圓照：《大唐貞元續開元釋教目錄》，見中華佛教文化館影印大藏經委員會
　　編：《大藏經》，冊55，頁751。

21 〔唐〕李商隱著，朱鶴齡箋注：《李義山詩集》（香港：中華書局，1978年），中卷，
　　頁61。

22 〔唐〕李商隱，朱鶴齡箋注：《李義山詩集》，上卷，頁4。

23 〔唐〕李商隱，朱鶴齡箋注：《李義山詩集》，上卷，頁4。

24 〔晉〕鳩摩羅什譯：《法華經》，見中華佛教文化館影印大藏經委員會編：《大藏經》
　　（臺北：新文豐出版公司，1996年），冊9，頁2。

25 龔天民：《唐朝基督教之研究》，頁174-175。

有景教僧廿一人，〈景教碑〉云：「貞觀十有二年秋七月，詔曰：道無常名，聖無常體，隨方設教，密濟群生，大秦國大德，曰阿羅本，遠將經像，來獻上京，詳其教旨，玄妙無為，觀其元宗，生成立要，詞無繁說，理有忘筌，濟物利人，宜行天下，所司即於京，義寧坊造大秦寺一所，渡僧廿一人。」[26]有關建寺、度僧之事，《唐會要》卷四九亦有記載，其文云：「貞觀十二年七月詔曰：道無常名，聖無常體，隨方設教，密濟群生，波斯僧阿羅本，遠將經像，來獻上京，詳其教旨，玄妙無為，生成立要，濟物利人，宜行天下，所司即於義寧坊，建寺一所，度僧廿一人。」[27]〈景教碑〉與《唐會要》二者之記載，文意相若，唯不同者，〈景教碑〉稱阿羅本為「大秦國大德」，而《唐會要》則云「波斯僧」。蓋大秦寺原名波斯寺，唐玄宗時改名大秦寺，因為，唐朝的外來宗教，包括祆教、摩尼教、景教，均來自波斯，改名大秦，乃將景教追源討流，以名其宗之本源。[28]蓋撰述〈景教碑〉之景淨，乃自波斯來華之景教士，深知景教之本源，乃稱阿羅本為「大秦國大德」。

由〈景教碑〉及《唐會要》之記載，太宗對景教之教義應該有些理解，認為景教之思想精簡扼要，所謂「詞無繁說，理有忘筌」，適合在中土傳播。太宗頗喜景教之教義，可能因為景教之教義，以赦罪為本，叫人悔改、認罪，而太宗以玄武門之變得位，思憶往事，悲從中來，乃以景教赦罪為慰藉。所謂詞無繁說，理有忘筌，正合唐太宗之心意。此亦景教得在唐朝流行的原因。

唐太宗貞觀年間，可云是在華景教之三始，一是來華之始；二是

---

26 〔唐〕景淨：〈景教流行中國碑頌并序〉，見夏傳才主編：《詩經要籍集成二編》，冊40，頁211-214。

27 〔宋〕王溥：《唐會要》，中冊，頁864。

28 〔宋〕王溥：《唐會要》，中冊，頁864。

譯經之始;三是建寺立教之始。景教在華之根基早已在唐太宗時建立,為景教在唐代之發展,奠立良好之基礎。

三 唐高宗與景教

太宗在位廿二年而崩,其子李治繼位,是為唐高宗。自高宗即位後,景教的發展更大,阿羅本被封為鎮國大法主,而景教則分佈全國。〈景教碑〉云:「高宗大帝克恭纘祖,潤色真宗,而於諸州各置景寺,仍崇阿羅本為鎮國大法主。法流十道,國富元休。寺滿百城,家殷景福。」[29]碑文所說「法流十道」、「寺滿百城」未免誇大,但照現今所發現資料,唐朝已有幾個「道」設有景教寺,碑文所說有一定真確性。

「法流十道」者,乃謂景教的教訓已在全國流傳。蓋這裏所用「法」字的意義,是借用了佛教的用語,法也者,一切事物道理的通稱也,佛教有所所謂「法性」、「一真法界」、「不二法門」、「諸法實相」等名詞。很顯然,唐朝的景教士借用了佛教「法」的觀念形容上帝的教訓。「道」乃唐朝時期的政治分區,據唐朝人李吉甫的《元和郡縣圖志》所載,唐朝分全國為十道,分別為關內道、河南道、河東道、河北道、山南道、淮南道、江南道、劍南道、嶺南道、隴右道。是故法流十道、國富元休,乃云上帝的真理已遍傳於中土,而且全國上下充滿了上帝的偉大的美善。「寺滿百城,家殷景福」則云景教寺分佈於全國各大城市,家家充滿了上帝的大福氣。碑文之記載未免誇大,但照現今所發現資料,唐朝時期確有幾個「道」設有景教寺。

---

29 〔唐〕景淨:〈景教流行中國碑頌并序〉,見夏傳才主編:《詩經要籍集成二編》,冊40,頁217-219。

　　關內道及河南道都有景教寺。《唐會要》云：「其兩京波斯寺，宜改為大秦寺，天下諸府郡置者亦準此。」[30]所說之兩京波斯寺，即西京和東京，西京為長安，屬關內道。東京為洛陽，屬河南道。由此言之，關內道及河南道都有景教寺。此外，宋朝人士的記載也可以佐證關內道有景教寺。宋朝大詩人及文學家蘇東坡曾幾次遊覽盩厔縣。他第三次遊其地，曾寫有〈大秦寺〉詩，該詩云：「晃蕩平川盡，坡陁翠麓橫。忽逢孤塔迥，獨向亂山明。信足幽尋遠，臨風卻立驚。原田浩如海，滾滾盡東傾。」[31]其弟子由亦作〈大秦寺〉詩和之云：「大秦遙可說，高處見秦川。草木埋深谷，牛羊散晚田，山平堪種麥，僧魯不求禪，北望長安市，高城遠似煙。」[32]盩厔位於現今之陝西，唐代屬關內道。從上列的記載，可考知關內及河南二道有景教寺。

　　隴右道有景教寺。在敦煌石室發現景教經典之〈大秦景教宣元至本經〉文末云：「開元五年十月廿六日，法徒張駒傳寫於沙州大秦寺。」[33]此外，〈大秦景教大聖通真歸法讚〉文末云：「沙州大秦寺法徒索元傳寫教讀，開元八年五月二日。」[34]很顯然，沙州有大秦寺，沙州屬隴右道。故此，隴右道有大秦寺。

　　劍南道有景教寺。宋人趙清獻所撰《蜀都故事》，其云：「石筍街真珠樓基也，昔有胡人於此立大秦寺，其門樓十間，皆以真珠翠碧貫之為簾，後摧毀墜地，至今基腳在每大雨後，人多拾得珠翠等物。」[35]蜀都乃指四川的成都，成都在唐代屬劍南道。可見劍南道有景教寺。

---

30 〔宋〕王溥：《唐會要》，中冊，頁864。
31 〔宋〕蘇軾著，施元之注：《施注蘇詩》（香港：廣文書局，1964年），上冊，頁112。
32 〔宋〕蘇轍：《欒城集》，《四部叢刊正編》（臺北：臺灣商務印書館，1979年），冊48，卷2，頁13，總頁65。
33 龔天民：《唐朝基督教之研究》，頁155。
34 龔天民：《唐朝基督教之研究》，頁156。
35 轉引自〔清〕楊倫：《杜詩鏡銓》（臺北：漢京文化事業公司，1980年），頁139。

因此，唐高宗時期之景教，應該已經分佈於關內道、河南道、隴右道、劍南道四道，至於其餘之六道，因未有足夠的記載，不能武斷言之。但是《唐會要》記載波斯教寺改名大秦寺時，有「天下諸府郡者亦準此」一語，可以反映景教寺之分佈亦頗廣泛。〈景教碑〉之記載雖嫌誇大其詞，但大秦景教寺的分佈，亦相當廣泛，則可確定。

四　武則天與景教

高宗於弘道元年（683）崩於貞觀殿，傳位中宗，中宗在位只三個月，即被太后武則天廢為盧陵王，武后另立睿宗為帝，而唐朝政事卻由武后把持，睿宗在位六年，被武后所廢。武則天於天授元年（690）正式為帝，改唐的國號為周，上尊號曰：「神聖皇帝」。武則天在位十五年被推翻，唐中宗於神龍元年（705）在朝臣輔翼下，恢復帝位。綜觀武則天在位期間之宗教發展，仍是佛教為盛，而且因其喜愛佛教，佛教更受到重視，因為於天授元年（690）七月，有佛教僧人撰佛經上表，說武則天應取代李唐為帝，《資治通鑑》的記載云：「東魏國寺僧法明等撰大雲經四卷，表上之，言太后乃彌勒佛下生，當代唐為閻浮提主，制頒於天下。」[36]所謂「閻浮堤」乃佛教用語，意謂人世，故此，閻浮提主即人世之主，武則天乃下令把此經頒行天下。由此可知太后與佛教的關係非常密切。

而景教於武則天期間，也有相當理想發展，因而受到攻擊。〈景教碑〉云：「聖曆年，釋子用壯，騰口於東周。」[37]聖曆年是武則天登位第七至九年的年號。釋子就是佛教的僧人，佛教認為僧人是釋迦牟

36　〔宋〕司馬光：《資治通鑑》（北京：中華書局，1956年），冊14，頁6466。

37　〔唐〕景淨：〈景教流行中國碑頌并序〉，見夏傳才主編：《詩經要籍集成二編》，冊40，頁219。

尼的弟子，從釋迦牟尼的教化而生，故被稱為釋子，佛教的《楞嚴經》有云：「奈何如來滅度之後，食眾生肉，名為釋子。」[38]而「騰口」一語，則是咒罵之意，《周易·咸卦》云：「上六咸其輔，頰舌，象曰：咸其輔頰舌，滕口舌說也。」[39]由此可知，撰〈景教碑〉的景淨用此語表示佛教徒對景教徒的嚴重不滿及排斥。

　　至於釋門人士攻擊景教，乃因景教士曾受武則天重用。武后得位後，遷都洛陽，欲以華麗建築，炫耀其聲勢，其臣下與旅居之蕃客，乃建議於端門之外，建頌德天樞。建頌德天樞的重要人物是景教徒。

　　頌德天樞由武三思倡建。據司馬光《資治通鑑》所載，武三思奏請鑄頌德天樞，其云：「武三思帥四夷酋長請鑄銅鐵為天樞，立於端門之外，[40]銘記功德，黜唐頌周，以姚鑄為督作使，諸胡聚錢百萬億，買銅鐵不能足，賦民間農器以足之。」[41]

　　所謂頌德天樞，乃一八稜銅柱，柱下為一鐵山作座，鐵座四週有麒麟，柱上以銅盤為蓋，蓋上鑄以蛟龍捧珠，因為高入雲霄，又在柱頂置一大珠代表太陽，乃依北斗七星之首星為名，稱為頌德天樞。其模樣在劉肅之《大唐新語》記載頗詳。其文云：

　　　　長壽三年，則天徵天下銅五十萬斤，鐵三百三十餘萬，錢兩萬七千貫，於定鼎門內，鑄八稜銅柱，高九十尺，徑一丈二尺。題曰：「大周萬國述德天樞」，紀革命之功，貶皇家之德。天樞

38　〔宋〕思坦：《楞嚴經集註》，《續藏經》（香港：香港影印藏經委員會，1968年），冊17，頁169。

39　〔魏〕王弼注、〔晉〕韓康伯注，〔唐〕孔穎達疏：《周易正義》，收入〔清〕阮元校刻：《重刊宋本十三經注疏附校勘記》（臺北：藝文印書館，1985年，據嘉慶廿年江西南昌府學開雕本影印），冊1，頁83。

40　端門是指洛陽皇城正南門。

41　〔宋〕司馬光：《資治通鑑》，冊14，頁6496。

下置鐵山，銅龍負載，獅子、麒麟圍遶，上有雲蓋，蓋上施盤龍以托火珠，珠高一丈，圍三丈，金彩瑩煌，光侔日月，武三思為其文，朝士獻詩者不可勝紀，惟嶠（李嶠）詩冠絕當時。其詩曰：轍跡光西崦，勳名紀北燕。何如萬國會，諷德九門前。灼灼臨黃道，迢迢入紫煙。仙盤正下露，高柱欲承天。山類叢雲起，珠疑大火懸。聲流塵作劫，業固海成田。聖澤傾堯酒，熏風入舜絃。欣逢下生日，還偶上皇年。[42]

此頌德天樞於唐玄宗開元年間被拆毀。劉肅之《大唐新語》載之云：

則天造明堂，……又造天樞於定鼎門，並藩客胡商，聚錢百萬億所成。其高九十尺，下以鐵山為腳，鑄銅為二麒麟，以鎮四方。上有銅盤，徑三丈。蛟龍人立，兩足捧大火珠，望之如日初出。鐫文於柱曰：「大周萬國述德天樞。」後開元中推倒，銅入上方。[43]

又云：

開元初，詔毀天樞，發卒銷爍，彌月不盡。洛陽尉李休烈賦詩以詠之曰：「天門街裏倒天樞，火急先須卸火珠。計合一條絲線挽，何勞兩縣索人夫。」先有訛言云：「一條線挽天樞。言其不經久也。故休烈詩及之。士庶莫不諷詠。」[44]

42　〔唐〕劉肅：《大唐新語》（北京：中華書局，1984年），頁126。
43　〔唐〕劉肅：《大唐新語》，頁204。參〔宋〕李坊：《太平廣記》（北京：中華書局，1961年），冊5，卷236，頁1815-1816。
44　〔唐〕劉肅：《大唐新語》，頁126。

武則天之建造頌德天樞，雖云由武三思發動，而由姚鑄督工，唯建造此天樞者實乃外人之功。《資治通鑑》云：「夏，四月，天樞成，高二百五尺，徑十二尺，八面，各徑五尺，下為鐵山，周百七十八，以銅為蟠龍、麒麟縈繞之，上為騰雲承露盤，徑三丈，四龍人立，捧火珠，高一丈。工人毛波羅造模，武三思為文，刻百官及四夷酋長名，太后自書其榜曰：『大周萬國頌德天樞。』」[45]為天樞作模之毛婆羅是印度人，而且刻上四夷酋長名，即外族人的名字，因外人亦出資不少。而外人之功最大者，乃在其間專為策劃的阿羅憾氏，阿羅憾氏是波斯人，於唐朝來華。其生平記載在〈阿羅憾丘銘〉之中，其云：

大唐故波斯國大酋長右屯衛將軍上柱國金城郡開國公波斯君丘之銘：君諱阿羅憾，族望波斯國人也。顯慶年中，高宗天皇大帝，以功績可稱，名聞 ΔΔ，出使召來，至此，即授將軍北門 Δ 領，侍衛驅馳。又差充拂林國諸蕃招慰大使，並於拂林西界立碑，峨峨尚在。宣傳聖教，實稱蕃心。諸國肅清，于今無事。豈不由將軍善導者，為功之大矣。又為則天大聖皇后，召諸蕃王，建造天樞，及諸軍立功，非其一也。此則永題麟閣，其於識終，方畫雲臺，沒而須錄。以景雲元年（710）四月一日，暴憎過隙，春秋九十有五，終於東都之私第也。風悲鼙首，日慘雲端。聲哀烏集，淚久松乾。恨泉扄之寂寂，嗟去路之長嘆。鳴呼哀哉！以其年 Δ 月 Δ 日，有子俱羅等，昊天罔極，叩地無從。驚雷遠墳，銜淚 Δ 石，四序增慕，無輟於春秋，二禮刻修，不忘於生死。卜君宅兆，葬於建春門外，造丘安之，禮也。[46]

---

45 〔宋〕司馬光：《資治通鑑》，冊14，頁6502-6503。

46 〔清〕端方：《陶齋藏石記》（臺北：藝文印書館，1967年），卷21，頁9。

阿羅憾是波斯人,他召諸蕃王建造天樞,又為唐室效力,可見是得到則天后的重用,卒於景雲元年（710）。阿羅憾一名,乃 Abraham 之譯音,即阿伯拉罕之音譯。其祖先為波斯望族,又以阿伯拉罕為名,且在諸蕃中傳教,又差充拂林國諸蕃招慰大使,唐朝的拂林國即是大秦,唐朝人杜環《經行記》云:「拂菻國在苫國西,隔山數千里,亦曰大秦。」[47]

由此可推知阿羅憾為波斯之景教徒,[48]說明了,景教徒因其有技術關係,得武后之重用。

〈景教碑〉云釋門人士在東都攻擊景教徒,乃於聖曆年（698）,即「頌德天樞」落成之第四年,東都即洛陽。景教徒受釋教之攻擊,蓋因景教徒受武則天重用也。所以,由這些記載,可以知道景教在武則天年間,有相當的發展,而且受到武則天的重用,是可以肯定的。可惜景教發展的情況卻沒有詳細記載,寄望日後有新的歷史文獻出土,使後人得知其詳。

五 唐玄宗與景教

唐自武后、韋后之亂後,直至唐玄宗才再復興唐室,玄宗即位初年,景教即受道教之攻擊,〈景教碑〉云:「先天末,下士大笑訕謗於西鎬。有若僧首羅含,大德及烈,並金方貴緒,物外高僧,共振玄綱,俱維絕紐。」[49]先天是玄宗承接睿宗登基後的第一個年號,玄宗

---

47 〔唐〕杜環著,張一純箋注:《經行記箋注》（北京:中華書局,2000年）,收入《中外交通史籍叢刊》,冊9,頁12-14。

48 羅香林:《唐元二代之景教》,頁61。

49 〔唐〕景淨:〈景教流行中國碑頌并序〉,見夏傳才主編:《詩經要籍集成二編》,冊40,頁219-220。

即位後，景教即遭下士訕笑。下士應指道教人士，蓋《老子》四十一章云：「上士聞道，勤而行之。中士聞道，若存若亡。下士聞道，大笑之，不笑不足以為道。」[50]景淨用下士形容道教的道士，實隱含貶意。

　　此時期，波斯再派景教士來營救，一為羅含，一為及烈。及烈來華之後，積極爭取唐玄宗的好感，乃藉周慶立之助，造異巧奇器上獻玄宗，欲得玄宗好感，引致朝中大臣不滿，《舊唐書》卷八云：

　　　　時右威衛中郎將周慶立為安南使舶使，與波斯僧廣造奇巧，
　　　　將以進內，監選使、殿中侍御史柳澤上書諫之，上嘉納之。[51]

《舊唐書》所說的波斯僧就是及烈，而朝中大臣反對者以柳澤為最激烈，其上玄宗之諫言，《冊府元龜》卷五四六有載，其云：

　　　　柳澤，開元二年為殿中侍御史、嶺南監察選使。會市舶使右威
　　　　衛中郎將周慶立、波斯僧及烈等廣造奇器異巧以進。澤上書諫
　　　　曰：臣聞，不見可欲，使心不亂，是知見欲而心亂，必矣。竊
　　　　見慶立等，雕鐫詭物，製造奇器，用浮巧為珍玩，以譎怪為異
　　　　寶，乃理國之所巨蠹聖王之所嚴罰，紊亂聖謀，汩斁墳典，昔
　　　　露臺無費，明君尚或不忍，象箸非多，忠臣猶且憤嘆。王制
　　　　曰：作異服器器，以疑眾者，殺。月令曰：無作淫巧以蕩上
　　　　心。巧謂：奇伎怪好也。蕩謂：惑亂情欲也。今慶立皆欲求媚

50　〔漢〕河上公章句：《老子道德經章句》，收入《四部叢刊正編》（臺北：臺灣商務印書館，1979年，據上海涵芬樓借常熟瞿氏鐵琴銅劍樓藏宋刊本影印），冊27，下卷，頁1，總頁14。

51　〔後晉〕劉昫：《舊唐書》，收入《二十五史》（臺北：藝文印書館，據乾隆武英殿刻本影印，1956年），冊1，卷8，頁10，總頁117。

聖意，搖蕩上心。若陛下信而使之，是宣奢淫於天下。必若慶
立矯而為之，是禁典之無赦也。陛下即位，日近萬邦，作孚固
宜昭宣，菲薄廣敷節儉，則萬姓幸甚。[52]

雖有柳澤之反對，及烈等仍能使教務發展，重振景教雄風，〈景教
碑〉云：「玄宗至道皇帝，令寧國等五王親臨福宇，建立壇場，法棟
暫撓而更崇，道石時傾而復正。」[53]在羅含與及烈等景教士帶領下，
景教又再發展，玄宗也重視景教，並且建立宣教之地方。此外，大秦
的教會又派人手增授，《舊唐書》：「拂林國，一名大秦，⋯⋯開元七
年正月，不數月，又遣大德僧來朝貢。」[54]

　　玄宗晚年，對景教更有好感，將高祖、太宗、高宗、中宗、睿宗
之畫像送至景教寺，安放於寺內，〈景教碑〉云：「天寶初，令大將
軍高力士，送五聖寫真，寺內安置，賜絹百疋，奉慶睿圖，龍髯雖
遠，弓劍可攀，日角舒光，天顏咫尺。」[55]可見唐室與景教之關係亦
頗密切。

　　到了天寶三年，景教士又添生力軍，而且為玄宗求福，〈景教
碑〉云：「三載，大秦國有僧佶和，瞻星向化，望日朝尊，詔僧羅
含、僧普倫等一七人，與大德佶和，於興慶宮修功德。」[56]佶和、羅

52　〔宋〕王欽若：《冊府元龜》，收入《文淵閣四庫全書》（上海：上海古籍出版社，
　　1987年），冊911，頁489。

53　〔唐〕景淨：〈景教流行中國碑頌并序〉，見夏傳才主編：《詩經要籍集成二編》，冊
　　40，頁220-221

54　〔後晉〕劉昫：《舊唐書》，冊3，卷198，頁26-28，總頁2658-2659。

55　〔唐〕景淨：〈景教流行中國碑頌并序〉，見夏傳才主編：《詩經要籍集成二編》，冊
　　40，頁221-222。

56　〔唐〕景淨：〈景教流行中國碑頌并序〉，見夏傳才主編：《詩經要籍集成二編》，冊
　　40，頁222-223。

含與普倫等十七人被召往興慶宮修功德。興慶宮是唐玄宗未做天子前的舊宅，於開元二年改建成興慶宮，王溥《唐會要》云：「開元二年七月二十九日，以興慶里舊宅邸為興慶宮。……時人號曰五王子宅，……至十六年正月三日，始移仗于興慶宮聽政。」[57]僧普倫等人可以於聽政之所進行宗教禮儀，可見玄宗對景教僧人的禮待。

　　唐玄宗期間，景教寺的名稱曾經更改，原本之名為波斯寺，後改名大秦寺，《唐會要》卷四十九云：「天寶四載九月，詔曰：『波斯經教，出自大秦，傳習而來，久行中國，爰初建寺，因以為名，將欲示人，必修其本。其兩京波斯寺，宜改為大秦寺，天下諸府郡置者亦準此。』」[58]說明大秦寺原稱波斯寺，因要表示此教之來源，乃改為大秦寺。景淨所述之〈景教碑頌並序〉，乃詳其本源之名稱，於是出現「大秦國上德」之語。

　　玄宗時期，景教之譯經事業也頗發達，敦煌出土的唐朝景教文獻，其中之〈大秦景教宣元至本經殘卷〉乃玄宗時期之文獻，其文末云：「開玄五年十月廿六日，法徒張駒傳寫於沙州大秦寺。」[59]另外，〈大秦景教大聖通真歸法讚〉亦為玄宗時期文獻，其文末云：「沙州大秦寺法徒索元定傳寫教讀開元八年五月二日。」[60]

　　綜而言之，景教士頗受玄宗重用，雖然受到道教之攻擊，但景教士及烈藉獻異巧奇器，得到玄宗歡心，而景教士也遷就玄宗的要求，在慶興宮修功德，並在寺內安置唐玄宗以前五代帝皇的寫真。可見景教士與唐室的關係頗佳。

57 〔宋〕王溥：《唐會要》，上冊，頁558-559。

58 〔宋〕王溥：《唐會要》，中冊，頁864。

59 龔天民：《唐朝基督教之研究》，頁155。

60 龔天民：《唐朝基督教之研究》，頁156。

六 唐肅宗與景教

景教在唐朝的發展，以玄宗時最盛，可惜經安史之亂，社會陷於紛亂，景教發展也因戰亂受創，景教寺遭受破壞，所以，在肅宗期間，有重建景教寺之舉，〈景教碑〉云：「肅宗文明皇帝，於靈武等五郡重立景寺。元善資而福祚開，大慶臨而皇業建。」[61]肅宗平定安史之亂後，於靈武即位，景教寺乃得重新建立。有學者認為唐朝行道州縣制，〈景教碑〉稱靈武為「郡」不合唐制。其實，「郡」這個地方分區單位，在唐朝已經成為通用名詞，唐朝人李吉甫所寫《元和郡縣圖志》，是一本記載唐朝地方分區之書籍，從其書名即可見「郡」字乃通常用字。而且唐玄宗確曾把靈州改稱靈武郡。靈武郡位於現今之寧夏回族自治區，在中國歷史上，有稱為靈州、也有稱為靈武郡，李吉甫《元和郡縣圖志》云：

> 後魏太武帝平赫連昌，置薄骨律鎮，後改置靈州，以州在河渚之中，隨水上下，未嘗陷沒，故號「靈州」。周置總管府，隋大業元年罷府為靈州，三年又改為靈武郡。武德元年又改為靈州，仍置七總管，七年改為都督府。[62]

顯見〈景教碑〉之名稱是正確的。

〈景教碑〉記載肅宗在靈武等五郡重建景教寺，可知並不是一個景教寺，而是五個。日人佐伯好郎引蘇東坡的〈游大秦寺詩〉認為景

---

61 〔唐〕景淨：〈景教流行中國碑頌并序〉，見夏傳才主編：《詩經要籍集成二編》，冊40，頁225-226。

62 〔唐〕李吉甫：《元和郡縣圖志》（北京：中華書局，1983年），上冊，頁91-92。

教碑所言之五郡乃是西安盩厔縣東南廿里的五郡庄，[63]此說有商榷餘地。據唐朝人李吉甫撰《元和郡縣圖志》，開元、天寶年間，唐玄宗曾經把五個州改為郡，其一為靈武郡，李吉甫云：

> 天寶元年，又改為靈武郡。至德元年，肅宗幸靈武即位，昇為大都督府。乾元元年，復為靈州。[64]

其二為會州，李吉甫云：

> 會州，禹貢雍州之域，古西羌地，因太祖為西魏相，來巡，會師於此，土人張信罄資響六軍，太祖悅，因命置州，以會為名，……貞觀八年，以此州倉儲殷實，改粟州，其年，又為會州，天寶元年改為會寧郡，乾元元年，復為會州。[65]

其三為鹽州，李吉甫云：

> 隋大業三年為鹽川郡。貞觀二年討平梁師都，置鹽州。天寶元年改為五原郡，乾元年復為鹽州。[66]

其四為銀州，李吉甫云：

> 隋大業二年廢銀州，縣屬雕陰郡，隋末陷於寇賊。貞觀二年平

---

63 翁紹軍：《漢語景教文典詮釋》（香港：漢語基督教文化研究所，1995年），頁62。

64 〔唐〕李吉甫：《元和郡縣圖志》，上冊，頁92。

65 〔唐〕李吉甫：《元和郡縣圖志》，上冊，頁97。

66 〔唐〕李吉甫：《元和郡縣圖志》，上冊，頁98。

梁師都,於此重置銀州。天寶元年為銀〔川〕郡,乾元元年復
為銀州。[67]

其五為豐州,李吉甫云:

永徽〔元〕年,於州復重置永豐縣。四年,於郭下又置九原
縣。麟德元年,又置豐安縣。天寶元年,改為九原郡,乾元元
年,復為豐州。[68]

從《元和郡縣圖志》及碑文的記載比較,可知肅宗於上述五郡重建
教寺。

而且,在肅宗期間,有一重要的景教士伊斯來華,他投身於朔方
節度使郭子儀麾下,〈景教碑〉云:

大施主金紫光祿大夫,同朔方節度副使,試殿中監,賜紫袈裟
僧伊斯,和而好惠,聞道勤行,遠自王舍之城,聿來中夏,術
高三代,藝博十全,始效節於丹庭,乃策名於王帳,中書令汾
陽郡王,郭公子儀,初摠戎於朔方也,肅宗俾之從邁,雖見親
於臥內,不自異於行間,為公爪牙,作君耳目。[69]

伊斯可說是郭子儀的參謀。唐代之軍隊,極多外國傭兵,如安史之亂
的安祿山和史思明,皆是胡人外族,亦得玄宗重用,置於軍中,且至

---

67 〔唐〕李吉甫:《元和郡縣圖志》,上冊,頁104。
68 〔唐〕李吉甫:《元和郡縣圖志》,上冊,頁112。
69 〔唐〕景淨:〈景教流行中國碑頌并序〉,見夏傳才主編:《詩經要籍集成二編》,冊
　40,頁230-233。

地位顯赫，軍力坐大而生叛逆之心，犯上作亂。伊斯雖是外來景教士，但因為軍功而升為高級軍官「金紫光祿大夫，同朔方節度副使，試殿中監，賜紫袈裟。」並不為奇，因為郭子儀是平定安史之亂的重要功臣，伊斯身為郭子儀的部下，自然有功於平定安史之亂。所以亂定後，肅宗在靈武等五郡重建景教寺，反映了肅宗對景教的好感。故碑文云：「元善資而福祚開，大慶臨而皇業建。」而景淨撰〈景教碑〉的原因，乃為表揚伊斯的功德。[70]

七　唐代宗與景教

代宗期間，皇室仍與景教保持接觸，但比之太宗、玄宗與景教的關係，則頗為疏離，〈景教碑〉只提及代宗對景教的賞賜。〈景教碑〉云：「代宗文皇帝，恢張聖運，從事無為。每於降誕之辰，錫天香以告成功，頒御饌以光景眾。」[71]雖無說及景教之發展，唯景教仍然與皇室保持良好的關係則是肯定的事實。

八　唐德宗與景教

景教於德宗時期，又有進一步的發展。〈景教碑〉云：「我建中聖神文武皇帝，披八政以黜陟幽明，闡九疇以惟新景命。」[72]建中為德宗之年號，碑文載云景教於德宗期間「惟新景命」，可見景教在德宗

70　劉偉民：〈唐代景教傳入及其思想的研究〉，見《聯合書院學報》第一期（1962年6月），頁12。

71　〔唐〕景淨：〈景教流行中國碑頌并序〉，見夏傳才主編：《詩經要籍集成二編》，冊40，頁226-227。

72　〔唐〕景淨：〈景教流行中國碑頌并序〉，見夏傳才主編：《詩經要籍集成二編》，冊40，頁227-228。

期間有相當發展。其中以建立〈景教碑〉為最具意義,〈景教碑〉云:「大唐建中二年,歲在作噩,太簇月七日,大耀森文日建立。」[73]

　　至於述碑之景淨,是景教的翻譯專家,敦煌出土的唐朝景教文獻之〈尊經〉,記載景教譯經之大略,其時共有五白卅部經典,景淨譯了卅部。其云:

> 謹案諸經目錄,大秦本教經,都五百卅部,並是貝葉梵音,唐太宗皇帝,貞觀九年,西域大德僧阿羅本,屆于中夏,並奏上本音,房玄齡魏徵宣譯奏言,後召本教大德僧景淨,譯得以上卅部,卷餘大數具在貝皮夾,猶未翻譯。[74]

唯考諸〈尊經〉所列經目,共卅五部,分別為:

> 常明皇樂經、宣元至本經、志玄安樂經、天寶藏經、多惠聖王經、阿思瞿利容經、渾元經、真通經、寶明經、傳化經、罄遺經、原靈經、述略經、三際經、微詰經、寧思經、宣義經、師利海經、寶路法王經、刪河律經、藝利月思經、寧耶頤經、儀則律經、毗遏啟經、三威讚經、牟世法王經、伊利耶經、遏拂林經、報信法王經、彌施訶自在天地經、四門經、啟真經、摩薩吉斯經、慈利波經、烏沙郍經。[75]

其中〈宣元至本經〉及〈志玄安樂經〉,見於現存景教八部經典,而

---

73 〔唐〕景淨:〈景教流行中國碑頌并序〉,見夏傳才主編:《詩經要籍集成二編》,冊40,頁224。

74 〈尊經〉,見王美秀、任廷黎分卷主編:《東傳福音》,收入周燮藩主編,中國宗教歷史文獻集成編纂委員會編:《中國宗教歷史文獻集成》,系列之三,冊1,頁9。

75 同前註,頁9。

〈三威讚經〉應是現存之〈三威蒙度讚〉。可見德宗時期，是景教譯經最盛之日子。唯所譯經典，從名稱看來，並非《聖經》之書卷，只類似神學文獻。

　　景淨除了譯景教經典外，在德宗時亦參與翻譯佛經工作，時為德宗貞元二年至四年之間，亦是〈景教碑〉立碑後五至七年之間。據釋圓照輯《貞元新定釋教目錄》云：「法師梵名般剌若，北天竺境迦畢試國人也……泊建宗三年，屆于上國矣。至貞元二祀，訪見鄉親，神策正將羅好心即般若三藏舅氏之子也。……好心既信重三寶，請譯佛經，乃與大秦寺波斯僧景淨，依胡本六波羅密經，譯成七卷。」[76]但景淨不懂梵文，翻譯佛經未能達意，遭人嘲笑，《貞元新定釋教目錄》續云：

> 時為般若不嫻胡語，復未解唐言，景淨不識梵文，復未明釋教，雖稱傳譯未獲半珠，圖竊虛名，匪為福利。……聖上濬哲文明，允恭釋典，察其所譯，理昧詞疏。且夫釋氏伽藍，大秦僧寺，居止既別，行法全乖。景淨應傳彌尸訶教；沙門釋子，弘闡佛經。欲使教法區分，人無濫涉，正邪異類，涇渭殊流，若網在綱，有條不紊，天人攸仰，四眾知歸。[77]

從經典翻譯也可推測出景教在德宗時期，亦有甚佳的發展，因宗教經典之翻譯，是因應實際之需要而生。景教在唐朝，一要與各外來宗教有分別，二是因各地已建立了不少景教寺，為使教眾明白教義，不得不翻譯經典。

---

76 〔唐〕釋圓照：《貞元新定釋教目錄》，見《大藏經》，冊55，頁891-892。
77 〔唐〕釋圓照：《貞元新定釋教目錄》，見《大藏經》，冊55，頁892。

九　唐武宗與景教

　　自德宗以後，歷順宗、憲宗、穆宗、敬宗、文宗之景教發展，因文獻無徵，故無法討論。及至武宗，乃有所謂會昌滅佛，自此，唐朝之景教乃走上末路。蓋武宗認為，佛教乃一外來宗教，且勢力最大，既然佛教遭禁，其他外來宗教也應一併禁絕，景教當然不能幸免。

　　武宗滅佛教的原因，一是經濟原因。他認為宗教僧人乃不勞動生產者，破壞經濟活動。他認為中國本無佛教，自從佛教於漢朝入華後，佛教寺廟漸遍及全國，而且美輪美奐，但佛教僧人卻不事生產，僧人越多，則國家物力越弱，晉、宋、齊、梁等朝，皆因僧人數目增多，生產力降低，引致經濟疲弱，甚至破壞人倫關係，《舊唐書》卷十八云：

> 八月制，朕聞三代以前，未嘗言佛，漢魏之後，像教寖興，是由季時傳此異俗，因緣染習，蔓衍滋多，以至於蠹耗國風而漸不覺，誘惑人意而眾益迷。泊於九州山原，兩京城闕，僧徒日廣，佛寺日崇，勞人力於土木之功，奪人利於金寶之飾；遺君親於師資之際，違配偶於戒律之間。壞法害人，無逾此道，且一夫不田，有受其饑者，一婦不蠶，有受其寒者。今天下僧尼，不可勝數，皆待農而食，待蠶而衣。寺宇招提，莫知紀極，皆雲構澡飾，僭擬宮室，晉宋齊梁，物力凋瘵，風俗澆詐，莫不由是而致也。[78]

李德裕〈賀廢毀諸寺德音表〉云：

---

[78] 〔後晉〕劉昫：《舊唐書》，冊1，卷18上，頁24，總頁338。

遂使土木興妖，山林增構，一巖之秀，必極雕鐫；一川之腴，
已布高剎。鬼功不可，人力寧堪！耗蠹生靈，侵減征稅，國家
大蠹，千有餘年。……破逃亡之藪，皆列齊人；收高壤之田，
盡歸王稅。正群生之大怨，近六合之澆風。[79]

從上述的記載，已可見到佛教之被滅，破壞社會經濟是一個主要原因。

　　武宗滅佛的第二個原因是基於中國的傳統思想，認為佛教乃西來
宗教，不合中國的風俗，遂產生排斥外教思想。因此，武宗下令禁止
佛教，並且指出禁教早於太宗及玄宗時期已有先例，《舊唐書》卷十
八云：

況我高祖太宗，以武定禍亂，以文理華夏，執此二柄足以經
邦，豈可以區區西方之教，與我抗衡哉！貞觀、開元，亦嘗釐
革，划除不盡，流衍轉滋。朕博覽前言，旁求輿議，弊之可
革，斷在不疑。而中外誠臣，協予至意。條疏至當，宜在必
行，懲千古之蠹源，成百王之典法，濟人利眾，予何讓焉。[80]

李德裕〈賀廢毀諸寺德音表〉云：

臣聞，仲尼祖述堯舜，憲章文武，大弘聖道，以黜異端。末季
以來，斯道久廢。不遇大聖，孰能拯之！臣某等中謝，伏以三
皇之前，皆垂拱而理，不可得而言也。厥後周美成康，漢稱文
景，至化深厚，大道和平，人自稟於孝慈，俗必臻於仁壽，豈

---

79 〔唐〕李德裕：《李文饒文集》，收入《四部叢刊初編》（臺北：臺灣商務印書館，
　　1965年），冊40，卷20，頁113。
80 〔後晉〕劉昫：《舊唐書》，冊1，卷18上，頁24-25，總頁339。

嘗有外夷之教，點中夜之風！……伏維仁聖文武章天成功神德
明道大皇帝，明紹於天，粹合於道，黜圖霸而功盛，入聖域而
德優。常欲天下之動，咸貞於一；以一言之蔽，思必無
邪。……出前聖之謨，為後王之法，巍巍功德，煥炳圖書。[81]

復有道教人士之推波助瀾，司馬光《資治通鑑》卷二百四十八載云於
會昌五年秋七月「上惡僧尼耗蠹天下，欲去之，道士趙歸真等復勸
之，乃先毀山野招提、蘭若。」[82]

可見滅佛之舉，中國本土的道教對武宗亦有影響。自從道教演
成，託其思想於老子，奉老子為太上老君，有老子之名而無道家思想
之實，形成道教。唐室李姓，推尊老子，道教得勢，武宗抑佛揚道亦
正常不過。

武宗滅佛勢在必行，視滅佛為消滅萬惡之禍根，重建先王法令之
責任。滅佛之令既下，佛寺遭拆毀，僧尼還俗，寺產充公，其他外來
宗教如大秦景教、回教、祆教，其僧人也一併被逼還俗，《舊唐書》
卷十八云：

其天下所拆寺四千六百餘所，還俗僧尼二十六萬五百人，收充
兩稅戶。拆招提、蘭若四萬餘所，收膏腴上田數千萬頃，收奴
婢為兩稅戶十五萬人：隸僧尼屬主客，顯明外國之教。勒大
秦、穆護、祆三千餘人還俗，不雜中華之風。於戲前古未行，
似將有待，及今盡去，豈謂無時！驅游惰不業之徒，已踰十
萬；廢丹鑊無用之室，何啻億千。自此清淨訓人，慕無為之

---

81 〔唐〕李德裕：《李文饒文集》，卷20，頁113。
82 〔宋〕司馬光：《資治通鑑》，冊17，頁8015。

理，簡易齊政，成一俗之功，將使六合黔黎，同歸皇化。尚以革弊之始，日用不知，下制明廷，宜體予意。[83]

《新唐書》卷五十二〈食貨志〉云：

武宗即位，廢浮圖法，天下毀寺四千六百，招提蘭若四萬。籍僧尼為民二十六萬五千人，奴婢十五萬人，田數千頃。大秦、穆護、祆二千餘人。上都、東都每街留寺二，每寺僧三十人，諸道留僧以三等，不過二十人。腴田鬻錢送戶部，中下田給寺家奴婢丁壯者為兩稅戶，人十畝。以僧尼既盡，兩京悲田養病坊，給寺田十頃，諸州七頃，主以耆壽。[84]

李德裕〈賀廢毀諸寺德音表〉云：

拆寺、蘭若共四萬六千六百餘所，還俗僧尼並奴婢為兩稅戶共約四十一萬餘人，得良田約數千頃，其僧尼令隸主客戶。大秦、穆護、襖二十餘人，並令還俗者。[85]

所謂滅佛，並非消滅所有佛寺，可在上州留佛寺一所，下州則不准佛寺留存。其他外教，一律以邪教視之，信徒勒令還俗，而被充公之銅像、銅鐘等物，則成為鑄錢材料，鐵像則鑄為農器。《舊唐書》卷十八云於會昌五年夏四月云：

83　〔後晉〕劉昫：《舊唐書》，冊1，卷18上，頁25，總頁339。
84　〔宋〕歐陽脩：《唐書》，收入《二十五史》（臺北：藝文印書館，據乾隆武英殿刻本影印，1956年），冊1，卷52，頁11，總頁619。
85　〔唐〕李德裕：《李文饒文集》，卷20，頁113。

敕祠部檢括天下寺及僧尼人數，大凡寺四千六百，蘭若四萬，僧尼二十六萬五百，⋯⋯秋七月庚子，敕併省天下佛寺。中書門下條疏奏聞，據令式，諸上州國忌日，官吏行香於寺。其上州望各留寺一所。有列聖尊容，便令移於寺內。其下州寺並廢。其上都東都兩街，請留十寺，寺僧十人。⋯⋯天下廢寺銅像鐘磬，委鹽鐵使鑄錢，其鐵像委本州鑄為農器，金銀鍮石等像，銷付度支。衣冠士庶之家，所有金銀銅鐵之像，敕出後，限一月納官，⋯⋯又奏，僧尼不合隸祠部，請隸鴻臚寺，其大秦穆護等祠，釋教既已釐革，邪法不可獨存，其人並敕還俗，遞歸本貫，充稅戶，如外國人送還本處收管。[86]

司馬光《資治通鑑》卷二百四十八記載云：

敕上都、東都兩街各留二寺，每寺留僧三十人。天下節度觀察使治所及同華商汝州，各留一寺，分為三等，上等留僧二十人，中等留十人，下等五人。餘僧及尼，并大秦、穆護、祆僧，皆勒歸俗。寺非應留者，立期令所在毀撤，仍遣御史分道督之。財貨田產並沒官，寺材以葺公廨驛舍，銅像鐘磬以鑄錢。[87]

《唐書》、《舊唐書》的記載，稍有不同，《舊唐書》所記之外來宗教有大秦、穆護、祆，而新唐書則為大秦、穆護、祆。穆護應是回教，因為回教始創自穆罕默德，其信徒稱為穆斯林。《舊唐書》的「祆」字，《新唐書》的「祆」，《資治通鑑》的「祆」，李德裕〈賀廢毀諸寺

---

86 〔後晉〕劉昫：《舊唐書》，卷18上，頁23-24，總頁338。

87 〔宋〕司馬光：《資治通鑑》，冊17，頁8015-8016。

德音表〉的「襖」字,應該都是「祆」字,乃波斯之拜火教,亦即摩尼教。《唐書》、《舊唐書》所說的大秦教實則是景教。

十　唐代景教的衰亡

自武宗滅佛之後,景教經此一役,光芒盡失,已無復當年勇。但唐朝的景教並未完全滅絕。據一些記載,廣州可能仍有景教徒。而且,景教的發展也轉而為地下傳播,唯其發展已遠不如太宗、玄宗、高宗時代的盛況。從一些出土的遺跡,仍然可考見景教有若干的活動。而在五代時期,阿拉伯人阿卜賽德哈散(Abu Zayd Hasan)的記載云:

> 當蘇萊曼成書後六十年間,中國內部,情形大變,亂事四起全國無主,中國威力,完全消滅,阿剌伯與中國之貿易,亦完全停滯。亂黨首領──名曰斑巢(Banshoa),攻陷劫掠國中無數城邑,於回教紀元二百六十四年(唐僖宗乾符五年、西元八七八年)、攻陷廣府(Khanfu),殺回教徒、猶太人、基督教徒、祆教徒,其數達十二萬以至二十萬人。[88]

黃巢之亂殺了回教、猶太人、基督教徒、祆教徒達十二萬至廿萬人。反映了景教徒在武宗滅佛之後仍然有活動。但是唐朝經黃巢之亂後,戰亂頻仍,民不聊生,不少西方商人在華被殺害,以致外人不敢來華。而且,戰亂使中西交通斷絕,景教徒經晚唐、五代十國以至宋初,可說消滅無遺,一位回教徒穆罕默德對宋初的景教如此描述:

---

88 "Ancient Account of India and China", tred. Renaudot, Eusebius, *The ChineseRepository*, Vol.1, pp.6-15, pp.42-45. 中譯轉引自羅香林:《唐元二代之景教》,頁76。

回教紀元三百七十七年（耶穌紀元九百八十七年，即宋太宗雍
熙四年，西元九百八十七年）在八吉打城（即報達城〔Bagdad〕）
基督教徒居留地某教堂，余遇基督教僧那及蘭（Najron），其
人甚年幼，而且可愛，靜默寡言，不受問則絕不啟口，七年前
（即宋太宗太平興國五年）嘗受大總管之命，與僧五人，往中
國整頓其地基督教。余訪問其旅行情況，那告余云：中國之基
督教徒已全亡，教徒皆遭橫死，教堂毀壞，全國之中，彼一人
外，無第二基督徒矣。遍尋全境，無一人可以授教者，故急歸
回也。[89]

小結

綜觀唐代的景教，自唐太宗貞觀九年（635）入華為始，至唐武
宗會昌五年（845）滅佛為止，在中土流傳凡兩百一十年，據〈景教
碑〉所記，確實有不錯的發展，在華翻經、建寺，得唐室幾位帝皇的
重用，但是比之佛道二教，仍然相去甚遠，就如唐朝人舒元輿〈唐鄂
州永興縣重巖寺碑〉所言：「亦容雜夷而來者，有摩尼焉、大秦焉、
祆神焉，合天下三夷寺，不足當吾釋寺一小邑之數也。」[90]景教未能
在唐朝發展成中國的主要宗教之一，對中國文化亦沒有深遠的影響。

第三章　現存的唐代景教文獻

研究唐代的景教，可用兩種文獻，一為中國的史籍如《唐會

89　張星烺：《中西交通史料匯編》（臺北：世界書局，1962年），冊1，頁204。

90　〔唐〕舒元輿：〈鄂州永興縣重巖寺碑銘〉，見〔清〕董誥輯：《全唐文》，冊8，卷727，
　　頁27，總頁7498。

要》、《舊唐書》、《新唐書》、《西溪叢話》、《僧史略》、《釋門正統斥偽志》、《冊府元龜》、《貞元釋教錄》，這類中國史籍，有不少關於景教的記載。但最重要者，乃現存的景教文獻。包括〈景教流行中國碑頌并序〉、〈序聽迷詩所經〉、〈一神論〉、〈大秦景教宣元至本經〉、〈大秦景教大聖通真歸法讚〉、〈志玄安樂經〉、〈景教三威蒙度讚〉、〈尊經〉、〈宣元本經〉，以及一些敘利亞文經頌。

一　〈景教流行中國碑頌并序〉簡介

〈景教流行中國碑頌并序〉通常稱為〈景教碑〉，照碑文所載，此碑由「大秦寺僧景淨述」，由「朝議郎前台州司士參軍呂秀巖書」。而立碑之年代，乃「大唐建中二年，歲在作噩太簇月七日，大耀森文日建立」。時為西元七八一年二月四日。可惜，此碑建立後不久，即遭景教徒掩埋於地，故宋代金石學家未有言及。

（一）此碑之出土

此碑之發現，有二種說法，一為長安出土說，二為盩厔出土說。

1　長安出土說

主張長安出土說者，以李之藻為首，蓋此碑出土後，其得初拓本並撰〈讀景教碑書後〉，其文云：「盧居靈竺間，岐陽同志張賡虞惠寄唐碑一幅曰，邇者長安中掘地所得，名曰景教流行中國碑頌，此教未之前聞，其即利西泰氏所傳天學乎，余讀之良然。」[91]李氏只云「邇

91　〔明〕李之藻：〈讀景碑書後〉，見〔明〕李之藻等編：《天學初函》（臺北：臺灣學生書局，1965年），冊1，頁77。

者」即最近在長安掘出此碑，並未說明何年出土。據徐光啟所撰〈鐵
十字著〉除說明此碑在長安出土外，更說明出土年份，其云：「近天
啟乙丑（1625）。長安掘地得碑。題曰大秦景教流行中國碑。碑首冠
以十字。」[92]「天啟」為明熹宗年號，乙丑為年份，時當西元一六二
五年。其後，葡萄牙籍耶穌會士陽瑪諾（Emmanuel Diaz Junior）見
之，為其撰〈景教碑頌正詮〉並有序言一篇〈唐景教碑頌正詮序〉，
其云：

> 邇歲幸獲古碑，額題景教，粵天主開闢迄降臨，悉著厥端，時
> 唐太宗九年，為天主降生後六百三十五年，至西鎬廣行十道，
> 聖教之來，蓋千有餘載矣。是碑也，大明天啟三年關中官命啟
> 土，于敗牆基下獲之。奇文古篆，度越近代。置郭外金城寺
> 中，岐陽張公賡虞，搨得一紙，讀竟踴躍，即遺同志我存李公
> 之藻。云長安掘地所得，名景教流行中國碑頌，殆與西學弗異
> 乎。[93]

2　螯屋出土說

此說始於卜彌格（Michel Boym）神父，其說法在德國教師
Kircher 所撰的《著名中國》（*China Illustrata*）一書有引述，[94]其云：

> 方濟各（S.Franciscus Xaverius）於三州島之後，利瑪竇神甫即
> 偕耶穌會神甫數人，齎福音而赴中國內地。數省之中，建有教
> 堂居宅，一六二五年時，耶穌會某神甫因為進士（Philippe，姓

---

92 徐宗澤：《明清間耶穌會士譯著提要》（北京：中華書局，1989年），頁231。

93 轉引自馮承鈞：《景教碑考》（臺北：臺灣商務印書館，1970年），頁8。

94 轉引自馮承鈞：《景教碑考》，頁10-11。

王），全家舉行洗禮，特赴三原，數月前，盩厔人築牆，掘地得石，至是神甫偕進士同往觀之。[95]

卜彌格所說的神甫，即是金尼閣（Nicolas Trigault）神甫，據卜氏所言，〈景教碑〉應是在盩厔出土。而金尼閣可能是第一個看到〈景教碑〉的耶穌會士。金尼閣的日記有記載此碑出土的情況。夏雷鳴神甫撰《西安碑》一書時，有引述金尼閣之日記，其云：

> 此世紀之二十五年（一六二五），在陝西始有定居，此地有進士王居，前在北京受洗，茲丁母憂回籍，欲延一神甫至家，為全家舉行洗禮。金尼閣神甫被派往西安，及抵陝西，病臥五月，病瘥，王君介之以見省中諸大吏，是年盩厔大建屋，工人掘地得碑，上有漢文及迦都（Kaldou，按即巴比倫之別名，金神甫不識敍利亞文，故有此說）文。碑高八尺，寬四尺，厚五寸有奇，據碑誌，基督之法古時已入中國。[96]

此外，有方德望神父亦云〈景教碑〉於盩厔出土，並運往西安，D.Bartole《耶穌會士》之引述云：

> 方神甫云：某晚有一老人來告，此碑出土之地，冬日四圍積雪，惟碑土之上無之，數年如此，居民以為其下必有伏藏，掘土而碑見，盩厔縣令見其碑甚古，上有外國字，未能解其義，乃運赴西安，置於城外一哩之道觀，杭州友人進士涼菴（Leon，按即李之藻），涼菴面告予此事始末，且為注解碑文，保祿（Paul，

---

95 轉引自馮承鈞：《景教碑考》，頁11。
96 轉引自馮承鈞：《景教碑考》，頁12。

按即徐光啟）進士亦繼之刊行。其文遂行於世。[97]

若照耶穌會士的記載，〈景教碑〉是在盩厔出土，後來搬到西安。

然而，碑文在甚麼地方出土，並不是最重要，最重要的是碑文出土之後，使後世人對唐朝基督教之傳入和發展有更多認識，而對唐朝的歷史典籍如《舊唐書》、《唐會要》之中關於景教零星的記載，若無〈景教碑〉出土，後人未必明其意思。

（二）〈景教碑〉解題

〈景教碑〉的內容可分三部份，其碑額之題名〈大秦景教流行中國碑頌并序〉已經說明了，此一塊石碑的內容，可分「碑」、「頌」、「序」三部份。在唐朝的「碑」、「頌」、「序」是三種不同的文體，各有其內容及體裁，這些例子在《文苑英華》這套叢書裏非常之多，在此不贅述。由「粵若」至「天下文明」是屬於「序」的部份，由「太宗文皇帝」至「願刻洪碑，以揚休烈」是「碑」的部份，由「詞曰」至「頌元吉」是「頌」的部份。景淨撰此〈大秦景教流行中國碑頌并序〉，是用唐朝所流行的四六駢體文寫成，有很多文句都是對仗式的，但也有些是對仗不工整的，也許因為景淨本非漢人，來華之後才學習漢文，文字功夫自然及不上唐朝文人之純熟。

此碑之序文的目的是為景教在華的發展，也即為「碑」的記載作一序言，也可以說為在華的景教作一探源，先講三一上帝「无元真主阿羅訶」，[98]祂創造了天地萬物和人，「匠成萬物，然立初人。」[99]人

---

97 轉引自馮承鈞：《景教碑考》，頁12-13。

98 〔唐〕景淨：〈景教流行中國碑頌并序〉，見夏傳才主編：《詩經要籍集成二編》，冊40，頁197-198。

99 〔唐〕景淨：〈景教流行中國碑頌并序〉，見夏傳才主編：《詩經要籍集成二編》，冊40，頁198-199。

的本性原是善良的，「素蕩之心，本無希嗜。」[100]但是撒但卻引誘人犯罪墮落，「洎乎娑殫施妄，鈿飾純精。」[101]人無法從罪惡深淵中自拔，「積昧亡途，久迷休復。」[102]唯有道成肉身的彌賽亞才可以拯救罪人，「我三一分身景尊彌施訶，戢隱真威，同人出代。」[103]道成肉身的基督降生是應驗了《舊約聖經》的預言，而且是世人得永生的途徑，「棹慈航以登明宮，含靈於是乎既濟。」[104]基督的教訓，記載於《新約聖經》的廿七卷書裏面，足以啟發信徒的靈性，「經留廿七部，張元化以發靈開。」[105]景教士都過著身心合一的宗教生活，「存鬚所以有外行，削頂所以無內情。」[106]而虔守禮拜，「七時禮讚，大庇存亡，七日一薦，洗心反素。」[107]然而真道必須有聖人弘揚，才可以收相得益彰之效，「唯道非聖不弘，聖非道不大，道聖符契，天下文明。」[108]最後兩句成為了「碑」的引子。

100　〔唐〕景淨：〈景教流行中國碑頌并序〉，見夏傳才主編：《詩經要籍集成二編》，冊40，頁199。

101　〔唐〕景淨：〈景教流行中國碑頌并序〉，見夏傳才主編：《詩經要籍集成二編》，冊40，頁199-200。

102　〔唐〕景淨：〈景教流行中國碑頌并序〉，見夏傳才主編：《詩經要籍集成二編》，冊40，頁202。

103　〔唐〕景淨：〈景教流行中國碑頌并序〉，見夏傳才主編：《詩經要籍集成二編》，冊40，頁202。

104　〔唐〕景淨：〈景教流行中國碑頌并序〉，見夏傳才主編：《詩經要籍集成二編》，冊40，頁205。

105　〔唐〕景淨：〈景教流行中國碑頌并序〉，見夏傳才主編：《詩經要籍集成二編》，冊40，頁205-206。

106　〔唐〕景淨：〈景教流行中國碑頌并序〉，見夏傳才主編：《詩經要籍集成二編》，冊40，頁207。

107　〔唐〕景淨：〈景教流行中國碑頌并序〉，見夏傳才主編：《詩經要籍集成二編》，冊40，頁208。

108　〔唐〕景淨：〈景教流行中國碑頌并序〉，見夏傳才主編：《詩經要籍集成二編》，冊40，頁209。

　　至於「碑」的部份，可說是景教在唐朝的發展史，景教自阿羅本於唐太宗貞觀十二年來華之後，歷高宗、武后、玄宗、肅宗、代宗、至德宗時期立〈景教碑〉為止，景教俱得唐代皇室重用，有良好的發展，而且也有不少景教士從波斯來華，其中成就最大的是僧伊斯，他來華之後，成為郭子儀的幕僚，助肅宗平定安史之亂，被封為「金紫光祿大夫同朔方節度副史試殿中監賜紫袈裟」，此碑之作，其中一個原因是表揚他的功蹟，其云：「願刻洪碑，以揚休烈。」[109]

　　至於七首頌詞，其中六首都是頌讚唐代皇帝之讚美詞，一是頌上帝創造的大能，二是頌太宗接納景教，三是頌高宗使景教遍滿中土，四是頌玄宗對景教之重視，五頌肅宗復興景教，六頌代宗賞賜景教，七頌德宗讓景教之道得到廣傳，遂有〈景教碑〉之立。

（三）附錄〈大秦景教流行中國碑頌并序〉

〈大秦景教流行中國碑頌并序〉

　　粵若：常然真寂，先先而无元；窅然靈虛，後後而妙有。惣玄樞而造化，妙眾聖以元尊者，其唯我三一妙身无元真主阿羅訶歟。判十字以定四方，皷元風而生二氣。暗空易而天地開，日月運而晝夜作。匠成萬物，然立初人，別賜良和，令鎮化海。渾元之性，虛而不盈；素蕩之心，本無希嗜。洎乎娑殫施妄，鈿飾純精；閒平大於此是之中，隟冥同於彼非之內。是以三百六十五種，肩隨結轍，競織法羅；或指物以託宗，或空有以淪二；或禱祀以邀福，或伐善以矯人。智慮營營，思情役役；茫然無得，煎迫轉燒，積昧亡途，久迷休復。於是我三一分身景

109　〔唐〕景淨：〈景教流行中國碑頌并序〉，見夏傳才主編：《詩經要籍集成二編》，冊40，頁236。

尊彌施訶，戢隱真威，同人出代。神天宣慶，室女誕聖於大
秦；景宿告祥，波斯睹耀以來貢。圓廿四聖有說之舊法，理家
國於大猷；說三一淨風無言之新教，陶良用於正信。制八境之
度，鍊塵成真；啟三常之門，開生滅死。懸景日以破暗府，魔
妄於是乎悉摧；棹慈航以登明宮，含靈於是乎既濟。能事斯
畢，亭午昇真。經留廿七部，張元化以發靈開；法浴水風，滌
浮華而潔虛白；印持十字，融四照以合無拘。擊木振仁惠之
音，東禮趣生榮之路。存鬚所以有內行，削頂所以無內情。不
蓄臧獲，均貴賤於人；不聚貨財，示罄遺於我。齋以伏識而
成，戒以靜慎為固。七時禮讚，大庇存亡；七日一薦，洗心反
素。真常之道，妙而難明。功用昭彰，強稱景教。惟道非聖不
弘，聖非道不大。道聖符契，天下文明。

太宗文皇帝，光華啟運，明聖臨人。大秦國有上德曰阿羅本[110]，
占青雲而載真經，望風律以馳艱險。貞觀九祀，至於長安，帝
使宰臣房公玄齡，惣仗西郊，賓迎入內。翻經書殿，問道禁
闈。深知正真，特令傳授。貞觀十又二年秋七月，詔曰：道無
常名，聖無常體。隨方設教，密濟群生。大秦國大德曰阿羅
本，遠將經像，來獻上京。詳其教旨，玄妙無為。觀其元宗，
生成立要。詞無繁說，理有忘荃。濟物利人，宜行天下。所司
即於京義寧坊，造大秦寺一所，度僧廿一人。宗周德喪，青駕
西昇。巨唐道光，景風東扇。旋令有司，將帝寫真，轉摸寺
壁。天姿汎彩，英朗景門；聖跡騰祥，永輝法界。按西域圖記
及漢魏史策，大秦國，南統珊瑚之海，北極眾寶之山；西望仙
境花林，東接長風弱水。其土出火綄布，返魂香，明月珠，夜

---

110 「夲」是碑文的原字，今改為「本」。

光璧。俗無寇盜，人有樂康。法非景不行，主非德不立。土宇
廣闊，文物昌明。高宗大帝，克恭纘祖，潤色真宗，而於諸州
各置景寺，仍崇阿羅本為鎮國大法主。法流十道，國富元休；
寺滿百城，家殷景福。聖曆年，釋子用壯，騰口於東周；先天
末，下士大笑，訕謗於西鎬。有若僧首羅含大德及烈，並金方
貴緒，物外高僧，共振玄綱，俱維絕紐。玄宗至道皇帝，令寧
國等五王親臨福宇，建立壇場，法棟暫橈而更崇，道石時傾而
復正。天寶初，令大將軍高力士送五聖寫真，寺內安置，賜絹
百匹，奉慶睿圖。龍髯雖遠，弓劍可攀；日角舒光，天顏咫
尺。三載，大秦國，有僧佶和，瞻星向化，望日朝尊。詔僧羅
含，僧普倫等一七人，與大德佶和，於興慶宮修功德。於是天
題寺牓，額戴龍書。寶裝璀翠，灼爍丹霞。睿札宏空，騰凌激
日。寵賚比南山峻極，沛澤與東海齊深。道無不可，所可可
名。聖無不作，所作可述。肅宗文明皇帝於靈武等五郡重立景
寺，元善資而福祚開，大慶臨而皇業建。代宗文武皇帝，恢張
聖運，從事無為。每於降誕之辰，錫天香以告功，頒御饌以光
景眾。且乾以美利，故能廣生。聖以體元，故能亭毒。我建中
聖神文武皇帝，披八政以黜陟幽明，闡九疇以惟新景命。化通
玄理，祝無愧心。至於方大而虛，專靜而恕。廣慈救眾苦，善
貸彼群生者。我修行之大猷，汲引之漸階也。若使風雨時，天
下靜，人能理，物能清，存能昌，歿能樂，念生響應，情發自
誠者，我景力能事之功也。大施主金紫光祿大夫同朔方節度副
使試殿中監賜紫袈裟僧伊斯，和而好惠，聞道勤行，遠自王舍
之城，聿來中夏，術高三代，藝博十全，始效節於丹庭，乃策
名於王帳。中書令汾陽郡王郭公子儀，初惣戎於朔方也，肅宗
俾之從邁，雖見親於臥內，不自異於行間。為公爪牙，作軍耳
目，能散祿賜，不積於家，獻臨恩之頗黎，布辭憩之金罽。或

仍其舊寺，或重廣法堂，崇飾廊宇，如翬斯飛，更效景門，依
仁施利。每歲集四寺僧徒，虔事精供，備諸五旬，餒者來而飯
之，寒者來而衣之，病者療而起之，死者葬而安之。清節達
娑，未聞斯美，白衣景士，今見其人，願刻洪碑，以揚休烈。

詞曰：
真主无元，湛寂常然。權輿造化，起地立天。分身出代，救渡
无邊，日昇暗滅，咸證真玄。
赫赫文皇，道冠前王。乘時撥亂，乾廓坤張。明明景教，言歸
我唐。翻經建寺，存歿舟航。百福皆作，萬邦之康。
高宗纂祖，更築精宇。和宮敞朗，遍滿中土。真道宣明，式封
法主。人有樂康，物無災苦。
玄宗啟聖，克修真正。御牓揚輝，天書蔚映。皇圖璀璨，率土
高敬。庶積咸熙，人賴其慶。
肅宗來復，天威引駕。聖日舒晶，祥風掃夜。祚歸皇室，祅氛
永謝。止沸定塵，造我區夏。
代宗孝義，德合天地。開貸生成，物資美利。香以報功，人以
作施。暘谷來威，月窟畢萃。
建宗統極，聿修明德。武肅四溟，文清萬域。燭照人隱，鏡觀
物色。六合昭蘇，百蠻取則。
道惟廣兮應為密，強名言兮演三一。主能作兮臣能述，建豐碑
兮頌元吉。
大唐建中二年，歲在作噩，太簇月七日，大耀森文日建立，時
法主僧寧恕知東方之景眾也。[111]

111　〔唐〕景淨：〈景教流行中國碑頌并序〉，見夏傳才主編：《詩經要籍集成二編》，
　　冊40，頁195-245。

二 現存的唐代景教八部經典

(一)〈序聽迷詩所經〉

〈序聽迷詩所經〉早已歸日本人高楠次郎博士所藏，此經全卷合計一百七十行，每行十七、十八字，最後數行已缺，此經大概是在景教入唐後不久寫成的。[112]

1 「序聽」與「迷詩所」的意義

此經的題目是〈序聽迷詩所經〉，「序聽」二字，日本人羽田亨在其〈景教序聽迷詩所經考釋〉一文，認為「序聽」之聽字是誤寫，應該作「數」，他說：

> 「序聽」二字，則未得其解，然「序」肖 ye 音，既如上論，今「聽」字正書。果「序聽」二字而別得的解，自無餘議；苟有筆誤之疑，則第一二四行「移鼠迷師訶」知與粟特文經典所屢見之 yiso msiha 相當，故「聽」字或由音「數」、音「鼠」之字轉，實即 yiomsioha 經，即耶穌基督經之謂，亦未可知也。[113]

至於「迷詩所」三字，羽田亨認為是「迷詩訶」之誤，其云：

> 「迷詩所」三字之中，「迷」與「彌」經中用以寫同音也。「詩」在我與「師」同音，洪武正韻二字均作申之切，唐韻詩書之切，

---

112 龔天民：《唐朝基教之研究》，頁53。

113 〔日〕羽田亨：〈景教序聽迷詩所經考釋〉，見《北平北海圖書館月刊》第1卷第6號，頁450-451。

集韻申之切；師，唐韻疎夷切，集韻霜夷切，Karlgren 氏亦前者為顎音之 si，後音為齒尖音之 si'，固極相似之音也。然則「迷詩所」與「彌師訶」俱為肖音，而所異僅在所與訶二字，音絕不相類，固無論，抑且並列於卷首兩行，比觀之餘，形復顯然不似，然而卷中形近而誤者多，（例如來求，復疑優之類）則「所」疑「訶」之誤，亦非無理。果是「迷詩所」乃「迷詩訶」之誤，而與「迷詩訶」、「彌師訶」實同一語耳。[114]

然而筆者認為羽田亨先假設這些經文有誤，再附會一些詞語而作出上述的解釋比較牽強，說服力也不足。

「序」字，依據《廣韻》，是徐呂切 Zio，[115]至於「聽」字有二音，一是平聲，他丁切 t'ieng，[116]另一音是去聲，他定切 t'ieng，兩個字音的聲母和韻母相同，不同者是二者的聲調而已。在基督教《新約全書》的希臘文字之中，有一個字的發音，與「序聽」二字是非常相近的。就是「σωτηρ」，意思是救主[117]（參《路加福音》一：47；二：11），「序聽」的中文音讀「Zio t'ieng」，與「σωτηρ」的音讀十分相近。至於「迷詩所」一詞之音讀，「迷」據《廣韻》所言是莫兮切 miei，[118]「詩」是書之切 s'i，[119]「所」是疎舉切 sio，[120]屬上聲語韻字，與

---

114 〔日〕羽田亨：〈景教序聽迷詩所經考釋〉，見《北平北海圖書館月刊》第1卷第6號，頁450。

115 余迺永：《互註校正宋本廣韻》（臺北：聯貫出版社，1980年），頁259。

116 余迺永：《互註校正宋本廣韻》，頁197。

117 Walter Bauer, tr. by William F. Arndt & F. Wilbur Gingrich, *A Greek-English Lexicon of the New Testament and other Early Christian Literature*, 2nd ed. (Chicago: University of Chicago Press, 1979), p.800.

118 余迺永：《互註校正宋本廣韻》，頁91。

119 余迺永：《互註校正宋本廣韻》，頁60。

120 余迺永：《互註校正宋本廣韻》，頁258。

鼠舒呂切 s'io 的韻母相同。那麼,「迷詩所」的中文音讀是「miei s'I sio」,與希臘文的「μεσσιας」的音讀也十分相近。「μεσσι'αs」意謂受膏者即基督、彌賽亞[121](參《約翰福音》一:41)。

故此「序聽迷詩所」的意思就是「救主基督」或「救主彌賽亞」。「序聽迷詩所經」意思就是「救主基督經」或「救主彌賽亞經」。由希臘文轉到敘利亞文,又再轉到中文,音譯文字不能百分之百貼切是正常的。

2 上帝論

此碑稱上帝為「天尊」,全經用「天尊」一詞多達五十六次。經中對「天尊」的形容,就像基督教的《新舊約聖經》形容耶和華上帝一般。例如:

> 誰能說天尊在後顯何在,……誰見天尊在於眾生,無人得見天尊,何人有威得見天尊,為此天尊顏容似風,何人能得見風,天尊不盈少時,巡歷世間居編,為此人人居帶天尊氣始得存活。[122]

天尊遠超於神、佛、偶像之上,天尊是無形體的,如風之來無影,去無蹤,祂迅即之間已遍遊世界,祂亦是世人的依靠,

---

121 Walter Bauer, tr. by William F. Arndt & F. Wilbur Gingrich, *A Greek-English Lexicon of the New Testament and other Early Christian Literature*, 2nd ed, p.508.

122 〈序聽迷詩所經〉,見王美秀、任廷黎分卷主編:《東傳福音》,收入周燮藩主編,中國宗教歷史文獻集成編纂委員會編:《中國宗教歷史文獻集成》,系列之三,冊1,頁32。

> 無知眾生遂灂木馳眾牛驢馬等。眾生及麈鹿，雖造形容，不能
> 與命。眾生有智自量，緣果所有具見。亦復自知，並即是實為
> 此，今世有多有眾生。遂自作眾，眾作士，此事等皆天尊。遂
> 不能與命，俱眾生自被誆惑，乃將金造像、銀神像及銅像，并
> 灂神像，及木神像，更作眾眾諸畜產，造人似人，造馬似馬，
> 造牛似牛，造驢似驢，唯不能行動，亦不語話，亦不喫食息，
> 無肉無皮，無器無骨。[123]

世人所造的神像，無論是金像、銀像、銅像、木像，雖然有外形，卻
無實質生命，因為人不能給予這些偶像生命。這些人手所造之偶像，
都是無生命之物，是由人手所造的，完全不能與「天尊」相比。也可
見此經與《新舊約聖經》的不准拜偶像的教訓相一致。

3　基督論

　　關於耶穌與基督的名稱，此經也有其獨特之處，「基督」名稱，
本經用「弥師訶」，例如「當生弥師訶」[124]全經共用了廿一次之多。
此外用了兩次「彌師訶」者，一次「迷師訶」，而耶穌則稱為移鼠，
如「當產移鼠迷師訶」[125]此經從耶穌出生直到耶穌復活作了一簡單的
描述。耶穌由童貞女馬利亞被聖靈感動所生，「天尊使涼風向一童
女，名為末艷……涼風即入末艷腹內，……當即末艷懷身。」[126]後來
馬利亞生下耶穌，「末艷懷後產一男，名為移鼠，父是向涼風。」[127]

123　同前註，頁33。
124　〈序聽迷詩所經〉，見《東傳福音》，收入周燮藩主編，中國宗教歷史文獻集成編
　　纂委員會編：《中國宗教歷史文獻集成》，系列之三，冊1，頁34。
125　同前註，頁34。
126　同前註，頁34。
127　同前註，頁34。

耶穌生時有景星出現,「辛星居知在於天上,星大如車輪。」[128]耶穌在約但河受洗,有聖靈降臨在他身上,天上傳來上帝之音,證明他的身份「當即谷昏遣彌師訶,入多難中洗,彌師訶入湯了後出水,即有涼風從大來,顏容似薄閣,坐向彌師訶上。虛空中問道,彌師訶是我兒,世界所有眾生,皆取彌師訶進止。」[129]耶穌受洗之後便出來傳道,呼召十二門徒,治病趕鬼,「求所有惡業眾生,遣迴向好業善道,彌師訶及有弟子十二人遂受苦,迴飛者作生,瞎人得眼,形容異色者遲[130]差,病者醫療得損,被鬼者趁鬼,跛腳特差,所有病者求向彌師訶邊。」[131]差字在此讀初牙切,[132]音叉。是病愈之意。[133]耶穌傳道一段時間之後,被惡人向彼拉多誣告,「其習惡人等,即向大王毗羅都思邊言告,毗羅都思前即道彌師訶合當死罪。」[134]耶穌乃被釘死於十字架,與他同釘的有兩強盜,「惡業人乃將彌師訶別處,向沫上扐扐處,名為訖句,即木上縛者,更將兩箇剕道人,其人比在[135]右邊。」[136]耶穌死時,地動山搖,死人復活,「其日將彌師訶,木上縛著五時,是六日齋,平明縛著,及到日西,四方闇黑,地戰山崩,世

128　同前註,頁35。

129　同前註,頁35。

130　「遲」即「遲」字。見《康熙字典》(香港:華僑辭典出版社,影印文淵閣藏本,無出版年份),酉集下,頁17。

131　〈序聽迷詩所經〉,見《東傳福音》,收入周燮藩主編,中國宗教歷史文獻集成編纂委員會編:《中國宗教歷史文獻集成》,系列之三,冊1,頁35。

132　〔宋〕陳彭年:《校正宋本廣韻》(臺北:藝文印書館,1986年),頁167。

133　參〔晉〕陳壽著,〔清〕盧弼集解:《三國志集解》(北京:中華書局,1982年),頁454。

134　〈序聽迷詩所經〉,見《東傳福音》,收入周燮藩主編,中國宗教歷史文獻集成編纂委員會編:《中國宗教歷史文獻集成》,系列之三,冊1,頁35。

135　原文是「在」字,應該是「左」字,比較乎合《新舊約聖經》記載。

136　〈序聽迷詩所經〉,見《東傳福音》,收入周燮藩主編,中國宗教歷史文獻集成編纂委員會編:《中國宗教歷史文獻集成》,系列之三,冊1,頁35。

間所有墓門並開，所有死人並悉得活。」¹³⁷但耶穌死後卻復活，「死活並為彌師訶」。¹³⁸

4 尊敬天子

此經除了教人尊敬上帝之外，也教導人尊敬 聖上，即尊敬天子，帝王與天尊地位相稱，所以人應以敬畏上帝之心來敬畏 聖上，其云：「人合怕天尊，……眾生若怕天尊，亦合怕懼 聖上¹³⁹， 聖上前身福私，天尊補任，亦無自乃天尊耶。屬自作 聖上，一切眾生，皆取 聖上進止，如有人不取 聖上，駈使不伏，其人在於眾生，即是返送償，若有人受 聖上進止，即成人中解事，并伏駈使及好之人。」¹⁴⁰

龔天民認為福私即福利，返送即是叛逆。¹⁴¹驟眼看來，這是一種本色化的思想，實際上卻是把《新約聖經・羅馬書》十三：1-2節所講順服在上有權柄的人的教訓發揮出來。而且，景教來到中土後，受到儒家思想，五倫關係的影響，更把這個尊君思想強化了。

5 孝順父母

除了事奉上帝及聖上之外，此經也強調孝順父母。首先是敬畏父母，「第三須怕父母，恆承父母，將比天尊及聖帝，以若人先事天尊及聖上，及事父母不闕。」¹⁴²龔天民認為「恆」是「祗」，¹⁴³「祗」

---

137 〈序聽迷詩所經〉，見《東傳福音》，收入周燮藩主編，中國宗教歷史文獻集成編纂委員會編：《中國宗教歷史文獻集成》，系列之三，冊1，頁35。

138 〈序聽迷詩所經〉，見《東傳福音》，收入周燮藩主編，中國宗教歷史文獻集成編纂委員會編：《中國宗教歷史文獻集成》，系列之三，冊1，頁35。

139 原文在「聖上」之前空格，表示尊重。

140 〈序聽迷詩所經〉，見《東傳福音》，收入周燮藩主編，中國宗教歷史文獻集成編纂委員會編：《中國宗教歷史文獻集成》，系列之三，冊1，頁35。

141 同前註，頁35。

142 同前註，頁33。

是「敬」的意思。[144]這點與十誡的第五誡《舊約聖經‧出埃及記》廿：12：「當孝敬父母，使你的日子在耶和華你神所賜你的地上，得以長久。」[145]的意思十分相近。

孝順父母與恭養父母是人進入天國之途徑，「天尊說云：『所有眾生，返諸惡等返送於尊，亦不是孝。第二願者，若孝父母并恭給所有眾生，孝養父母，恭承不闕，臨命終之時，乃得天道為舍宅。為事父母，如眾生無父母，何人處生。』」[146]從經文而言，孝順父母與敬畏上帝，尊敬聖上都是同等重要，而孝順父母之重要方式，是供養父母，因為父母是個人生命之來源。

6　社會倫理

此經除了著重孝道之外，也強調人倫關係，而且，有些像十誡的第六至十誡，此經稱為「顛」，龔天民解此字作「願」。[147]第四願是以善待人，第五願是不可殺人，因為世人生命是平等的，第六願是不可淫人妻子，第七願是不可做賊，第八願是不可嫉忌別人的財富。其云：「第四顛者，如有受戒人，向一切眾生，皆發善心，莫懷睢惡。第五顛者，眾生自莫煞生，亦莫諫他煞，所以眾生命共人命不殊。第六顛者，莫奸[148]他人妻，子自莫宛[149]。第七顛者，莫作賊。第八，眾

143　龔天民：《唐朝基教之研究》，頁115。

144　〔漢〕許慎著，〔清〕段玉裁注：《說文解字注》（臺北：藝文印書館，1979年，劇經韻樓藏版影印），第1篇上，頁6，總第3頁。

145　《聖經‧舊約全書》，頁93。

146　〈序聽迷詩所經〉，見《東傳福音》，收入周燮藩主編，中國宗教歷史文獻集成編纂委員會編：《中國宗教歷史文獻集成》，系列之三，冊1，頁33。

147　龔天民：《唐朝基教之研究》，頁116。

148　奸同姦，見《康熙字典》，丑集下，頁12。

149　應該是「怨」字。

生錢財見他富貴并有田宅奴婢，无睚眦。第九顠者，有好妻子并好金屋，作文證加禖他人。第十顠者，受他寄物，并將費用天尊。」[150]

7　幫助弱小

先是不可欺負弱小之人，「見弱莫欺他人」。[151]凡事需依法判斷，不可冤枉孤苦的人，「有悍獨男女及寡女婦申訴，莫作寃屈。」[152]審案需按公平，不可因財而屈枉人，「莫欺他人取物，莫枉他人，有人披訴應事實莫屈斷。」[153]

不可以鄙視貧窮人，「如見貧兒，實莫迴面（面）。」[154]不要譏笑衣衫襤褸的人，「貧兒無衣破碎，實莫嘆。」[155]若有人無衣服蔽體，就給予衣服，「見人無衣，即與衣著。」[156]照顧窮乏的人，「貧兒如要須錢，有即須與，無錢可與，以理發遣，無中布施。」[157]即使是仇家饑餓，也要救濟，「及宛家飢餓，多與食飲，割捨怨事。」[158]見那些久病之人，不要恥笑他們，「見他人瘝病，實莫嘆他，此人不是自由，如此瘝病。」[159]

對於努力工作的工人，需要給予應得的酬勞，「如見男努力，與努力，與須漿。」[160]而其工資須當日發放，不可遲發薪水，「作兒財

150　〈序聽迷詩所經〉，見《東傳福音》，收入周燮藩主編，中國宗教歷史文獻集成編纂委員會編：《中國宗教歷史文獻集成》，系列之三，冊1，頁33-34。

151　同前註，頁33-34。

152　同前註，頁34。

153　同前註，頁34。

154　同前註，頁34。

155　同前註，頁34。

156　同前註，頁34。

157　同前註，頁34。

158　同前註，頁34。

159　同前註，頁34。

160　同前註，頁34。

物不至，一日莫留，所以作兒規徒，多少不避寒凍。」[161]也不可以咒罵工人，否則上帝會予以懲罰，「庸力見若莫罵，諸神有威力，加罵定得灾鄐。」[162]

8　因果報應

人若修福則不會落地獄，若犯罪作惡，便跌落惡道。若孝養父母及為國操心者，就得賞賜，反之，則會被處罰，甚至被處死。

> 眾生自不見天，為自修福，然不墮惡道地獄，即得天，得如有惡業，眾墮落惡道。不見明果，亦不得天道，眾生等好自思量，天地上大大，諸惡眾生，事養者懃，心為國多得賜官職，并賜雜菜，無量無量，如有眾生不事天大，諸惡及不取進止，不得官職，亦無賜償，即配徒流，即配處死，此即不是天大。諸惡自由至，為先身緣業種果團圓犯有，眾生先須想自身果報，天尊受許辛苦，始立眾生，眾生理佛不遠，立人身自尊，善有善福，惡有惡緣。[163]

這種善有善報，惡有惡報的思想，範圍很廣泛，包括個人道德，與父母的關係，與國家的關係，唐代以科舉選拔人才，為官報國，是參與科舉之士的人生理想。

---

161 〈序聽迷詩所經〉，見《東傳福音》，收入周燮藩主編，中國宗教歷史文獻集成編纂委員會編：《中國宗教歷史文獻集成》，系列之三，冊1，頁34。

162 同前註，頁34。

163 同前註，頁32-33。

（二）〈一神論〉

這經也是景教最古的經典之一，於一九一七年歸京都帝國大學講師富岡謙藏氏所藏。於一九一八年七月一日，已故京都大學校長羽田亨博士在《藝文》雜誌討論過此經。據他說，此經原文有四百零五行，首部殘缺，但據卷末題有〈一神論第三〉之名，可見一神論是此經之名稱，而且，此經分三部份，分別是喻第二，一天論第一，世尊佈施論第三。[164]

1　上帝觀

〈一神論〉所說的上帝是創造天地萬物的主宰，一切有形無形之物，俱是上帝所創造，其云：

> 万物現一神，一切万物，既是一神，一切所作若見，所作若見，所作之物，亦共見一神不別，以此故知一切萬物，並是一神所作。可見者不可見者，並是一神所造。之時當今，現見一神所造之物，故能安天立地，至今不變。天無柱支託，若非一神所為，何因而得久立，不從上落，此乃一神術妙之力，若不一神所為，誰能永久住持不落，以此言之，知是一神之力，故天得獨立。[165]

經文解釋了為何知道上帝創造萬物，首先是從萬物可見到上帝的能力，就如《羅馬書》所言：「自從造天地以來，上帝的永能和神性是

---

164 〈一神論〉，見《東傳福音》，收入周燮藩主編，中國宗教歷史文獻集成編纂委員會編：《中國宗教歷史文獻集成》，系列之三，冊1，頁21。

165 〈一神論〉，見《東傳福音》，收入周燮藩主編，中國宗教歷史文獻集成編纂委員會編：《中國宗教歷史文獻集成》，系列之三，冊1，頁21。

明明可知的,雖是眼不能見,但藉著所造之物,就可以曉得,叫人無可推諉。」[166]而且,也用實際觀察的方式,指出天無支柱,卻不會塌下來,就可以知道是上帝的能力支撐著。

因為,上帝的能力無窮無盡,其能力促使天地存在,「若神力不任,天地必壞,由是神力,天地不敗。故天地並是一神之力。天不墮落,故知一神妙力不可窮盡,其神力無餘神,唯獨一神既有。」[167]

這位上帝是獨無一二的,但人卻不能看見上帝,「天地唯有一神,更無二,亦無三。一神在天地不可,亦如魂魄在人身,人眼不可見,魂魄在身,既無可執見,亦如天下不可見。」[168]上帝的存在,如人的靈魂,是看不見的,就如耶穌對撒瑪利亞婦人所說:「上帝是個靈。」[169]

祂又是無所不在的,「天下有一神,在天堂無接界,惣是一神亦不在一處,亦不執著一處,亦無接界一處兩處。」[170]

祂是無始無終,自有永有的,人不知祂何時出現「一神不可問何時作、(何)[171]時起,亦不可問得,亦非問所得,常住不滅,常滅不住,一神所在,在於一切萬物常住。一神無起作,常住無盡,所在處,亦常尊在,無亦常尊。」[172]正如《出埃及記》所言:「上帝對摩西說,

---

166 《聖經‧新約全書》,頁209。

167 〈一神論〉,見《東傳福音》,收入周燮藩主編,中國宗教歷史文獻集成編纂委員會編:《中國宗教歷史文獻集成》,系列之三,冊1,頁21。

168 同前註,頁21。

169 《聖經‧新約全書》,頁130。

170 〈一神論〉,見《東傳福音》,收入周燮藩主編,中國宗教歷史文獻集成編纂委員會編:《中國宗教歷史文獻集成》,系列之三,冊1,頁21。

171 原文無(何)字,參見龔天民:《唐朝基教之研究》,頁126。

172 〈一神論〉,見《東傳福音》,收入周燮藩主編,中國宗教歷史文獻集成編纂委員會編:《中國宗教歷史文獻集成》,系列之三,冊1,頁21。

我是自有永有的。」[173]亦如〈景教碑〉所說：「先先而无元⋯⋯後後
而妙有。」[174]

2　人觀

　　人可分兩部份，一是可見之體，二是不可見的靈魂，「天下有者
並可見，亦有無可見。譬如見魂魄，人不可得見，有可見欲，似人神
識。一切人見二種，俱同一根，喻如一箇根共兩種苗，譬如一人共魂
魄并神識共成一人。若人身不具足，人無魂魄，人亦不具足，人無神
識亦不具足。天下所見，獨自無具足，天下無可見，獨自亦具足。」[175]
人的靈魂是不滅的，「譬如魂魄不滅，神力種性，人魂魄還即轉動。
魂魄神識是五陰所作，亦悉見，亦悉聞，亦言語，亦動，魂魄種性，
無宍[176]眼不見，無肉手不作，無肉腳不行。」[177]即使天地滅絕，魂魄
仍然不滅，其云：

> 喻如魂魄五陰不得成就，此魂魄不得五陰，故不能成。既無別
> 作神，因此故，當得五陰手，然後天下常住不滅，万物莫不
> 就，由如魂魄執著，五味如五陰，為天下魂魄美味，魂魄知彼
> 相似，譬如說言，魂魄在身，上如地中麥苗在後生生子，五陰
> 共魂魄，亦言麥苗生子。種子上能生苗，苗子亦各固自然生。

173　《聖經・舊約全書》，頁71。

174　〔唐〕景淨：〈景教流行中國碑頌并序〉，見夏傳才主編：《詩經要籍集成二編》，
　　　冊40，頁196-197。

175　〈一神論〉，見《東傳福音》，收入周燮藩主編，中國宗教歷史文獻集成編纂委員
　　　會編：《中國宗教歷史文獻集成》，系列之三，冊1，頁22。

176　宍是肉的古字，參〔清〕陳廷敬、張玉書編，漢語詞典編纂處整理：《康熙字典》
　　　（上海：漢語大詞典出版社，2002年，標點整理本），頁939。

177　〈一神論〉，見《東傳福音》，收入周燮藩主編，中國宗教歷史文獻集成編纂委員
　　　會編：《中國宗教歷史文獻集成》，系列之三，冊1，頁22。

不求糞水，若以刈竟參入窖，即不藉糞水。暖風出，如魂魄在
身，不求覓食飲，亦不須衣服。若天地滅時，却更生時，魂魄
還歸五蔭身來，自然具足，更不求覓衣食，常住快樂，神通遊
戲，不切物資身。喻如飛仙快樂，若快樂身遊戲，彼天下快樂
亦如魂魄遊在身上快樂。[178]

魂魄可離開人的身體而自我活動，其存在亦不受肉身所限制，所以肉
身雖滅，魂魄仍然存在。

3　物觀

天下萬物，無論有形無形之物，其最原始狀態都是地、水、火、
風，是上帝的能力使地、水、火、風演化成萬物，「天下萬物盡一四
色。……問曰：『人是何物作？』答曰：『有可見，無可見。何有作，
何無作。有可見則是天下從四色物作，地、水、火、風神力作。』問
曰：『何有四色作也。』答曰：『天下無一物不作，一神亦無一物不
作。』」[179] 換言之，一切世間萬物，都是被造之物，這個萬物被造說
與《新舊約聖經》有所不同，因為《新舊約聖經》無地、水、火、風
演成萬物之說。

4　因果循環觀

〈一神論〉也如〈序聽迷詩所經〉一樣，有明確的因果循環論，
人需要修善種果報，「須作者此天下，彼處作在後生時。此天下。如
是此天下生亦不生，常住此處。為如此生能脩善種果報。彼天下須

178　同前註，頁23。

179　同前註，頁22。

者，皆得在先此天下種於後去。」[180]而且需要在人生之時作功德，不是在人未生出之時或死去之後行善修福，其云：

> 如彼天下須者，此間合作。此間若不合作，至彼處亦不能作，一切功德須此處作，不是彼處作。莫跪拜鬼，此處作功德，不是彼處。一神處分莫違，願此處得作，彼處不得作。喻如作功德，先須此處作，不是彼處，布施與他物功德，此處施德，彼處雖施亦不得。發心須寬大，不得窄小。即得作寬，此處得作，彼處作不得。以此思量，毒心惡意怨酬增嫉物須除卻。此處除可得，彼處除不可得。身心潔淨，恭敬禮拜，不犯戒行，此處作得，彼處作不得。至心禮拜天尊，一切罪業，皆得除免。[181]

行善種，修果報亦不能脫離與上帝的關係，用純潔的心，禮拜上帝，一切罪孽都可除去。否則就陷入被上帝懲罪的循環之中，「常不滅時節，惣受處分，亦是春秋迎代，暑往寒來，四時成歲，將兼日夜，相添足浹辰，還緣一神賢聖智惠自然，常定無虧無盈。喻如善響自在，故自然還自應，一神圓滿自在，故自然法教具足。」[182]

5　魔鬼觀

魔鬼迷惑人心，人就因而不能知曉上帝的誠命，也不知上帝的恩典，人陷於魔鬼的迷惑，就如動物一般，失去向善之心，墮入魔鬼的惡道，其云：

---

180 同前註，頁23。
181 〈一神論〉，見《東傳福音》，收入周燮藩主編，中國宗教歷史文獻集成編纂委員會編：《中國宗教歷史文獻集成》，系列之三，冊1，頁23-24。
182 同前註，頁24。

眾人緣人聞有怨家，惡魔鬼迷惑，令耳聾眼瞎不得聞戒行。眾
人先自緣善神，先自有善業。為是愚癡緣被惡魔迷惑，未得曉
中事。喻如人自抄錄善惡，人還自迷惑不覺悟，不知神之福
祚。乃如四足畜生，以是等故，心同四足，故難為解說，難得
解脫，而無分別。是知四足之等緣無識解，不解礼敬一神，亦
不解祠祭惡魔等，與惡魔相遠，使人迷惑。惡入惡怨家，無過
惡魔等。但有愚人皆是惡魔等迷惑，使墮惡道。以是因緣此人
聞怨家莫過惡魔迷惑人。故使有癡駭在於木石之上著神名字，
以是故說，惡魔名為是人間怨家，是以須知名字為人論說，使
人知善惡淺深。若人不解思量者，還是緣惡魔迷惑不能脩善，
以是亦須思惡魔，若人能靜惡魔，使逐覺悟，其惡魔亦如天上
飛仙等同一種，以是自用惡故迴向惡道。[183]

人若墮入魔鬼道，迷途不知返，人也會變成惡魔，其云：

故此，人即是一神及諸眾生等惡怨家無異，便遂飄落離於大處
緣神惡故，非獨一身不離三界，亦出離眾善眷屬，因即名惡魔
鬼，改名娑多那，喻如胡號名惡魔，以是故惡魔，以是故魔等
同一字，亦如惡魔有迴向惡道亦如迷惑眾人迴向惡，愚癡皆緣
惡魔迷惑，故迴心向惡者，名字同鬼，亦如魍魎，並皆迴向惡
道，遂便出離於天堂，天下惡所是其住處，依其神住，說言惡
風還在天下，惡行還如魔，是人間怨家，樂著惡處住者，然其
下處惡中最大號名參怒，自外次第號為鬼也，然此鬼等即與惡
魔離天堂，其明同歸惡道，緣參怒常設數種惡方便，迷惑眾人

故使其然也。[184]

惡魔迷惑眾人的原因是因為牠嫉忌眾人為善，「惡魔嫉妬眾人為善，是以緣不令人遵敬一。故惡魔專思為惡，故還欲迷惑眾生，人使墮惡道。是以惡魔迷惑，故愚癡人等無心尊敬一神。」[185]

6　山上寶訓

〈一神論〉的神學思想，有一部份是基督教《新舊約聖經》的山上寶訓，這些文字，可以與《新約聖經‧馬太福音》第六至七章相比較。

第一是論施捨，「如有人布施時，勿對人布施。會須遣世尊知識，然始布施，若左手布施，勿令右手覺。」[186]《新約聖經‧馬太福音》6：3-4說：「你施捨的時候，不要叫左手知道右手所作的，要叫你施捨的事行在暗中，你父在暗中察看，必然報答你。」[187]

第二是論禱告，「若禮拜時，勿聽外人眼見，外人知聞，會須一神自見，然始禮拜。」[188]《新約聖經‧馬太福音》6：6說：「你禱告的時候，要進你的內屋，關上門，禱告你在暗中的父，你父在暗中察看，必然報答你。」[189]

第三是論饒恕，「若其乞願時勿濫，乞願時先放人劫，若然後向

184　〈一神論〉，見《東傳福音》，收入周燮藩主編，中國宗教歷史文獻集成編纂委員會編：《中國宗教歷史文獻集成》，系列之三，冊1，頁25。

185　同前註，頁25。

186　同前註，頁25。

187　《聖經‧新約全書》，頁7。

188　〈一神論〉，見《東傳福音》，收入周燮藩主編，中國宗教歷史文獻集成編纂委員會編：《中國宗教歷史文獻集成》，系列之三，冊1，頁25。

189　《聖經‧新約全書》，頁7。

汝處作罪過。汝亦還放汝刧,若放得,一即放得汝。知其當家放得
罪,一還客怒翳數。」[190]《新約聖經·馬太福音》6:14-15說:「你
們饒恕人的過犯,你們的天父也必恕你們的過犯,你們不饒恕人的過
犯,你們的天父也不饒恕你們的過犯。」[191]

第四是論真財寶,「有財物不須放置地上,惑時壞刧,惑時有賤
盜將去,財物皆須向天堂上,必竟不壞不失。」[192]《新約聖經·馬太
福音》6:19-20說:「不要為自己積儹財寶在地上,地上有蟲子咬,
能銹壞,也有賊挖窟窿來偷,只要積儹財寶在天上,天上沒有蟲子
咬,不能銹壞,也沒有賊挖窟窿來偷。」[193]

第五是勿慮衣食,「計論人時兩箇性命天下。一。一天尊,二即
是財物。若無財物,喫著交關,勿如此三思,喻如將性兒子被破兇
賊,即交無喫著何物。我語汝等,唯索一物,當不一神處乞必無罪
過,若欲著皆得稱意,更勿三思。一如汝等惣是,一第子誰常乞願在
天尊近,並是自猶自在,欲喫欲著,此並一神所有,人生看魂魄上衣
五蘊上衣,惑時一所與食飲,或與衣服,在餘惣不能與。唯看飛鳥,
亦不種不刈,亦無倉壒可守,喻如一在磧裡,食飲不短,無犁作,亦
不言衣裳。」[194]《新約聖經·馬太福音》6:24-28說:「一個人不能
事兩個主,不是惡這個愛那個,就是重這個輕那個。你們不能又事奉
上帝,又事瑪門。所以我告訴你們,不要為生命憂慮,喫甚麼,喝甚

190 〈一神論〉,見《東傳福音》,收入周燮藩主編,中國宗教歷史文獻集成編纂委員
　　會編:《中國宗教歷史文獻集成》,系列之三,冊1,頁25。

191 《聖經·新約全書》,頁7。

192 〈一神論〉,見《東傳福音》,收入周燮藩主編,中國宗教歷史文獻集成編纂委員
　　會編:《中國宗教歷史文獻集成》,系列之三,冊1,頁25。

193 《聖經·新約全書》,頁7-8。

194 〈一神論〉,見《東傳福音》,收入周燮藩主編,中國宗教歷史文獻集成編纂委員
　　會編:《中國宗教歷史文獻集成》,系列之三,冊1,頁25。

麼，為身體憂慮穿甚麼，生命不勝於飲食嗎，身體不勝於衣裳嗎。你們看天上的飛鳥，也不種，也不收，也不積在倉裏，你們的天父尚且養活他，你們不比飛鳥貴重得多麼。你們那一個能用思慮使壽數多加一刻，何必為衣裳憂慮呢。」[195]

第六是勿論斷人，「莫看餘罪過，唯看他家身上正身。自家身不能正，所以欲得成餘人。似如梁柱著自家眼裏，倒向餘人說言，汝眼裏有物除卻，因合此語，假矯，先向除眼裏梁柱。」[196]《新約聖經‧馬太福音》7：1-4說：「你們不要論斷人，免得你們被論斷。因為你們怎樣論斷人，也必怎樣被論斷。你們用甚麼量器量給人，也必用甚麼量器量給你們。為甚麼看見你弟兄眼中有刺，卻不想自己眼中有梁木呢。你自己眼中有梁木，怎能對你弟兄說，容我去掉你眼中的刺呢。」[197]

第七是論祈求，「從一乞願，打門他與汝門，所以一神乞願必得，打門亦與汝開。若有乞願不得者，亦如打門不開。為此乞願不得妄索，索亦不得。自家身上有者，從汝等於父邊索餅即得，若從索石，恐畏自害即不得。若索魚亦可，若索虵恐螫汝，為此不與。作此事，亦無意智，亦無善處，向憐愛處，亦有善處。向父作此意，是何物意。如此索者，亦可與者，亦不可不與者。須與不與二是何物，兒子索亦須與，一智裏無有意智亦無意智處。有善處有罪業處不相和。在上須臺舉亦不須言，索物不得，所以不得有不可索，浪索不得，你所須者，餘人索，餘人須亦你從索，餘人於你上所作，你還酬償。」[198]

195 《聖經‧新約全書》，頁8。
196 〈一神論〉，見《東傳福音》，收入周燮藩主編，中國宗教歷史文獻集成編纂委員會編：《中國宗教歷史文獻集成》，系列之三，冊1，頁26。
197 《聖經‧新約全書》，頁8。
198 〈一神論〉，見《東傳福音》，收入周燮藩主編，中國宗教歷史文獻集成編纂委員會編：《中國宗教歷史文獻集成》，系列之三，冊1，頁26。

《新約聖經・馬太福音》7：7-12說：「你們祈求，就給你們，尋找就尋見，叩門就給你們開門。因為凡祈求的就得著，尋找的就尋見，叩門的，就給他開門。你們中間，誰有兒子求餅，反給他石頭呢，求魚反給他蛇呢，你們雖然不好，尚且知道拿好東西給兒女，何況你們在天上的父，豈不更把好東西給求他的人麼，所以無論何事，你們願意人怎樣待你們，你們也要怎樣待人。」[199]

第八是論窄門，「去於惡道，喻如王口道，遣汝住天上，彼處有少許人，於寬道上行，向在歡樂，如入地獄，亦有人語於餘語，善惡如此一樣汝等智。」[200]《新約聖經・馬太福音》7：13-14，「你們要進窄門，因為引到滅亡，那門是寬的，路是大的，進去的人也多。引到永生，那門是窄的，路是小的，找著的人也少。」[201]

上述八種觀念很顯然是從山上寶訓而來的，也可見〈一神論〉是一篇向初信者解釋基督教神學的文獻。

（三）〈大秦景教三威蒙度讚〉

此經於西元一九〇八年被法國人伯希和從敦煌石室發現，並帶回法國，現存於巴黎國立博物館東洋部內。[202]據日人佐伯好郎的解釋，「三」即三位一體，「威蒙度」是敘利亞文 imuda 的譯音，義為施洗。[203]三威蒙度讚可說是一讚美上帝之頌詞，天、地、人都頌讚三位一體真神，讚美上帝的拯救，讚美聖父、讚子、聖靈是帝中之帝，讚

---

199 《聖經・新約全書》，頁8-9。

200 〈一神論〉，見《東傳福音》，收入周燮藩主編，中國宗教歷史文獻集成編纂委員會編：《中國宗教歷史文獻集成》，系列之三，冊1，頁26。

201 《聖經・新約全書》，頁9。

202 龔天民：《唐朝基教之研究》，頁29。

203 劉偉民：〈唐代景教之傳入及其思想的研究〉，見《聯合書院學報》第1期（1962年6月），頁54。

美上帝是偉大無雙的，是人眼不能看見的，若無上帝，人便不能得救，唯有聖子彌施訶救度無邊，祂承擔世人的罪擔，使人得免上帝的震怒，這位「大師」是聖主法王，值得稱讚的，祂是世人所仰望的，使人的枯焦心靈得滋潤，這位海量汪涵的上帝，實值世人景仰。因為此文比其他經典較短，茲將全文錄之如下：

> 旡上諸天深敬歎，大地重念普安和；人元真性蒙依止，三才慈父阿羅訶。
>
> 一切善眾至誠禮，一切慧性稱讚歌；一切含真盡歸仰，蒙聖慈光救離魔。
>
> 難尋旡及正真常，慈父明子淨風王；於諸帝中為師帝，於諸世尊為法皇。
>
> 常居妙明無畔界，光威盡察有界壇；自始無人嘗得見，復以色見不可相。
>
> 惟獨絕凝清淨德，惟獨神威無等力；惟獨不轉儼然存，眾善根本復無拯。
>
> 我今一切念慈恩，歎彼妙樂照此國；彌師訶普尊大聖子，廣度苦界救無億。
>
> 常活命王慈喜羔，大普躭苦不辭勞；願捨群生積重罪，善護真性得無繇。
>
> 聖子端任父右座，其座復超無羃高；大師願彼乞眾請，降栿使免火江漂。
>
> 大師是我等慈父，大師是我等聖主；大師是我法王，大師能為普救度。
>
> 大師慧力助諸贏，諸目瞻仰不蹔移；復與枯燋降甘露，所有蒙潤善根滋。

大聖普尊弥施訶，我歟慈父海藏慈；大聖謙及淨風性，清凝法耳不思議。[204]

（四）〈尊經〉

〈尊經〉也和〈三威蒙度讚〉一樣，被法國的伯希和帶回法國，現存巴黎國立博物館。[205]〈尊經〉故名思義也是一頌詞，不過比較特別的，經中所「尊」的不單只是三位一體的上帝，此經是以尊聖父、聖子、聖靈為始，「尊經，敬禮，妙身皇父阿羅訶，應身皇子弥施訶，證身盧訶寧俱沙，已上三身同歸一體。」[206]次為敬禮法王，三為尊奉經典。[207]「尊經」的記載，使後人得知唐代景教的經籍數量不少，可惜未能全部譯出，所以後來者不能知道其詳。

（五）〈宣元本經〉

〈宣元本經〉原由中國人李盛鐸氏收藏。此經典曾由北京輔仁大學校長陳援庵從李氏的祕藏中抄寫出來，據陳援庵表示，此經原是黃麻紙卷抄本，上下和行間有細闌。日本人佐伯好郎於一九三一年攜同此經之抄本回日本研究。後來日本人小島靖君在李盛鐸氏遺物中發現此經的殘卷，並拍了照片寄回日本給佐伯好郎。[208]但本經是殘卷，只有十一行，共有一百一十九字，第十二行以下已經遺失。[209]

〈宣元本經〉是說景通法王在大秦國那薩羅城向會眾說法的教

---

204 〈大秦景教三威蒙度讚〉，見《東傳福音》，收入周燮藩主編，中國宗教歷史文獻集成編纂委員會編：《中國宗教歷史文獻集成》，系列之三，冊1，頁9。

205 龔天民：《唐朝基教之研究》，頁29。

206 〈尊經〉，見《東傳福音》，收入周燮藩主編，中國宗教歷史文獻集成編纂委員會編：《中國宗教歷史文獻集成》，系列之三，冊1，頁9。

207 同前註，頁9。

208 翁紹軍：《漢語景教文典詮釋》（香港：漢語基督教文化研究所，1995年），頁152。

209 龔天民：《唐朝基教之研究》，頁40。

訓[210]「善來法眾，至至旡來，今柯通常，啟生滅死，各圖其分。靜諦我宗，如了旡元，礙當隨散，即宣玄化匠帝真常。旡元、旡言、旡道、旡緣。」[211]

（六）〈大秦景教宣元至本經〉

此經也是一殘卷，失去了前半部，所以，研究景教的日本學者佐伯好郎認為〈大秦景教宣元至本經〉與〈大秦景教宣元本經〉是同一卷經典，但這說法尚待更多的證據才可以證實。[212]

這部經典主要的思想是「道」，這是包容萬物之道，是至高至祕之道，「妙道能包容萬物之奧道者，虛道之妙理，郡生之正性，奧深密也，亦丙靈之府也。」[213]此廣大之道，亦能創造萬物，且是萬物的歸向。「妙道生成萬物，囊括百靈，大旡不包，故為物靈府也。」[214]

道的功能廣大，充滿光明，可驅除魔鬼，人若轉歸向此道，就可避免墮入萬劫不復的境地：

> 聖道冥通，光威盡察，救物弘普，從使郡生不善，何有可棄心，明慧慈悲，覆被接濟旡遺也。夫信道可以驅除一切魔鬼，長生富貴，永免大江漂迷，所以貴此道者何耶。只為不經，一日求之則得此言，悟者目擊道有迷於累劫不復也。假使原始以來生死罪譴，一得還源，可以頓免，有此神力不可思議，故為天下人間所尊也。[215]

210　龔天民：《唐朝基教之研究》，頁173。
211　龔天民：《唐朝基教之研究》，頁173。
212　龔天民：《唐朝基教之研究》，頁43。
213　龔天民：《唐朝基教之研究》，頁153。
214　龔天民：《唐朝基教之研究》，頁153。龔氏的句讀不妥善，筆者作了修改。
215　龔天民：《唐朝基教之研究》，頁154。

可惜有些人信這道，有些人卻不信此道，信道之人可以復見真性，不信道之人則困滯於物境之中，「善人之寶，信道善人達見真性，得善根本復无極，能寶而貴之。不信善之徒，所不保。保守持也，流俗之人，躭滯物境，性情浮覽，豈能守持内靈，遙叩妙明，夫善言可以市人，尊行可以加人。」[216]而且不信道之徒，良心被埋沒，說話只求取悅別人，全無真實，「不信善之徒，心行澆薄，言多佞美，好為餝辞，猶如市井更相覓利，又不能柔弱靡謙，後身先物，方自尊高乚行加陵於人。」[217]但上帝之道卻不棄愚鄙，拯人於罪，「不信善之徒，言行如是，真於道也不亦遠乎，神威无等，不棄愚鄙，恒布大慈，如大聖法王，人之不善奚棄之，有奚何也言。」[218]

（七）〈大秦景教大聖通真歸法讚〉

此經與〈宣元本經〉一樣，同由國人李盛鐸氏所藏，日本人小島靖君在李氏遺物中發現了此二經，拍了照片寄回日本給佐伯好郎，可惜小島靖君所得的兩本原文與及其行李被人偷走，所以現在只存照片。[219]

〈大秦景教大聖通真歸法讚〉也是一首頌詞，而且是頌經前的前奏頌詞，先是頌上帝之榮耀及其功德，然後是頌上帝救贖失去本性的人，上帝驅除魔鬼，令人安心敬拜，其云：

> 敬禮大聖慈父阿羅訶，皎皎玉容如日月。巍巍功德超凡聖，德音妙義若金鐸。法慈廣被億萬生，眾靈昧卻一切性，身被万毒

---

216 龔天民：《唐朝基教之研究》，頁153。
217 龔天民：《唐朝基教之研究》，頁153-154。
218 龔天民：《唐朝基教之研究》，頁154。
219 龔天民：《唐朝基教之研究》，頁41。

失本真，惟我大聖法王，高居无等界。聖慈照入為灰塵，驅除
魔鬼為民障，百道妙治存平仁。我今大聖慈父能以慧力救此億
兆民。聖眾神威超法海，使我瞻拜心安誠。一切善眾普遵奉，
同歸大法乘天輪。敬禮瑜罕難法王位下，以次誦天寶藏經，多
惠聖王經，阿思瞿利律經。大秦景教大聖通真歸法讚一卷。[220]

在此頌詞最末一句說明了唱畢此頌詞之後，便依次序頌讀〈天寶藏
經〉、〈多惠聖王經〉、〈阿思瞿利律經〉，可見此頌詞是頌經之前所用
的。至於文末則說明了此經的翻譯日期：

沙州大秦寺法徒索元定傳寫教讀，開元八年五月二日。[221]

（八）〈志玄安樂經〉

此經原本也是由李盛鐸氏所藏，日本的羽田亨博士曾經前往天津
訪問李盛鐸，並獲李氏准其抄寫此經而還。一九二九年，羽田亨發表
了一篇論文，題為〈論景教經典志玄安樂經〉。他形容此經也是寫於
黃麻紙上，首尾完整，可惜起初十行下半部卻殘缺不全。[222]

1　追求安樂道之方法

〈志玄安樂經〉的內容是說尋找安樂道的方法，其中一些內容，
與中國老莊思想有共通之處，尋找安樂之道的方法，先是要去動欲與
無求，「凡脩勝道，先除動欲，无動无欲，則不求不為。无求无為，

220　龔天民：《唐朝基教之研究》，頁156。
221　龔天民：《唐朝基教之研究》，頁156。
222　龔天民：《唐朝基教之研究》，頁60。

則能清能淨。能清能淨，則能悟能證。能悟能證則遍照遍境，遍照遍境是安樂緣。」[223]

這點與老莊思想有共通之處，《老子》十二章云：「五色令人目盲，五音令人耳聾，五味令人口爽，馳騁畋獵令人心發狂，難得之貨令人行妨。」[224]又《老子》十六章：「致虛極，守靜篤，萬物作，吾以觀其復。夫物芸芸，各歸其根，歸根曰靜，靜曰復命。」[225]

此外，莊子的思想也可參考，《莊子‧天地篇》云：「且夫失性有五，一曰五色亂目，使目不明，二曰五聲亂耳，使耳不聰，三曰五臭薰鼻，困惾中顙。四曰五味濁口，使口厲爽。五曰取捨滑心，使性飛揚，此五者皆生之大害也。」[226]

又《莊子‧天道篇》云：

> 聖人之靜也，非曰靜也，善故靜也。萬物足以鐃心者，故靜也。水靜則燭鬚眉，平中準，大匠取法焉，水靜猶明，而況精神。聖人之心靜乎，天地之鑒也，萬物之鏡也。夫虛淡恬靜，寂寞無為者，天地之平，而道德之至，故帝王聖人休焉。休則虛，虛則實，實者倫矣。虛則靜，靜則動，動則得矣。靜則無為，無為也，則任事者責矣。無為則俞俞，俞俞者，憂患不能處，年壽長矣，夫虛靜恬淡，寂寞無為者，萬物之本也。[227]

223 〈志玄安樂經〉，見《東傳福音》，收入周燮藩主編，中國宗教歷史文獻集成編纂委員會編：《中國宗教歷史文獻集成》，系列之三，冊1，頁14。

224 〔漢〕河上公章句：《老子道德經章句》，上卷，頁6，總頁7。

225 〔漢〕河上公章句：《老子道德經章句》，上卷，頁8，總頁8。

226 〔晉〕郭象注，〔唐〕陸德明釋文，〔唐〕成玄英疏，〔清〕郭慶藩集釋：《莊子集釋》（臺北：中華書局，1980年，影印湘陰郭氏原刊本），冊1，卷5上，頁25，總頁241。

227 〔晉〕郭象注，〔唐〕陸德明釋文，〔唐〕成玄英疏，〔清〕郭慶藩集釋：《莊子集釋》，冊1，卷5中，頁1-2，總頁243-244。

有動欲的原因是因為人有欲望，即「有所求為」，這些慾望使人陷於苦惱之中，所以去除動欲必須先無欲無為，「若有知見，則為有身。以有身故，則懷生想。懷生想故，則有求為。有所求為，是名動欲。有動欲者，於諸苦惱，猶免未能，況於安樂而得成就，是故我言，旡欲旡為，離諸染境，入諸淨源，離染能淨，故等於虛空，發惠光明，能照一切，照一切，故名安樂道。」[228]無欲無為便會離開俗世污染，便會無欲，可以進入安樂道。

　　無欲無為之後便需無德，亦即無功德，人若追求功德，便陷於求名求異之境地，「我在諸天，我在諸地。或於神道，或於人間，同類異類，有識無識，諸善緣者，我皆護持，諸惡報者，我皆救拔。然於救護，實旡所聞，同於虛空，離功德相，何以故？若有功德，則有名聞。若有名聞，則為自異。若有自異，則同凡心。同凡心者，於諸矜夸，猶未度脫，況於安樂，而獲圓通。是故我言，旡德旡聞者，任運悲心，於諸有情，悉令度脫，資神通，故因晤正真，晤正真故是安樂道。」[229]唯有不存功德之念，才可以脫離凡心，了悟正真之道。

　　無德之後是無礙，人於視聽食色最易陷於失敗之道，必需擺脫這些引人欲念的障礙，才可以達到安樂之境，「我於眼法，見旡礙色。我於耳法，聞旡礙聲，我於鼻法，知旡礙香。我於舌法，辦旡礙味。我於身法，入旡礙形。我於心法，通旡礙知。如是六法具足，莊嚴成就，一切眾真景教，皆自旡始暨因緣。初累積旡邊囉嵇浼福，其福重極萬億，圖齊帝山，譬所莫及，然可所致，方始善眾會合，正真因茲惠明，而得遍照，玄通昇進，至安樂鄉。超彼凝圓旡轉生命，岑穩僧伽，如是旡量囉嵇浼福，廣濟利益，不可思議。我今自念，實旡所

228　〈志玄安樂經〉，見《東傳福音》，收入周燮藩主編，中國宗教歷史文獻集成編纂委員會編：《中國宗教歷史文獻集成》，系列之三，冊1，頁14。

229　同前註，頁14。

證。何以故，若言證，則我不得證，則我不得稱旡礙也。是故我言，旡欲旡為，旡德旡證，如是四法，不衒己，能離諸言說，柔下旡忍，潛運大悲，人民旡旡邊欲，令度盡於諸法中，而獲最勝，得最勝，故名安樂道。」[230]這種無礙之境，乃是無欲、無為、無德、無證。

尋求旡與安樂道的至高境界是無，「但於旡中，能生有體，若於有中，終旡安樂。何以故，譬如空山，所有林木，數條散葉，布影垂陰，然此山林不求鳥獸，一初鳥獸自求本栖集。又如大海，所有水泉，廣大旡涯，深濬不測，然此海水不求鱗介，一切鱗介自住其中。含生有緣，求安樂者，亦復如是，但當安心靜住，常習我宗。不安求樂，安樂自至。是故旡中能生有法人。」[231]若達到無的境界，便無所不包，無所不容，如此便能有安樂道。

2 安樂道的十觀法

要達到無的境界，需要按部就班，破除很多執障，除掉這些執障之途，是修練十種觀法，其文如下：

銷除積迷，當有十種觀法，為漸脩路，云何名為十種觀法。

一者，觀諸人間，肉身性命，積漸衰老，旡不滅亡。譬如客店，蹔時假宿，施床廦，具足珍羞，皆非我有，豈關人事，會當弃去，誰得久留。

二者，觀諸人間，親愛眷屬，終當離坼，難保會同，譬如眾葉共生一樹，風霜既至，枝榦即凋，分散零落，略旡在者。

---

230 〈志玄安樂經〉，見《東傳福音》，收入周燮藩主編，中國宗教歷史文獻集成編纂委員會編：《中國宗教歷史文獻集成》，系列之三，冊1，頁14-15。

231 同前註，頁15。

三者，觀諸人間，高大尊貴，榮華興盛，終不常居。譬如夜
月，圓光四照，雲霧遮起，晦朔遷移，雖有其明，安可
久恃。

四者，觀諸人間，強梁人我，雖欲自益，及為自傷，譬如虫蛾，
逢見夜火，旋飛投鄭，將以為好，不知其命滅在火中。

五者，觀諸人間，財寶積聚，勞神苦形，竟无所用。譬如小
瓶，纔容升升，酌江海水，將注瓶中，盈滿之外，更无
所受。

六者，觀諸人間，色慾軟滯，從身性起，作身性冤。譬如蝎虫
化生木內，能傷木性，唯食木心，究竟枯朽，漸當摧折。

七者，觀諸人間，飲酒淫樂，昏迷醉亂，不辨是非。譬如清
泉，鑑照一切有形之物，皆悉洞明，若添淤泥，影像頓
失，但多穢濁，諸无可觀。

八者，觀諸人間，猶玩戲劇，坐消時日，勞役精神。譬如狂
人，眼花妄見，手足攀撓，晝夜不休，筋力盡疲，竟无
所獲。

九者，觀諸人間，施行雜教，唯事有為，妨失直正。證如巧
工，尅作牛畜，莊嚴彩畫，形貌類真，將為田農，終不
收獲。

十者，觀諸人間，假脩善法，唯求眾譽，不念自欺。譬如蚌蛤，
含其明珠，漁者破之採而死，但能美人，不知己苦。[232]

觀乎此十觀法，一是看破自己的肉身，肉身只是人生命的短暫居所；
二是看破家庭關係，因天下無不散之筵席；三是看破榮華尊貴，名位

232　〈志玄安樂經〉，見《東傳福音》，收入周燮藩主編，中國宗教歷史文獻集成編纂委
　　員會編：《中國宗教歷史文獻集成》，系列之三，冊1，頁16-17。

之事總會失去；四是看破人的自私為我的品性；五是看破財富，不用有限的生命追求無限的財富；六是看破色與性，色與性只會令人形神衰竭；七是看破醉酒宴樂，酒只會使人不分是非；八是看破人生如戲，到曲終人散亦無所得；九是看破世俗的宗教，世人之宗教皆有求有為，乃入於偶像崇拜之中；十是看破人間求善之法，人間善法只求美名。

3　安樂道與四勝法

十觀法只是初步的修練，經歷過十觀法，沒有過失，才可進入四勝法。「觀此十種，制調身法，言行相應，卽无過失，方可進前四種勝法。」[233]

四勝法之首是無欲，「一者无欲，所謂內心有所動欲，求代上事，作眾惡緣，必須制伏，莫令輒起。何以故，譬如草根藏在地下，內有傷損，外无見知，見是諸苗稼，必當凋萃。人亦如是，內心有欲，外不見知，然四支七竅，皆无善氣，增長眾惡，斷安樂，因是故，內心行无欲法。」[234]此點著重平伏內心之欲，此心之欲，外人雖不可知見，但卻會有諸內而形諸外，「欲」使人長惡而無善，會與安樂道絕緣，所以要供無欲。

四勝法之二是無為「二者无為，所謂外形有所為造，非性命法，逐虛妄緣，必當捨弃，勿令親近。何以故，譬如乘船入大海，水逐風橈蕩，隨浪遷移，既憂沈沒，无安寧者。人亦如是，外形有為營造，俗法唯在進取，不念劬勞，於諸善緣，悉皆忘廢，是故外形履无為道。」[235]人有為是因為人有「身」，即是有外形，人為求滿足這外形

233　同前註，頁17。

234　同前註，頁17。

235　〈志玄安樂經〉，見《東傳福音》，收入周燮藩主編，中國宗教歷史文獻集成編纂委員會編：《中國宗教歷史文獻集成》，系列之三，冊1，頁17。

的需要，終日勞苦，這是人不能得安樂道的原因，所以人需要有外形
之無為。

　　四勝道之三是無德「三者旡德，於諸功德，不樂名聞，常行大慈，
廣度眾類，終不辭說，將為所能。以何故，譬如大地生養眾物，各隨
其性，皆合所宜，凡有利益，非言可盡。人亦如是，持勝上法，行景
教，因兼度含生便同安樂，於彼妙用，竟旡所稱，是名旡德。」[236]德
者功德也，功德是沽名釣譽之舉，因而有偏好，反觀天地自然養生，
各隨物性，無所偏好。無德者亦無所偏好，不求名譽，才可以進入安
樂道之妙境。

　　四勝法之四是無證，「四者旡證，於諸實旡所覺知，妄弃是非，
泯齊得失，雖曰自在，邈然虛空。何以故，譬如明鏡鑑照一切，青黃
雜色，長短眾形，盡能洞微莫知，所以人亦如是，晤真道性，得安樂
心，遍見眾緣，悉通達於彼覺了，忘盡旡遺，是名旡證。」[237]無證是
對萬事萬物不存先入為主之見，如鏡之觀物，只反映萬物之特性，人
之看萬事萬物，亦如鏡之觀物，無先入為主之見，便能得安樂道。

　　綜觀這些唐朝的景教文獻，都是一些神學性作品，也可說是現存
的最早的中國基督教文獻，內容有解釋基督教信仰的，有論述倫理
的，有指導靈性修養的，有歌頌上帝的，其意義不單止使我們了解這
期間的基督教神學思想，更可以反省人生，實在是中國基督教思想的
重要文獻。

236　〈志玄安樂經〉，見《東傳福音》，收入周燮藩主編，中國宗教歷史文獻集成編纂委
　　員會編：《中國宗教歷史文獻集成》，系列之三，冊1，頁17。

237　同前註，頁17。

第四章　景教的傳教策略

　　景教的傳教方式，主要可分五種：一為翻譯經典，類似現代的文字事工。二為醫治疾病，即現代的醫療事工。三為行善濟貧，即現今的慈惠工作。四為參與政治活動。五為本色化。

一　翻譯經典

　　不論是任何宗教，翻譯經典是傳教不可或缺的工作。蓋文字障礙，會使傳道工作受阻，訓練一般信徒用一種外國語言讀宗教經典，並非易事，因為此乃專業工作。欲使宗教信仰可以普及化，必須翻譯經典。唐朝之景教入華之後，便開始翻譯經典之工作，但一直以來，景教之譯經事業不為人知。直至廿世紀初葉，斯坦因（M.A.Stein）、伯希和（Paul Pelliot）等人在甘肅之敦煌石室中發掘中國古代文物時，也一併發現了若干景教文獻。[238]現存的唐朝景教經典有八部，分別為：〈一神論〉；〈三威蒙度讚〉；〈尊經〉；〈宣元本經〉；〈大聖通真歸法讚〉；〈大秦景教宣元至本經〉；〈序聽迷詩所經〉；〈志玄安樂經〉。可惜這些經典現分散於中國、日本、法國等地，要將其原始版本搜集齊全，以作深入研究並不容易，因而也形成研究上的困難。從這些經典及〈景教碑〉之記載，可見到景教在唐朝之翻經工作，有一段頗長之歷史。

　　景教來華之首位教士阿羅本，抵長安不久，即開始譯經工作，〈景教碑〉云其：「翻經書殿」。但其所譯是何經何典，則未有明言。唯至玄宗開元年間，已有經典譯出，其一為〈大秦景教宣元至本

238　龔天民：《唐朝基督教之研究》，頁23。

經〉，該經之卷末云：「開元五年十月廿六日，法徒張駒，傳寫於沙州大秦寺。」[239]其二為〈大秦景教大聖通真歸法讚〉，其卷末云：「沙州大秦寺法徒索元定傳寫教讀，開元八年五月二日。」[240]

　　另一位來華之教士景淨的譯經成就更大。他除了撰述〈大秦景教碑〉之外，也做了大量之譯經功夫，其所譯之經典，照〈尊經〉的經目來看，翻譯的經典包括了《聖經》書卷及神學作品，俱出自景淨之譯筆。

　　敦煌出土的唐朝景教文獻之一〈尊經〉，記載景教譯經之大略，其時共有五百卅部經典，景淨譯了卅部。其云：

> 謹案諸經目錄，大秦本教經，都五百卅部，並是貝葉梵音，唐太宗皇帝，貞觀九年，西域大德僧阿羅本，屆于中夏，並奏上本音，房玄齡魏徵宣譯奏言，後召本教大德僧景淨，譯得以上卅部，卷餘大數具在貝皮夾，猶未翻譯。[241]

唯考諸〈尊經〉所列經目，共卅五部，分別為：

> 常明皇樂經、宣元至本經、志玄安樂經、天寶藏經、多惠聖王經、阿思瞿利容經、渾元經、通真經、寶明經、傳化經、罄遺經、原靈經、述略經、三際經、微詰經、寧思經、宣義經、師利海經、寶路法王經、刪河律經、藝利月思經、寧耶 Δ（頤）經、儀則律經、毗遏啟經、三威讚經、牟世法王經、伊利耶

239　龔天民：《唐朝基督教之研究》，頁155。

240　龔天民：《唐朝基督教之研究》，頁156。

241　〈尊經〉，見《東傳福音》，收入周燮藩主編，中國宗教歷史文獻集成編纂委員會編：《中國宗教歷史文獻集成》，系列之三，冊1，頁9。

經、過拂林經、報信法王經、彌施訶自在天地經、四門經、啟
真經、摩薩吉斯經、慈利波經、烏沙郍經。[242]

其中〈宣元至本經〉及〈志玄安樂經〉，其文字現今尚見於現存景教
八部經典，而〈三威讚經〉應是現存之〈三威蒙度讚〉。可見德宗時
期，是景教譯經最盛之日子。唯所譯出的經典，並非《聖經》之書
卷，只類似神學文獻。

由是言之，現時流存之唐朝景教八部經典，有二部乃玄宗年間所
譯：一是〈大秦景教宣元至本經〉，該經之卷末云：「開元五年十月廿
六日，法徒張駒，傳寫於沙州大秦寺」。二是〈大秦景教大聖通真歸
法讚〉，卷末云：「沙州大秦寺法徒索元定傳寫教讀，開元八年五月二
日。」德宗年間則有三部，〈志玄安樂經〉，〈景教三威蒙度讚〉，附
〈尊經〉。其中〈宣元至本經〉，也許由景淨再行翻譯也未可料，但現
行流傳者，是張駒所傳寫之版本。至於〈一神論〉，及〈序聽迷詩所
經〉，雖然年份不詳，據估計，乃是玄宗至德宗年間之譯作。

二　醫治疾病

行醫乃基督教歷來所注重的傳道方法，據〈大秦景教流行中國碑
頌并序〉載，景教士伊斯即以行醫方法傳教，其云：「病者療而起
之」，[243]中國史籍也有載景教士行醫的事例，《舊唐書》卷九十五云：

開元二十八年冬，憲寢疾，上令中使送醫及珍膳；相望於路；

---

242 〔唐〕景淨：〈景教流行中國碑頌并序〉，見夏傳才主編：《詩經要籍集成二編》，冊
　　40，頁9。

243 〔唐〕景淨：〈景教流行中國碑頌并序〉，見夏傳才主編：《詩經要籍集成二編》，冊
　　40，頁235。

> 僧崇一療憲稍瘳，上大悅，特賜緋袍魚袋，以賞異崇一。[244]

《舊唐書》所記是唐睿宗之子玄宗之弟讓皇帝憲有病，經景僧崇一為他醫治，崇一這個名字，含有「崇奉一神」的意思。景教徒中以「一」為名的，如〈景教碑〉所列的人中有「元一」「明一」「守一」，以崇為名的，也有「敬崇」「崇德」等類，可知「崇一」是個景教士，而不是和尚。[245]

此外，唐朝人杜環的《經行記》亦云：

> 大秦善醫眼及痢疾，或未病先見，或開腦出蟲。[246]

又《新唐書・西域傳》亦云：

> 拂林，古大秦也，……有善醫，能開腦出蟲以愈目。[247]

由是言之，傳教之士，往往有精通醫術的人，以醫藥為傳教方法，為歷來基督教所看重。唐朝景教教士中，亦必有不少醫生在內。

三　行善濟貧

行善濟世為現今的社會慈善工作，基督教一直都強調社會慈善工作，景教不單以此為傳教方式，也以之為修行之方式，〈景教碑〉

244 〔後晉〕劉昫：《舊唐書》，冊2，卷95，頁4，總頁1480。
245 王治心：《中國基督教史綱》（香港：基督教文藝出版社，1979年），頁41-42。
246 〔唐〕杜環著，張一純箋注：《經行記箋注》，頁23。
247 〔宋〕歐陽脩：《唐書》，冊3，卷221下，頁17，總頁2557。

云：「廣慈救眾苦，善貸被群生者，我修行之大猷，汲引之階漸也。」[248] 其中以伊斯為表表者，〈景教碑〉云其：「能散祿賜，不積於家，獻臨恩之頗黎，布辭懇之金罽。……依仁施利……餒者來而飯之，寒者來而衣之，病者療而起之，死者葬而安之。」[249] 可謂濟貧救世，生養死葬。

四　參與政治活動

唐朝景教之教士參與政治活動者，頗不乏人，計有僧伊斯，僧及烈，阿羅憾等人，此等人之參與政治活動，似有尋求朝廷之好感，以便其傳教事業。茲列述各人之政治活動，以見成敗。

（一）伊斯

參與唐朝政治最熱切者，是伊斯，伊斯是唐朝大將軍郭子儀之副官，據〈景教碑〉云：

> 大施主金紫光祿大夫同朔方節度副使試殿中監賜紫袈裟僧伊斯，和而好惠，聞道勤行，遠自王舍之城，聿來中夏。術高三代，藝博十全。始效節於丹廷，乃策名於王帳，中書令汾陽郡王郭公子儀，初總戎於朔方也，肅宗俾之從邁，雖見親於臥內，不自異於行間，為公爪牙，作軍耳目。[250]

248　〔唐〕景淨：〈景教流行中國碑頌并序〉，見夏傳才主編：《詩經要籍集成二編》，冊40頁228-229。

249　〔唐〕景淨：〈景教流行中國碑頌并序〉，見夏傳才主編：《詩經要籍集成二編》，冊40頁233-235。

250　〔唐〕景淨：〈景教流行中國碑頌并序〉，見夏傳才主編：《詩經要籍集成二編》，冊40頁230-233。

「爪牙」一語,頗多意義,可比喻武將,如《詩經・小雅・祈父》:
「祈父予王之爪牙」[251]箋云:「爪牙之士,當為王閑守之衛。」[252]也
比喻黨羽,如《後漢書・竇憲傳》:「憲既平匈奴,威名大盛,以耿夔
任尚等為爪牙。」[253]也喻供人驅使者,如《南史・顏師伯傳》:「初師
伯專斷朝事,不與沈慶之參懷,謂令史曰:沈公爪牙者矣,安得預政
事。」[254]至於「耳目」則有偵察與探聽之意,《晉書・涼武昭王傳》:
「賞勿漏疏,罰勿容親,耳目人間,知外患苦。」[255]由是言之,伊斯
似乎是負責探聽情報之工作。

(二) 及烈

及烈於唐玄宗先天年間抵華,其時之景教正受佛道二教人士攻
擊,波斯之景教乃派人前來救助,及烈是其中一人,〈景教碑〉云:
「先天末,下士大笑,訕謗於西鎬。有若僧首羅含,大德及烈,並金
方貴緒,共振玄綱,俱維絕紐。」[256]先天是玄宗接睿宗登基後的第一
個年號,及烈來華之後,積極爭取唐玄宗的好感,造奇器上獻玄宗,
欲得皇上邀寵,引至朝中大臣不滿,《冊府元龜》卷五四六云:

251 〔漢〕毛亨傳,〔漢〕鄭玄箋,〔唐〕孔穎達正義:《詩經正義》,收入〔清〕阮元
　　校刻:《重刊宋本十三經注疏附校勘記》,冊2,卷11之1,頁10,總頁377。
252 〔漢〕毛亨傳,〔漢〕鄭玄箋,〔唐〕孔穎達正義:《詩經正義》,卷11之1,頁10,
　　總頁377。
253 〔南朝宋〕范曄撰,〔清〕王先謙集解:《後漢書集解》(北京:中華書局,1984
　　年,據虛受堂刻本影印),上冊,卷23,頁9,總頁299。
254 〔唐〕李延壽:《南史》(臺北:藝文印書館,1956年,據《二十五史》乾隆武英
　　殿刻本影印),卷34,頁1,總頁415。
255 〔唐〕房玄齡著,〔清〕沈德潛斠注:《晉書斠注》(臺北:藝文印書館,1956年,
　　據《二十五史》乾隆武英殿刻本影印),冊2,卷87,頁8,總頁1488。
256 〔唐〕景淨:〈景教流行中國碑頌并序〉,見夏傳才主編:《詩經要籍集成二編》,
　　冊40,頁219-220。

柳澤，開元二年為殿中侍御史、嶺南監察選使。會市舶使右威
衛中郎將周慶立、波斯僧及烈等廣造奇器異巧以進。澤上書諫
曰：臣聞，不見可欲，使心不亂，是知見欲而心亂，必矣。竊
見慶立等，雕鐫詭物，製造奇器，用浮巧為珍玩，以譎怪為異
寶，乃理國之所巨蠹，聖王之所嚴罰，紊亂聖謀，汨斁彝典，
昔露臺無費，明君尚或不忍，象箸非多，忠臣猶且憤嘆。王制
曰：作異服奇器，以疑眾者，殺。月令曰：無作淫巧以蕩上
心。巧謂：奇伎怪好也。蕩謂：惑亂情欲也。今慶立皆欲求媚
聖意，搖蕩上心。若陛下信而使之，是宣奢淫於天下。必若慶
立矯而為之，是禁典之無赦也。陛下即位，日近萬邦，作孚固
宜昭宣，菲薄廣敷節儉，則萬姓幸甚。[257]

雖有柳澤之反對，及烈等仍能使教務發展。及烈雖無直接參與政事，
但他竟能與市舶使右衛威中郎周慶立一同造奇器而進貢於玄宗，可見
其與唐代官員之關係。

（三）阿羅憾

　　阿羅憾是波斯之望族，於高宗年間來華，官至將軍之職，又是
差往拂林召蕃之大使，又為武則天策劃營造頌德天樞之事。阿羅憾丘
銘云：

大唐故波斯國大酋長右屯衛將軍上柱國金城郡開國公波斯君丘
之銘：君諱阿羅憾，族望波斯國人也。顯慶年中，高宗天皇大
帝，以功績可稱，名聞ΔΔ，出使召來，至此，即授將軍北門Δ

---

257 〔宋〕王欽若：《冊府元龜》，頁489。

領，侍衛驅馳。又差充拂林國諸蕃招慰大使，並於拂林西界立
碑，峨峨尚在。宣傳聖教，實稱蕃心。諸國肅清，于今無事。
豈不由將軍善導者，為功之大矣。又為則天大聖皇后，召諸蕃
王，建造天樞，及諸軍立功，非其一也。此則永題麟閣，其於
識終，方畫雲臺，沒而須錄。以景雲元年（710）四月一日，暴
憎過隙，春秋九十有五，終於東都之私第也。風悲壟首，日慘
雲端。聲哀烏集，淚久松乾。恨泉扃之寂寂，嗟去路之長嘆。
嗚呼哀哉！以其年Δ月Δ日，有子俱羅等，昊天罔極，叩地無
從。驚雷遠墳，銜淚Δ石，四序增慕，無輟於春秋，二禮剋修，
不忘於生死。卜君宅兆，葬於建春門外，造丘安之，禮也。[258]

阿羅憾丘銘之文字，多有稱阿羅憾為將軍者，如：「右屯衛將軍上柱
國金城郡開國」，「即授將軍北門Δ領，侍衛馳駒」。「又差充拂林國諸
蕃招慰大使，豈不由將軍善導者」，可見阿羅憾之政治地位。

五　本色化

本色化是景教傳教的重要策略，景教的本色化可分幾個方式：

（一）景教之教名本色化

「景教」是現時稱呼唐朝基督教之名，但景教在中國的歷史文獻
裏，有「波斯經教」、「彌尸訶教」、「大秦教」、「大秦景教」等名稱。
現存〈景教碑〉之篆額為〈大秦景教流行中國碑頌并序〉，而題目則
為〈景教流行中國碑頌并序〉，從碑額及題目已明顯看出唐朝之基督

---

258 〔清〕端方：《陶齋藏石記》，卷21，頁9。

教稱為景教。碑文之中，有兩處提及景教。

> 明明景教，言歸我唐。[259]
> 真常之道，妙而難名，功用昭彰，強稱景教。[260]

此外，與「景教」同義者，為「景門」：

> 天姿汎彩，英朗景門。[261]
> 更效景門，依仁施利。[262]

也有只稱以「景」者：

> 法非景不行，主非德不立。[263]

可見其時之景教士，對其教名已經過審慎考慮，蓋基督教所傳者，乃一永恆不變的真道，確實難以用一個名稱能完全符合其神學思想，用「景教」一名，才能勉強形容這真道的偉大能力。「明明」二字，用之形容景教，可謂合適不過。按中國經典，「景」字有大之意，也有

---

259 〔唐〕景淨：〈景教流行中國碑頌并序〉，見夏傳才主編：《詩經要籍集成二編》，冊40，頁238。

260 〔唐〕景淨：〈景教流行中國碑頌并序〉，見夏傳才主編：《詩經要籍集成二編》，冊40，頁208-209。

261 〔唐〕景淨：〈景教流行中國碑頌并序〉，見夏傳才主編：《詩經要籍集成二編》，冊40，頁215。

262 〔唐〕景淨：〈景教流行中國碑頌并序〉，見夏傳才主編：《詩經要籍集成二編》，冊40，頁234。

263 〔唐〕景淨：〈景教流行中國碑頌并序〉，見夏傳才主編：《詩經要籍集成二編》，冊40，頁217。

明之意;《詩經・小雅・楚茨》云:「以介景福」鄭玄箋云:「景,大
也」。[264]又《詩經・小雅・車舝》云:「高山仰止,景行行止。」《毛
傳》云:「景,大也」,鄭箋云:「景,明也」。[265]許慎的《說文解字》
云:「景,日炎也」。[266]日炎就是指太陽光,所以景有光明的意思。而
且,碑中更借用《詩經》之「景福」,形容景教所帶來的福氣,〈景教
碑〉云:「寺滿百城,家殷景福。」

　　除了教名外,尚有其他與「景」字有關之記載者:

　　稱耶穌為「景尊」,〈景教碑〉云:「景尊彌施訶」。[267]很明顯是借
用了佛教之「世尊」、「尊者」之概念,以之形容救世真主。

　　將耶穌出世時在天上顯現之大星稱為「景宿」,〈景教碑〉云:
「景宿告祥,波斯睹耀以來貢。」[268]「景宿」即「景星」,中國古文
化之中,「景星」乃祥瑞之兆,此星一出,即有明君出現,《史記・天
官書》:「天精而現景星,景星者,德星也。其狀無常,常出於有道
之國。」[269]《宋書・符瑞志》:「帝堯……在帝位十七年,景星出
翼。」[270]景淨撰〈景教碑〉時,以「景星」來說明耶穌降生時,天上
有大星出現,有東方之博士因星而尋找耶穌,事見《聖經・馬太福

264　〔漢〕毛亨傳,〔漢〕鄭玄箋,〔唐〕孔穎達正義:《詩經正義》,卷13之2,頁6,
　　　總頁454。
265　〔漢〕毛亨傳,〔漢〕鄭玄箋,〔唐〕孔穎達正義:《詩經正義》,卷14之2,總頁
　　　485。
266　〔漢〕許慎著,〔清〕段玉裁注:《說文解字注》,第7篇上,頁5-6,總頁307。
267　〔唐〕景淨:〈景教流行中國碑頌并序〉,見夏傳才主編:《詩經要籍集成二編》,冊
　　　40,頁202。
268　〔唐〕景淨:〈景教流行中國碑頌并序〉,見夏傳才主編:《詩經要籍集成二編》,冊
　　　40,頁203。
269　〔漢〕司馬遷:《史記》,收入《二十五史》(臺北:藝文印書館,據乾隆武英殿刻
　　　本影印,1956年),冊1,卷27,頁32,總頁524。
270　〔梁〕沈約:《宋書》,收入《二十五史》(臺北:藝文印書館,據乾隆武英殿刻本
　　　影印,1956年),冊10,卷27,頁3,總頁390。

音》二：1-2。[271]

　　以「景風」比喻「景教」之來華；〈景教碑〉云：「巨唐道光，景風東扇。」[272]中國的典籍中，景風有吉祥、太平的含意。《爾雅・釋天》：「四時和為通止，謂之景風。」[273]《史記・律書》：「景風居南方，景者言陽氣道竟，故曰景風。」[274]《列子・湯問篇》：「景風翔，慶雲浮。」[275]《後漢書・盧植傳》：「天下聚目而視，攢耳而聽，謂準之前事，將有景風之祚。」[276]景淨以「景風」形容景教之來華，乃一吉祥之兆。

　　景教之教堂稱「景寺」，〈景教碑〉云：「而於諸州各置景寺」[277]、「於靈武等五郡重立景寺」[278]。景教之教士稱為「景士」，〈景教碑〉云：「白衣景士，今見其人。」[279]徒眾為景眾，〈景教碑〉云：「知東方之景眾也」[280]。景教之發展為「景命」，〈景教碑〉云：「闡九疇以

---

271 《聖經・新約全書》，頁2。
272 〔唐〕景淨：〈景教流行中國碑頌并序〉，見夏傳才主編：《詩經要籍集成二編》，冊40，頁214。
273 〔晉〕郭璞注，〔宋〕邢昺疏：《爾雅注疏》，收入〔清〕阮元校刻：《重刊宋本十三經注疏附校勘記》，冊8，卷6，頁5，總頁95。
274 〔漢〕司馬遷：《史記》，冊1，卷25，頁6，總頁491。
275 〔周〕列禦寇撰：《列子》，見《諸子集成》（上海：上海書店，1986年），冊3，頁60。
276 〔南朝宋〕范曄撰，〔清〕王先謙集解：《後漢書集解》，下冊，卷64，頁10-11，總頁741。
277 〔唐〕景淨：〈景教流行中國碑頌并序〉，見夏傳才主編：《詩經要籍集成二編》，冊40，頁218。
278 〔唐〕景淨：〈景教流行中國碑頌并序〉，見夏傳才主編：《詩經要籍集成二編》，冊40，頁225。
279 〔唐〕景淨：〈景教流行中國碑頌并序〉，見夏傳才主編：《詩經要籍集成二編》，冊40，頁236。
280 〔唐〕景淨：〈景教流行中國碑頌并序〉，見夏傳才主編：《詩經要籍集成二編》，冊40，頁244-245。

惟新景命」。[281]景教之力量為「景力」，〈景教碑〉云：「我景力能事之功用也」。[282]

（二）景教會堂之本色化

唐朝之景教寺，與敘利亞原始之景教寺頗大分別。據羅金星《東方教會史》所說，現時之伊拉克、敘利亞仍然有景教的教堂，大半都是小型的，有兩層，上有一房間，下有一大廳作禮拜用途，堂內沒有坐位，禮拜的人或坐或跪，堂內沒有聖壁，也沒有聖像。[283]可見原始之景教教堂，是很樸素的。但〈景教碑〉所載，唐朝之景教寺，不但華麗壯觀，而且其寺壁更有唐朝皇帝之肖像，〈景教碑〉云：「旋令有司，將帝寫真，轉模寺壁，天姿汎彩，英朗景門，聖跡騰祥，永輝法界。」[284]此為景教來華之初，太宗下旨於義寧坊造大秦寺，太宗並命人為己「寫真」，即繪畫肖像，景教士則將其肖像轉刻寺壁。唐玄宗期間，更將唐朝王帝之肖像送往景寺，〈景教碑〉云：「天寶初，令大將軍高力工送五聖寫真，寺內安置，賜絹百疋，奉慶睿圖，龍髯雖遠，弓劍可攀，日角舒光，天顏咫尺。」[285]「五聖」者，乃玄宗之前的五個皇帝，高祖、太宗、高宗、中宗、睿宗。

唐朝以前之繪畫，以畫人物為主，如晉之顧愷之，梁之張僧繇等，皆以畫人物著名，至南朝的宋代之宗炳，始開山水畫之風，將山

---

281 〔唐〕景淨：〈景教流行中國碑頌并序〉，見夏傳才主編：《詩經要藉集成二編》，冊40，頁228。

282 〔唐〕景淨：〈景教流行中國碑頌并序〉，見夏傳才主編：《詩經要藉集成二編》，冊40，頁230。

283 羅金星：《東方教會史》（香港：輔僑出版社，1954年），頁160。

284 〔唐〕景淨：〈景教流行中國碑頌并序〉，見夏傳才主編：《詩經要藉集成二編》，冊40，頁214-215。

285 〔唐〕景淨：〈景教流行中國碑頌并序〉，見夏傳才主編：《詩經要藉集成二編》，冊40，頁221-222。

水畫於牆壁，以供臥遊，至唐時，王維，李思訓，吳道子等，始以畫山水著名，可見唐朝山水畫之盛。然唐之人物畫之流行，亦不下於山水畫，吳道子除山水畫外，亦兼善人物畫。尚有閻立本，韓幹等等，尤擅人物畫，唐志所載，皆人物圖也。《新唐書・藝文志》云：

> 閻立本畫秦府十八學士圖，凌煙閣功臣二十四人圖。楊昇畫望賢宮圖，安祿山真，[286] 張萱畫少女圖，乳母將嬰兒圖，按羯鼓圖，鞦韆圖。……韓幹畫龍朔功臣圖，姚宋及安祿山圖，相馬圖。玄宗試馬圖，寧王調打球圖。[287]

宗教人物畫更是不可少者。唐朝頗流行將人物圖畫於寺廟之牆壁上，近年敦煌石室發見之唐畫可見一斑，《石室祕寶》載有五幅在敦煌石室發現的唐代壁畫，一畫壁彌陀法會圖，一藻井畫佛堂內諸佛圖，一畫壁千佛岩圖，一畫壁明王象，一畫壁太子求佛舍利圖。[288]

大秦景教寺之畫壁畫風氣，既非源自其原始之教堂，則顯然是受了唐代佛教寺廟之壁畫風氣之影響，可見此亦為景寺之本色化表現。

（三）景教教義之本色化

唐朝景教之教義，可見於大秦〈景教碑〉及其他八部經典。其教義之最顯本色化者，當為「重視孝道」。如〈序聽迷詩所經〉云：「所有眾生，孝養父母，恭承不闕，臨命終之時，乃得天道為舍宅。」[289]

---

286 原著是「安祿山真」，可能是指「安祿山寫真」，見〔宋〕歐陽脩：《唐書》，冊1，卷59，頁30，總頁692。

287 〔宋〕歐陽脩：《唐書》，冊1，卷59，頁30，總頁692。

288 存古學會編：《石室祕寶》，收入黃永武編：《敦煌叢刊初集》（臺北：新文豐出版公司，1985年），冊9，頁319。

289 〈序聽迷詩所經〉，見《東傳福音》，收入周燮藩主編，中國宗教歷史文獻集成編纂委員會編：《中國宗教歷史文獻集成》，系列之三，冊1，頁33。

以行孝為進入天國之途徑。〈景教碑〉云：「七時禮讚，大庇存亡。」[290]
「存能昌，歿能樂。」[291]「死者葬而安之」[292]等語，都與人之生死有
關。生養死葬是中國文化所著重的行孝方法，孝道乃中國文化之一大
特色，父母在生時，使之生活舒適，死後好好安葬之，都是古人所強
調的孝行，足見景教教義之本色化了。

第五章　呂祖與景教的關係

　　自武宗滅佛後，景教並未完全消滅，有在廣州流傳者，有被迫返
國者，有於候船返國期間，轉而研習中國文化，圖以應考科舉，進入
仕途，得久居中國者，如劉蛻父子，晚唐之李珣兄弟等，是其例證。
其原有中國籍者，則每以避免禁網，即隱匿於道教之內，而為隱伏式
的活動。道教中的呂祖一派，其經咒每雜有讚美耶穌基督之詩歌，即
可知其原為景教所演化者。[293]而其中最大關鍵之人物為呂祖，即呂
洞賓。

一　呂祖即書寫〈景教碑〉的呂秀巖的假設

　　呂祖與景教的關係，頗有論之者，日本人佐伯好郎認為呂祖與書
寫景教碑的呂秀巖是一人。他所持理由為：

290　〔唐〕景淨：〈景教流行中國碑頌并序〉，見夏傳才主編：《詩經要籍集成二編》，冊
　　　40，頁208。

291　〔唐〕景淨：〈景教流行中國碑頌并序〉，見夏傳才主編：《詩經要籍集成二編》，冊
　　　40，頁229-230。

292　〔唐〕景淨：〈景教流行中國碑頌并序〉，見夏傳才主編：《詩經要籍集成二編》，冊
　　　40，頁235。

293　羅香林：《唐元二代之景教》，頁135。

（一）呂巖與呂秀巖生於同一年代

有關呂秀巖的生年月日，通常有四種不同說法，亦即一、貞觀丙午年（646）說；二、貞元十四年（798）說；三、天寶元年（742）說；四、天寶十四年（755）說。如摒棄貞觀丙午年，及貞元十四年二說，當只剩下天寶年間說。如呂巖生於天寶元年，則德宗的建中二年（781，亦即〈景教碑〉建立的那一年），當為卅五歲；如生於天寶十四年，則又當為廿五歲。據此可成立呂秀巖與呂巖係生於同一時代之人物的說法。[294]

（二）呂巖即呂秀巖的簡稱

按照中國的古代習俗慣例，姓名割裂之例，屢見不鮮。例如遽伯玉之稱為遽伯；蘇子瞻之稱為蘇瞻，董其昌之稱為董昌等是。據此理由，呂秀巖未嘗不可簡稱之為呂巖。錢大昕氏，在《十駕齋養新錄・古人姓名割裂例》，亦有論到「姓名割裂」事，其文云：「漢魏以來，文尚駢麗，詩嚴聲病；所引用古人姓名，任意割省，當時不以為非。」[295]據此，視呂秀巖為後世所稱之呂巖（或呂嵓），絕非不可能。[296]

（三）呂巖曾居於盩厔大秦寺附近

呂巖曾隱居於盩厔縣五郡地方大秦寺附近的聞仙谷，為一既知的事實，此亦為呂秀巖即呂巖說的另一根據。[297]

---

294 楊森富：《中國基督教史》（臺北：臺灣商務印書館，1984年），頁26。

295 〔清〕錢大昕：《十駕齋養新錄》（臺北：廣文書局，1966年），冊5，卷12，頁26，總頁658。

296 楊森富：《中國基督教史》，頁27。

297 楊森富：《中國基督教史》，頁27。

呂祖雖然與景教有頗密切的關係，但卻不是書寫〈景教碑〉的呂秀巖。佐伯好郎的假設尚待研究及考證。

二 呂祖與景教的關係

（一）呂祖的生平

國人羅香林，於呂祖家世出身，有甚精確的見解。其《唐元二代之景教》云：

> 按呂祖年代，及其先世各祖，雖諸書所記，頗有牴牾，然大體皆謂其曾於會昌年間舉進士不第，其祖父則名渭，曾官禮部侍郎，及湖南團練觀察處置等使，伯父名溫，曾為衡州刺史，父名讓，亦以能詩著稱。考呂溫之衡州文集卷七載所撰其母河東郡君柳氏墓誌并序謂：「夫人年四十，歸我先公，從秩封安邑縣君，進為河東郡君，貞元十年六月庚寅，前先公七月，棄養於潭州官舍，享年四十二。有男四人，長曰恭，舉進士未第。幼曰讓，年小未學。恭之中弟字翼，夭於襁褓。長女適淮南節度掌書記試太常寺奉禮郎豆盧策。次女適前進士柳淳。二幼曰貢娘、小貢，僅丱髮。所母先公之子三，女一人：長曰溫，前集賢殿校書郎。次曰儉，前僕寺進馬。季字恭，生能言而夭。女適故太常寺協律杜正。孤子溫、恭，以某年十二月八日，號奉帷裳，從先公歸，奉祔於洛陽邙山清風原之大塋，禮也。」是呂祖之父呂讓，於德宗貞元十六年（西元八○○年）其母柳氏歿時，仍屬「年少未學」，呂祖之生，當更在其後。其年代當在穆宗末年。則往者日人佐伯好郎所假設於德宗建中二年

（西元七八一年）書寫大秦景教流行中國碑之呂秀巖為即呂祖
原名巖之別名者，已不足據，即火西月所述呂祖海山事蹟卷一
所載呂祖為生於德宗貞元十四年者，亦殊非事實。而洛陽新出
上之呂讓墓誌，亦載讓兄弟成名者，有溫恭儉讓四人，與呂溫
撰河東郡君柳氏墓誌合，且更謂讓有五子，一早殤，其行三者
名煜。據新安呂氏家乘，載呂祖原名煜，行三，後改名巖。是
呂祖之家世，及其為穆宗末年以後之人物，大致可論定焉。[298]

呂祖姓呂，初名紹先，後改名巖，字洞賓，別號純陽子，世稱呂純
陽，祖先為河南永樂縣人。唐會昌年中，考進士落第，浪跡江湖，在
廬山遇火龍真人，傳以內丹煉己要訣。後遇鍾離權，授其延命之術。
初時與鍾離權住終南山，不久權與之遊鶴嶺，純陽盡得權之真傳。純
陽得法後，自稱回道人，遊行各地，屢顯神蹟。到宋朝，其故事在民
間流傳廣泛，有尊之為孚佑帝君，意謂洞賓乃上帝孚佑下民之救主。
他的經咒及神異故事等，被輯為呂祖全書，此書歷明朝清朝，迭有增
加。而各地也建有呂祖廟或呂祖殿，成為道教一大宗派。[299]

（二）從《呂祖全書》看呂祖與景教的關係

呂祖為道教之一宗師，乃無疑問，唯觀其由後人所輯之呂祖全
書，其中頗有與景教之歷史及思想相似之記載，由劉體恕輯之《呂祖
全書》卷廿二之〈救劫證道經咒〉，乃一明顯例子，其云：「皆是正教
不興，曲學爭起，人迷其宗，以遭塗炭。間有一二修行之士或受左旁
牽引，妄毀正教真宗。以故真佞之道，習俗波靡。清虛之理，隨日休

---

298 轉引自羅香林：《唐元二代之景教》，頁141-142。
299 羅香林：《唐元二代之景教》，頁136。

替。」[300]依常理而言，自會昌滅法後，道教氣勢頗盛，凌駕佛教及其他外來宗教之上，及至宋朝各皇帝，也推崇道教，未有道教不興或受左旁牽引，妄毀正教真宗之理由，可見此段文字與道教之發展相違，若與唐朝之景教歷史相比，正好與會昌滅佛之後的境況相符。[301]

此〈救劫證道經咒〉之〈靈章〉，更襲有景教之讚美詩。《呂祖全書》載云：

> 夫此章者，臣昔受之於長生大帝，長生大帝受之於太上道君。其章有四，功德無邊，知之者超昇七祖，克證先鄉，參之者即通妙道，咸沾利益，持之者神仙擁護，隨所願遂，聞之者災難不萌，吉祥永佩，所有靈章，謹為宣誦：
>
> 〈天微章〉第一
>
> 稽首暵（音乾）天主，元和遍十方。大慈悲，救苦難。唵、唎（音剎）哪，唎囉吽哆嚧（音質）、[302]嘛娑訶。
>
> 常有大神通，亨達普昭靈。大慈悲，救苦難。唵、唎哪、唎囉吽哆嚧、嘛娑訶。
>
> 迭運歷今古，普濟於群生。大慈悲，救苦難。唵、唎哪、唎囉吽哆嚧、嘛娑訶。
>
> 聖慧顯真宗，清明永固持。大慈悲，救苦難。唵、唎哪、唎囉吽哆嚧、嘛娑訶。[303]

羅香林氏對其有獨到之分析，此〈天微章〉，每首讚美詩的結句，所

---

300 劉體恕輯：《呂祖全書》（香港：至清別館，出版年份不詳），卷22，頁3。

301 羅香林：《唐元二代之景教》，頁137。

302 這〈天微章〉的標音，都是根據羅香林：《唐元二代之景教》，頁138。

303 劉體恕輯：《呂祖全書》，卷22，頁3。

繫字音，據呂祖全書同卷〈諸咒小序〉，謂是梵音，當指其原為外國詞句而以漢字表示其讀音者。若依敘利亞文還原其音義，則為：「An shana lirabrbatha mashiha」中譯意為「誠哉，基督是從諸天降臨者。」即英文：「Yes, the Christ did go up to high things!」可見其為景教讚美詩歌。[304]此外，

〈地真章〉第二云：

稽首后土君，黃閣面靈臺。大慈悲，救苦難。唵、嗎喇哆都堵（音杜），囉盋（音盤）、彡（音以）[305]娑訶。

仰承太上力，厚以為本根。大慈悲，救苦難。唵、嗎喇哆都堵，囉盋，彡娑訶。

山河永奠固，無洩亦無傾。大慈悲，救苦難。唵、嗎喇哆都堵，囉盋，彡娑訶。

靜存而默鎮，至德衛佉靈。大慈悲，救苦難。唵、嗎喇哆都堵，囉盋，彡娑訶。[306]

此讚美詩的每首結句，依敘利亞文還原其音義，則為：「An marutaithar lahan ishoh」中譯意為「誠哉，神聖莊嚴之護佑是耶穌的。」即英文「Yes,the divine Majesty protect this Jesus!」[307]又：

〈證仙章〉第三：

太虛仙之體，稽首禮真師。大慈悲，救苦難。唵、哪哩吽、蘇喇哆、陀、密娑訶。

---

304 羅香林：《唐元二代之景教》，頁138-139。

305 這〈地真章〉的標音，都是根據羅香林：《唐元二代之景教》，頁139。

306 劉體恕輯：《呂祖全書》，卷22，頁3。

307 羅香林：《唐元二代之景教》，頁139。

一乘開覺路，黃房育嬰兒。大慈悲，救苦難。唵、哪哩吽、蘇喇哆、陀、密娑訶。

不為羞生死，立志守恒河。大慈悲，救苦難。唵、哪哩吽、蘇喇哆、陀、密娑訶。

日月互其光，天根萬刧磨。大慈悲，救苦難。唵、哪哩吽、蘇喇哆、陀、密娑訶。[308]

同樣，此讚美詩每首結句，若依敘利亞文還原其音義，則為：「An narims sorita da mashiho」即英文：「Yes, let us exalt the Image of the Christ!」中譯意為「讓我們讚美基督的真象」[309]又：

〈體道章〉第四：

自一分位後，太極合陰陽。大慈悲，救苦難。唵、丕（音高）陀、蘇喇哆、嘛、唧娑訶。

開天成地軸，四時五行藏。大慈悲，救苦難。唵、丕陀、蘇喇哆、嘛、唧娑訶。

黍珠懸似月，照徹八千場。大慈悲，救苦難。唵、丕陀、蘇喇哆、嘛、唧娑訶。

常以清淨心，稽首禮法王。大慈悲，救苦難。唵、丕陀、蘇喇哆、嘛、唧娑訶。[310]

這讚美詩的每首結句，若依敘利亞文還原其音義，則為：「An kahana da sorita malk ishiho。」中譯意為「誠哉，我們唯一的祭司，大君臨

308　劉體恕輯：《呂祖全書》，卷22，頁3。
309　羅香林：《唐元二代之景教》，頁140。
310　劉體恕輯：《呂祖全書》，卷22，頁3-4。

世的真像，就是此耶穌。」即英文：「Yes, the present of the Image of the King is the Jesus! 」[311]

　　蓋同為屬於景教系統之讚美詩歌。此呂巖如果不是景教遭禁後之地下工作人員，則必是曾受景教影響之人物。不然，不致於其經咒綴以讚美基督之語句也。[312]

311　羅香林：《唐元二代之景教》，頁140-141。
312　羅香林：《唐元二代之景教》，頁138-141。

第三篇
宋人筆下之景教

宋太宗雍熙四年（987），最後在華之景教教士那濟蘭（Najaran）返抵報達，他是在宋太宗太平興國五年，與其他五教士自報達來華佈教者，唯最終只其一人歸國，餘皆卒於中土。[1]一般人都認為景教在宋朝消聲匿跡，唯據宋人作品，宋朝仍有若干景教遺跡。

第一章　盩厔之大秦寺

盩厔現屬陝西省之一縣，在長安縣西，位於留業河與渭水交界處，其地有山水環繞，故名，西漢時置縣，古盩厔縣址位於現時縣址之東面，東漢時廢之，晉時復置縣，北周時將縣址遷至現今之地，唐玄宗天寶年中，改其名為宜壽，其後復名盩厔，李吉甫云：「盩厔縣，漢舊縣，武帝置，屬右扶風。山曲汪盩，水曲汪厔。後漢省，晉復立。武德三年屬稷州，貞觀元年廢稷州復屬雍州。天寶中改名宜壽，後復名盩厔。」[2]明、清二朝間屬西安府。

蘇軾曾到過盩厔大秦寺，並寫詩寄予其弟子由，其詩題云：

> 壬寅二月有詔，令郡吏分往屬縣，減決囚禁，自十三日受命出
> 府，至寶雞、虢、郿、盩厔四縣，既畢事，因朝謁太平宮，而

1　方豪：《中西交通史》（臺北：華岡出版部，1977年），冊3，頁94。
2　〔唐〕李吉甫：《元和郡縣圖志》（北京：中華書局，1983年），上冊，頁30。

宿於南谿谿堂,遂並南山而西至樓觀、大秦寺、延生觀、仙游潭,十九日乃歸,作詩五百言以記,凡所經歷者寄子由。[3]

此詩作於「壬寅」年,即宋仁宗嘉祐七年(1062),時蘇軾年廿七,任鳳翔府節處判官廳公事。按鳳翔有十縣,分別為天興、岐山、扶風、盩厔、郿、寶雞、虢、麟遊、普潤、好畤。[4]蘇軾因公事至盩厔、郿、寶雞、虢四縣,最後所至之縣為盩厔,可見其所說之大秦寺乃位於盩厔之大秦寺。其詩中一段云:

尹生猶有宅,老氏舊停軿,問道遺蹤在,登山往事悠,馭風歸汗漫,閱世似蜉蝣,羽客知人意,瑤琴繫馬鞦,不辭山寺遠,來作鹿鳴呦,帝子傳聞李,嵓堂髣像縱,輕風幃幔卷,落日髻鬟愁,入谷驚蒙密,登坡費挽摟,亂峰巉似槊,一水澹如油,中使何年到,金龍自古投,千重橫翠石,百丈見游儵,最愛泉鳴洞,初嘗雪入喉,滿瓶雖可致,洗耳歎無由。[5]

蘇軾此詩有自行作注者,施元之引述云「公自注,是日游崇聖觀,俗所謂樓觀也,乃尹喜舊宅,山腳有授經臺尚在,遂與張杲之同至大秦寺,早食而別,有太平宮道士趙宗有,抱琴見送至寺,作鹿鳴之引,乃去。」[6]

這首詩題及之尹生、老氏、俱為道教尊崇之人物,且由人而被奉

---

3 〔宋〕蘇軾著,施元之注:《施注蘇詩》,上冊,頁98。

4 〔宋〕蘇軾著,〔清〕王文誥輯註:《蘇軾詩集》(北京:中華書局,1982年),冊1,頁122。

5 〔宋〕蘇軾著,施元之注:《施注蘇詩》,上冊,頁99。

6 〔宋〕蘇軾著,施元之注:《施注蘇詩》,上冊,頁99。

為道教之神仙，羽客則是道士之別稱，而其自注亦言在大秦寺吃早飯，有太平宮道士在此相送，可見大秦寺已淪為道教之寺廟。

　　東坡曾經幾次遊覽盩厔等縣。他第三次遊其地，有詩描寫大秦寺，其詩之總題為〈自清平鎮遊樓觀、五郡、大秦、延生、仙游，往返四日，得十一詩寄舍弟子由同作〉，[7]其一題為〈大秦寺〉，詩云：

> 晃蕩平川盡，坡陂翠麓橫。忽逢孤塔迥，獨向亂山明。信足幽尋遠，臨風卻立驚。原田浩如海，滾滾盡東傾。[8]

其弟子由作詩九首和之，題曰〈和子瞻三遊南山九首〉，其一為〈大秦寺〉，詩云：

> 大秦遙可說，高處見秦川。草木埋深谷，牛羊散晚田，山平堪種麥，僧魯不求禪，北望長安市，高城遠似煙。[9]

此詩見於蘇轍《欒城集》，本文選用的是《四部叢刊》本，而《四部備要》本、[10]王雲五編之《萬有文庫》本、[11]陳宏天點校之《蘇轍集》，[12]詩中之第七句都是「北望長安市」。按方豪之引述，[13]及劉偉

7　〔宋〕蘇軾著，施元之注：《施注蘇詩》，上冊，頁111。

8　〔宋〕蘇軾著，施元之注：《施注蘇詩》，上冊，頁112。

9　〔宋〕蘇轍：《欒城集》，收入《四部叢刊正編》（臺北：臺灣商務印書館，1979年），冊48，卷2，頁13，總頁65。

10　〔宋〕蘇轍：《欒城集》，收入《四部備要》（臺北：中華書局，1966年），卷2，頁10。

11　〔宋〕蘇轍：《欒城集》，收入《萬有文庫・第二集》（上海：商務印書館，1936年），第460種，冊2，頁25。

12　〔宋〕蘇轍撰，陳宏天、高秀芳點校：《欒城集》（北京：中華書局，1990年，標點本），頁32。

民之引述，[14]皆作「北望長安寺」，不知二者據何版本。

至南宋寧宗慶元五年（1199）與嘉泰元年（1201）間，金國楊雲翼任陝西東路兵馬總管判，駐長安時，曾往盩厔大秦寺，並有詩詠之，載《中州集》第四卷，詩云：

> 寺廢基空在，人歸地自閒。綠苔昏碧瓦，白塔映青山。暗谷行雲度，蒼煙獨鳥還。喚回塵土夢，聊此弄澄灣。[15]

從詩中可見，其時之大秦寺已經變成廢墟。

第二章　長安之大秦寺

長安之大秦寺，宋人宋敏求《長安志》云：

> 次南義寧坊……街東之北，波斯胡寺，貞觀十二年太宗為大秦國胡僧阿羅斯所立。[16]

清楚說出長安大秦寺之位置，顯見宋敏求曾於長安目睹大秦寺。

---

13 方豪：《中西交通史》，冊3，頁233。

14 劉偉民：〈唐代景教之傳入及其思想之研究〉，《聯合書院學報》第1期（1962年6月），頁19。

15 〔金〕元好問編：《中州集》，見〔清〕永瑢，紀昀等總纂：《文淵閣四庫全書》（上海：上海古籍出版社，1987年），冊1365，頁142。亦見〔清〕郭元舒編：《御訂全金詩增補中州集》，見〔清〕永瑢，紀昀等總纂：《文淵閣四庫全書》（上海：上海古籍出版社，1987年），冊1445，頁271。

16 〔宋〕宋敏求：《長安志》，收入中華書局編輯部編：《宋元方志叢刊》（北京：中華書局，1990年），冊1，卷10，頁9，總頁129。

第三章　成都之大秦寺

　　成都位於四川省，唐時曾在此地立大秦寺。有關成都之大秦寺記載，可見之於楊倫《杜詩鏡詮》的〈石笋行〉註解引述宋人趙清獻所撰《蜀都故事》，其云：

> 石笋街真珠樓基也，昔有胡人於此立大秦寺，其門樓十間，皆以真珠翠碧貫之為簾，後摧毀墜地，至今基腳在每大雨後，人多拾得珠翠等物。[17]

宋人的詩文雖有記載大秦寺，但無講述大秦寺的宗教活動，可能已無異於一般寺廟。

---

17 轉引自〔清〕楊倫：《杜詩鏡銓》（臺北：漢京文化事業公司，1980年），卷7，頁139。

第四篇
元代之基督教

　　唐代景教，自西域傳入，故其在華信徒，亦以居於中原之西域人士為多，而其分佈地區，亦多集中於西域人常至之都邑，如長安、洛陽、鰲屋、靈州、沙州、廣州等地。但會昌滅法後，景教遭禁，其住於唐朝政令所及之地的教徒，因禁網嚴密，有被遣送回原籍者，有走避遠處者，故長安，洛陽、鰲屋等地，景教之傳播中絕，雖然有居於廣州之徒侶，候船回國，唯迫於政令，遂無明顯之活動。惟當時之沙州、靈州，地近邊區，久被吐蕃與回紇遮斷，唐政令不能及，因而禁網亦與之無關。觀西元一九〇四至一九〇六年，德人李庫克（Albert Von Le Coq）於新疆吐魯番一帶考古，所得古物，其中有晚唐或五代所遺之敘利亞文景教祈禱書斷片四頁，即可推知今日吐魯番一帶，即唐時之西州等地，於會昌滅法後，仍有景教之傳播。[1] 故此，自會昌滅法後之景教，輾轉於邊區，元族入主中原後，景教遂隨元人復入中土。元代之景教，發展也頗盛，其名為「也里可溫」意即「福份人」。也簡稱「也里」、「可溫」、「雅哈」、「伊嚕勒昆」、「阿勒可溫」、「耶里可溫」、「也里阿溫」、「也里河溫」、「伊哩克溫」、「伊哩克敦」等。[2]

第一章　宋元間景教之遺跡

　　元代之景教可供現代研究之遺蹟頗多。如河北省房山之十字寺，

1　羅香林：《唐元二代之景教》，頁153-154。
2　方豪：《中西交通史》，冊3，頁97。

有遼穆宗應歷十年（宋太祖建隆元年，西元960年）〈三岔山崇聖院碑記〉及至正廿五年（1635）黃溍所撰〈賜十字寺碑記〉，並有刻上十字架之石塊兩方，上有敘利亞文曰：「仰望之，將以之而獲所願。」[3]此外，在元代或早於元代之基督教遺蹟，茲據方豪《中西交通史》約述如下：

一、高昌發現之景教壁畫。（光緒卅一年，1905年，法國中亞學術探險隊發現。）

二、敦煌發現之景教畫像。（光緒卅二年，1906-1908年斯坦因發現。）

三、綏遠河套一帶出土之十字架。（民國十八年，1929年8月英國聖公會教士斯各脫〔Rev. P. Scott〕最先發現。）

四、綏遠石柱子梁出土刻有十字架之石碑。（光緒十六年，1890年8月發現，移置察哈爾崇禮縣天主教堂。）

五、北平郊外跑馬場附近出土刻有十字架之殘碑。（原為德人 Rousselle 發現，贈予輔仁大學。）

六、揚州有十字寺，見《元典章》卷卅六。民國十八年揚州東門外河畔回教寺中發見刻有景教十字架之墓石斷片。民國四十一年元月廿二日揚州拆城時，又發見一墓碑，上有拉丁文曰：「IN NOMNE DOMINI AMEN. HIC JACET KATERINA DE VILJONIS QUAEOBIIT ANNODONINI MILEXIMO CCC XXXX II MENSE JUNII 因主名。亞孟。加大利納。維爾育尼斯卒於一千三百四十二年六月，安葬於此。」（見1952年4月26日《羅馬觀察報》〔Osservators Romano〕）。

3　方豪：《中西交通史》，冊3，頁95。

七、杭州也里可溫遺址。

八、明崇禎十七年（1644）陽瑪諾著《唐景教碑頌正詮》，記萬曆四十七年（1619）南安縣西山出土十字碑，後移桃源縣教堂；崇禎十一年（1638）耶穌復活瞻禮後四日，在仁風門外三里許東湖畔，東禪寺附近發現古十字石，後移入教堂；又同年耶穌受難瞻禮前一日，又將泉州城外水陸寺古十字移於教堂。此三個十字石為景教遺物，抑為元代天主教方濟各會遺物，不得而知。光緒卅二年（1906）天主教教士任道遠（P. Serafin Moya）又發現一胸前及頭上有十字之天使像。一九一四年十二月出版之通報刊出，並謂已於宣統元年（1909）毀滅；然「滙篇」第二冊一三六頁謂民國十五年秋末尚於寬仁舖府學街泰魁宮見此石像。

九、盩厔之大秦寺。

十、東北鞍山發現之景教遺物。民國十七年六月廿七日起，至七月十日止，南滿鐵道會社苗圃古墓中掘獲陶質十字架七枚，僅一枚在接合後，尚為完整。同時有人骨七具，其他物品中有古錢二枚：一為「祥符元寶」（1008-1016），一為「咸平元寶」（998-1003）。[4]

第二章　「也里可溫」之意

元朝以前之典籍，暫時未發現有也里可溫的名稱，但是《元史》卻屢見「也里可溫」四字並現，清朝人士已對此語有各種論述。

錢大昕說不知也里可溫之出處，其《元史氏族表》卷二云：

4　方豪：《中西交通史》，冊3，頁95-97。

也里可溫氏，不知所自出。[5]

而《元史語解》認為也里可溫是蒙古語，應作伊嚕勒昆，意思為福分人，或有緣人，乃一部族之名稱，其云：

> 伊嚕勒昆：伊嚕勒，福分也，昆，人也。《元史》卷一百九十七作也里可溫。[6]

又云：

> 默爾根錫爾奔伊嚕勒昆：默爾根，賢也；錫爾奔，賢之註語也；伊嚕勒昆，有緣人也。《元史》卷八十九作馬兒哈昔列班也里可溫。[7]

劉文淇則認為也里可溫是一宗教名稱，乃天主教之別名，其《至順鎮江志校勘記》云：

> 至於此卷述僑寓之戶口……。所謂也里可溫者，西洋人也。卷九大興國寺條載梁相記云：薛迷思賢在中原西北十萬餘里，乃也里可溫行教之地。教以禮東方為主。十字者，取像人身，四方上下，以是為準。據此則薛迷思賢乃西洋之地，而也里可溫

---

5 〔清〕錢大昕：《元史氏族表》，見新文豐出版公司編輯部編：《叢書集成新編》（臺北：新文豐出版公司，1985年），冊103，卷2，頁75，總頁798。

6 《元史語解》，見徐蜀策劃、選編；殷夢霞責任編輯：《二十四史訂補》（北京：書目文獻出版社，1996年），冊14，頁666。

7 《元史語解》，見徐蜀策劃、選編；殷夢霞責任編輯：《二十四史訂補》，冊14，頁842。

即天主教矣。⁸

謂也里可溫即天主教者，以劉文淇最先，劉氏乃道光間儀徵人，是阮元之門下。

　　洪鈞也把也里可溫解作天主教，是唐朝景教之流裔，其《元史譯文證補・元世各教名考》曰：

　　也里可溫為元之天主教，有鎮江北固山下殘碑可證。自唐時景教入中國，支裔流傳，歷久未絕。元世歐羅巴人雖已東來，而行教未廣，也里可溫，當即景教之遺緒⁹。
　　多桑譯著旭烈兀傳，有蒙古人稱天主教為阿勒可溫一語，始不解所謂；繼知阿剌比文、回紇文，也阿二音，往往互混，阿勒可溫，即也里可溫。多桑此語，非能臆撰，必本於拉施特諸人。¹⁰

多桑是有名之《蒙古史》作者，《元史譯文證補》多引之，其言可信。惟「鎮江北固山下殘碑」，應指《至順鎮江志》之大興國寺碑。《大興國寺記》及《元典章》均有也里可溫之詞，則也里可溫為教，而非部族，乃可定矣。復有麻兒也里牙（馬利亞）及也里可溫十字寺等之名，則也里可溫為基督教，而非其他宗教，可以定論。《元史國語解》所釋為福分人者，可能指其為奉福音教之人，此為馬相伯之說。¹¹

8　〔元〕俞希魯編：《志順鎮江志》（江蘇：江蘇古籍出版社，1990年），頁108。
9　〔清〕洪鈞：《元史譯文證補》（臺北：臺灣商務印書館，1936年），頁453-454。
10　〔清〕洪鈞：《元史譯文證補》，頁454。
11　陳垣著，吳澤編：《陳垣史學論著選集》（上海：上海人民出版社，1981年），頁4。

　　中國近代的史學家陳垣，認為「也里可溫」是阿剌比語 Rekhabiun
之蒙古音譯。日人田中萃一郎曰：馬可孛羅之《支那旅行記》第一篇
第五十九章有稱為 Argons 之混種民族，古拉布羅多推斷為也里可溫，
如斡甯監謂土耳其語 Fair but not wight 為 Arghum，西藏地方亦稱混種
民族為 Argoons，故此，也里可溫即 Argons。《多桑蒙古史》註云：
亞雷伊遷《世界征服者之歷史》謂蒙古人呼基督教徒為 Arcoun，又亞
爾美尼亞之士鐵歡阿爾比利安歷史，亦云 Ark'haioun，關於此語源，
殆為多伊利亞之希臘語 Arkhon 之轉訛。[12]

　　論者對也里可溫之發展多有論述，然對其語源 Arcaoun，Ark'h-
aioun，從來無說明者。據《元史》之記載言之，蒙古人之知有也里可
溫，乃由迫敖特多陷落，撒拉遜帝國滅亡之後。迫敖特多之陷落，為
希治拉紀元六五六年摩退爾廉月末至沙夫豈爾月初之事，即陽曆二月
六日至十日，西元一二五八年。此時蒙古人始知阿剌比語 Rekhabiun
之稱，但蒙古人不能發此字之正音，而蒙古語之首音無 R 音，其母
音之間不能發 B 音，故於 R 之首音前加母音，例如 Rintchenpal 變為
Erintchenpal，而在母音間之 B 音，必讀為 W 音，其母音中之 A 與 E
常互通，O 與 U 也一樣。所以

　　　Rekhabiun
　　　=Erekhawiun
　　　=Arekhawiun
　　　=Erekhawun
　　　=Arekhawun

---

12 陳垣著，吳澤編：《陳垣史學論著選集》，頁5。

由是言之，多桑引用書之 Ark'haioun，Arcaoun 與 Arekhawiun，Arekhawun 同語，故可確定也里可溫為阿剌比語 Rekhabiun 之對音。[13]

陳垣認為阿剌比語稱上帝為阿羅，唐〈景教碑〉云：「無元真主阿羅訶」，《翻譯名義集》卷一云：「阿羅訶，秦云應供，大論云應受一切天地眾生供養。」[14]故他確信也里可溫者為蒙古人之音譯阿剌比語，實即〈景教碑〉之阿羅訶也。屠先生寄，亦持此說。[15]

元人用也里可溫四字，有兩種含意，先以之指教名，後以之稱呼國土，與明朝人用回回二字相似，既指宗教，也指國土。《元文類》的〈海外諸蕃〉條，將也里可溫、木速、蠻須門，與爪哇、流求、俱藍、馬八兒等並稱。[16]戴良《九靈山房集・鶴年吟藁序》，亦把也里可溫、回回與克烈、乃蠻、西蕃、天笠等國並稱。[17]

第三章　也里可溫教士之東來

元代與歐洲通使，西方人士言之頗詳，巴黎文庫中，藏有元代宗王致法蘭克王蒙文原書，影印本見《東方雜誌》第八卷第三號，又有《馬可波羅行記》記載云馬可孛羅之父親尼可羅孛羅及馬可索羅叔父馬飛阿曾受元朝大汗之託，請教皇派教士一百名東來，好使元國之惡魔掃除，其書第六章云：

13　陳垣著，吳澤編：《陳垣史學論著選集》，頁5-6。

14　〔唐〕普潤編：《翻譯名義集》，收入《四部叢刊正編》（臺北：臺灣商務印書館，1979年），冊27，頁3。

15　陳垣著，吳澤編：《陳垣史學論著選集》，頁6。

16　蘇天爵：《元文類》（北京：商務印書館，1936年），頁572。

17　〔元〕戴良：《九靈山房集》，收入《四部叢刊初編》（臺北：臺灣商務印書館，1919年，據上海涵芬樓借吳里瞿氏鐵琴銅琴樓藏明正統間戴統刊本影印），冊70，卷21，頁1。

已而，大汗詳詢關於教皇、教會及羅馬諸事，並及拉丁人之一切風俗。此弟兄二人賢智而博學，皆率直依次回答。蓋彼等熟知韃靼語言也。[18]

又其書第七章云：

全世界同不少國土的韃靼皇帝忽必烈汗，悉聆波羅兄弟二人所言拉丁人一切情後，甚喜。自想命他們為使臣，遣往教皇所，於是力請他同其男爵一人為使臣，同奉使往他們答言，願奉大汗之命，如奉本主之無異。由是大汗命人召其男爵一人名豁哈塔勒一人來前。命他預備行裝，偕此兄弟二人往教皇所。豁哈塔勒答言，必竭全力而行主命。

已而大汗命人用韃靼語作書，交此弟兄二人及男爵，命他們齎呈教皇，並命他們致其應達之詞。此類書信之內容，大致命教皇遣送熟知我輩基督教律，通曉七種藝術者百人來。此等人須知辯論，並用推論，對於偶像教徒及其他共語之人，明白證明基督教為最優之教，他偕為偽教。如能證明此事，他（指大汗）同其所屬臣民，將為基督徒，並為教會之臣僕。此外並命他們將耶路撒冷救世主墓上之燈油攜還。

大汗命他三個使臣，韃靼男爵、尼古剌波羅、瑪竇波羅三人，齎呈教皇書的內容如此。[19]

據《元史》之記載，元世祖曾派廣東招討司楊庭壁招撫南番，楊氏到

---

18 馬可波羅（Marco Polo）著，沙海昂註，馮承鈞譯：《馬可波羅行紀》（臺北：臺灣商務印書館，2000年），頁14。

19 馬可波羅（Marco Polo）著，沙海昂註，馮承鈞譯：《馬可波羅行紀》，頁14。

過基督徒聚居之馬八兒國及俱藍國，二國俱遣使來元進貢。其事載於
《元史‧世祖紀》之中，其云：

> 至元十九年……九月……，招討使楊庭璧招撫海外南番，皆遣
> 使來貢。……寓俱藍國，也里可溫主兀咱兒撒（應作撒）里
> 馬，亦遣使奉表，進七寶項牌一，藥物二瓶。[20]

《元史》於此所載的也里可溫主者，即教主也。七寶項牌者，即佩項
十字牌之類。藥物二瓶者，即耶穌墓聖油之類。[21]這些貢物，由俱藍
國使者帶來中土貢獻給元世祖。又《元史‧馬八兒等國傳》載云至元
十九年，廣東招討司楊庭璧抵俱藍國：

> 朝廷遣使令庭璧獨往，十九年二月抵俱藍國。……時也里可溫
> 兀咱兒撒里馬，及木速蠻主馬合麻等，亦在其國。聞詔使至，
> 皆相率來告，願納歲幣，遣使入覲。[22]

馬八兒國即《馬可波羅遊記》之 Maabar，俱藍國即 Koulam。據《馬
可波羅遊記》記載，有自馬八兒國向西南行五百英里，至一國曰俱
藍，此地多有基督徒及猶太人。[23]

又《元史‧亦黑迷失傳》云：「亦黑迷失畏吾兒人也（至元）九
年奉世祖命使海外八羅孛國，十一年偕其國人以珍寶奉表來朝，帝嘉

---

20 〔明〕宋濂：《元史》，收入《二十五史》（臺北：藝文印書館，據乾隆武英殿刻本影
　　印，1956年），冊1，卷12，頁8，總頁151。

21 陳垣著，吳澤編：《陳垣史學論著選集》，頁7。

22 〔明〕宋濂：《元史》，冊3，卷110，頁16-17，總頁2240-2241。

23 陳垣著，吳澤編：《陳垣史學論著選集》，頁7。參馬可波羅（Marco Polo）著，李季
　　譯：《馬可波羅遊記》（香港：中流出版社，1982年），頁304。

之，賜金虎符。十二年再使其國，與其國師以名藥來獻。」[24]國師，即教士，名藥，即聖油之類，金虎符之制，陳垣引述《馬可波羅遊記》曰：「金牌四方，長一尺，廣五寸，重四馬克。」[25]楊廷璧及亦黑迷失二人所到之國，其人民多有也里可溫教徒，這些國家遣使來中國，也里可溫教士一併東來也是正常之事。

第四章　元代管理基督教之機構

元代對基督教各宗派，多無詳細分別，一般稱為十字教，教堂則稱十字寺，因基督教各宗派都以十字架為象徵。元之典制，禮部仍掌理僧道，另又特設宣政院以管理佛教僧徒，以集賢院管理道教各派，設崇福司掌理也里可溫。《元史・百官志》云：

> 崇福司秩〔從〕[26]二品，掌領馬兒、哈昔、列班、也里可溫、十字寺祭享等事。……至元二十六年（1289）置，延祐二年（1315）改為院，置領院事一員，省併天下也里可溫掌教司七十二所，悉以其事歸之；七年（1320）復為司，後定置以上官員。[27]

馬兒或作默爾、馬里，應是敘利亞文 Mar 的譯音，與唐之「麻呂」相同，意為「主教」。哈昔可作根錫、合昔牙，似為敘利亞語 Kasis 的譯音，意為修士。列班亦作爾奔，為敘利亞語 Rabban 之對音，意為

---

24 〔明〕宋濂：《元史》，冊2，卷131，頁18-19，總頁1522-1523。

25 陳垣著，吳澤編：《陳垣史學論著選集》，頁7。

26 參考〔明〕宋濂：《元史》（北京：中華書局，1976年，標點本），冊8，頁2275。

27 〔明〕宋濂：《元史》，冊2，卷89，頁32，總頁1109。

法師。[28]

　　崇福司此部門之職員如下：

> 司使四員，從二品；同知二員，從三品；副使二員，從四品，
> 司丞二員，從五品；經歷一員，從六品；都事一員，從七品；
> 照磨一員，正八品；令史二人；譯史、通事、知印各一人；宣
> 使二人。[29]

曾出任崇福使之人物，可考者有元中統間（1260-1264）之愛薛
（Isaac），拂林人，其長子也里牙（Elija）被封為秦國公，亦曾任崇福
使。至正十八年（1358）十一月有瑪・門和卓（Mar Moses）。[30]
　　而所謂七十二所掌教司，據《元典章》曾記載云大德八年（1304）
「溫州路有也里可溫刱立掌教司衙門，招收民戶，充本教戶計。」[31]又
云：「近年以來，因隨路有一等規避差役之人，投充本教戶計，遂於各
處再設衙門。」[32]文中曰「創立」，曰「再設」，可見乃新成立者，猶如
今之教堂。由《元典章》之記載，可知在元之大德、延祐之際（1297-
1320）年間，有教堂七十二所，也可想見元也里可溫之盛。[33]

第五章　也里可溫之戒律

　　元代的也里可溫，有受戒之舉，《至順鎮江志・梁相大興國寺

---

28 方豪：《中西交通史》，冊3，頁98。
29 〔明〕宋濂：《元史》，冊2，卷89，頁32，總頁1109。
30 方豪：《中西交通史》，冊3，頁99。
31 《沈刻元典章》（北京：中國書店，出版年份不詳），卷33，頁14。
32 《沈刻元典章》，卷33，頁14。
33 方豪：《中西交通史》，冊3，頁99。

記》：「家之人口受戒者，悉為也里可溫。」[34]元代朝廷各教人士必須受戒，也里可溫也不例外，《元史・泰定本紀》有載：「泰定元年……二月，癸未宣諭也里可溫各如教具戒。」[35]戒者，即教中之誡命。元代各教盛行，俱受帝室敬重，佛教尤受元世祖重視，乃有強人受佛教戒者，如《元史・廉希憲傳》元世祖命廉希憲受佛教戒：「時方尊禮國師，帝命希憲受戒，對曰：『臣受孔子戒矣。』帝曰：『孔子亦有戒耶？』對曰：『為臣當忠，為子當孝，孔子之戒，如是而矣。』」[36]由此推之，也里可溫信徒，有不肯受佛戒者，元帝乃頒此論。[37]

倘若教士不持守戒律者，會被遞去宗教之戶籍，《元史・世祖紀》：「至元七年……九月庚子，敕僧、道、也里可溫有家室不持戒律者，占籍為民。」[38]也里可溫信徒有家室者，實屬自然之事，其無家室者，乃修士之屬，修士例不婚娶，此所謂戒律，即修士不婚娶之戒律，奉教之信徒未嘗有禁止婚娶之律。[39]

第六章　也里可溫之人數

也里可溫盛行於元代，史有明文，唯其教之人數多寡，史無明載，亦無冊籍可考，然觀元代之公文，每將也里可溫與各路諸色人等並論，由此可推想其人數之大概。《元典章》有興舉水利聖旨一道云：

> 至元九年二月，欽奉聖旨諭各路達魯花赤、管民官、管站、打

---

34 〔元〕俞希魯編：《至順鎮江志》（江蘇：江蘇古籍出版社，1990年），卷9，頁368。

35 〔明〕宋濂：《元史》，冊2，卷29，頁9，總頁356。

36 〔明〕宋濂：《元史》，冊2，卷126，頁12，總頁1468。

37 陳垣著，吳澤編：《陳垣史學論著選集》，頁8。

38 〔明〕宋濂《元史》，冊1，卷7，頁5，總頁91。

39 陳垣著，吳澤編：《陳垣史學論著選集》，頁8。

捕鷹房、僧、道、醫、儒、也里可溫、答失蠻頭目諸色人等，有近為隨路，可興水利，遣官分道，相視見數，特命中書省樞密院、大司農、集議得於民便益，皆可興開，為此，今降聖旨。[40]

《元典章》卷廿三又云：

至元十年三月，欽奉聖旨，宣諭府、州、司、縣達魯花赤、管民官、管軍官、管站、人匠、打捕鷹房、僧、道、醫、儒、也里可溫，答失蠻頭目諸色人等。[41]

此外《元典章》卷五十九又云：

延祐元年正月十五，有江浙行省准中書省咨，大司農司呈會驗欽奉聖旨節該隨路達魯花赤、管民官、管軍官、管站官、人匠、打捕鷹房、僧、道、醫、儒、也里可溫，答失蠻頭目諸色人等自大都路州縣城郭周圍，並河渠、兩渠、急遞舖道、店側畔，各隨地，宜官民栽植榆柳槐樹令。[42]

第一、二道聖旨所指者，遍於各路各府州司縣，而第三道聖旨雖限於江浙行省，唯探尋古籍，種樹之事，不止實施於一省，例如：《馬可波羅行紀》亦載之，曰：「大汗曾命人在使臣及他人所過之一切要道上種植大樹，各樹相距二三步，俾此種道旁皆有密接之極大樹木；遠處可以望見，俾行人日夜不致迷途。蓋在荒道之上，沿途皆見此種大

40　《沈刻元典章》，冊10，卷23，頁19。

41　《沈刻元典章》，冊9，卷23，頁1。

42　《沈刻元典章》，冊18，卷59，頁3。

樹，頗有利於行人也。」[43]所以一切通道之旁，視其必要，悉皆種植樹木。」[43]所以《元典章》所記載的也里可溫，可謂遍佈各省。

此外《元通制條格》僧道詞訟門亦有記載也里可溫的人數眾多，其云：

> 至大四年十月十四日，省臺官同奉，昨前宣政院為和尚、先生、也里可溫等，開讀了聖旨的上頭，奉聖旨教俺與御史臺、集賢院、宣政院、崇福司官人每，一同商量者道。聖旨有來，御史臺、集賢院、崇福司來省裏一處商量來。……崇福司官說：楊暗普奏也里可溫教，崇福司管時分，我聽得道來，這勾當是大勾當，不曾與省臺一處商量，省臺必回奏，如今四海之大，也里可溫犯的勾當多有，便有壹伯箇官人，也管不得，這事斷難行麼道。[44]

元中葉以後之制度，崇福司管也里可溫，宣政院管僧、集賢院管道。楊暗普係江南釋教總統楊璉真珈之子，曾為宣政院使。[45]從崇福司官之說話語氣，可反映出也里可溫人數頗眾，昔未有確實數字。

《至順鎮江志》則記載了鎮江的也里可溫的戶數，《至順鎮江志·戶口類》：

> 僑寓戶三千八百四十五：蒙古二十九，畏吾兒一十四，回回五十九，也里可溫二十三（錄事司一十九，丹徒縣三，金壇縣

---

43 馬可波羅（Marco Polo）著，沙海昂註，馮承鈞譯：《馬可波羅行紀》，頁260。

44 〔元〕元順帝：《大元通制條格》（臺北：華文書局，1968年），冊2，卷29，頁809-811。

45 陳垣著，吳澤編：《陳垣史學論著選集》，頁10。

一），河西三，契丹二十一，女直二十五，漢人三千六百七十
一。[46]

口一萬五百五十五：蒙古一百六十三，畏吾兒九十三，回回三
百七十四，也里可溫一百六十（錄事司九十二，丹徒縣七，金
壇縣七），河西三十五，契丹一百一十六，女真二百六十一，
漢人九千四百七。[47]

軀二千九百四十八：蒙古四百二十九，畏吾兒一百七，回回三
百一十，也里可溫一百九（錄事司一百二，金壇縣七），河西
一十九，契丹七十五，女真二百二十四，漢人一千六百七十
五。[48]

單就鎮江一郡言之，僑寓戶三千八百四十五，中有也里可溫廿三，是
一百六十七戶中，有也里可溫一戶也。口軀合計，一萬三千五百三，
其中也里可溫二百十五，是六十三人中，有也里可溫一人也。軀者，
孑然一身，無家室之人。僑寓者，他郡來此郡寄居之人。《元史・兵
志》載：「中統四年五月，雲州設站戶，於各戶選堪當站役之人，不
問親軀，每戶取二丁。」[49]所謂親者，其家之人，所謂軀者，寄居之
人。[50]

　　從《元典章》、《大元通制條格》、《至順鎮江志》等史籍的記載，
可以知道元代的也里可溫分佈頗廣。

46 〔元〕俞希魯編：《至順鎮江志》，卷3，頁90-92。
47 〔元〕俞希魯編：《至順鎮江志》，卷3，頁92-93。
48 〔元〕俞希魯編：《至順鎮江志》，卷3，頁93-94。
49 〔明〕宋濂：《元史》，冊2，卷110，頁2，頁1261。
50 陳垣著，吳澤編：《陳垣史學論著選集》，頁11。

第七章　元代景教教堂之分佈

　　元代景教徒之人數雖無冊籍詳載，唯單以《至順鎮江志》之記載言之，也不在少數。至其教堂之分佈，可謂遍佈各地。茲據《馬可波羅行記》列出其教堂之分佈。

一　敦煌（沙州）

　　在此沙漠大行三十日畢，抵一城，名曰沙州。此城隸屬大汗，全州名唐古忒（Tangout），居民多是偶像教徒，然亦稍有聶思脫里派之基督教徒若干，並有回教徒。[51]

二　肅州

　　行此十日畢，抵一別州，名曰肅州（Suctur），境內有環以牆垣之城村不少，而其要城即名曰肅州。居民是基督或偶像教徒，並臣屬大汗。[52]

三　甘州城

　　甘州（Campicion）是一大城，即在唐古忒境內，蓋為唐古忒全州之都會，故其城最大而最尊。居民是偶像教徒、回教徒及基督教徒。基督教徒在此城中有教堂三所。[53]

---

51 馬可波羅（Marco Polo）著，沙海昂註，馮承鈞譯：《馬可波羅行紀》，頁125。
52 馬可波羅（Marco Polo）著，沙海昂註，馮承鈞譯：《馬可波羅行紀》，頁133。
53 馬可波羅（Marco Polo）著，沙海昂註，馮承鈞譯：《馬可波羅行紀》，頁136。

四　涼州

從前言之甘州首途，騎行五日，夜間多聞鬼聲。行此五日畢，東向有國，名曰額里湫（Erginul），臣屬大汗，隸屬古唐州。時此州內有數國，居民是聶斯脫里派之基督教徒，或崇拜摩訶末之教徒。

此國之中，多有城市，其要城名曰涼州。從此城向東南行，可至契丹之地，在方道上，見有一城，名稱申州（Singuy），所轄城村甚夥，亦屬唐古忒，隸於大汗。居民是偶像教徒同回教徒，然亦有基督徒。[54]

五　額里哈牙（Egrigaia，即寧夏）

如從涼州首途，東進，騎行八日，至一州，名曰額里哈牙（Egrigaia）。隸屬唐古忒，境內有城堡不少，主要之城名哈刺善（Calachan，賀蘭山）。居民是偶像教徒，然有聶斯脫里派之基督教堂三所。[55]

六　天德州

天德（Tenduc）是向東之一州，境內有環以牆垣之城村不少，主要之城名曰天德。隸屬大汗，與長老約翰之一切後裔隸屬大汗者同。此州國王出於長老約翰之血統，名稱闊里吉思，受地於大汗，然所受者非長老約翰舊據之全土，僅其一部而已。然我應為君等言者此長老約翰族之國王皆尚主，或娶大汗之女，或娶皇公主為妻。

此州有石可製瑠璃（azur），其質極細，所產不少。州人並用駝

---

54 馬可波羅（Marco Polo）著，沙海昂註，馮承鈞譯：《馬可波羅行紀》，頁167。

55 馬可波羅（Marco Polo）著，沙海昂註，馮承鈞譯：《馬可波羅行紀》，頁169。

毛製氈甚多，各色皆有。並恃畜牧務農為生，亦微作工商。治州者是基督教徒，然亦有偶像教徒及回教徒不少。[56]

七　申達州（Sindachu，宣德州）

由此州東向騎行七日，則抵契丹之地。此七日中，見有城堡不少，居民崇拜摩訶末，然亦有偶像教徒及聶斯脫里派之基督徒。以商工為業，製造金錦，其名曰納石（nasich）、毛里新（molisins）、納克（naques）。並織其他種種綢絹，蓋如我國之有種種絲織毛織等物，此輩亦有金錦種種綢絹也。

其人皆屬大汗，其地有一城，名曰申達州（Suydatuy，Syndatny）。居民多以製造君主臣下之武裝為業。此州有一山，中有銀礦甚佳，採量不少，其名曰伊的非兒（ydifir），居民多遊獵養鳥。[57]

八　京兆府城

離哈強府後，西向騎行七日，沿途陸續見有城村，皆有牆垣環之。商業茂盛，並見有園囿及耕種之田畝不少。全境桑樹遍布，此樹用以產絲。居民大多是偶像教徒，然亦有基督教徒，突厥種人，聶斯脫里教徒，及若干回教徒。可在其地獵取不少野獸，並可補取不少種類禽鳥。別又騎行七日程抵一名貴大城，名稱（Quenzanfu）。[58]

---

56 馬可波羅（Marco Polo）著，沙海昂註，馮承鈞譯：《馬可波羅行紀》，頁171。

57 馬可波羅（Marco Polo）著，沙海昂註，馮承鈞譯：《馬可波羅行紀》，頁172。

58 馬可波羅（Marco Polo）著，沙海昂註，馮承鈞譯：《馬可波羅行紀》，頁281。

九　雲南

渡此河後，立即進入哈剌章（Carajan，即雲南）。州甚大，境內致有七國，地延至西，居民是偶像教徒，而臣屬大汗。汗之一子君臨此地，其名曰也帖木兒（Essentimour），是為一極大而富強之國王，為人賢明英武，善治其國。

從前之述河首途，西向行五日，見有環牆之城村甚眾，是一出產良馬之地；人民以畜牧耕種為生，自有其言語，頗難解。行此五日畢，抵一主城，是為國都，名稱押赤（Jacin）。城大而名貴，商工甚眾。有回教徒、偶像教徒，及若干聶思脫里派之基督教徒。[59]

十　保定

距涿州四日程，有巴章府（Pazanfu），位置於南方（涿州南）屬契丹地域，還（向南）時經行此地域之別一部份，則見此城。此城居民崇拜偶像，人死焚其尸，城內尚有若干基督教徒，置有教堂一所。有一大河流經此城，轉運不少商貸至於汗八里城，蓋有不少運河溝渠通都也。[60]

十一　鎮江府城

鎮江府（Chingianfu）是一蠻子城市，居民是偶像教徒，臣屬大汗，使用紙幣，恃商工為活。產絲多，以織數種金錦絲娟，所以見有富商大賈。野味及適於生活之百物皆饒。其地且有聶思脫里派基督教

---

59 馬可波羅（Marco Polo）著，沙海昂註，馮承鈞譯：《馬可波羅行紀》，頁299。
60 馬可波羅（Marco Polo）著，沙海昂註，馮承鈞譯：《馬可波羅行紀》，頁334。

徒之禮拜堂兩所，建於基督誕生後之一二七八年，茲請述其緣起。

是年耶穌誕生節，大汗任命其男爵一人名馬薛里吉思（Marsarghis）者，治理此城三年。其人是一聶斯脫里派之基督徒，當其在職三年中，建此兩禮拜堂，存在至於今日，然往以前，此地無一禮拜堂也。[61]

十二　京師城（即杭州城）

城中僅有聶思脫里派基督教徒之禮拜堂一所。[62]

方豪曾將元代景教堂所在地列出，茲轉載之以供比較：

一、可失哈爾

二、撒馬爾干

三、也里度

四、唐古

五、和闐

六、吐魯番

七、哈密

八、儉州

九、阿力麻里

十、伊

十一、輪台

十二、沙州

十三、甘州

---

61 馬可波羅（Marco Polo）著，沙海昂註，馮承鈞譯：《馬可波羅行紀》，頁370。

62 馬可波羅（Marco Polo）著，沙海昂註，馮承鈞譯：《馬可波羅行紀》，頁380。

十四、肅州

十五、蘭州

十六、臨洮

十七、涼州

十八、鄂爾多斯（東勝、石柱子梁）

十九、天德

二十、淨州

二一、歸化城

二二、和林

二三、寧夏

二四、靈州

二五、太原

二六、大同

二七、北平

二八、房山

二九、涿州

三十、長蘆鎮

三一、河間

三二、大名

三三、東平

三四、濟南

三五、臨清

三六、益都

三七、揚州（十字寺二所）

三八、徐州

三九、鎮江（十字寺七所）

四十、洛陽

四一、杭州

四二、溫州

四三、長安

四四、鼇厔

四五、泉州

四六、福州

四七、廣州

四八、重慶

四九、成都（送仙橋側）

五十、昆明

五一、鞍山[63]

第八章　也里可溫之人物

《元史》有〈儒學傳〉、〈釋老傳〉，但無也里可溫傳，惟散見於各典籍之也里可溫人物，卻不在少數。元代也里可溫之人物，有良醫、有名宦、有文臣學士，據《元史》及《至順鎮江志》已有十數人可考，也有散見於其他典籍者。

一　馬押忽

馬押忽之事載於《元史‧孝友‧郭全傳》，其云：「馬押忽，也里可溫氏。事繼母張氏，庶母呂氏，克盡子職。」[64]有人據此而批評之

63　方豪：《中西交通史》，冊3，頁100。

64　〔明〕宋濂：《元史》，冊3，卷197，頁13，總頁2136。

曰，也里可溫教徒，不准有二妻，馬押忽有失宗教之體統。《元史》
所載並非馬押忽有二妻，而是有三個母親，其父至少有三個妻子，但
其父是否也里可溫則不得而知。故此，馬押忽並無違戒律，《元史》
將之編入〈孝友傳〉之中，可見其為人至孝。

二 廣惠司卿聶只兒

廣惠司卿聶只兒是一名醫生，專醫奇難雜症，他的事載於楊瑀
《山居新話》，其云：

> 元統甲戌三月二十九日，瑀在內署退食餘暇，廣惠司卿聶只兒
> （也里可溫人）言：去歲在上都，有剛哈刺咱慶王，今上皇姊
> 之駙馬也，忽得一證，偶墜馬，扶馬（起），則兩眼黑睛俱
> 無，而舌出至胸。諸醫束手，惟司卿曰：我識此證。因以剪刀
> 剪去之，少頃復出一舌，亦剪之，又於其舌兩側，各去一指，
> 許用藥塗之而愈，剪下之舌尚存，亦異證也。廣惠司者，回回
> 醫人隸焉。[65]

這個記載，現代人看了覺得不可思議，然而這件事除楊瑀記載之外，
陶宗儀的《輟耕錄》卷九，奇疾條，也載有此事，其載曰：

> 今上之長公主之駙馬剛哈刺咱慶皇，因墜馬得一奇疾，兩眼黑
> 睛俱無，而舌出至胸，諸醫罔知所措。廣惠司卿聶只兒，乃也

---

65 〔元〕楊瑀：《山居新話》，收入〔清〕鮑廷博輯：《百部叢書集成・二九・知不足
　齋叢書》（臺北：藝文印書館，1966年），第12函，冊12，頁2-3。

里可溫人也，嘗識此病，遂剪去之，頃間，復生一舌，亦剪之，又於真舌兩側各去一指，卻塗以藥而愈。時元統癸酉也。廣惠司者，回回之為醫者隸焉。[66]

二者的記載相差不遠，可以知道廣惠司卿聶只兒是一醫術高手。而且也說明了，也里可溫可能以行醫為傳道之方法之一。

三　馬世德

馬世德，字元臣，也里可溫人，由進士入仕途，曾任應奉翰林文字、樞密都事，中書檢校、庸田僉事，淮南僉憲，發動合淝城中人，修築合淝城以抗盜賊，深得民心。他的政績載於余闕《青陽先生文集·合淝修城記》之中，其述云：

至正十一年，寇起淮南，自浙西、江東、湖南北以及閩屬之地，几城所不完者皆陷，合淝之城，久圮且夷，倉卒為木柵以守。柵成，賊大至，民賴木柵以完。其後僉憲馬君至，顧而曰：以柵完民，幸也，非所以固。迺白皇孫讓王及其憲使高昌公議修其城。發公私錢十萬貫，召富人之為千夫長、百夫長者，傭小民相故所圮夷盡築之。富人得官發錢，無甚費，咸喜，助所不足，小民方飢，得傭錢，奔來執事，蔞鼓不設，鞭朴不施，捧柴荷畚，齟至競作，自十三年二月朔戒事，九月畢，城四千七百有六丈。六門環為睥睨，設周廬，廬具飾器，

66　〔元〕陶宗儀：《輟耕錄》，收入《叢書集成簡編》（臺北：臺灣商務印書館，1966年），頁137-138。

門皆起樓櫓樹，盜所必攻者覽之，計用木若干，覽四百四十八萬，用人之力七十七萬八千。城成而盜不至者，今期月矣。余生長合淝，知其俗之美，與夫所不從亂而可與守者，有三焉，其民質直而無異心，其俗勤生而無外慕之好，其材強悍而無屑弱可秉之氣，當王師之取江南，所至諸郡，望風降附，獨合淝終始為其主守至國亡，乃出降。天下既定，南人爭出仕而少不達，則怨議其上而不可止，吾合淝之民，布衣育秀者治詩書，樸者服農賈，昏喪社飲合坐數百人，無一顯者，無怒不平之色。驅牛秉未，雞鳴而食耕，朝而息，日昃而耕，莫而息，不合耦而終十畝，負二石之米，日中趁百里而無德容。唯其質直而無二心，故盜不能欺，勤生而無外慕之好，故利不能誘，強悍而無屑弱可秉之氣，故兵不能詆。昔者木柵，猶足以力戰禦寇，而無肯失身於不義者，今而得賢使君修其垣墉，救其疾苦，攜持撫摩，以與民守之，而民之與君，又歌舞愛戴，與君守如子弟之於父兄，手足之與頭目，然自今至於後日，是雖無盜，有亦不足憂也。君前為庸田僉事，城姑蘇，今憲淮南，又城合淝，一人之身，而二郡之民賴之，以有無窮之固，儒者之利，不其博哉？君名世德，字元臣，也里可溫國人，由進士第，歷官應奉翰林文字、樞密都事，中書檢校、庸田僉事，為今官。與余前後為史氏，城又余之所志而未成者也，義為紀之。其敦事與凡供役之人則載之碑陰。[67]

67　〔元〕余闕：《青陽先生文集》，收入《四部叢刊續編》（臺北：臺灣商務印書館，1966年，據上海涵芬樓景印常熟瞿氏鐵琴銅劍樓藏明刊本影印），冊43，卷3，頁9-10。

四　馬薛里吉思

　　馬薛里吉思官至鎮江府的副長官，即副達魯花赤，《至順鎮江志》云：「鎮江府路總管府：馬薛里吉思，也里可溫人；虎符懷遠大將軍，至元十五年正月二十五日至，八月一日再降金牌，改授明威將軍、副達魯花赤。」[68]曾經建造七所也里可溫寺，《至順鎮江志》云：「馬薛里吉思，也里可溫人，至元十五年授明威將軍、鎮江路總管府副達魯花赤，因家焉。嘗造七寺，見僧寺類，每歲貢舍里八，見土貢類。」[69]

五　安震亨

　　安震亨官至鎮江府路總管兼府允，《至順鎮江志》云：「總管兼府尹，安震亨，也里可溫人，嘉議大夫，至元二十年七月二日至，二十三年二月二十八日代。」[70]

六　闊里吉思

　　闊里吉思官至鎮江路總管府達魯花赤，兼內勸農事，《至順鎮江志》云：「達魯花赤兼管內勸農事，闊里吉思，也里可溫人，少中大夫，至大元年八月六日至，皇慶元年十二月九日代。」[71]又《至順鎮江志·僑寓類》曰：「闊里吉思，也里可溫人，至大初少中大夫，鎮

68　〔元〕俞希魯編：《至順鎮江志》，卷15，頁601。
69　〔元〕俞希魯編：《至順鎮江志》，卷19，頁779。
70　〔元〕俞希魯編：《至順鎮江志》，卷15，頁601。
71　〔元〕俞希魯編：《至順鎮江志》，卷15，頁602。

江路總管府達魯花赤，因居於此。」[72]闊里吉思是元代駙馬，[73]《元史・世祖本紀》載元世祖忽必烈與駙馬闊里吉思商議行屯田制度。[74]《元史・成宗本紀》所載，闊里吉思是甚受重用，其云：「乙巳，賜駙馬蠻子帶銀七萬六千五百兩，闊里吉思一萬五千四百五十兩。」[75]又載云：「癸卯，封駙馬闊里吉思為〔高〕唐王，給金印。」[76]

七　魯合

魯合是闊里吉思的兒子，官至潭州路兼揚州達魯花赤，《至順鎮江志》載：「魯合，闊里吉思子，朝列大夫，潭州路兼揚州達魯花赤。」[77]

八　太平

太平官至達魯花赤兼管內勸農事，在任期間，政績斐然，改地區稅制，減輕民役，以法斷事，不畏強貴，離任時，居民為之立碑讚揚其功績。《至順鎮江志》云：

太平，也里可溫人，嘉議大夫，皇慶元年十二月九日至；延祐三年十一月二日代。士民為立去思之碑，郡人青揚翼撰，其略

72　〔元〕俞希魯編：《至順鎮江志》，卷19，頁779。

73　〔清〕錢大昕著，洪北江編：《廿二史考異》（臺北：樂天出版社，1971年），下冊，卷95，頁10，總頁2605。

74　〔明〕宋濂：《元史》，冊1，卷17，頁5，總頁212。

75　〔明〕宋濂：《元史》，冊1，卷18，頁2，總頁222。

76　〔明〕宋濂：《元史》，冊1，卷18，頁5，總頁224。見〔清〕錢大昕著，洪北江編：《廿二史考異》，下冊，卷87，頁9，總頁2605。

77　〔元〕俞希魯編：《至順鎮江志》，卷19，頁779。

曰：「至元庚寅，罷官榷酤最，月息定課，以賦於民，號散
辦。鎮江闔郡戶十萬，月賦中統鈔六百五十定。城中民不能八
千，實佔租四千貫有奇。既而豪俠一一刺金者，自願辜榷城
中，重割屬縣課，增其數，總一萬二千五百貫。倍稱而改法，
民不與聞也。未幾，權豪善利者，禁郡仍榷酤例，選甲戶而督
辦焉。已乃及中人，十數支一歲，往往皆閭里商賈細弱，力無
以操切自振。且課重而民寡，日虧月負，傾家以償，故不勝其
弊。至大中，郡建議復散辦，縣課仍在而斂法不能均，多者月
百五十斤，其下乃數十百斤。民愈困蹶，棄產業、輟衣食以
輸，甚者或逃亡焉。視屬縣，大家月無過十千者。輕重懸絕遠
矣。公至，既曰：『均是民也。縣之課不可移於城中，猶城中
之不可加於縣也。豈其得已而遂不問乎？蒞官長民，職豈不在
是！』即上行省曰：『各還其舊。』便議從上中戶等第受賦，
實力大半，人人庶幾俯仰之樂。縣邑之賦，復歸其舊。亦罔或
不均，然公之嘉績，不唯是也。初，郡倉歸米海曹，歲役徒千
人，吏並緣為奸，民擾甚。公乃募郡中業傭負者三百人，秋斂
民賦時，使負米廩下，受傭直，且復其家；終歲無所與，惟海
運至，役焉。民用是弗擾。典織吏受絲於杭，道遠不時至，且
交征利，府庫受其弊絲，工人告病。公曰：『建業，業郡也，
歲用有餘絲，且輸之上，若幸以給我，豈弗便？』聞之者，許
焉。力簡弊除，工釋重負。豪貴佔學田三十載，大府聽直屢
斷，而有司弗謹用命。公特立固守，奉上治下，一一以法令從
事，人莫干以私。訟乃絕而田歸焉。蓋公之秉心立事類如此。
長江大山，休養滋殖，方將幸惠未已。眾心成石，著以為去思
之碑。」碑在丹陽館前譯道傍。[78]

---

78 〔元〕俞希魯編：《至順鎮江志》，卷15，頁602-603。

《康熙鎮江志‧名宦傳》亦有載其事蹟：「太平，也里可溫人，皇慶元年以成議大夫為鎮江總管府達魯花赤，兼管內勸農事，在郡均月課，革海漕吏姦，復豪貴所占學田。」[79]

九　馬奧剌憨

馬奧剌憨官至丹徒縣達魯花赤，《至順鎮江志》云：「馬奧剌憨，也里可溫人，忠翊校尉，元貞二年六月至。」[80]其事蹟也見諸《萬曆鎮江志》卷十六及《康熙鎮江志》卷廿五。[81]

十　斡羅思

斡羅思與馬奧剌憨同樣官至丹徒縣達魯花赤，《至順鎮江志》有載：「斡羅思，也里可溫人，承務郎，天曆二年八月至。」[82]其事亦同載於《萬曆鎮江志》卷十六、《康熙鎮江志》卷廿五。[83]

十一　安馬里忽思

安馬里忽思是鎮江人，官至副都元帥，《至順鎮江志‧僑寓類》載：「安馬里忽思，也里可溫人，居鎮江，中憲大夫、同知廣東道宣慰使司副都元帥。」[84]其事亦載於道光《廣東通志》卷十七，其云：

---

79 轉引自陳垣著，吳澤編：《陳垣史學論著選集》，頁14。
80 〔元〕俞希魯編：《至順鎮江志》，卷16，頁640。
81 陳垣著，吳澤編：《陳垣史學論著選集》，頁15。
82 〔元〕俞希魯編：《至順鎮江志》，卷16，頁641。
83 陳垣著，吳澤編：《陳垣史學論著選集》，頁641。
84 〔元〕俞希魯編：《至順鎮江志》，卷19，頁778。

「安馬里忽思，曾任南雄路達魯花赤。」[85]然無註明為也里可溫，故不知其為也里可溫也。

十二　也里牙

也里牙是安馬里忽思之子，官至州事，《至順鎮江志》曰：「也里牙，安馬里忽思子，以父廕忠翊校尉，南安路大庾縣達魯花赤，今昭信校尉，同知潭州路瀏陽州事。」[86]

十三　塔海

塔海官至副都元帥，《至順鎮江志》云：「塔海，也里可溫人，居京口，正議大夫，同知廣東道宣尉使司，副都元師卒。」[87]

十四　哈剌

哈剌官至中政院史，陶宗儀《書史會要》載云：「哈剌字元素，也里可溫人，登進士第，官至中政院使，能文辭，其書宗巙正齋。」[88]此外，萬曆《杭州府志・職官表》亦載其事：「元時可考者，有浙江行省左丞哈剌，也里可溫人，又曾為江南浙西道肅政廉訪司僉事，世次無考。」[89]至於康熙《鳳陽府志・名宦》也稱之也里可溫人：「元哈

85　轉引自方豪：《中西交通史》，冊3，頁106。

86　〔元〕俞希魯編：《至順鎮江志》，卷19，頁778。

87　〔元〕俞希魯編：《至順鎮江志》，卷19，頁778。

88　〔元〕陶宗儀：《書史會要》（上海：上海書店，1984年），頁462。

89　轉引自陳垣著，吳澤編：《陳垣史學論著選集》，頁16。

剌，字元素，賜姓金，也里可溫人，至順間為鍾離縣達魯花赤，能反冤獄，政為諸邑最。」[90]

十五　康里不花

康里不花，官至海北廉訪使，學問淵博，陶宗儀《書史會要》謂：「康里不花，字普修，也里可溫人，官至海北廉訪使，篤志墳籍，至於百氏術數，無不研覽，書宗二王。」[91]

十六　失列門

失列門之事載於《元祕書監志・題名》，其云：「祕書少監……失列門，大德十一年六月二十五日上，也里可溫人。」[92]

十七　雅古

其事亦載於《元祕書監志》，其謂：「著作佐郎雅古，賜進士出身，字正卿，也里可溫人，泰定元年十一月二十六日，以承事郎上。」[93]

《元史》所載，名失列門者七人，昔烈門者二人，失烈門、失里

---

90 轉引自陳垣著，吳澤編：《陳垣史學論著選集》，頁16。
91 〔元〕陶宗儀：《書史會要》，頁340。
92 〔元〕王士點、商企翁著：《元祕書監志》（揚州：江蘇廣陵古籍刻印社，1988年），冊2，頁7-9。
93 〔元〕王士點、商企翁著：《元祕書監志》，冊2，卷10，頁2-4。

門各三人，[94]失列門與所羅門，音極相近；雅古則為雅各，可見二者皆以基督教之古人為名。[95]

十八　差囊加台

其事載於《元史》，其曰：「差囊加台，字元道，後至元三年八月二十九日參，也里可溫人。」[96]

十九　愛薛

愛薛來自西域拂林，官至平章政事，封秦國公，《元史・愛薛傳》有云：

> 西域拂林人，通西域諸部語，工星曆醫藥。世祖嘗詔都城大作佛事，集教坊伎樂及儀仗以迎導，愛薛奏曰：天下疲弊，此無益之費甚無謂也。帝嘉納之，擢祕書監，領崇福使，授平章政事，封秦國公，卒進封太師拂林忠獻王。子五人，也里牙，秦國公崇福使；闊里吉思，同知泉府院事；魯合，廣惠司提舉。[97]

《元史》雖未明言愛薛是也里可溫人，唯其曾官崇福使，崇福使是崇福司之長官，崇福司是管理也里可溫之機構；其本身為拂林人，拂林

---

94 〔清〕汪輝祖：《三史同名錄》，收入王雲五編：《叢書集成初編》（上海：商務印書館，1936年），冊3，卷26，頁248-249。

95 陳垣著，吳澤編：《陳垣史學論著選集》，頁17。

96 轉引自陳垣著，吳澤編：《陳垣史學論著選集》，頁17。

97 〔明〕宋濂：《元史》，冊2，卷134，頁7，總頁1547。

者，古稱羅馬帝國；而且，他上諫元帝，勸勿奢費於佛事，可見其是也里可溫無疑。[98]

二十　馮三

馮三因不願參與盜匪之行，被盜匪綁於十字架上遊街，最後被殺，《元史·忠義·丑閭傳》載謂：

> 有馮三者，湖廣省一公使也。湖廣為寇陷，皂隸輩悉起剽殺為盜，亦拉三以從。三辭曰：賊名惡，我等豈可為。眾初強之，終弗從。怒將殺之，三遂唾罵，賊乃縛諸十字木，舁之以行，而封其肉。三益罵不止，抵江上，斷其喉，委去。[99]

《馬可波羅遊記》謂，大可汗每禁止基督教徒執十字架行列，謂耶穌聖人，橫遭猶太人之慘戮，今猶以致死聖人之具，行列街衢，為萬目共瞻，非所以重視聖人等語。可知元之也里可溫，有執十字架行列之俗，由此可證明馮三乃也里可溫人矣。[100]

第九章　元代之天主教

一　元室入主中原之前與天主教的關係

蒙古勃興之際，正值歐洲之基督教十字軍東征回教之時，元太祖

98　陳垣著，吳澤編：《陳垣史學論著選集》，頁17。
99　〔明〕宋濂：《元史》，冊3，卷195，頁9，總頁2119-2120。
100　陳垣著，吳澤編：《陳垣史學論著選集》，頁18。

及太宗數次起兵西征，攻陷不少回教國家。歐洲之基督教國家及教皇，誤以為蒙古人是替基督教消滅回教的，乃欲與蒙古結盟。再加上其時歐洲盛行一傳說，謂約翰王（汪汗、王汗）被傳為東方一大國之統治者，然所謂約翰王者，只不過是一信仰景教之酋長，被立為景教長老，取基督教之名字「約翰」而已。復有一傳說云成吉思汗是基督徒，取名大維德（David，今稱大衛）。

（一）柏郎嘉賓使蒙

在這些傳說影響下，教皇依諾森四世（Pope Innocent IV）乃命方濟會士柏郎嘉賓（Giovanni da Pian del Carpine）於西元一二四五年至一二四七年之間，訪欽察汗（Kipchak）拔都（Batu）於薩來（Sarai），又訪元定宗（貴由大汗）於喀喇和林（Karakorum），以窺探蒙古之實力。

教皇於西元一二四五年在里昂召開第十三次大會，通過一決議，派遣傳教師往使韃靼，勸其勿大肆殺戮，並皈依基督教。[101] 柏郎嘉賓帶著教皇給予蒙古王貴由汗的兩封函件銜命東來。茲引述此兩封〈教皇英諾森四世致韃靼皇帝的兩道敕令〉，其第一函云：

> 天父上帝，懷著難以形容的慈愛心情注視著人類的不幸命運——人類由於第一代男人的罪惡而墮落了——并且由於他最極端偉大慈愛精神，渴望仁慈地把人類拯救過來——由於魔鬼因嫉妒而提了一個狡猾的建議，使人類墮落了——因此大發慈悲，從天堂的崇高寶座派遣他的獨生子（耶穌）降臨下界塵世，作為他的代表，——他的獨生子，是由於聖靈的作用，在

---

101 〔瑞典〕多桑（Abraham Constantin Mouradgea d'Ohsson）著，馮承鈞譯：《多桑蒙古史》（北京：中華書局，2004年），上冊，頁268。

一個優先挑選出來的童貞女的子宮中受孕，并在那裏穿上人類的肉體之衣，然後從那裏經由他母親的貞節的關閉之門進入人世，以一種人人可見的形像顯示了他自己。生來就具有理智的人性，適合於以永恒真理作為其最精選的食糧來取得營養，但是，由於人性被束縛致命的鐐銬之中，作為對罪惡的一種懲罰，以致他的能力大大削弱，因此他必須使用從可見事物得出推論的方法，來努力了解理智食糧的不可見食物。（由於耶穌下凡，）人類的造物主成為可見的了——他長著同我們一樣的肉體，雖然他的本性并非有變化——這是為了，由於他是可見的，他就可以召喚追隨於可見事物之後的不可見事物回到他自己身上，以他的有益教導來塑造人們，并以他的教導向人們指出達到完美境地的途徑：遵循他的神性生活方式的典範和他的福音教導，他不惜屈尊忍受殘酷的十字架上死去的痛苦，是為了通過他的現世生命因受刑而結束，他就可以使永久死亡的刑罰從此結束——這種刑罰，是世世代代的人類由於他們第一代祖先的罪惡而蒙受的——并使人可以及時地從他死亡的苦味聖餐杯中喝到永生的甜露。在我們和上帝之間的中保（耶穌），應該既有短暫的生命，也有永恒的全福，以便由於有短暫的生命，他就可以同那些注定要死亡的人們一樣，由於有永恒的全福，他就可以把我們從死亡過渡到永生。

因此，他為了替人類贖罪，獻出自身作為犧牲，而且，他擊敗了不使人類得救的敵人，把人類從奴役的恥辱中搶救出來，使之享受自由的光榮，并為人類打開了天堂祖國的大門。然後，他從死亡中復活，升入天堂，他把他的教皇留在世上，并且在教皇由於三重職業的證據而證明了他對人類的恒久不變的愛以後，把保護人類靈魂的責任託付教皇，希望教皇留心地注視著

人類的得救——為了人類的得救，他曾經降低了他崇高的尊嚴；他把天國的鑰匙交給教皇，有了這把鑰匙，教皇和他的繼任者們就有了向一切人打開和關閉天國之門的權力。我們雖不配當此重任，由於上帝的安排，現已繼任教皇之職，因此，我們在履行由於我們的職務而肩負的一切其他責任以前，把我們敏銳的注意力集中到拯救你們和其他人的問題上，在這個問題上我們特別傾注我們心意，以勤奮的熱情和熱情的勤奮孜孜不倦地始終注視著這個問題，以便我們能夠在上帝慈悲的幫助下，把那些誤入岐途的人們引到真理之路，並為上帝贏一切的人。但是，由於我們不能在同一個時間裏親自來到各不同的地方——因為這是我們人類狀況的本性所不許可的——因此，為了使我們不顯得在任何方面忽視那些遠離我們的人們，我們派遣謹慎小心的人到他們那裏去，作為我們的代表，通過他們，我們便可履行我們教皇對他們的天職。正是因為這緣故，我們認為把我鍾愛的兒子葡萄牙人勞倫斯修士及其方濟各會的同伴們派到你處是合適的，他們即是致送這封信的人，他們有非凡的宗教精神，德行高潔，精通《聖經》知識，因此，你們如果遵循他們的有益教導，就可以承認上帝的真正兒子耶穌基督並通過皈依基督教，以崇拜他的光榮名字。因此，我們勸告你們全體人民，請求並真誠地懇求你，出於對上帝和我們的敬畏，和善地接待這些修士，並以體貼的方式對待我們，就好像接待我們一樣，並且在關於他們代表我們向你講的那些事情上，以不虛偽的誠實態度對待他們。我們並且請求你們，除在關於上述對你們有益的事情上同他們商談外，並給予他們一份護照和他們在來回旅途中所需的其他必需品，以便在他們願意時，即可回到我們身邊來。我們認為把上面提到的幾位修士派到你處

是合適的，他們是一貫遵守並精通《聖經》的，因為，鑒於他們遵循我們的救世主的謙恭精神，我們相信，他們對你將會有較大的幫助──如果我們想到對你更為有益和你更可以接受的高級教士或其他能力強的人，那我們就會派那些人前來你處了。

1245年3月5日於里昂[102]

這封書函簡略的說明了天主教的信仰，和教王履行救贖罪人的責任，他持有天國的籲匙。但這封信被如日中天的蒙古大汗看了，他會有何反應呢？

現在再看第二封書函，其謂：

鑒於不僅是人類，而且甚至無理性的動物，不，甚至組成這個世界的各個份子，都被某種天然法則按照天上神靈的榜樣給結合在一起，造物主上帝將所有這些分成為萬千群體，使之處於和平秩序的持久穩定之中，因此，我們被迫以強硬措詞表示我們對你的狂暴行為的驚訝，就並非沒有道理了──我們聽說，你侵略了許多既屬於基督教徒又屬其於他人的國家，蹂躪他們，使之滿目荒涼，而且，你以一種仍未減退的狂暴精神，不僅沒有停止把你的毀滅之手伸向更為遙遠的國度，而且打破自然聯繫的紐帶，不分性別和年齡，一概不予饒恕，你揮舞著懲罰之劍，不分青紅皂白地向全人類進攻。因此，我們遵行和平之王的榜樣，並渴望所有人類應在敬畏上帝之中和諧地聯合起來共同生活，茲特勸告，請求並真誠地懇求你們全體人民：從今以後，完全停止這種襲擊，特別是停止迫害基督教徒，而

---

102 轉引自〔英〕道森（Christopher Dawson）編，呂浦譯，周良霄注：《出使蒙古記》（北京：中國社會科學出版社，1983年），頁90-92。

且，在犯了如此之多和如此嚴重的罪過之後，你們應通過適當的懺悔來平息上帝的憤怒——你們的所作所為，嚴重地激起了上帝的憤怒，這是毫無疑問的。你們更不應由於下列事實而受到鼓勵，去犯更進一步野蠻罪行，這就是：當你們揮舞強權之劍進攻其他人類時，全能的上帝迄今曾容許許多民族在你們前紛紛敗亡，這是因為有的時候上帝在現世會暫時不懲罰驕傲的人，因此，如果這些人不自行貶抑，在上帝面前低首下心地表示卑下，那末，上帝不僅可能不再延緩在今生對他們的懲罰，而且可能在來世格外加重其惡報。因此，我們認為把我們鍾愛的兒子〔約翰‧普蘭諾‧君賓尼〕及其同伴，即致送這封信的人，派到你處是合適的。他們有非凡的宗教精神，德行高潔，精通《聖經》知識。請你出於對上帝的敬畏，和善地接待他們，尊敬地對待他們，就好像接待我們一樣，並且在他們代表我們向你的那些事情上誠實地同他們商談。當你就上述事務特別是與和平有關的事務同他們進行了有益的討論時，請通過這幾位修士使我們充份地知道，究竟是甚麼東西驅使你去毀滅其他民族，你未來的意圖是甚麼，並請給予他們一份護照和他們在來回旅途中所需的其他必需品，以便在他們願意時，即可回到我們身邊來。

1245年3月13日於里昂[103]

第二封信函很明顯指出蒙古大汗的侵略行為是一種罪行，且要貴由汗認罪。這樣的措詞，當然不會得到貴由汗的接納。

這二件教皇致蒙古帝之書函，拔都曾命人將它譯成：蒙古、俄羅

---

103 轉引自〔英〕道森（Christopher Dawson）編，呂浦譯，周良霄注：《出使蒙古記》，頁92-93。

斯、和阿拉伯等語言，由柏郎嘉賓隨身帶呈貴由汗，[104]於西元一二四
六年柏氏一行人等回國，攜回貴由汗致教皇書，〈貴由汗致教皇英諾
森四世的信〉云：

我們，長生天氣力裏，

大兀魯思（Ulus）之汗

我們的命令：——

這是送給大教皇的一份譯本，以便他可從（穆斯林）語得悉並
了解信中的內容。在皇帝國土舉行大會時，你提出的（表示擁
護我們的）請求書，已從你的使者處獲悉。

如果你的使者返抵你處，送上他自己的報告，你，大教皇，和
所有的君主們一道，應立即親自前來為我們服役。那時，我將
公佈札撒的一切命令。

你又說你曾向上帝祈求和祈禱，希望我接受洗禮。我不懂你的
這個祈禱。你還對我說了其他的話：「你奪取了馬札兒人和基
督教徒的一切土地，使我十分驚訝。告訴我們，你的過錯是甚
麼。」我也不懂你的這些話。長生天殺死並消滅了這些地方的
人民，因為他們不忠於成吉思汗，也不忠於合汗（成吉思汗和
合汗都是奉派來傳佈長生天的命令的），又不遵守長生天的命
令。像你所說的話一樣，他們也是粗魯無恥的，他們是傲慢
的，他們殺死了我們的使者。任何人，怎能違反長生天的命
令，依靠他自己的力量捉人或殺人呢？

雖然你又說，我應該成為一個虔誠的聶斯脫里派基督教徒，崇
拜上帝，並成為一個苦行修道者，但是你怎麼知長生天赦免

---

104 貴由汗，姓名是奇渥溫貴由，尊號是簡平皇帝，廟號是定宗，由1246年至1247年
做蒙古皇帝。其時古人尚未入主中土，元朝未建立。

誰，他對誰真正表示慈悲呢？你怎麼知道你說的這些話是得長
生天批准的呢？自日出之處至日落之處，一切土地都已被我降
服。誰能違反長生天的命完成這樣的事業呢？

現在你應該真心誠意地說：「我願意降服並為你服役」你本是
人，位居一切君主之首，應立即前來為我們服役並侍奉我們！
那時我將承認你的降服。

如果你不遵守長生天的命令，如果你不理睬我的命令，我將認
為你是我的敵人。同樣地，我將使你懂得這句話的意思。如果
你不遵照我的命令行事，其後果只有長生天知道。

（回曆）644年6月末。

皇　帝　之　璽
長生天氣力裏，大蒙古兀魯思全體之汗。敕旨所至，臣民敬肅
遵奉。[105]

蒙古帝的回覆，說明自己是奉天行事，也否定了教王的說法。柏郎嘉
賓攜此函回到里昂，後又把出使蒙古之經過寫成一書，名《蒙古史》
（*Historia Mongolorum*）。

　　教皇勸蒙古帝歸信基督，以擁有天國鑰匙自居，其實無非想借蒙
古之力，攻擊回教，以圖收復失地，取回耶路撒冷。蒙古帝則以受命
於天，替天執行懲罰者自居。蒙古帝也可謂氣燄逼人，教皇聯蒙之計
劃頓成泡影。

---

105 轉引自〔英〕道森（Christopher Dawson）編，呂浦譯，周良霄注：《出使蒙古記》，
　　頁102-103。

（二）道明會使團往謁蒙古大將

教皇除了差遣方濟會士柏郎嘉往訪蒙古大汗之外，同時又差遣一個由道明會士組成的使團，往波斯謁見蒙古大將拜住（Baidju）。一行人等，包括安塞勒木（Anselme de Lombardie）、及西孟（Simon de Saint-Quentin）、阿勒別里克（Alberid）、及亞力山大（Alexander），於西元一二四七年抵達波斯的西田思堡（Sitiens）附近，謁見拜住。[106]

據多桑《蒙古史》所載，安塞勒木諸人，未帶備禮物，晉見拜住時，不行跪拜叩頭之禮，激怒了拜住及其左右副將。教士諸人解釋云：不行跪拜之禮非因傲慢，若拜住等人肯信奉基督，教士不但行跪拜之禮，更會親吻拜住等人之足。而教士攜往謁見拜住之教皇書函，內容亦如呈予貴由汗之書一樣。該函件由教士及拜住之翻譯，合力譯成波斯文，再由波斯文譯成蒙古語。[107]

拜住看過書函後，於同年七月廿五日，致書予教皇，云：

> 那顏拜住奉聖汗命諭汝教皇：汝使者齎書來，惟其言詞倨傲。未知汝命之作如是言，抑其自作如是言？來書謂吾曹殺戮過重，殊不知吾人奉天之命，與大地全土主人之詔敕。凡來降者，仍保其水與陸，暨其資財；但應以其兵力獻於大地全土之主，其敢抗拒者則滅之。茲特諭汝教皇，脫欲保汝之水與陸暨汝之資財，必須親來營納款，並入朝大地全土之主，否則其結果僅有天帝知之。茲遣使臣愛別吉（Aybeg）、與薛兒吉思

---

106 〔瑞典〕多桑（Abraham Constantin Mouradgea d'Ohsson）著，馮承鈞譯：《多桑蒙古史》，上冊，頁272。

107 〔瑞典〕多桑（Abraham Constantin Mouradgea d'Ohsson）著，馮承鈞譯：《多桑蒙古史》，上冊，頁272-273。

（Sargis）二人使汝國，汝來朝與否，為友為敵，可速自決，遣使來告，七月二十日作於西田思。[108]

可見拜住也否定了教皇的說法，而且拜住之復函更附有成吉思汗之招降文。大意為：「降者可保，拒者滅之」，拜住差往謁見教皇之二位使臣皆是景教徒。從拜住之覆函，可知教皇之聯蒙政策失敗。

此次教皇聯蒙失敗，除貴由汗戰績彪炳，氣燄高張外，另一原因，乃貴由汗寵信之合答、鎮海二人都是景教徒。柏郎嘉賓云貴由汗之帳側，有景教禮拜堂，每天行聖禮，並支付景教士之薪俸，似有意奉教。貴由汗對景教有好感，自然不接納天主教。[109]

（三）法王路易九世聯蒙失敗

貴由汗死後第二年，由欽淑皇后[110]攝政。其時有二名景教徒冒充蒙古使者，一名大維德（David），另一名馬可（Marc）。於一二四八年十二月十四日，在塞浦路斯島（Cyprus）晉見法王路易九世（Louis IX）。時路易九世正統率十字軍，在該島駐紮。此二名冒充者，自謂奉波斯之蒙古戍將宴只吉帶（Ercaltay；或作 Erchalchai；Iltchigatai）之命，向法王呈遞文書。其書首先祝頌路易九世享國久遠，及十字軍攻克回教。次言奉命至波斯，為解除基督徒之困厄，免其賦役、保其財產、教堂，俾在大汗時代，得以安心祈禱。書中稱路易為子（為歐洲教會之長老或教士對教徒之親密稱呼）。並請相信這

---

108 轉引自〔瑞典〕多桑（Abraham Constantin Mouradgea d'Ohsson）著，馮承鈞譯：《多桑蒙古史》，上冊，頁274。

109 〔意〕柏朗嘉賓（Giovanni da Pian del Carpine）著，〔法〕貝凱（Dom Jean Becquet）、韓伯詩（Louis Hambis）譯注，耿昇、何高濟中譯：《柏朗嘉賓蒙古行記》（北京：中華書局，1985年），頁256。

110 欽淑皇后是元定宗（貴由汗）的皇后，名斡兀立海迷失，尊號欽淑皇后。

兩使者大維德及馬可之言。又云大地之主大可汗，對拉丁、希臘、阿美尼亞、聶斯脫里、雅各等各基督教派一視同仁。[111]

路易九世不知內裏，信以為真，命令把這函件抄錄二份，分寄王后巴蘭絲（Blanche），及教皇依諾森四世。教皇亦派使臣，致書蒙古皇太后，及宴只吉帶。稱云：聞其皈依羅馬公教，將列其名於教會諸愛子中。[112]

路易九世遣道明會士：安德烈隆主麥勒、及若望（Jean）、吉約木（Gcillaume）等人偕大維德、及馬可，於西元一二四九年，離開塞浦路斯，往訪宴只吉帶。時貴由汗已去世。使者晉見攝政的欽淑皇后。皇后復函予法王，僅命法王按年進貢，臣服蒙古，因其視所有使臣均係為朝貢求和而來。教士一行人等，於一二五一年回歐復命，路易九世大失所望。[113]

路易九世在巴勒斯坦（Palestine）建築凱撒利亞城堡（Cesaree）時，風聞拔都長子撒兒答（Sartark）曾歸信基督。以為得其保護，可傳教及聯蒙。乃於一二五二年遣方濟會（Francisus）之教士路不路克（Guilelmus）往訪拔都及撒兒答父子，更往喀喇和林訪元憲宗。[114]同行者有教士巴兒帖勒米（Barthelemi de Cremone）及一名書記。一二五四年一月四日，二位教士入覲大汗於帳中。時值聖誕節，教士唱「A Solis Ortus Cardine」等歌晉見。路不路克曾見元憲宗（蒙哥大

111 〔瑞典〕多桑（Abraham Constantin Mouradgea d'Ohsson）著，馮承鈞譯：《多桑蒙古史》，上冊，頁276。

112 〔瑞典〕多桑（Abraham Constantin Mouradgea d'Ohsson）著，馮承鈞譯：《多桑蒙古史》，上冊，頁276。

113 〔瑞典〕多桑（Abraham Constantin Mouradgea d'Ohsson）著，馮承鈞譯：《多桑蒙古史》，上冊，頁278。

114 元憲宗，姓名是奇渥溫蒙哥，尊號桓肅皇帝，廟號憲宗，於1251年至1259年做蒙古皇，其時尚未入主中土，元朝未建立。

汗）及其他貴族，皆參與基督教、回教、佛教的禮節。各宗教亦竭力吸收蒙人加入。但蒙哥大汗遵守成吉思汗之遺訓，認為一切宗教皆合神旨意，平等對待各宗教。蒙哥致法王之復函，亦使法王失望，其云：

> 此命蓋由蒙哥可汗通諭法蘭西國王以及法蘭西國諸貴人、教師暨全國人民者。俾其獲知其尚未得悉長生天詔告成吉思汗之命、及朕諭告之語。有名稱大維得者，曾冒稱蒙古使臣使汝國。汝曾遣使隨之來朝貴由汗，使者抵帝廷時，汗已死。其寡婦海迷失曾賜絹一匹並國書而遣之歸。顧此婦賤逾牝犬（可汗曾語教士：此不幸婦人曾因厭禳而被絕於皇族之外。）安知和戰之事、及此國之福利歟？茲汝遣此二修士至撒兒答所，撒兒答不敢專決，遣之往謁拔都。拔都復遣之入朝覲見蒙古之無上主蒙哥可汗。朕欲遣使偕彼等同至汝國。據二修士言，此國及汝國之間，道途危險，兼有數敵國處乎其間，恐朕之使臣不能安抵汝國，願自齎朕諭國王魯意（路易）之詔詔敕而還。所以，朕以長生天之詔諭付汝教師轉達。汝奉諭以後，須遣使來報，欲和抑戰。設汝自以國遠，山高水深，蔑視天命，則彼能轉難為易，而變遠為近者。知悉吾人之能為之也。[115]

自元室在漠北興起，建立其王國，西征佔土，教皇與歐洲之強大帝王，莫不欲與蒙古結交，唯於元室入主中原之前，教皇未能聯合蒙古之力以對抗回教，天主教也未在中土大力發展。直至元室入主中原，天主教與蒙古皇室之關係才大為改觀。

---

115 轉引自〔瑞典〕多桑（Abraham Constantin Mouradgea d'Ohsson）著，馮承鈞譯：《多桑蒙古史》，上冊，頁300。

二　元室入主中原後，天主教在華之發展

元憲宗之弟即元世祖忽必烈於中統元年（1260）擊敗宋室，入主中原，建立以中土為中心的政府，國號為「元」，元朝也正式成立。由元世祖忽必烈中統元年（1260）至烏薩哈爾可汗天元三年（1381）蒙古人退出中土為止，蒙古人統治中國凡一百廿一年。在這段統治期間，元室可謂尊重各類宗教，釋、道、也里可溫、天主教等各大宗教也可各有其發展。而天主教在此間也增派不少傳教修士到來中國。

（一）方濟會士孟高維諾在元代之傳教工作

至元二十六年（1289），方濟各會之修士孟高維諾（John of Montecorvino，或作 Giovanni da Montecorvino），奉教皇尼各老四世（Pope Nicholas IV）之命，經印度，於一二九三年由海路到達中國，入燕京，得元世祖許可，在北京傳教，頗有果效。[116]教皇克來孟五世（Pope Clement V, 1305-1314）時，於一三〇七年再派七名教士來華，並任命孟高維諾為汗八里（燕京）之大主教，管理東方之教務。被派來華之七名教士，分別是：一、哲拉德（Gerard）；二、裴萊格琳（Peregrine of Castello）；三、安德魯（Andrew of Perugia）；四、尼古拉斯（Nicholasof Bantra or of Apulia）；五、安德魯梯斯（Andrutius of Assisi）；六、賽福斯托德（Urich Sayfustordt）；七、威廉（William of Villeneuve）。除了哲拉德、裴萊格琳、安德魯三人安抵汗八里之外，其餘均死於來華途中。抵華之三名教士，均先後任泉州主教，並在職離世。[117]

---

116 〔瑞典〕多桑（Abraham Constantin Mouradgea d'Ohsson）著，馮承鈞譯：《多桑蒙古史》，上冊，頁406-407。

117 張星烺：《中西交通史料》（臺北：世界書局，1952年），冊2，頁127-128。

　　教皇於西元一三一二年再遣方濟會修士三名來華，襄助教務。三名教士分別是多馬（Thomas）、耶利米（Jerome）、彼得（Pierre de Florence）。[118]

　　自西元一二一六年至一三二八年之間，時為元文宗在世，亦有一些方濟會士來華，他們是波爾達農城（Pordenon）的主教奧多利克（Friar Odoric），與雅各（James of Ireland）。他們經欽察、波斯、敘利亞、印度，然後浮海抵華，沿途訪廣州、泉州，在泉州見有二所方濟各會教堂，後轉往杭州、入燕京，他們在燕京留住三年（1325-1328）。在眾多方濟會修士中，以孟高維諾之工作最見成績。他寫給羅馬教廷的信記載了他在北京的傳教工作，他先後在北京建立了二所教堂，他在第二封信說：「我已在京城汗八里，建築了一座教堂，這是在六年前竣工的。」[119]第三封信說：「今年即耶穌紀元一三〇五年，我已在大汗宮門前面開始建築新教堂。這座教堂與宮門前之間的距離僅有一擲石之遠。」[120]他共為六千多人施洗禮，[121]其中表表者是闊里吉斯王由聶斯脫里派歸信天主教，他的信云：「關於闊里吉思（George），這裏的一位闊里吉思王，信仰聶斯脫里派的基督教，他是印度的稱為長老約翰的偉大國王的後裔。我來到這裏的第一年，他就同我很親近。我使他改信了真正的羅馬天主教的正宗教義。他被授予較低級的聖職。我舉行彌撒時，他穿著莊嚴的法衣前來參加，因此其他的聶斯脫里教徒們責備他叛教。然而，他勸導他的大部份人民皈依了真正的羅

118　〔瑞典〕多桑（Abraham Constantin Mouradgea d'Ohsson）著，馮承鈞譯：《多桑蒙古史》，上冊，頁407-408。

119　轉引自〔英〕道森（Christopher Dawson）編，呂浦譯，周良霄注：《出使蒙古記》，頁263。

120　轉引自〔英〕道森（Christopher Dawson）編，呂浦譯，周良霄注：《出使蒙古記》，頁267。

121　〔英〕道森（Christopher Dawson）編，呂浦譯，周良霄注：《出使蒙古記》，頁263。

馬天主教，並捐建了一座壯麗的教堂，供奉上帝、三位一體和教皇陛下，且按照我的建議，賜名為羅馬教堂。」[122]他買了四十多位男童，教導他們宗教儀式，[123]把《新約全書》和《詩篇》譯成蒙古文，[124]又繪畫圖像六幅，圖下有拉丁、突厥和波斯文作為說明，以便教導無知的人。[125]

孟高維諾於一三八二年在北京逝世，享壽八十餘歲。當其出殯時，甚多教徒及非教徒自動參加送殯行列，據此可想見其平日之德望。

（二）孟高維諾死後之傳教事工

孟高維諾死後，由教士尼古老任汗八里大主教職。其主教職由教皇若望二十二世（Pope John XXII），於一三三三年任命之。

元順帝時，曾遣使臣十六人，往訪迦威農之教皇。一行人以安德烈弗蘭克（Andrew the Frank）為首、副使威廉（Willliam of Nassio）及朵該（Thogay）等，於至元四年（1338）抵迦威農，觀見教皇本篤十二世（Pope Benedict XII , 1334-1342）。教皇本篤十二世，任命一使團來華回報。此團之成員四名，都是方濟會士。其中一名，即是向元順帝獻馬之馬黎諾里（John of Marignolli）。

馬黎諾里一行人等，於一三三八年底起程，於至正二年（1342）抵上都，[126]至正二年（1342）七月向元順帝獻馬。《元史》云：「（至正）二年……七月……，是月拂郎國貢異馬，長一丈一尺三寸；高六

---

122 轉引自道森編，呂浦譯，周良霄注：《出使蒙古記》，頁263-264。

123 〔英〕道森（Christopher Dawson）編，呂浦譯，周良霄注：《出使蒙古記》，頁263。

124 〔英〕道森（Christopher Dawson）編，呂浦譯，周良霄注：《出使蒙古記》，頁265。

125 〔英〕道森（Christopher Dawson）編，呂浦譯，周良霄注：《出使蒙古記》，頁266-267。

126 元世祖即位於開平，經營開平府，至元五年，改開平府為上都，此城在今察哈爾省多倫縣東南。

尺四寸；身純黑，後二蹄皆白。」[127]，元順帝在京師（今北京）慈仁殿接見他們，周伯琦〈天馬行應制作序〉曰：

> 至正二年歲壬午七月十又八日，西域佛郎國遣使獻馬一匹，高八尺三寸，修如其數而加半，色漆黑，後二蹄白，曲項昂首，神俊超越，視他西域馬可稱者皆在髃下，金鑾重勒，馭者其國人，黃鬚碧眼，服二色窄衣，言語不可通，以意諭之，凡七渡海洋，始達中國，是日天朗氣清，相臣奏進，上御慈仁殿，臨觀稱嘆，遂命育于天閑，飼以肉粟酒潼，仍敕翰林學士承旨臣巎巎命工畫者圖之，而直學士臣揭傒斯贊之，蓋自有國以來未嘗見也，殆古所謂天馬者邪，承詔賦詩題所畫圖。[128]

記此盛事者除周伯琦〈天馬行應制作〉之外，尚有歐陽玄〈天馬賦〉[129]、〈天馬頌〉[130]、權衡〈庚申外史〉[131]、朱德潤〈異域說〉[132]、陳泰〈天馬賦〉[133]與揭傒斯〈天馬贊〉。茲錄揭傒斯之〈天馬贊〉如下：

127 〔明〕宋濂：《元史》，冊1，卷40，頁13-14，總頁471。

128 〔元〕周伯琦：《近光集》，收入〔清〕永瑢，紀昀等總纂：《文淵閣四庫全書》（上海：上海古籍出版社，1987年），冊1214，卷2，頁2-3，總頁520。

129 〔元〕歐陽玄：《圭齋文集》，收入《四部叢刊初編》（臺北：臺灣商務印書館，1967年，縮印明成化刊黑口本），冊78，卷1，頁9。

130 〔元〕歐陽玄：《圭齋文集》，卷1，頁11。

131 〔明〕權衡：《庚申外史》，收入《百部叢書集成‧四六‧學津討原》（臺北：藝文印書館，1965年），頁18-19。

132 〔元〕朱德潤：《存復齋文集》，收入《四部叢刊續編》（臺北：臺灣商務印書館，據上海涵芬樓借常熟瞿氏鐵琴銅劍樓藏明刊本影印，1966年），冊547，卷5，頁14-15。

133 〔元〕陳泰：《所安遺集》，收入王雲五主編：《涵芬樓祕笈》（臺北：臺灣商務印書館，1967年），冊4，頁1-2。

皇帝禦極之十年（至正二年）七月十八日，拂郎國獻天馬，身
長丈一尺三寸有奇，高六尺四寸有奇，昂高八尺有二寸，廿有
一日敕臣周郎貌以為圖，廿有三日，詔臣揭傒斯為之贊。贊曰：

維乾秉靈，維房降精。有產西極，神駿難名。彼不敢有，重驛
來庭。東逾月窟，梁雍是經。朝飲大河，河伯屏營。莫秣大
華，神靈下迎。四踐寒暑，爰至上京。皇帝臨軒，使拜迎稱。
臣拂郎國，邈限西溟。蒙化效貢，願歸聖明。皇帝謙讓，嘉爾
遠誠。摩於赤墀，顧瞻莫矜。既稱其德，亦貌其形。高尺者
六，修信猶贏。色應玄武，足躡長庚。回眸電激，頓鬛風生。
卓犖權奇，虎視龍騰。按圖考式，曾未足并，周騁八駿，徐偃
構兵。漢駕鼓車，炎劉中興。維帝神聖，載籍有徵。光武是
師，穆滿是懲。登崇俊良，共基太平。一進一退，為國重輕。
先人後物，萬國咸寧。[134]

馬黎諾里及其隨行，受元順帝的禮遇，約四年之久，所有衣食，皆由
朝廷支付。但馬黎諾里見時勢危急，知道天下將亂，元室命不久矣。
乃藉故回國。至正六年（1346）離燕京，至正十三年（1353），回抵
迦威農。至此，元朝之天主教事業亦告衰亡。

第十章　也里可溫與其他宗教之關係

也里可溫在元代之發展雖然不俗，唯自元朝覆滅之後，也里可溫

134　〔元〕揭傒斯著，燮理溥化校錄：《揭文安公全集》，收入《四部叢刊正編》（臺
　　北：臺灣商務印書館，據上海涵芬樓借烏程蔣氏密韵樓藏孔荭谷鈔本影印，1979
　　年），冊69，卷14，頁1-2，總頁147。

亦告消聲匿跡，除了其以色目人之特殊地位，依附於元室勢力之覆
庇，引致漢人不滿，不接受其教之外；也里可溫之教徒失卻宗教行為
之敬虔，甚至以勢凌人而招致其他宗教不滿，對之作出各種攻擊，此
亦為也里可溫不能大舉發展之原因，《至元辨偽錄》曾載諸教辯論之
事，其云：

> 釋道兩路，各不相妨，只欲專擅自家，過他門戶，非通論也。
> 今先生言道門最高，秀才人言儒門第一，迭屑人奉彌失訶，言
> 得生天，達失蠻叫空謝天賜與。細思根本，難與佛齊。[135]

錢大昕云：「元人稱道士為先生」。[136]陳垣認為「彌失訶」即〈景教
碑〉之彌施訶。[137]此實為佛教中人攻擊也里可溫之言論，茲將也里可
溫與元代其他宗教的關係論述如下。

一 異教歸附也里可溫

其時的也里可溫吸引了一些道教人士加入，遂引致道教人士不
滿，上奏朝廷，斥責也里可溫的不是，《元典章》云：

> 大德八年江浙行省准中書省咨，禮部呈奉省判集賢院呈，江南
> 諸路道教所呈，溫州路有也里可溫，創立掌教司衙門，招收民

---

135 〔元〕釋祥邁：《大元至元辨偽錄》，收入《中華再造善本·金元篇·子部》（北京：
　　北京圖書館出版社，2001年，據國家圖書館藏元刻本影印），卷3，頁19-20。

136 〔清〕錢大昕著，洪北江編：《廿二史考異》（臺北：樂天出版社，1971年），下冊，
　　卷87，頁11，總頁2610。

137 陳垣著，吳澤編：《陳垣史學論著選集》，頁31。

戶充本教戶計；及行將法籙先生誘化，侵奪管領；及於祝聖處祈禱去處，必欲班立於先生之上，動致爭競，將先生人等毆打，深為不便，申訴轉呈上司禁約事。得此，照得江南自前至今，止有僧道二教，各令管領，別無也里可溫教門。近年以來，因隨路有一等規避差役之人，投充本教戶計，遂於各處再設衙門，又將道教法籙先生侵奪管領，實為不應，呈乞照驗，得此。奉都堂鈞旨，送禮部照擬。議得即目隨朝慶賀班次，和尚、先生祝讚之後，方至也里可溫人等。擬合依例照會外，據擅自招收戶計，並攪管法籙先生事理，移咨本道行省，嚴加禁治，相應具呈照詳，得此。都省咨請照驗，依上禁治施行外，行移合屬並僧道錄司、也里可溫掌教司，依上施行。[138]

從上文可見，也里可溫將「法籙先誘化」，是引誘道士入教，又與佛道二教在慶賀班次的次序上，祝聖祈禱的次序上引起了爭論，文中說的慶賀班次之事應該是指兩種節慶，一是每年大汗的生日，二是新年，《馬可波羅行紀》對大汗壽慶之記載云：

大汗於其慶壽之日，衣其最美金錦衣。同日至少有男爵騎尉一萬二千人，衣同色之衣，與大汗同。所同者蓋為顏色，非言其所衣之金錦與大汗衣價相等也。各人並繫一金帶，此種衣服皆出汗賜，上綴珍珠寶石甚多，價值金別桑（besant）確有萬數。此衣不止一襲，蓋大汗以上述之衣頒給其一萬二千男爵騎尉，每年有十三次也。每次大汗與彼等服同色之衣，每次各易其色，足見其事之盛，世界之君主殆無有能及之者。

138　《沈刻元典章》，冊10，卷33，頁14。

慶壽之日，世界之一切韃靼人及一切州區皆大獻貢品於大汗。
此種貢品皆有定額，並有他人獻進厚禮以求恩賞。大汗選任男
十二人，視其應頒賞之數而為賞賜。是日也，一切偶像教、回
教‧基督教之教徒，及其他種種人，各向其天主燃燈焚香，大
事祈禱禮讚，為其主祝福求壽，大汗壽誕之日，慶祝之法蓋如
此也。[139]

又新年之盛況記載如下：

其新年確始於陽曆二月，屆時大汗及其臣屬復舉行一種節慶，
茲述其情形如下。

尚有言者，節慶之日黎明，席案未列以前，一切國王藩主，一
切公侯伯男騎尉，一切星者哲人醫師打捕鷹人，以及附近諸地
之其他不少官吏，皆至大殿朝賀君主。其不能入殿者，位於殿
外君主可見之處。其行列則皇子姪及族在前，後為諸國王公
爵，其後則為其他諸人，各按其等次而就位。

各人就位以後，其間之最賢者一人起立，大聲呼曰，「鞠躬
拜。」呼畢，諸人跪拜，首於地，祝讚其主，事之如神。如是
跪拜四次，禮畢，至一壇前。壇上置一朱牌，上寫大汗名，牌
前置一美麗金爐，焚香，諸人大禮參拜，各歸原位。[140]

按《元典章》所載文字，此奏摺由集賢院所呈，集賢院乃管理道教之
機構。道教所呈論爭之點，針對也里可溫者有五，招收各式人等入

---

139 馬可波羅（Marco Polo）著，馮承鈞譯：《馬可波羅行紀》，頁225。
140 馬可波羅（Marco Polo）著，馮承鈞譯：《馬可波羅行紀》，頁227-228。

教,「招收民戶,充本教戶計」;入教人士,借教避差役,「隨路有一等規避差役之人,投充本教戶計」;吸納道教人士入教,「將法籙先生誘化,侵奪管領」;朝賀班次之先後,「於祝聖處,祈禱去處必欲班立於先生之上」;毆打道士,「將先生等人毆打」。此等控告當中,尤以吸納道教人士入教,引致道教不滿。規避差役之控告,不能成立,因元制,凡僧道、也里可溫皆免差役。至於朝賀班次之先後,乃因也里可溫在中土尚屬新教,不及釋道二教之在中土歷史悠久,其班次自在二教之後,但也里可溫要在佛道二教之前,自然引起佛道二教之不滿。至於毆打「先生」一事,此誠也里可溫之無理。[141]

二　也里可溫被異教之摧殘

也里可溫在元代初年之發展,教勢頗盛,唯自元亡後,其教幾成絕響,溯其原因,也里可溫之衰落,不是始於元亡之後,元代中期,該教已受異教摧殘。鎮江十字寺之被毀,可證之。《至順鎮江志》載曰:

> 道觀類:般若院,在豎土山巔,至元十六年本路副達魯花赤,馬薛里吉思即金山建二寺,一曰雲山寺,一曰聚明寺;至大四年改為金山下院,錫今名。[142]

馬薛里吉思曾建七所十字寺,即也里可溫教堂。其二為雲山及聚明,於元仁宗年間被改為佛教的般若院。《至順鎮江志》云:

---

141 陳垣著,吳澤編:《陳垣史學論著選集》,頁31。
142 〔元〕俞希魯編:《至順鎮江志》,卷9,頁387。

集賢學士趙孟頫奉敕撰碑，其略曰：皇帝登極之歲，五月甲申，誕降璽書，遣宣政院斷事官潑閭、都功德使司丞臣答失帖木兒，乘驛馳喻江浙等處行中書省曰：「也里可溫擅作十字寺於金山地，其毀拆十字，命前畫塑白塔寺工劉高，往改作寺殿屋壁佛菩薩天龍圖像，官具給需用物，以還金山。庚辰，洊降璽書，護持金山，也里可溫子子孫孫勿爭，爭者坐罪以重論。」十有一月庚戌，都功德使臣海音都特奉玉旨，金山地外道也里可溫，倚勢修蓋十字寺，既除拆所塑，其重作佛像，繪畫寺壁，永以為金山下院。命臣孟頫為文，立碑金山，傳示無極。臣孟頫不佞，謹拜手稽首為文云。[143]

此事發生在「皇帝登極之歲」。皇帝，即元仁宗，於至大四年登極。仁宗佞佛，故也里可溫遭此厄運，被毀寺宇，所毀者乃寺頂十字，被改以佛菩薩等圖像。寺內塑像亦並遭毀，改為佛教之佛像圖畫，但未將寺拆毀，十字寺實為元室充公，充公之原因，乃因該寺由馬薛里吉思奪地而建。《至順鎮江志》有載：

謹案金山，晉建武始立寺，名澤心。梁天監水陸法式成，即寺營齋。宋大中祥符改龍游名，賜江南西津田及地山。皇朝至元十六年，也里可溫馬薛里吉思，任鎮江路總管府達魯花赤，建兩十字寺西津岡巔，金山田地為也里可溫所奪。歷二十有七年，乃復得二寺為下院。三方輝炤，一峰中流，益以壯偉，乃作頌云云。[144]

---

143 〔元〕俞希魯編：《至順鎮江志》，卷9，頁387。
144 〔元〕俞希魯編：《至順鎮江志》，卷9，頁387-388。

由至大四年辛亥，逆數廿七年，為至元廿一年甲申。馬薛里吉思於至元十六年抵任，十八年建大興國寺，次建雲山、聚明寺，時在至元廿一年也。[145]元代的也里可溫也算盛極一時，《至順鎮江志》有云：

> 翰林學士潘昂霄又奉敕撰碑，略曰：「佛大矣，法門不二，如虛空，無去來，大千剎土，應緣而現，而其法門則一而已。寧有二乎？外此以為法，非吾佛所謂法也。金山古名剎，屹乎大江中流，勝絕天下。江南諸山南來，抵江而止，巉巖對峙，視中流之峰，脈理融貫，傾聳揖顧，若外護然。至元十六年，也里可溫馬薛里吉思者，縮監郡符，勢張甚，掇危峰秀絕之所，屋其顛，祠彼教，曰銀山寺，營隙為儕類葬區。嘻！西竺之道，九十有六，唯吾佛為正法，以法之正，容有邪有外耶？今皇踐阼，敕宣政臣婆閭等，即寺故像撤去之，倣京剎梵相，朱金紺碧，一新清洪，付金山住持佛海、應聲長老，錫名金山寺般若禪院。舉域一辭，歸誠讚美。集賢大學士臣李邦寧奏，宜文堅珉示永遠，翰林學士承旨臣旦牙答恩，承詔臣昂霄屬筆」云云。[146]

馬薛里吉思佔了此金山寺後，改名銀山寺，《至順鎮江寺》有謂：「丹徒縣……土山，在縣西江口，俗呼豎土山，舊與蒜山相屬，今改為銀山。」[147]而文中的「營隙為儕類葬區」，即《大興國寺記》之也里可溫義阡。據《元史》卷廿四〈仁宗紀〉云：「皇慶……二年……九月……，敕鎮江路建銀山寺，勿徙寺旁塋塚。」[148]可知寺廟雖改觀，

---

145 陳垣著，吳澤編：《陳垣史學論著選集》，頁33。
146 〔元〕俞希魯編：《至順鎮江志》，卷9，頁388。
147 〔元〕俞希魯編：《至順鎮江志》，卷7，頁271-272。
148 〔明〕宋濂：《元史》，冊1，卷24，頁26，總頁313。

而寺旁義阡猶有詔書保存也。此外馬薛里吉思亦在此金山寺的對峙的
山頂，興建另一寺院，統稱銀山寺，實分為雲山寺與聚明寺，那時稱
為東西二院。《至順鎮江志》載云：

> 丹徒縣，龍游寺，在金山，舊名澤心。不知始於何時？梁武帝
> 嘗臨寺，設水陸會。或云起於唐之裴頭陀。宋祥符五年，改山
> 名曰龍游，天禧五年復名山曰金，而以龍游名寺。政和四年，
> 改為神霄玉清壽宮。郡守毛友為記。南渡後，仍為寺，而厄於
> 火。淳熙中，主僧蘊衷加修創，翰林學士洪邁記。……閣五，
> 曰化城、曰無邊、曰金鰲、曰奎文、曰萬佛，翰林侍講虞集為
> 記。其文曰：「南除古寺，限大江之峽，受眾川之委，東趣而
> 將至於海也。其浸汪洋以無涯。其流舒肆而無止。拳然有山，
> 中江以迎其衝者，金山也。山有佛祠，始建於晉明帝時。梁武
> 帝著水陸齋儀，親至其寺行之。至宋真宗賜名龍游禪寺。國朝
> 至大己酉，僧應深，以天子之命主之。兼畀以馬薛里吉思所據
> 銀山東西二院。[149]

應深與潘昂霄碑所說之應聲長老，當為師兄弟。觀上引三碑，則元初
佛教與基督教之勢力消長，可得其大略。趙碑一則曰：「也里可溫擅
作十字寺」，二則曰也里可溫「倚勢修蓋十字寺」；潘碑則曰也里可溫
「縮郡符，勢甚張」；虞碑則曰：「馬薛里吉思所據銀山二院」；此也
里可溫極盛時代。既又斥之曰外道，蔑視之曰彼教，復奉旨申之曰：
「也里可溫子子孫孫勿爭，爭者坐罪以重論」，則當時釋氏之氣燄，
咄咄逼人矣。[150]

149　〔元〕俞希魯編：《至順鎮江志》，卷9，頁368-372。
150　陳垣著，吳澤編：《陳垣史學論著選集》，頁34-35。

三　也里可溫與天主教的關係

天主教自元太宗（窩闊台）時代開始，代有使節來華，並派遣主教、教士東來，至元順帝至正年間，又有馬黎諾里奉教皇本篤十二世，前來中國視察教務，並獻天馬。馬黎諾里在華眼見元朝國運衰頹，恐不久生亂，於一三四六年取道泉洲，從海道返國。天主教來華遲於也里可溫，但其教士努力經營，教務長足發展，在北京及東南沿海，均有其教之事業，甚至有原本為也里可溫之人，轉奉天主教者，其教勢不下於也里可溫。天主教在元朝發展之詳情，已於另章述之。

元之也里可溫即唐之景教，陳桓之〈元也里可溫考〉已言之，唐之景教源自涅斯多留派，天主教一直認為涅斯多留派為異端，其敵對之態，淵源有自。再加上天主教也得元室重視，部份也里可溫教徒轉投天主教，兩教互相攻訐，也在所難免。

元世祖至元廿九年（1292）教皇尼古拉斯四世（Pope Nicolas IV）差遣方濟各會主教約翰孟德高維諾來華傳教，他自言來華之後，即受到也里可溫攻訐，他的報告云：

> 轟斯脫里派教徒——他們自稱為基督徒，但是他們的行為根本不是基督教徒的樣子——在這些地區的勢力發展得如此強大，因此他們不允許奉行另一宗教儀式的任何基督教徒擁有任何舉行禮拜的地方，即使是很小的禮拜堂；也不允許宣講任何與他們不同的教義。由於從來沒有任何使徒或使徒的門徒來過這些地方，因此，上面提到的轟斯脫里派教徒們既直接地又用行賄的辦法指使別人對我進行極為慘酷的迫害，宣佈說，我並不是被教皇派下來的，而是一個間諜、魔術師和騙子。後來，他們又偽造了更多的證據，說，教皇派的是另一位使者，攜帶著贈

送給皇帝的很多財寶，是我在印度殺了他，竊取了他攜帶的禮
物。這個陰謀持續了大約五年之久，因此我常常受到審訊，並
且有隨時被處死刑而可恥地死去的危險。但是，最後，由於上
帝的安排，他們之中有些人供認所有這些都是陰謀，因此皇帝
知道了我是無罪的，控告我的人是誣告，就把他們連同他們的
妻子兒女一道流放出去。[151]

此外，元時之汪古族高唐忠獻王潤里吉思（George），本奉景教，後
來受到約翰孟德高維諾之勸，改奉天主教，他的家屬皆虔奉天主，汪
古族人也幾乎全族轉奉天主教。因此，也里可溫甚表憤慨，乃大肆攻
擊天主教，除了指責高唐忠獻王叛教之外，又廣泛製造流言，攻擊天
主教，但高唐王不為所動。道森《出使蒙古記》云：「關於闊里吉思
（George），這裏的一位闊里吉思王，信仰聶斯脫里派的基督教，他
是印度的稱為長老約翰的偉大國王的後裔。……我使他改信了真正的
羅馬天主教的正宗教義。……我舉行彌撒時，他穿著莊嚴的法衣前來
參加，因此其他的聶斯脫里教徒們責備他叛教。」[152]

高唐王逝世後，也里可溫將其族弟勸服，重返景教。如此反覆，
說明兩教之教爭甚烈。孟德高維諾之報告云：

這位闊里吉思作為一位真正的基督徒去世，他去世時，留下一
個還在嬰兒時期的兒子和繼承人，現在已有九歲了。但是，闊
里吉思王去世後，他的兄弟們堅持聶斯脫里教的錯誤，把經闊

---

151 〔英〕道森（Christopher Dawson）編，呂浦譯，周良霄注：《出使蒙古記》，頁262-
263。

152 〔英〕道森（Christopher Dawson）編，呂浦譯，周良霄注：《出使蒙古記》，頁263-
264。

里吉思王勸導改信羅馬天主教的人統統誘入邪道，使他們回到
聶斯脫里派。

我再說一遍：如果沒有上述的造謠中傷，我可能已作出偉大的
成績。如果我即使只有二、三位助手，或許皇帝大汗很可能已
經受洗了。[153]

其後又有約翰柯拉（John de Cora）總主教，在其所著《大可汗國記》，
對景教與天主教的爭執，作如下之描述：

> 汗八里城有總主教約翰孟德高維奴者，……總主教為人正直坦
> 白，遠爾悅服，天主且喜，尤見寵於大皇帝陛下，總主教及其
> 信徒所需求，皇帝無不為之設法供給。信異端者，及基督教
> 徒，皆愛之如父母。設無聶斯脫里派徒為祟，則全國必已改奉
> 加特立派（Catholic Church）正宗基督教矣。聶派徒黨。陽奉
> 基督而實乃基督之大罪人也。總主教費盡苦心，欲使聶派教
> 徒，服從羅馬教會，明告彼等，若不服從，則彼等之靈魂，將
> 不能拯救矣。緣此聶派叛教者，皆恨之切齒。[154]

元代天主教之發展速度，後來居上，壓倒也里可溫，且以正宗自居，
以勸也里可溫改邪歸正作指導思想，兩派互相仇視，漸成水火，約翰
柯拉云：

> 汗八里城內有叛教者甚眾，號曰聶斯脫里派徒。其人皆守希臘
> 教會禮節，不從羅馬教堂。崇奉異派，加特力派基督教徒之服

---

153 〔英〕道森（Christopher Dawson）編，呂浦譯，周良霄注：《出使蒙古記》，頁264。
154 張星烺：《中西交通史料》，冊二，頁247-248。

從羅馬教堂（皇）者，皆深為所恨。當總主教約翰孟德高奴在
城內，為小級僧人建築教堂也，聶派黨徒，輒於夜間潛往毀之，
或竭其能力，加以各種妨礙。惟對總主教，或其所轄僧人，或
其所洗教徒，以皇帝陛下愛憫保護之故，尚不敢公然加害。[155]

兩派之爭，由此可見，若非元帝施行之宗教自由政策，且保護各宗
教，否則，有可能發生宗教仇殺。元帝都北京之景教徒，曾高達三萬
人；而天主教人士，在約翰總主教之努力下，達六千人，在北京有天
主堂兩座，人數少於景教徒，但以來華時日計算，其發展速度，較之
景教，有過之而無不及。且孟德高維諾乃教皇欽使，受大汗敬重，常
邀請其進宮，主領祈禱，聶派仇之更深。

　　有元一代，自天主教來華後，與景教之爭，終元代之世，未曾停
止。麥克納《中國基督教四大危急時期》作此評論云：

中國景教徒在元時為數頗眾，大半係蒙古人，非中國人，威廉
伯羅魯克來華，即在中亞傳道，與中亞景教接觸，評其缺乏知
識。……設此兩派耶教，均以基督為法，互相敬愛，則耶教在
華在亞之發展，必無限量也。總主教約翰初居北京寧夏時，景
教徒極力反對，是以兩方互仇，不能協力同心。[156]

麥氏以「景教」一詞，包括聶斯脫里與天主教二派言之。在基督教圈
子以外之人士，不明基督教與天主教之別，兩派相爭，必引人鄙視，
此乃元代基督教衰亡之原因也。

---

155 張星烺：《中西交通史料》，冊2，頁249。
156 轉引自王治心：《中國基督教史綱》（香港：基督教文藝出版社，1979年），頁61。

第十一章 也里可溫之地位

一 也里可溫免除軍役

元代初年，僧、道、也里可溫等宗教人士必須與百姓一樣參加軍役，《元史·世祖紀》說：「中統三年三月，括木速蠻、畏吾兒、也里可溫、答失蠻等戶丁為兵[157]。」

後來，元世祖下詔，招太原人為軍時，僧、道、也里可溫等人可免除兵役，《元史·兵志》曰：「至元四年二月，詔遣官簽平陽、太原人為軍，除軍站、僧、道、也里可溫、答失蠻、儒人等戶外[158]。」

到了元世祖至元廿九年，一切要當軍的僧、道、也里可溫等人，可免去軍籍，無需當軍，《元史》：「至元二十九年七月，也里蔑里、沙沙，嘗簽僧、道、儒、也里可溫、答失蠻為軍，詔令止隸軍籍[159]。」

從上述記載可見，宗教人士可免除兵役，也里可溫也因而得益，論者謂也里可溫享有特權，實際上是宗教人士皆可享有的特權。

二 也里可溫免除徭役

元代的和尚、道士、也里可溫等士，得元帝之重視，需要他們告天、祝壽、祈禱，乃得免除徭役，《元典章》云：

> 至元十四年十一月，欽奉聖旨，節該成吉思皇帝，哈罕皇帝聖旨，和尚裏、也里可溫、先生（元人以稱道士），不揀甚麼休

---

157 〔明〕宋濂：《元史》，冊1，卷5，頁3，總頁68。
158 〔明〕宋濂：《元史》，冊2，卷98，頁8，總頁1226。
159 〔明〕宋濂：《元史》，冊1，卷17，頁9，總頁214。

著者，告天與俺每祝壽祈福者麼道的有來。如今依著在先聖旨
體例裏，不揀甚麼休著者，依著太上老君教法裏，告天與俺每
祝壽祈福者麼道[160]。

又《元典章》曰：

至元三十一年五月，中書省欽奉聖旨，節該成吉思皇帝、月吉
合皇帝、先皇帝聖旨裏，和尚、也里可溫、先生每、不揀甚麼
差發休教著，告天祝壽這麼道來。如今依著先聖旨體例，不揀
甚麼差發休教著者，告天祝壽者。欽此[161]。

《元典章》二條文字的詞意相同，惟兩者相差十七年，至元卅一年的
聖旨比較清楚，可見世祖一代之沿革，猶重視各宗教人士之祝禱，也
說明也里可溫受元帝之青睞。所謂「不揀甚麼差發休教者」，就是不
需參加徭役。

有關教之士免除徭役之事，《元史‧仁宗紀》也有記載，其云：
「至大四年……四月，罷僧、道、也里可溫、答失蠻、頭陀、白雲宗
諸司[162]。」而《元典章》的記載更詳，可茲比較，其曰：

至大四年四月，欽奉聖旨：和尚、先生、也里可溫、答失蠻，
不教當差發，告天咱每根底祝壽者道來。和尚、先生、也里可
溫、答失蠻、白雲宗、頭陀教每根底多以立著衙門的上頭，好
生搔擾他每麼道說有，為那般上頭，除這裏管和尚的宣政院、

160　《沈刻元典章》，冊10，卷33，頁8。
161　《沈刻元典章》，冊10，卷33，頁1。
162　〔明〕宋濂：《元史》，冊2，卷二24，頁8，總頁304。

功德使司兩個衙門外，管和尚、先生、也里可溫、答失蠻、白
雲宗、頭陀教等，各處路府州縣裏有的他每的衙門，都教革罷
了，拘收了印信者，歸斷的勾當有呵，管民官依體例歸斷者。
今後依著聖旨體例，和尚、先生、也里可溫、答失蠻，在前不
曾教當的差發，休教當者，管民官休教他每當里正主首者，休
倚氣力者。這般宣諭了呵，別人的人有罪過者。這和尚、先
生、也里可溫、答失蠻等，倚著這般宣諭了也麼道，不依自己
教門行做無體例勾當呵，不羞不怕那甚麼[163]。

上引《元史・仁宗紀》、《元典章》二條文字，本同一事，詳略不同。
有元一代，起自朔方，入主中原後，不懂漢文，況承宋人以語錄著書
之遺緒，且其詔令大多由蒙文譯出，故多用俚語，至今日句讀頗難。
其意亦謂僧、道、也里可溫諸人可免徭役。

　　但宗教之士免除徭之制度，到了元代中期發生了變化，《元史・
河渠志》所載，一切人士皆需參加力役，其載：「致和元年三月，省
臣奏：江浙省並庸田司宮修築海塘……。合役丁力，附近有田之民，
及僧、道、也里可溫、答失蠻等戶內點僉。凡工役之時，諸人册或沮
壞，違者罪之[164]。」

三　也里可溫租稅之徵免

　　元代對也里可溫之租稅，時而徵收，時而免除，政策經常改變。
元太祖、太宗時，任何人士，必須納稅。至元定宗、憲宗之間，諸教
士之田稅、商稅，均行豁免。至其吞併江南後，則教徒之有家室者需

163　《沈刻元典章》，冊10，卷33，頁1。
164　〔明〕宋濂：《元史》，冊2，卷65，頁23，總頁800。

繳地稅，無家室者豁免地稅。後又一度立例，定為商稅豁免，地稅仍
然徵繳。武宗以後，無論田稅、商稅，均與常民無異。因元代諸宗教
鼎盛，教徒日增，也里可溫之教徒，不若儒者之讀書求學，也非僧、
道之離世獨立。其身雖奉教，仍然為農、為工、為商、為仕如故，未
因奉教而必須棄其職業。其教徒日盛，倘豁免租稅，於國家歲入，影
響至巨，故不得不徵稅如常民者[165]。

元世祖指定宗教人士如平民百姓，需要納稅，而且是針對也里可
溫而言，《元史・世祖紀》「中統四年……十二月，……敕也里可溫、
答失蠻、僧、道種田入租，貿易輸稅[166]。」此敕文比較特別，按元之
詔令慣例，也里可溫常在僧、道之後，而此繳租之詔，也里可溫置於
最前，可見此項規定，乃針對也里可溫而言。

也里可溫的徭役可免，唯地稅、商稅必需繳付，《元典章》說：

> 中統五年正月，中書省奏：已前成吉思皇帝時，不以（論）是
> 何諸色人等，但種田者依例出納地稅外，據僧、道、也里可
> 溫、答失蠻種田出納地稅，買賣出納商稅，其餘差役蠲免，合
> 罕皇帝（太宗）聖旨裏，也教這般行來。自貴由皇帝（定宗）
> 至今，道、也里可溫、答失蠻地稅商稅，不曾出納，合無依舊
> 徵納事。准奏，今仰中書省照依成吉思皇帝聖旨體例，僧、也
> 里可溫、答失蠻、儒人，種田者出納地稅，買賣出納商稅[167]。

宗教之士與一般百姓同樣納稅，即使過去曾經享免稅的優惠，也不能
倖免，《元史・世祖紀》云：「至元元年春正月，……命……儒、釋、

---

165 陳垣著，吳澤編：《陳垣史學論著選集》，頁21。
166 〔明〕宋濂：《元史》，冊1，卷5，頁16，總頁74。
167 《沈刻元典章》，冊9，卷24，頁1。

道、伊嚕勒昆（也里可溫）、達實密（答失蠻）等戶，舊免租稅，今
並徵之[168]。」皆因僧、道、也里可溫之士免稅的特權，引起了官吏及
百姓的不滿，《元通制條格》說：

> 至元三十年，省官人每奏：僧、道、也里可溫、答失蠻依買賣
> 百姓體例納稅呵，怎生奏呵。奉聖這言語不曾了來，那甚麼擬
> 定，那般聖旨了也，當年六月又奏：海答兒等管課程的說，做
> 大買賣的，是和尚、也里可溫每（即們），卻不納稅呵，哏損
> 著課程多有，執把著聖旨，不肯納稅。降御寶聖旨呵，怎生奏
> 呵。與者，在前已了勾當，不是咱每（即們）的言語，是成吉
> 思皇帝聖旨有麼道，聖旨有來[169]。

而且，和尚、先生、也里可溫，藉免稅的優待，與俗人串通，使俗人
避免抽稅，從而獲取利益，所以規定除了手持聖旨之買賣外，所有賣
買一律抽稅，《元典章》載有至元卅年八月，施行市舶則法廿三條。
其中一條云：

> 一、議得和尚、先生、也里可溫、答失蠻人口，多是夾帶俗人
> 過番，買賣影射，避免抽分。今後和尚、先生、也里可溫、答
> 失蠻人口等，過番興販，如無執把聖旨許免抽分明文，仰市舶
> 司依例抽分，如違以漏舶論罪斷沒，為此[170]。

這種違法行為，引起了各地官吏及百姓不滿，更恐地方官府處理失

168　〔明〕宋濂：《元史》，冊1，卷5，頁17，總頁75。
169　〔元〕元順帝：《大元通制條格》，冊2，卷29，頁11-12，總頁826-827。
170　《沈刻元典章》，冊8，卷22，頁74-75。

誤,應納稅者免稅,不應納稅者卻繳稅,乃規定和尚、先生、也里可溫等人必須納稅,不予優待,《元典章》有載:

元貞元年閏四月,欽奉聖旨:諭中書省、樞密院、御史臺、宣政院、行中書省、行御史臺、司農司、宣慰司、管民官、應管公事、大小官吏、諸免人等,據中書省宣政院奏,和尚、也里可溫、先生、答失蠻等地糧商稅,所辦錢物,若不再行明諭,恐在下官府,合徵納者,妄作免除,不應徵納者,卻行追收,致使僧、道人等生受,乞降聖旨事,准奏。所有條畫,開列於後:

一、西番、漢兒、畏兀兒、雲南田地裏,和尚、也里可溫、先生、答失蠻,擬自元貞元年正月已前,應有已未納稅地土,盡行除免稅石,今後續置或影占地土,依例隨地徵稅。

一、江南和尚、也里可溫、先生、答失蠻田土,除亡宋時舊有常住,並節次續奉先皇帝聖旨撥賜常住地土,不納租稅外,歸附之後,諸人捨施或典賣一切影占地畝,依舊例徵納糧稅,隱匿者嚴行治罪。

一、和尚、也里可溫、先生、答失蠻、買賣不須納稅,卻不得將合納稅之人等物貨,妄作己物,夾帶影蔽,違者取問是實,犯人斷罪,物貨沒官,其店肆、塌房、客旅、停塌物貨,依例銷報納稅。[171]

況且,各地的僧、道、也里可溫、答失蠻不少都是做大買賣的人卻不須納稅,實無道理,《元通制條格》曰:

---

171 《沈刻元典章》,冊9,卷24,頁12-13。

大德四年，省官人每河南省、江浙省、陝西省官人每奏將來，
僧、道、也里可溫、答失蠻，將著大錢本開張店鋪做買賣，卻
不納稅，他每其間夾帶著別個做買賣的人呵，難分間多虧兌課
程有麼道，說將來呵。省官人每商量著，僧、道、也里可溫、
答失蠻自己穿的食的所用的買要呵，並寺院裏出產的物貨賣
呵，不納呵，他每也勾也者，將著大錢本開張店鋪做大賣買不
納稅呵，不宜，因而夾帶著不干礙的人也者，似這般的每，依
例交納稅呵。¹⁷²

又一條云：

大德五年，宣政院奏：省官人每奏過，教僧、道、也里可溫、
答失蠻依例納稅者麼道，俺根底與文書來，俺與剌馬商量得，
也里可溫、答失蠻將著珠答納等寶貨做買賣，有寺家的壹兩個
店鋪做些小買賣，修理寺院，與上位祝壽僧人的齋糧裏用。有
僧、道依在前的聖旨體例裏，不教納稅；也里可溫、答失蠻，
依著省官人每奏來的，教納稅呵，怎生麼道，奏了來。¹⁷³

可見僧道尚有可免納買賣稅的清況，而也里可溫、答失蠻需納買賣
稅。僧、道、也里可溫、答失蠻等需要納稅，皆因其時的元政府入不
敷支，即使宗教之士也需繳稅，《元通制條格》云：

大德八年四月初五日，中書省奏：在前中統五年中書省官人
每，世祖皇帝根底奏成吉思皇帝聖旨，僧、道、也里可溫、答

172　〔元〕元順帝：《大元通制條格》，冊2，卷29，頁12，總頁827-828。
173　〔元〕元順帝：《大元通制條格》，冊2，卷29，頁12-13，總頁828-829。

失蠻種田呵納地稅，做買賣呵納商稅，其餘差發免了者麼道，
聖旨有來。在後哈罕皇帝時分，依著那體例行來。自谷由皇帝
到今，僧、道、也里可溫、答失蠻，種田呵不納地稅，做買賣
呵不納商稅。依在前體例教納呵，怎生麼道奏呵。教納來。[174]
俺商量來，國家費用的錢糧浩大，近年以來，所入數少，不敷
支用，合依在前成吉思皇帝聖旨，皇帝聖旨已了的僧、道、也
里可溫、答失蠻做買賣呵，教納商稅呵，怎生奏呵，奉聖旨，
那般者。[175]

由此可見元代的僧、道、也里可溫、答失蠻等教之士，原本是需要納
稅的，後在元定宗期間免其納稅，但因元成宗的貞元大德年間元政府
入不敷支，為了增加國庫收入，唯有恢復舊例，宗教之士仍要納稅，
《元史》頗多這類記載，《元史‧武宗紀》大德十一年十二月，詔
「僧、道、也里可溫、答失蠻，並依舊例納稅。」[176]又《元史》至大
二年六月，「中書省臣言：河南、江浙省言，宣政院奏免僧、道、也
里可溫、答失蠻租稅；臣等議，田有租，商有稅，乃祖宗成法，今宣
政院一體奏免，非制。有旨，依舊制徵之。」[177]另外《元史‧文宗
紀》亦載：天曆二年三月，「僧、道、也里可溫、尤忽、合（答）失
蠻為商者，仍舊制納稅。」[178]《元通制條格》有記載云：

皇慶元年四月十七日，中書省奏：為僧、道、也里可溫、答失
蠻納稅糧的上頭，在先省官與宣政院互相聞奏不一的。……除

174　〔元〕元順帝：《大元通制條格》，冊2，卷29，頁11，總頁825-826。
175　〔元〕元順帝：《大元通制條格》，冊2，卷29，頁13，總頁829-830。
176　〔明〕宋濂：《元史》，冊1，卷22，頁19-20，總頁279。
177　〔明〕宋濂：《元史》，冊1，卷23，頁4，總頁288。
178　〔明〕宋濂：《元史》，冊1，卷33，頁7，總頁401。

亡宋時分有的，並奉世祖皇帝聖旨做常住與來的外，其餘的依
體例教納稅糧，明白教寫與呵。[179]

繳稅多少有其規定，《元史·食貨志》：「中統五年，詔僧、道、也里
可溫、答失蠻、儒人，凡種田者，白地每畝輸稅三升，水地每畝五
升。」[180]但是卻指明是有家室者必須納稅。《元史·世祖紀》謂至元
十三年六月，「敕西京僧、道、也里可溫、答失蠻等，有室家者，與
民一體輸稅。」[181]《元史·世祖紀》謂：「至元十九年十月，敕河西
僧、道、也里可溫有妻室者，同民納稅。」[182]也因而反映無家室者不
須納稅。

四　也里可溫馬匹之使用

　　蒙古人起於北方大漠，而且以其武力征服多個國家民族，馬匹是
其重要的資源及裝備，因而對馬匹之管理也有其一套政策。《大元馬
政記》對此記載甚詳。

　　所謂馬匹之拘刷，就是政府向百姓收購馬匹《大元馬政記》有載
云：「（大德）三年二月一日，樞密院奏，前者有旨振給紅胖襖軍物
力，今省官議每人支馬價五錠，臣等謂雖有給鈔之名，虛費不得用，
因與省官議，察不真念不烈百姓。又忙奇觧百姓，及河不曾刷馬之
地，和尚、先生、也里可溫、答失蠻馬匹盡行拘刷，依例與價。」[183]

179　〔元〕元順帝：《大元通制條格》，冊2，卷29，頁13-14，總頁830-832。

180　〔明〕宋濂：《元史》，冊2，卷93，頁8，總頁1150。

181　〔明〕宋濂：《元史》，冊1，卷9，頁10，總頁118。

182　〔明〕宋濂：《元史》，冊1，卷12，頁9，總頁152。

183　〔元〕佚名：《大元馬政記》（臺北：廣文書局，1972年），頁29。

這段記載，說明了元政府向百姓拘刷馬匹，「依例與價」，按慣例給予百姓應有的收購價錢。

元政府有拘刷馬匹之例，因為有人將馬匹偷偷賣給外族人，且累禁不絕，元帝乃卜令一切人等不准使用馬匹。《大元馬政記》云：

> 至元二年六月聖旨，諭中書省，照得。以前哈罕皇帝、蒙哥皇帝累降聖旨，禁約諸人，無得將馬匹偷販外界，近年以來，亦曾禁治，終是不絕。蓋因沿邊一帶，不分好濫行乘騎。及把邊軍官，并管民官司，不為用心關防禁治，以致不畏公法之人，偷販南界，轉資敵人。若不將沿邊去處禁斷，竊恐官民多遭刑戮。除已遍行統軍司官并監戰萬戶，嚴令禁止。黃河以南，自潼關以東，直至蘄縣地面內，百姓、僧、道、秀才、也里可溫、答失蠻、畏吾兒、回回、及諸色人匠，應據官中無身役人等，並不得騎坐馬匹，亦不得用馬拽碾耕地。[184]

只有德高望重的人方有資格乘馬，也里可溫乃有資格乘馬之人，《大元馬政記》載曰：「僧、道、秀才、也里可溫、答失蠻、畏吾兒、太師內，若有尊宿師德，有朝廷文面，方許乘騎。」[185]

元政府在民間拘刷馬匹，是遍及全國的法令，並不是限於一省，而且，無論任何人種，都要遵守此例，即使宗教人士也不會倖免，《大元馬政記》記載云：「至元……二十三年六月，丞相安童等奏：議定漢地州城括馬，斡兒脫、達魯花赤官、回回、畏吾兒、并閑居人賦有馬者，三分中取二分，漢人盡所有拘收，又軍站、僧、道、也里可溫、

---

184 〔元〕佚名：《大元馬政記》，頁47。
185 〔元〕佚名：《大元馬政記》，頁49。

答失蠻，欲馬何用；此等人不括其馬，則必與人隱藏，乞亦拘之。奉旨准。」[186]《大元馬政記》相關的記載非常之多，茲列述之如下：

> 世祖皇帝中統……四年八月四日，聖旨諭中書省，據阿求差來使臣抹臺奏告，闕少馬疋軍人，乞降馬疋事，奏准。仰差人驗坐去馬數，於東平、大名、河南路宣慰司。今年新差發內，照依已降聖旨，不以回回通事、斡脫、並僧、道、答失蠻、也里可溫、畏兀兒諸色人，每鈔一百兩，通滾和買堪中肥壯馬七匹。[187]

> 二十六年七月十日，兵部承奉尚書省奏，奉聖旨，和買馬匹事，欽此。……摘委本道宣慰師、正官、各路總管府官一同和買，據宣慰師、按察司、轉運司、總管府及諸衙門官吏、僧、道、答失蠻、也里可溫、斡脫，不以是何軍民諸色人戶，所有堪中馬匹，全數和買。[188]

> 十四日，兵部承奉尚書省剳付，奏奉聖旨，和買馬匹事，欽此。……并和尚、先生、也里可溫、答失蠻、斡脫等戶，但有四歲以上騍馬、曳剌馬、小馬，不分肥瘦，盡數赴官中納，當面從實給付價鈔。[189]

> （至元）三十年三月……十一日，中書省剳付御史臺，令監察御史并各道廉訪司，體及差官，分頭馳驛，前去各處拘刷，下兵部照驗行移合屬，欽依見奉聖旨事意，并備去事理，專委各路廉幹政官，與都省差去官，一同照依坐去數目，將不以是何

186　〔元〕佚名：《大元馬政記》，頁18。
187　〔元〕佚名：《大元馬政記》，頁9。
188　〔元〕佚名：《大元馬政記》，頁11-12。
189　〔元〕佚名：《大元馬政記》，頁13-14。

投下諸色人戶并和尚、也里可溫、答失蠻,應有馬匹,盡數到官,眼同分揀印烙。[190]

成宗皇帝大德二年十二月十三日,丞相完澤等奏、平章賽典赤等奉,近以刷馬事,有旨令臣等議擬以聞,臣等觀舊簿書,世祖皇帝時,刷馬五次。在後一次,括十萬疋,雖行訖文書,止得七萬餘疋,為刷馬之故,百姓養馬者少,今乞不定數目,除懷駒帶駒馬外,三歲以上者皆刷,和尚、先生、也里可溫、答失蠻,並其餘諸人,依前例拘刷。[191]

延祐五年十二月二十日,樞密院准中書省照會,……各投下諸色人戶,并和尚、先生、也里可溫、答失蠻應有馬匹,除病瘵并三歲以下不堪馬數,分付各主,其餘馬匹,盡數拘刷。[192]

宗教人士雖然在賦稅、力役等事上,得到政府一些優容,但在拘刷馬匹之事上,卻對之沒有優待,因宗教之士無乘馬的需要,《大元馬政記》載云:「至元……二十四年,聖旨,楊總統奏:漢地和尚、也里可溫、先生、答失蠻,有馬者已行拘刷,江南者未刷。僧道坐寺觀中,何用馬。令楊總統與差去官,一同拘刷,交付江淮省,送鎮南王位下,以其數聞,隱藏者有罪,首告者有賞。八月九日,平章桑哥等奏,江淮省言,江南和尚、也里可溫、先生,出皆乘轎,養馬者少。杭州城內刷訖一百匹,其餘江南地界拘刷訖。」[193]即使有漏網之魚,也重納拘刷之中,「致和元年九月一日,……丞相別不花等啟,燕鐵木兒知院用馬三百匹,昨和尚、也里可溫、先生、秀才馬,不曾拘

---

190 〔元〕佚名:《大元馬政記》,頁22-23。
191 〔元〕佚名:《大元馬政記》,頁27。
192 〔元〕佚名:《大元馬政記》,頁34。
193 〔元〕佚名:《大元馬政記》,頁19。

收，今乞將此輩馬拘之。」[194]

　　也里可溫教徒馬匹之拘刷，與其他宗教之士並無分別。但也里可溫曾經有乘坐馬匹的資格，足證其地位不俗。拘刷馬匹雖屬小事，但也足以反映當其時之教士生活狀況。

五　政府對於也里可溫之尊崇

　　元政府對也里可溫多方優待，停止其軍籍，無須其從軍。免其徭役，時而豁免租稅，可謂極之優待，然元政府對也里可溫之優待，尚不止此。

　　也里可溫與佛教僧人一樣由政府給糧，《元史・世祖紀》：「至元十九年四月，敕也里可溫依僧例給糧。」[195]而且，也里可溫有一獨立衙門管理，《元史・百官志》：「崇福司，秩〔從〕二品，掌領馬兒哈昔、列班、也里可溫十字寺祭享等事。至元二十六年置，延祐二年改為院，省併天下也里可溫掌教司七十二所，悉以其事歸之。七年復為司。」[196]

　　宗教領袖轉成為官，其教中事務，由政府專司掌理，自北齊之昭元寺崇虛局始。北周有司寂以掌沙門，司玄以掌道門，唐初因之。其後又特設崇玄署以司道教，而僧尼乃屬諸祠部。此足以觀各朝皇帝之宗教好惡。元朝制度，禮部管理僧、道，另又設宣政院專司釋教僧徒，其官位秩從一品；又有集賢院掌理道教，其官位秩從二品；而禮部之掌理，乃成有名無實。可見元帝尊崇釋道二教之徒。然也里可溫在元代，亦為一有力宗教，故特置崇福司掌理之，其官位秩從二品，

194　〔元〕佚名：《大元馬政記》，頁38。

195　〔明〕宋濂：《元史》，冊1，卷12，頁4，總頁149。

196　〔明〕宋濂：《元史》，冊2，卷89，頁32，總頁1109。

其官階在掌理佛教之宣政院以下，而與掌理道教之集賢院同等，足見元帝對也里可溫之尊崇。唯考諸歷史，宗教受政府尊崇，未必為幸事。唯研究歷史者，不得不述宗教與政府之關係，以鑑占知今也。

也里可溫人士更得到朝廷的厚賞，《元典章》謂：「延祐四年七月，行省准中書省咨，御史臺呈，淮東廉訪司，延祐四年正月三十日，有御位下徹徹都苫思丁起馬四匹，前來揚州[197]，也里可溫十字寺降御香，賜與功德主段酒等。……照得崇福院奏，奉聖旨奧剌憨，驢各與一表裏段子，別無御賜酒禮。……彼奧剌憨者，也里可溫氏人，素無文藝，亦無武功，係揚州之豪富，市井之編民，乃父雖有建寺之名，年已久矣。……今崇福院傳奉聖旨，差苫思丁等起馬四匹，齎酒醴二瓶，前來揚州，傳奉聖旨恩賜，是乃無功受賞。……為此，本司今抄崇福院差剳在前，申乞照詳。得此，……今據見申本臺看詳，崇福院官當元止是奏奉御香，別無所賜奧剌憨酒醴，又不經由部宣徽院（掌酒醴），有違定例。……後如有似此違例者，擬合欽依聖旨懿旨事意施行。仍令合干部份再行照會，相應具呈照詳。得此，部省咨請依上施行。」[198]奧剌憨為揚州之富人，淮東廉訪司之故與為難者，是否別有用心，不得而知。然所謂素無文藝，亦無武功，市井編民云云，誠不足以辱之也。蓋基督徒早於初期教會時期，受辱於官府，受辱於法利賽人。觀乎《使徒行傳》之記載，信徒之受欺壓凌辱者久矣。今元政府之廉訪使、御史臺，此一參劾，反使元帝室降御香於也里可溫之十字寺、及賜段子與也里可溫掌教者之事實，得以傳於後世，使後之考古者得知元也里可溫受元室禮待，誠一治史之幸事也。

又為後宮做佛事，《元史·文宗紀》云：「天曆元年九月，命高昌

---

197 「州」字原作[來]，根據下文改為「州」較合理。
198 《沈刻元典章》，冊12，卷36，頁36-38。

僧作佛事於延春閣，又命也里可溫於顯懿莊聖皇后神御殿作佛事。」[199]
佛事者，乃習用釋家語，與〈景教碑〉之稱僧稱寺，乃慣用術語，非
謂也里可溫真作佛教之禮儀也。

　　並於甘肅路的也里可溫寺供奉別吉太后，《元史‧順帝紀》：「後
至元元年三月，中書省臣言：甘肅甘州路十字寺，奉安世祖皇帝母別
吉太后於內，請定祭禮。從之。」[200]由此而知，別吉太后，即顯懿莊
聖皇后，生前必為奉也里可溫之人。

小結

　　綜觀元代的基督教，無論也里可溫與天主教，都有相當的發展，
可惜沒有詳細的活動紀錄，也沒有神學性、宗教性或哲學性的文獻流
傳給後世，也不見他們在中西文化交流上作過任何貢獻。從歷史典籍
可知到他們都像唐朝景教一樣，需要依賴元政府而生存，在社會上並
沒有真正的生根，元朝覆亡之後，元朝的基督教也隨之而消失。

199　〔明〕宋濂：《元史》，冊1，卷32，頁10，總頁389。
200　〔明〕宋濂：《元史》，冊1，卷38，頁12，總頁452。

第五篇
明朝的天主教

　　元代的也里可溫隨著元朝覆亡而在中土消失，天主教也不能在中土立足。明太祖朱元璋推翻元室，建立明朝，明朝自朱元璋立國改元洪武為始（1368）至南明永曆帝被殺（1662）為止，共享國兩百九十四年。期間雖有與南洋及歐洲諸國保持商業往來，更有鄭和下西洋之舉，但明代初期，天主教並未有正式進入中土，其時進入中土者只不過是葡萄牙商人，並非傳教士。直至明神宗萬曆年間，天主教耶穌會士羅明堅（Michel Ruggieri）於明萬曆八年（1580）抵廣州，天主教才再次進入中土，並取得重大的發展，雖然到了雍正與乾隆年間，實行禁天主教政策，但天主教卻沒有停止活動。本篇的目的是敘述天主教在明神宗萬曆年間至永曆帝時期的天主教發展。

第一章　明代天主教的拓荒者：方濟各‧沙勿略

　　方濟各‧沙勿略是西班牙人，生於一五〇六年四月七日，一五四〇年入耶穌會。其足跡遍及印度、錫蘭、馬六甲、新加坡、摩洛哥島。他從一位名叫安日祿的日本教友口中，聽說到日本的事情，便立意到日本。他在日本居住了廿七個月，知道日本之文化都來自中國，於是決定到中國去。他的遺札收入沙勿略事輯（Monumenta Xaveriana）之中。校訂本則收入一九四四至一九四五年出版之《耶穌會史料叢刊》（*Monumenta Historica Societatis Jesus*）之中。[1]

1　方豪：《中國天主教史人物傳》（北京：中華書局，1988年），上冊，頁58-59。

一 初聞中國的狀況

在他的信札中，說明了他希望天主教傳入中國，他從葡商的口中聽聞中國有類似基督教徒的人，也相信聖多馬曾到過中國傳基督教，其第一函書札謂：

> 滿剌加有一葡商，新從名為支那的大國歸來。某中國朝中顯貴，遇見葡商，曾問及基督教友是否吃素？中國之縉紳之所以問及此事，因他在中國某山中，曾目睹多數人離群索居，舉行不少宗教儀式，並禁吃豬肉。這些人可能是奉行梅瑟古教教規的基督教友，或者是「若望長老」的教友，或者是猶太教徒，或許不過是大家傳說的回教徒。……許多人認為宗徒多默曾到中國，收過不少人信教。又說：葡人來東方以前，東正教會亦曾派若干主教前往中國，訪問聖多默和他的門徒所招收的教友。……其中一位主教曾自稱是葡人東征印度時來印度的，當地主教曾告訴他：聖多默到過中國，並曾有不少中國人信教。[2]

他在日本，知道日本的宗教由中國傳入，其第二函書札云：「日本所有宗教皆自鄰國傳入，國名支那。」[3]方濟各‧沙勿略因而對中國文化產生仰慕之心，並且對中國是否有基督徒生出好奇心，其第三函曰：

> 日本有一板東大學，（板東今名關東），規模宏大，僧侶頗多，研究教義和各宗派學說，但所有教義與宗派無不傳自中國。……一切經籍亦均用漢文。……日本密邇中國，宗教學派，都自中

國輸入。中國幅員廣大，境內安居樂業，絕無大小戰亂。據曾往中國的葡人報告，中國為正義之邦，一切均講正義，故以正義卓越著稱，為信仰基督的任何地區所不及。就我在日本所目睹，中國人智慧極高，遠勝日本人；且擅於思考，重視學術。中國物產豐富，且極名貴，人口繁盛，大城林立；樓臺亭閣，建築精美，部分採用石料。人人皆說中國盛產綢緞。有些中國人對我說：中國境內亦有若干不同宗教，察其所言，似為回教或猶太教。至於是否有人信奉基督，則語焉不詳。[4]

在字裏行間對中國讚不絕口，反映沙勿略對中國頗為仰慕。

二　計劃前往中國

所以他準備到中國去，希望在中國傳天主教，倘若中國人信了天主教，日本人也會因而信天主教，他的信札第三函續云：

我準備今年前往中國京都，因為，如謀發展吾主耶穌基督的真教，中國是最有效的基地。一旦中國人信奉真教，必能使日本吐棄現行所有各教學說和派別。況中國距離極近。自日本至中國濱海重要城市雙嶼[5]僅八十里。[6]

他的信札第四函，也說出相同的願望：

4　轉引自方豪：《中國天主教史人物傳》，上冊，頁60。

5　按沙勿略原文用Liampo，為「寧波」二字譯音，但葡人對此地名有三種不同講法：一稱浙江省；一稱寧波；一稱雙嶼。此處乃指雙嶼。詳見方豪：〈十六世紀我國走私港Liampo考〉，收入方豪：《方豪文錄》（北平：上智編譯館，1948年），頁23-46。

6　轉引自方豪：《中國天主教史人物傳》，上冊，頁60。

中國面積至為廣闊，奉公守法，政治清明，全國統於一尊，人民無不服從，國家富強。凡國計民生所需者，無不具備，且極充裕。中國人聰明好學，尚仁義，重倫常，長於政治，孜孜求知，不怠不倦。中日兩國，一衣帶水，相距甚近。中國人為白色人種，不蓄鬚，眼眶細小，胸襟豁達，忠厚溫良，國內無戰事。如印度方面無所牽制，希望今年能前往中國。……日本現行教派，無一不來自中國；中國一旦接受真教，日本必起而追隨，放棄現有各教。[7]

所以他計劃用日文編撰一書，講述天主造世及基督小傳；然後，計劃將此書改寫為中文，以便帶往中國，使中國人知道他亦通中國文字。[8]

他的信札第五函，大意云要和兩位神父、一位修士從臥亞到滿剌加，然後使使臣雅各‧貝萊拉（Diego Pereira）同往中國，觀見明帝，代表葡王獻禮，並請求釋放葡國俘虜。向中國君王臣民傳天主教。又請求葡王促耶穌會多派神父東來，勿派助理修士，亦勿派專門從事講道之神父。他一再強調，中國需要飽經試煉，意志堅定之神父。而且，因中日兩國人民博學好問，慎思明辨，故此，需要有學問，擅著述的神父，到中國傳教。[9]

三　滯留上川島

他在信札第六函，說他到了上川島的狀況。上川島離廣州卅里，時有廣州人到其地。他一再請求廣州人帶他往廣州，因廣州提督嚴禁

7　轉引自方豪：《中國天主教史人物傳》，上冊，頁61。
8　方豪：《中國天主教史人物傳》，上冊，頁61。
9　方豪：《中國天主教史人物傳》，上冊，頁61。

通番，是以其請求均遭拒絕。有一廣州人答應祕密載他前往，並要求兩百元西班牙幣為代價。他天天望此人從廣州回來。他並計劃在那人的船上匿藏三、四日，然後在黎明前送他到廣州城門口，他就會直接謁見提督，呈遞臥亞主教上中國皇帝書。他亦考慮此行的危險性。如船夫可能在收取船資後，把他棄於荒島，或拋下海中；即使到了廣州，見了提督，提督或會將他下獄受刑；更大的危險是因困難險阻，引致灰心失望。但他進入中國之心頗堅決，即使無人帶他入廣州，他就到印度或暹羅，隨同該地貢使，進入中國。[10]

他在等候期間，在上川島建了一小聖堂，每天作彌撒。他在島上工作很多。如聽告解，慰問病人，結交朋友。[11]

沙勿略於去世前所寫的最後一封書函表示，聞說中國皇帝有意行新政。又云，由上川島往中國，萬分困難，且危險非常，不知可否成功，只希望順利進入中國。[12]

沙勿略在上川島的日子，居於簡陋茅屋，飢寒交迫，乃發熱病，於一五五二年十一月廿日，曾一度移居聖十字號船，但因風浪太大，船身搖晃不定，次日返回島上，有人為之放血，但其熱度增高，不能進食廿八日，不能言語，亦不識人，十二月一日，復能談話。十二月二日至三日晨之間去世。惜只有華人安多尼與兩黑白混種人料理其喪事，其餘船上葡人，皆託詞天寒，不願上岸。沙勿略在上川島逝世後，其遺體於次年二月十七日，由聖十字號運回印度之臥亞。後又轉運至滿剌加。[13]但另一說則云其遺體在一直在臥亞。[14]

---

10 方豪：《中國天主教史人物傳》，上冊，頁63。
11 方豪：《中國天主教史人物傳》，上冊，頁63。
12 方豪：《中國天主教史人物傳》，上冊，頁63。
13 方豪：《中國天主教史人物傳》，上冊，頁63。
14 羅光：《利瑪竇傳》（臺北：臺灣學生書局，1983年），頁31。

沙勿略在上川島之墓地，成為朝聖之地。明崇禎十二年（1639）
澳門教會在墓地上建立中、葡文石碑。康熙卅七年（1698）十月六日
馬若瑟神父（Joseph-Henrg-Marie de Prémare）等十一人前往謁墓，並
集資在墓上建一小聖堂。嘉慶十八年（1813）澳門主教曾往視察，石
碑尚存，小聖堂則已圮毀。[15]

明末，有署名「韓霖、張賡諸同志公述」之《道學家傳》一冊，
記方濟各‧沙勿略曰：納襪辣國人。明嘉靖卅一年季，甫至廣東屬地
三洲島，即離塵世，其肉軀迄今不朽，尚在小西洋臥亞府天主堂中。
在世及逝後多著靈異，至今不絕。」三洲島即上川島。清朝，英斂之
先生乘舟過其地，有句云：「三洲荒島跡，萬國盛名喧。」[16]

縱觀方濟各‧沙勿略一生，都希望向中國傳天主教，而且到了中
國屬土的上川島，可惜卻不能到中國內地，且死在上川島，他的遺願
到了耶穌會士羅明堅才可以完成。

第二章　最先進入中國內地的耶穌會士：羅明堅

羅明堅，字「復初」，意大利人。他原名是「Ruggieri」，所以譯
姓「羅」，受洗名是彌額爾，在明朝時，有譯「爾格彌」者。他的華
文名字有譯作「明鑒」的，但在文獻上卻一直沿用「明堅」二字，現
在已約定俗成。他生於一五四三年，抵華入內地時為一五八〇年（明
萬曆八年），沙勿略卒後廿八年，早利瑪竇兩年進入中國內地。[17]

---

15 方豪：《中國天主教史人物傳》，上冊，頁64。

16 方豪：《中國天主教史人物傳》，上冊，頁64。

17 方豪，《中國天主教史人物傳》，上冊，頁65-66。

一　羅明堅的傳教工作

　　他是在明朝時期，第一個外國天主教士在內地居住者。元室滅亡之後，天主教與明政府斷交，天主教士即使有機會抵華，也不能在內地居住。羅明堅於一五七九年（萬曆七年）抵澳門，最初也不能進入內地，只居於澳門。他在澳門努力學習華語、華文。初時，澳門之天主教修道會諸教士，常阻礙其學業，幸得范禮安（Alexandre Valignani）神父，寫信予諸教士，勸他們不要阻其學華文華語。羅明堅的第一個華文老師是一中國畫師，用毛筆授其中國文字形義。經過幾個月學習，他便想入內地與中國官吏接觸。[18]

　　其時葡萄牙人與中國貿易，每年都有一段時期在廣州城外舉行貿易會，惟日落之後，葡人必須回到船上，不准在陸上居住。羅明堅利用這機會，進入廣州與若干官吏交往，他在萬曆八年（1580）抵廣州。請求廣州之官吏，准予居留陸上。其呈文云：「既為司鐸，必須逐日敬奉天主，不能處處追隨葡萄牙人也。」廣州之官吏喜見一歐洲人善華語，又認為其請求正確，遂准其居於每年款待暹羅貢使之驛館中。此事引起澳門之華人注意，有數人欲受洗入教，羅明堅於是在澳設一志願受洗所。羅明堅雖未能在中國內地建立傳教基地，但其與廣州官吏之關係，有大突破。[19]

　　就於此時，兩廣總督陳瑞在任，[20]命人至澳門諭澳門長官及主教，藉口調查澳門葡僑，命以歐洲商人首領之名義，往當時廣東省會肇慶府晉謁。葡人聞之，咸感不安。又因他們不懂華語，乃用一折衷方法，

18　〔法〕費賴之（Louis Pfister）著，馮承鈞譯：《在華耶穌會士列傳及書目》（北京：中華書局，1995年），上冊，頁24。

19　〔法〕費賴之（Louis Pfister）著，馮承鈞譯：《在華耶穌會士列傳及書目》（北京：中華書局，1995年），上冊，頁24-25。

20　王治心：《中國基督教史綱》（香港：基督教文藝出版社，1970年），頁74。

以羅明堅代替澳門主教薩阿（Don Leonardo de Saa），[21]以檢查官巴乃拉（Panela）代替澳門長官門多薩（Airoz Gonjaloj de Mendoja）。帶備貴重物品如布疋、絲絨、水晶鏡等約值二千兩之禮物，前赴肇慶，呈獻禮物。總督改變其傲慢態度，禮遇有嘉，羅明堅請居內地，以學習中文，陳瑞不許，但與羅明堅十分投契，且贈予許多中文書籍。[22]

萬曆十年（1852），利瑪竇抵澳門，攜自鳴鐘一具，總督陳瑞知之，欲得鐘，致書予羅明堅，請其攜鐘往肇慶。一八五二年（萬曆十年）十二月十八日，他和巴範濟神父（Francesco Pasio），另修士一人，中國青年數人，前往肇慶，十二月廿七日到達，在東關某佛寺，成立第一所在中國內地的耶穌會修道院。有附生 Kin Ni ko 做研究教理。[23]

唯不及一年，兩廣總督陳瑞被黜職，羅明堅與巴範濟返澳，巴氏後轉赴日本。未幾，新任兩廣總督郭應聘（字君賓，莆田人）履新，羅明堅、利瑪竇向其請求在肇慶建房屋及禮拜堂各一所，郭氏最初不應允，後回心轉意。羅明堅遂偕同利瑪竇於一五八三年九月前赴肇慶。天主教在華之事業，又再有進一步發展。[24]

萬曆十三年，兩廣總督郭應聘，邀羅明堅前往浙江紹興，羅明堅與麥安東（Antoine d'Almeyda）前往。於一五八六年陽曆一月間（萬曆十三年陰曆十一月十二日至十二月十二日之間），抵達紹興。二人

21 〔法〕費賴之（Louis Pfister）著，馮承鈞譯：《在華耶穌會士列傳及書目》（北京：中華書局，1995年），上冊，頁25。

22 〔意〕利瑪竇（Mathieu Ricci）著，劉俊餘、王玉川譯：《利瑪竇全集》（臺北：光啟出版社，1986年），冊1，頁118-119。

23 〔法〕費賴之（Louis Pfister）著，馮承鈞譯：《在華耶穌會士列傳及書目》（北京：中華書局，1995年），上冊，頁26。

24 〔法〕費賴之（Louis Pfister）著，馮承鈞譯：《在華耶穌會士列傳及書目》（北京：中華書局，1995年），上冊，頁26。

在其地傳教，連郭氏的父親也受洗入了天主教。[25]

二 羅明堅的文字工作

他是第一個以中國文字撰寫天主教教義書籍的外籍神父。此書名《天主聖教》實錄。上海徐家匯藏書樓有藏本，書中有「乃天主自降生於世界，而親自教人，彼時至今，有一千五百八十四年矣」。又有「萬曆甲申歲秋八月望後三日遠西羅明堅撰」，可見此書寫於萬曆十二年（1584），是羅明堅在廣東肇慶寫的。[26]此書在一五八四年十一月杪在廣州刻板。[27]但明崇禎十年（1637）之後有重刻本。茲將其目錄列後：

> 原刻本
>
> 新編西竺國天主實錄目錄
>
> 真有一位天主章之一
>
> 天主事情章之二
>
> 解釋世人冒認天主章之三
>
> 天主制作天地人物章之四
>
> 天人亞當章之五
>
> 論理人魂不滅大異於禽獸章之六
>
> 解釋魂歸四處章之七
>
> 天主自古及今止有三次降其規誡三端章之八

---

25 〔法〕費賴之（Louis Pfister）著，馮承鈞譯：《在華耶穌會士列傳及書目》（北京：中華書局，1995年），上冊，頁28。

26 方豪，《中國天主教史人物傳》，上冊，頁67。

27 〔法〕費賴之（Louis Pfister）著，馮承鈞譯：《在華耶穌會士列傳及書目》（北京：中華書局，1995年），上冊，頁29。

天主降世賦人第三次規誡章之九

解釋第三次與人規誡事情章之十

解釋人當誠信天主實事章十一

天主十誡章十二

解釋第一碑文中有三條事情章十三

解釋第二碑文中有七條事情章十四

解釋僧道誠心修行升天之正道章十五

解釋淨水除前罪章十六

新編天主實錄

天竺國僧輯

重刻本

天主聖教實錄總目

真有一天主章之一

天主事情章之二

解釋世人冒認天主章之三

天主制作天地人物章之四

天神亞當章之五

論人魂不滅大異禽獸章之六

天主聖性章之七

解釋魂歸五所章之八

自古及今天主止有三次降其規誡三端章之九

解釋第三次與人規誡事情章之十

解釋人當誠信天主實事章十一

天主十誡章十二

解釋第一面碑文章之十三
解釋第二面碑文章之十四
解釋天主勸諭三規章之十五
解釋淨水除前罪章之十六
天主聖教實錄

耶穌會後學羅明堅述[28]

此書之十誡，初譯本和重刻本也有分別之處：

初譯本
一、要誠心奉敬一位天主不可祭拜別等神像
二、勿呼請天主名字而虛發誓願
三、當禮拜之日禁止工夫謁寺誦經禮拜天主
四、當孝敬親長
五、莫亂法殺人
六、莫行淫邪穢等事
七、戒偷盜諸情
八、戒讒謗是非
九、戒戀慕他人妻子
十、莫冒貪非義財物

聖經實錄重刻本
一、要誠心奉敬一天主不可祭拜別等神像
二、毋呼天主名而發虛誓

28 轉引自方豪：《中國天主教史人物傳》，上冊，頁67-68。

　　三、當守瞻禮之日禁止百工詣天主堂誦經瞻禮天主

　　四、當愛親長

　　五、毋亂法殺人

　　六、毋行邪淫等事

　　七、毋偷盜諸情

　　八、毋讒謗是非

　　九、毋戀慕他人妻子

　　十、毋冒貪非義財物[29]

初譯本者，約為明萬曆十一或十二年（1583-1584）所譯，現藏羅馬耶穌會檔案室。[30]羅明堅可說是在明朝第一個進入中國內地和用中文寫作的天主教耶穌會士。

第三章　奠定中國天主教基礎的利瑪竇

　　利瑪竇神甫，字西泰，於一五五二年十月六日在意大利之（Ancone）州（Macerata）城出生。適值聖方濟各・沙勿略在上川島病歿之時。一五七一年入耶穌會。童年受學於一教會職員名 Nicolas Bencivegni，此人後入耶穌會。自 Mcecrata 城之耶穌會學校創設以後，利瑪竇在其校就讀七年。利瑪竇在其校研究文學，畢業後，其父送之往羅馬學法政。[31]

　　利瑪竇之父曾任高官，希望利瑪竇步其後塵，所以把他送到羅馬

---

29 轉引自方豪：《中國天主教史人物傳》，上冊，頁69-70。

30 方豪：《中國天主教史人物傳》，上冊，頁69-70。

31 〔法〕費賴之（Louis Pfister）著，馮承鈞譯：《在華耶穌會士列傳及書目》（北京：中華書局，1995年），上冊，頁31。

學法政。[32]其時，羅馬會團新建聖母會，利瑪竇曾入聖母會，自覺適合教會生活，一五七一年八月十五日，利瑪竇年十九歲，決意加入羅馬聖安德修道院修道。[33]利瑪竇將此意寫信告訴其父，其父極表反對，欲親往羅馬勸阻他，正想動身，忽然得病，病癒欲行，又再得病，如是者三次，乃頓然醒悟，認為是天主旨意，「是殆天主所默眷，欲使其傳道於四方者，吾安可使功名一途，加諸欽崇天主上乎。」[34]便寫信給利瑪竇，向他勸勉一番。

利瑪竇在聖安德修院修道期間，立志前赴印度傳教。一五七七年五月十八日前赴里斯本。一五七八年三月廿四日，乘聖路易號船赴印度，因其時利瑪竇神學未畢業，不能進司鐸位。同年九月十三日抵臥亞。[35]

一五八○年七月廿六日受司鐸職，一五八二年（萬曆十年）四月范禮安神甫召之赴澳門，是年八月抵澳門。范禮安神父鑑於以前之教士傳教工作不見起色，乃由於不懂華語，於是命利瑪竇與羅明堅二人努力學華文。[36]於是，利瑪竇在其地研究華文。他們的中文知識對日後之傳教工作，有很大幫助。[37]

---

32 王治心：《中國基督教史綱》，頁73。

33 〔法〕費賴之（Louis Pfister）著，馮承鈞譯：《在華耶穌會士列傳及書目》（北京：中華書局，1995年），上冊，頁31。

34 〔意〕艾儒略（Jules Aleni）：〈大西西泰利先生行蹟〉，見鐘鳴旦（Nicolas Standaert），杜鼎克（Adrian Dudink）主編：《耶穌會羅馬檔案館明清天主教文獻》（臺北：利氏學社，2002年），冊12，頁200。

35 〔法〕費賴之（Louis Pfister）著，馮承鈞譯：《在華耶穌會士列傳及書目》（北京：中華書局，1995年），上冊，頁31-32。

36 王治心：《中國基督教史綱》，頁73-75。

37 王治心：《中國基督教史綱》，頁73-74。

一　在肇慶的傳教工作

　　一五八三年（萬曆十一年）利瑪竇在羅明堅帶引下，到肇慶謁見新任總督郭應聘。到府後先晉見知府王泮，並行跪拜之禮，王知府對他們殷勤款待。他們向王知府請求居於肇慶郊區。知府派人帶引之往肇慶郊區西江邊觀看地方，其時肇慶所轄十一縣，在西江濱「小市石頂」建造九層高塔（崇寧塔），塔尚未竣工。塔旁有荒地數畝，肇慶居民原擬為王泮建一生祠。羅明堅和利瑪竇心喜此地，托人往稟知府，知府允為其呈請總督批准，終獲應允。[38]羅氏乃留利瑪竇在肇慶，他回澳門籌慕建堂經費。

　　因利瑪竇學習中文不及二年，對處理各種事務，頗感困難。官府雖准他們建堂，但居民卻反對，引起騷動，謠言四起，幾乎構成大禍。幸得王知府保護，張貼告示，說明教士來華理由，經過六個月之爭執，風波才平息。[39]

　　此時羅明堅從澳門歸回肇慶，加工趕建房子。一五八四年（萬曆十二年）十二月，第一層落成，次年完成第二層，最後完成第三層。而且用紋銀廿兩，購買附近幾間矮屋，拆除後改為花園。全屋是歐洲式設計，材料則以青磚和成灰築成。此屋落成之日，王知府遣人送來兩塊牌匾，一塊書「僊花寺」，縣掛於門首，另一塊書「西來淨土」縣掛於中堂。城中士紳屢來致賀，附近居民，常來觀看番寺。[40]

　　利瑪竇居肇慶期間，研究中國文化，感到欲傳天主教，必須先獲華人之尊敬，認為傳教之最佳方法，莫若以學術收攬人心。利瑪竇在羅馬時，受業於著名之 Clavius 神甫，故精於數學及地理。他在肇慶期

38　羅光：《利瑪竇傳》，頁42。

39　羅光：《利瑪竇傳》，頁44-45。

40　羅光：《利瑪竇傳》，頁45。

間，製一世界地圖，以中國居於中央。蓋其時中國人之世界地理知識貧乏，誤以為中國居於地之中央。利瑪竇此舉深得地方官吏及人民之喜愛。其學術既得中國人器重，其所製之世界地圖又受華人重視。[41]利瑪竇遂把握時機，進而製造天體儀與地球儀，計時日晷，報時鐘、贈予地方官吏等人。利瑪竇乃以精於天文學而得名，文人學士與之交往者頗多。[42]

　　一五八五年（萬曆十三年）羅明堅隨郭應聘轉赴紹興。[43]留下利瑪竇一人獨力承擔傳教工作，後來有麥安東、孟三德（Edouard de Sande）二神甫至，協助其傳教工作，利瑪竇此時實行中國化之生活，遂使用中文名字，其後之傳教士皆從之。而且，他努力鑽研中國文化，熟讀中國之經史等書，[44]且穿著和尚服式，後來遇到瞿太素，才知其時之和尚不受人尊重，乃接受瞿太素之勸告，改穿儒服。那時，有因愛慕其學問而跟從他的，如鍾銘仁、黃明沙等；亦有因受邪魔作祟而來請求祈禱的。於是，肇慶之天主教事業便逐漸傳開。但好景不常，苦難又至。

　　一五八九年（萬曆十七年），有新任兩廣總督劉節齋到任。因羨慕利瑪竇等人之住宅，想奪為己有，各神甫被逼返回澳門。神甫回澳途中，被劉節齋派人追趕，召之回肇慶，因總督不欲沾貪官之惡名，乃出價購宅。利氏不願受價，祗求在其他城市居住。總督應其所請，

41　〔法〕費賴之（Louis Pfister）著，馮承鈞譯：《在華耶穌會士列傳及書目》（北京：中華書局，1995年），上冊，頁32。

42　〔意〕利瑪竇（Mathieu Ricci）著，劉俊餘、王玉川譯：《利瑪竇全集》，冊1，頁146-148。

43　〔意〕利瑪竇（Mathieu Ricci）著，劉俊餘、王玉川譯：《利瑪竇全集》，冊1，頁156。

44　〔法〕費賴之（Louis Pfister）著，馮承鈞譯：《在華耶穌會士列傳及書目》（北京：中華書局，1995年），上冊，頁32-33。

指定韶州（韶關）之南華寺為其居所。至是，肇慶之傳教工作被逼停止。[45]

二 在韶州的傳教工作

一五八九年（萬曆十七年），利瑪竇一行人等到達韶州，參觀完南華寺後，不願與佛教人士同住，遂請求在城河西首官地建造堂宇，獲准。是次之建築不再用肇慶時之歐洲式，轉用中國式建築，分別建造禮拜堂及住宅各一所。[46]

在韶州傳教之最大收穫，乃名士瞿太素受洗入教。瞿氏原與利氏在肇慶相識，後瞿氏移居韶州，重遇利氏，願奉利氏為師。太素原欲從利瑪竇學得仙丹之術，但卻學到天主教理，與數學、幾何等知識。太素在利瑪竇之薰陶下，對天主教理頗有心得，遂於一六〇五年受洗入教。太素是著名之學者，得其宣揚，利氏聲名大噪。[47]

利氏在韶州期間，曾乘暇遊南雄，為若干志願受洗之人施洗。可惜利氏之伙伴相繼去世，麥安東神甫於一五九一年（萬曆十九年）十月十七日歿於韶州。[48]其職由石方西神甫繼之。石方西神甫於一五九三年（萬曆廿一年）十一月五日以疾終於韶州。[49]其職由郭居靜

---

45 〔法〕費賴之（Louis Pfister）著，馮承鈞譯：《在華耶穌會士列傳及書目》（北京：中華書局，1995年），上冊，頁34。

46 〔法〕費賴之（Louis Pfister）著，馮承鈞譯：《在華耶穌會士列傳及書目》（北京：中華書局，1995年），上冊，頁33。

47 〔意〕利瑪竇（Mathieu Ricci）著，劉俊餘、王玉川譯：《利瑪竇全集》，冊1，頁206-207。

48 〔法〕費賴之（Louis Pfister）著，馮承鈞譯：《在華耶穌會士列傳及書目》（北京：中華書局，1995年），上冊，頁48。

49 〔法〕費賴之（Louis Pfister）著，馮承鈞譯：《在華耶穌會士列傳及書目》（北京：中華書局，1995年），上冊，頁52。

（Lazare Cattaneo）神父代之。

一五九四年（萬曆廿二年），郭居靜抵韶州，利瑪竇與之商討赴北京之計畫。韶州之教務由郭居靜主理，利瑪竇與石拱辰侍郎同往北京。

三　在南昌的傳教工作

把韶州之教務安頓後，利瑪竇便北上北京，可惜道途險阻，人事多磨，利瑪竇被逼滯留南昌。

事緣利瑪竇曾為兵部侍郎石拱辰之子治病，治癒之，石侍郎與利瑪竇甚投契。時石侍郎升遷，須入京謁明帝，利瑪竇請求石氏帶之上京，石氏亦想利瑪竇沿途照顧其子，遂應允之。[50]

一五九五年（萬曆廿三年），利瑪竇攜入會之二青年，皆澳門人，隨石侍郎上京。一行人眾乃向北起行，逾梅嶺後，溯贛江北上，此江要經十八灘，波濤險惡，利瑪竇所乘舟被風吹沉沒，舟中人皆落水中，隨利氏之青年名 Jean Barradas[51]者溺斃。利氏不懂游泳，自忖絕無生望，忽手觸一船繩，得脫厄運。豈料禍不單行，石侍郎恐攜一外人上京，會因而獲苔，欲遣利氏回韶州，經利瑪竇力請，始許偕其至南京。[52]甫抵南京，石侍郎沿陸路北上，利瑪竇留落南京，不為官吏所容，復還江西，途經南昌，[53]在南昌遇一醫士王繼樓，利氏與王

50 〔意〕利瑪竇（Mathieu Ricci）著，劉俊餘、王玉川譯：《利瑪竇全集》，冊1，頁235。

51 〔法〕費賴之（Louis Pfister）著，馮承鈞譯：《在華耶穌會士列傳及書目》（北京：中華書局，1995年），上冊，頁34。

52 〔意〕利瑪竇（Mathieu Ricci）著，劉俊餘、王玉川譯：《利瑪竇全集》，冊1，頁238。

53 〔意〕利瑪竇（Mathieu Ricci）著，劉俊餘、王玉川譯：《利瑪竇全集》，冊1，頁244-246。

氏本已在韶州相識。王繼樓厚待利瑪竇，利氏遂留南昌。[54]

利瑪竇在南昌得王氏之助，與城中人士交往，城中人也想識此鬚垂及腹之泰西人。江西巡撫陸仲鶴召見之，利氏以分析太陽光色之三稜鏡獻之，巡撫不敢接受，但許其居南昌，利氏搖身一變成為陸巡撫之朋友，就開始拜訪南昌城內之官員，有些官員是在廣州時相識的，有些則是新相識。[55]

在眾結識之中，以駐南昌之明室王族最顯貴，當時有兩戶人家皆是王族，一是建安王，二是樂安王。建安王邀利瑪竇赴宴，隆重款待，握手與言云：「凡有德行之人，吾未嘗不交且敬之，西邦為道義之鄉，願聞其交友之道。」[56]時利氏攜有二書，以日本紙張，歐洲形式釘裝。建安王甚喜此二書。此二書，其一為《西國記法》，是講述天文地理之書，內有世界地圖及九大行星圖，有數理解釋之，並附有中文註解。其二為《交友論》，乃論述交友之道，以拉丁文和中文互相對照。利氏將此書獻予建安王，此書後由贛州區域知縣蘇大用出版中文單行本。及至其所著之交友論一書刊行後，聲名更噪。[57]

其時蘇如望（Jean Soerio）神甫偕一中國修士黃明沙攜金錢至南昌，利氏乃租一小屋居住，過訪者甚多，有勸利瑪竇託詞不在宅中，以拒賓客，利瑪竇答云：「天主不容我作偽言，事雖微亦然，寧願過客倍增，不願言行背道。」[58]因而與利瑪竇交者，益重其人及其教。

---

54 〔意〕利瑪竇（Mathieu Ricci）著，劉俊餘、王玉川譯：《利瑪竇全集》，冊1，頁248-249。

55 〔意〕利瑪竇（Mathieu Ricci）著，劉俊餘、王玉川譯：《利瑪竇全集》，冊1，頁251-253。

56 轉引自王治心：《中國基督教史綱》，頁77。

57 〔意〕利瑪竇（Mathieu Ricci）著，劉俊餘、王玉川譯：《利瑪竇全集》，冊1，頁254-255。

58 轉引自〔法〕費賴之（Louis Pfister）著，馮承鈞譯：《在華耶穌會士列傳及書目》（北京：中華書局，1995年），上冊，頁35-36。

南昌教務遂得建基。

　　是時，中國各地之天主教傳教所，完全由澳門會團長管理，但耶穌會視察員范禮安認為，韶州、南昌二地，距澳門甚遠，會團長管理不能及，視察員決定設一會督，專責中國內地一切教務。一五九六年（萬曆廿四年），利瑪竇任此新設職位，直至其在北京逝世。[59]

四　在南京的傳教工作

　　南昌教務雖有所發展，然利瑪竇未嘗止息入北京傳教之心，且其升任做中國會督，更欲入京。因而與江西省之大小官吏交往，俾能圓其進京美夢。一五九八年（萬曆廿六年），適有一在韶州相識之王忠銘君，新授南京禮部尚書，須由海南島入京覲見明帝。王忠銘過韶州，見郭居靜神甫，告以此行，並赴南昌。郭居靜提議與王忠銘同往南昌，王氏許之。郭氏把韶州教務交予龍華民（Nicolas Longobardi）神甫及黃明沙修士。自己與羅如望（Jean de Rocha）神甫趕往南昌，比王忠銘早到兩天，向利瑪竇報告佳音。[60]

　　王忠銘到南昌後，利、郭二氏立即往拜訪，送上一禮物，並請求王氏帶其上京向皇帝進貢。王忠銘答應之。事情既定，利瑪竇與郭居靜神甫，鍾鳴仁修士及未入耶穌會的游文輝，和一些僕人，一起啟程。一行人等，先抵南京。時維一五九八年（萬曆廿六年），明室正與日本在高麗交兵，南京人心惶惶，無人敢收留神甫們。[61]王忠銘因

59　〔法〕費賴之（Louis Pfister）著，馮承鈞譯：《在華耶穌會士列傳及書目》（北京：中華書局，1995年），上冊，頁36。

60　〔意〕利瑪竇（Mathieu Ricci）著，劉俊餘、王玉川譯：《利瑪竇全集》，冊2，頁267-269。

61　〔意〕利瑪竇（Mathieu Ricci）著，劉俊餘、王玉川譯：《利瑪竇全集》，冊2，頁270-271。

代表南京六位尚書，到北京向明帝祝壽，乃決定走陸路。王尚書建議
神甫們乘船，隨同行李船北上。[62]

抵北京後，寄居王忠銘家。宮內之宦官來訪，見過進貢之物，包
括聖母像、報時鐘、救世主像、三稜鐘等。太監頗喜進貢之物。但太
監聽謠傳云神甫們會煉金術，便提議以煉金術進貢明帝。但神甫們卻
不談煉金術。太監便謂正值中日二國因高麗而交兵，又說日本將攻打
中國，中國人不懂分別外國人，只把所有人都作外國人看。太監勸王
忠銘不要管神甫之事，王忠銘也無可奈何。[63]利瑪竇先遣郭居靜返南
京，他往蘇州訪瞿太素，至一五九九年返南京。時王忠銘已抵南京，
勸利瑪竇等人留住南京。利瑪竇得其介紹，結交南京之官吏等人。南
京之教務，遂得以逐步展開。[64]

利瑪竇先在南京購一小宅，據云此小宅乃利瑪竇先前夢見天主之
處。此小宅乃成為南京士人聚談之所。士人過訪利瑪竇，與之談論天
文曆算地理等學，凡百問題，悉加討論，士人皆折服而去，而且士人
皆視與利瑪竇結交為榮。[65]

未幾，利瑪竇等人，希望在南京定居開教，乃物色理想居所。剛
有一官廨，建成後鬧鬼慌，丟空三年，無人敢住。利瑪竇與郭居靜以
低價購得此屋。他們住進此屋首天，在客廳置一祭台，念誦一些經
文，在宅四周灑聖水，掛上救世主像。他們入住後，安然無恙。南京
人士都知道此事，對神甫敬佩不已。因過往有不小大官想住此屋，請

62 〔意〕利瑪竇（Mathieu Ricci）著，劉俊餘、王玉川譯：《利瑪竇全集》，冊2，頁
   272。

63 〔意〕利瑪竇（Mathieu Ricci）著，劉俊餘、王玉川譯：《利瑪竇全集》，冊2，頁
   284-285。

64 〔法〕費賴之（Louis Pfister）著，馮承鈞譯：《在華耶穌會士列傳及書目》（北京：
   中華書局，1995年），上冊，頁36-37。

65 〔法〕費賴之（Louis Pfister）著，馮承鈞譯：《在華耶穌會士列傳及書目》（北京：
   中華書局，1995年），上冊，頁37。

道士驅魔，都不成功。大家都認為是神甫們信奉之天主的權能，把邪魔驅走。[66]

　　利瑪竇等人，仍以講論學術，介紹歐洲天主教社會之風俗為傳教媒介。有太史王順庵博學多聞，有志於天文曆數之學，素聞利氏精於此道，乃先遣其門生張養默從利氏學習。張氏知道利氏來中國的目的是為推翻偶像，傳播天主教理，乃對利氏說：「不必反駁異教邪說，只專心教授數學就好了。因為中國人知道了物質世界的真理後，自然會看出邪教的書是不足取信的。因為邪教的作者不甘只當神學家，還妄談哲學，討論天文和地理方面的問題。」[67]

　　在南京傳教事務中，最大收穫是一個七十歲的秦姓軍官。他是南京人士，在軍中任要職。秦軍官受洗入教後，取聖名保祿，他入教後，其兒子，孫子，男女大小及其他親友都受洗入教。利瑪竇送其救世主像一幅，他們在家中建一小教堂，把救世主像做了框架。有時，他們請利瑪竇到其家中做彌撒。[68]此外，當時之名士如吳左海，李卓吾等亦與利瑪竇相往還，佛教人士李汝禎，折服於利之學問，認為佛教如一蘋果，有好的部分，也有壞的部份，好的要保留，壞的需丟掉。[69]

　　傳教得此佳績，利瑪竇遣郭居靜往澳門報告，請澳門方面加派人手。一六〇〇年（萬曆廿八年）初，郭居靜偕同鐘鳴仁修士和龐迪我（Didace de Pantoja，一作龐迪峨）神甫回南京。利瑪竇決定再上北

66　〔意〕利瑪竇（Mathieu Ricci）著，劉俊餘、王玉川譯：《利瑪竇全集》，冊2，頁320-321。

67　〔意〕利瑪竇（Mathieu Ricci）著，劉俊餘、王玉川譯：《利瑪竇全集》，冊2，頁300。

68　〔意〕利瑪竇（Mathieu Ricci）著，劉俊餘、王玉川譯：《利瑪竇全集》，冊2，頁325-326。

69　〔意〕利瑪竇（Mathieu Ricci）著，劉俊餘、王玉川譯：《利瑪竇全集》，冊2，頁312。

京,以遂其志。南京的禮部給事中祝石林簽發通行證予利氏,其他南京大官也都為利氏寫介紹信,請北京方面負責進貢事宜之官員幫助利氏。[70]

利氏把南京教務安頓,派郭居靜留在南京處理教務。由龐迪我神甫,鐘鳴仁與游文輝二位中國修士伴利氏北上。並命江西南昌的羅如望神甫到南京協助教務。南昌教務由蘇如望神甫管理,另由澳門派人協助之。[71]便啟程北行。

五 在北京的傳教工作

利氏於一六〇〇年(萬曆廿六年)初北行,沿途雖有官員協助,但當時之太監弄權,明帝派太監在各大城市收稅,官員也莫奈之何。利氏一行人等抵山東之臨清,此地是南北交通孔道,由一太監馬堂為稅使。馬堂知道利氏帶西洋貢物進京,欲接管進貢之事,以討明帝歡心。[72]馬堂將利氏等人及貢物帶進天津,馬堂並寫了呈上明帝之奏章。馬堂先後三次上疏,明帝並無批示,利氏等人只得留在天津等候。等了六個月,明帝忽想起有外國人進貢自鳴鐘一事,在司禮監的提醒下,批示了馬堂之奏章。[73]利氏一行人等才得進京。

利瑪竇等人於明萬曆廿八年十二月廿一日(1601年1月24日)抵

---

70 〔意〕利瑪竇(Mathieu Ricci)著,劉俊餘、王玉川譯:《利瑪竇全集》,冊2,頁328-329。

71 〔意〕利瑪竇(Mathieu Ricci)著,劉俊餘、王玉川譯:《利瑪竇全集》,冊2,頁329。

72 〔意〕利瑪竇(Mathieu Ricci)著,劉俊餘、王玉川譯:《利瑪竇全集》,冊2,頁334。

73 〔意〕利瑪竇(Mathieu Ricci)著,劉俊餘、王玉川譯:《利瑪竇全集》,冊2,頁344。

達北京。當夜宿於宮門外太監廳殿。夜間檢視貢物，計有：

　　　　時畫：天主聖像壹幅。

　　　　古畫：天主聖母像壹幅。

　　　　時畫：天主聖母像壹幅。

　　　　天主經（日課經）[74]壹部。

　　　　聖人遺物，各色玻璃珍珠鑲嵌十字聖架壹座。

　　　　萬國圖志壹冊。

　　　　自鳴鐘大小貳架。

　　　　映五彩玻璃石貳方。

　　　　大西洋琴壹張。

　　　　玻璃鏡及玻璃瓶大小共捌器。

　　　　犀角壹個。

　　　　沙刻漏貳具。

　　　　乾羅經（福音聖經）[75]壹個。

　　　　大西洋各色鎖袱共肆疋。

　　　　大西洋布並葛共伍疋。

　　　　大西洋行使大銀錢肆個。[76]

次日天明，太監將貢物送進皇宮。[77]

　　萬曆廿八年十二月廿四日，利瑪竇〈上神宗表〉云：

74　羅光：《利瑪竇傳》，頁116。

75　羅光：《利瑪竇傳》，頁117。

76　《熙朝崇正集》，收入韓琦、吳旻校注：《熙朝崇正集、熙朝定案（外三種）》（北京：中華書局，2006年），頁20-21。

77　羅光：《利瑪竇傳》，頁117。

大西洋部臣利瑪竇謹奏，為貢獻土物事，臣本國極遠，從來貢
獻所不通，逖聞天朝聲教文物，竊欲霑被其餘，終身為氓，庶
不虛生，用是辭離本國，航海而來。時歷三年，路經八萬餘
里，始達廣東，蓋緣音譯未通，有如喑啞，因僦居習語言文
字。淹留肇慶、韶州二府十五年，頗知中國古先聖人之學，於
凡經籍，亦略誦記，粗得其旨。乃復越嶺，由江西至南京，又
淹留五年。伏念堂堂天朝，方且招徠四夷，遂奮志徑趨闕廷，
謹以原攜本國土物，所有天帝圖像一幅，天帝母圖像二幅，天
帝經一本，珍珠鑲嵌十字架一座，報時自鳴鐘一架，萬國輿圖
一冊，西琴一張等物，陳獻御前。此雖不足為珍，然出自極
西，貢至，差覺異耳，且稍寓野人芹曝之私。臣從幼慕道，年
齒逾艾，初未婚娶，都無繁累，非有望幸。所獻寶像，以視萬
壽，以祈純嘏，佑國安民，實區區之忠悃也。伏乞皇上，憐臣
誠懇來歸，將所獻土物，俯賜收納。臣益瞻皇恩浩蕩，靡所不
容，而於遠人慕義之忱，亦稍伸於萬一耳。又臣先本國忝預科
名，已叨祿位，天地圖及度數，深測其秘〔祕〕，制器觀象，
考驗日晷，並與中國古法脗合，倘蒙皇上不棄疏微，令臣得盡
其愚，披露於至尊之前，斯又區區之大願，然而不敢必也，臣
不勝感激待命之至。萬曆二十八年十二月二十四日具題。[78]

利氏在途中已寫定此表，沿運河北上，經過濟寧時，李卓吾和劉東星
登舟拜訪，利瑪竇出示貢物，李卓吾問及利瑪竇進貢的表章，利瑪竇

78 轉引自羅光：《利瑪竇傳》，頁117-118。此表又見於劉准：《天主教傳行中國考》（獻
縣：獻縣天主堂，1931年），頁132-133。亦見於《熙朝崇正集》，收入韓琦、吳旻校
注：《熙朝崇正集、熙朝定案（外三種）》，頁19-20。但文字稍有出入，以羅光《利
瑪竇傳》較為順暢，故從之。

捧至，李卓吾和劉東星看後，嫌文字不雅馴，乃加以修改，攜回府中，命書吏謄寫。[79]

　　利瑪竇所呈之貢物，以自鳴鐘最受明神宗喜愛。當時，明室無人懂修理自鳴鐘。明帝遂准利氏留在北京，並每月賜俸祿。利瑪竇得此機會，豈有推辭之理，乃留居北京。朝中大臣過訪者不少，利瑪竇在北京租屋自住，往來自由。遇有來訪，輒言明其來華之目的，非為求皇帝賜官賞爵，只為宣揚天主教理，因言及天主、靈魂、天堂地獄等教理。

　　自此以後，利瑪竇不再離開北京，在其地培養教徒，預備教徒皈依。入教之人，有名公巨卿，翰苑中人。其中以徐光啟最負盛名，他在一六○三年（萬曆卅一年），在南京從羅如望神甫受洗，一六○四年（萬曆卅二年）入翰林，一六三二年（崇禎五年）成為閣老。其次為李之藻，李氏從利氏習西學，深佩利氏之學養，適李氏在京患病，利氏陪伴照料之，及至病篤，利氏勸之奉教，遂受洗入教，病亦漸愈。

　　利瑪竇在京傳教之成績頗為理想，一六○五年（萬曆卅三年），北京奉天主教者已逾二百人。一六○九年（萬曆卅七年），利氏在中國首創信徒團體，名曰天主母會，立有會約，在會之人，以德行範世，常臨聖事，贍養窮人，殯葬死者，每月聚會，聽指導訓示，分擔各慈善事業。

　　利瑪竇以北京為中心，指揮中國各地教務。其本人勤勞不倦，為志願受洗之人講說教義，鼓勵新入教之人，勸導未入教者；又編著書籍；並建築一大教堂，親自督工。事務如斯煩劇，遂於一六一○年（萬曆卅八年）五月三日臥病，日漸沉重，於五月八日辦了一個一生的總告解。第二日，雖病重體弱，然而見聖體入室，尚勉力下床，跪

79　羅光：《利瑪竇傳》，頁108。

領聖體。五月十日，利瑪竇領終傅禮。五月十一日傍晚，安然逝世，享壽五十七歲。遺命龍華民繼承其任。[80]

利氏死後，神甫們為其舉行追思彌撒。當時一知名學者孫元化忽想起求皇帝賜利瑪竇葬地，神甫們同意，乃由孫元化草擬陳情書之大綱，由李之藻潤飾之。因其時龐迪我為代理院長，遂以龐之名義上陳情書。[81]陳情書除上奏皇帝外，還有副本送交有關官員，當時之閣老葉向高（台山），也收到副本，葉氏曾與神甫們交往，贊成其事。[82]內臣中有以為外臣賜葬，向無此例為言，葉向高則力主賜葬。艾儒略（Jules Aleni）〈大西西泰利先生行蹟〉云：「時有內宦言於相國葉文忠曰：『諸遠方來賓者，從古皆無賜葬，何獨厚于利子。』文忠公曰：『見從古來賓，其道德學問，有一如利子者乎，姑毋論其他，即就其所譯《幾何原本》一書，即宜欽賜葬地矣。』」[83]明帝遂賜葬地，葬地位於京師二里溝，此地後來成為北京葡萄牙傳教士公葬之墓地。[84]

其時之京兆允王應麟為利瑪竇撰〈利子碑記〉，其云：

> 粵稽古用賓，在九州廣萬餘里者，斯為遠絕僅已。我國家文明盛世，懷柔博洽，迄萬歷辰，有泰西儒士利瑪竇號西泰，友輩

---

80 〔法〕費賴之（Louis Pfister）著，馮承鈞譯：《在華耶穌會士列傳及書目》（北京：中華書局，1995年），上冊，頁40。

81 〔意〕利瑪竇（Mathieu Ricci）著，劉俊餘、王玉川譯：《利瑪竇全集》，冊2，頁552。

82 〔意〕利瑪竇（Mathieu Ricci）著，劉俊餘、王玉川譯：《利瑪竇全集》，冊2，頁556。

83 〔意〕艾儒略（Jules Aleni）：〈大西西泰利先生行蹟〉，收入鐘鳴旦（Nicolas Standaert），杜鼎克（Adrian Dudink）主編：《耶穌會羅馬檔案館明清天主教文獻》，冊12，頁221-222。

84 〔法〕費賴之（Louis Pfister）著，馮承鈞譯：《在華耶穌會士列傳及書目》（北京：中華書局，1995年），上冊，頁40。

數人，航海九萬里，觀光中國。始經肇慶，大司憲劉公旌之，託居韶陽郡，時余奉刺凌江，竊與有聞。隨同傅伴，齋表馳燕。跋庾嶺，駐豫章。建安王把遣，若追歡篤交誼之雅。宗伯王公洪誨，竟傾蓋投契合之孚，相與泝游長江，覽景建業，箴尹祝公世祿，司徒張公孟男，淹款朋儕，相抒情素，西泰同龐子迪我，號順陽者，僅數友輩，越黃河，抵臨清，督稅宮官馬堂，持其貢表，恭獻闕廷。皇上啟閱天主聖像，珍藏內帑，自鳴鐘，萬國輿圖，琴器類，分布有司，欣念遠來，召見便殿，寵頒一職，辭爵折風，饌設三辰，叩燕陛闕，欲親貌顏，更工繪圖，上命禮部賓之，遂享太官廩餼，是時大（原作大時）宗伯馮公琦，討其所學，則學事天主。俱吾人禔躬繕性，據義精確，因是數數疏義，排擊空幻之流，欲彰其教，嗣後李冢宰，曹都諫，徐太史，李都水，龔大參，諸公問答，勒板成書。至於鄭宮尹，彭都諫，周太史，王中祕，熊給諫，楊學院，彭柱史，馮僉憲，崔銓部，陳中憲，劉茂宰，同文甚都，見於敘次，衿紳秉翰墨之新，槐位貴行館之重，斑斑可鏡巳。歷受館餼十載，適庚戌春，利氏卒，迪我偕兼具奏請卹，詔議，禮部少宗伯吳道南公，署部事，言其慕義遠來，勤學明理，著述有稱，且迪我等願以生死相依，宜加優卹，伏乞敕下順天府，查給地畝，收葬安插，昭我聖朝柔遠之仁。奉聖旨是，宗伯迺移文少京兆黃吉士，行宛平縣，有籍沒揚內宦私刱二里溝佛寺房屋三十八間，地基二十畝，牒大司徒，稟成命而之居，覆奏，蒙允。余職江右岳牧，轉任廣陽師表，實有承流宣化之責，欣聞是舉，因而戢節抵寓。順陽子與其友人龍精華，熊有綱，陽演西輩，晉接久，習其詞色，洵彬彬大雅君子，殫其底蘊，以事天地之主，以仁愛信望天主為宗，以廣愛誨人為功用，以悔

罪歸誠為入門。以生死事大，有備無患為究竟，視其立身謙
遜，履道高明，杜物欲，薄名譽，澹世味，勤德業，與賢智共
知，挈愚不肖共由。玄精象緯，學究天人，樂工音律，法盡方
圓，正曆元以副農時，施水器以資民用，翼我中華，豈云小
補。於是贊成皇上，盛治薰風，翔洽遘際，真敻絕千古者矣。
斯時也，余承命轄東南。寧無去思之慨，附居郊處，慮有薪水
之憂。赫赫王命之謂何，余與有責焉。用識顛末於貞珉，紀我
皇上柔遠休徵，昭示萬禩，嘉惠遠人之至意，為之記。以辛亥
月日葬，欽賜房地共三十八間，週圍墻垣二十畝，南至官道，
北至嘉興觀地，西至會中墳。[85]

六 利瑪竇的中文著作

利瑪竇之遺著甚多，而且不少是中文作品，茲舉其要者如下：

一、《天主實義》，一名《天學實義》

二、《交友論》

三、《西國記法》

四、《二十五言》

五、《畸人》十篇，附《西琴八曲》

六、《辨學遺牘》

七、《齋旨》，附《司鐸化人九要》

八、《畸人十規》

九、奏疏（〈上神宗表〉）

---

85 〔明〕徐光啟：《增訂徐文定公集》（臺北：徐懋禧，1962年），卷首下，頁13-17。

十、《幾何原本》

十一、《同文算指》

十二、《測量法義》

十三、《勾股義》

十四、《圜容較義》

十五、《渾蓋通憲圖說》

十六、《經天該》

十七、《萬國輿圖》

十八、《西字奇跡》

十九、《乾坤體義》

二十、《中國傳教史》

綜而言之，利瑪竇在華傳教成功，皆因他深明入鄉隨族的意義，在衣著和禮儀方面力求中國化；他的舉止溫文爾雅，有中國學者的氣質；他努力研究中國文化，學習中國語言，一身儒者的表現，亦為當時的士大夫受落；也因而與中國的士大夫、文人雅士建立良好的關係；加上他到每一地，必結交當地的官員，並致送西洋禮物，從他向明神宗所獻的貢物可見一斑，而且他的禮物多從歐洲帶來，為中國人所少見者，容易引起中國人的好奇。他又以介紹西方科學知識作為傳教媒界，成功與其時的士大夫接觸，也是他成功的原因之一。

第四章　南京教案

南京教案是明末反對天主教之政治行動，於萬曆四十四年（1616），利瑪竇死後六年，在南京發生，故名南京教案。此教案之發

動者為南京禮部侍郎沈漼。[86]《明史・沈漼傳》云：

> 漼與弟演同登萬曆二十年進士，漼改庶吉士授檢討，累官南京
> 禮部侍郎，掌部事。西洋人利瑪竇入貢，因居南京，與其徒王
> 豐肅等倡天主教，士大夫多宗之。漼奏「陪京都會，不誼令異
> 教處此」，識者韙其言。[87]

其事件由沈漼上疏之始至其終結，歷時十六月。據《南宮署牘》所
載，被捕之中西教徒共廿六人。神宗更於萬曆四十四年十二月廿八
日，降諭令西士回國。因而，此教案雖發生於南京，實影響全國。明
代之天主教受打擊，以此為最。[88]

一　南京教務與教案之關係

　　南京教案之發生實與南京教務之發展相關。自王豐肅建立金陵天
主教堂後，天主教之發展遠邁昔日。其初，利瑪竇開教南京，僅有洪
武岡數椽之地，信徒只寥寥數人。繼利氏於此開教者有郭居靜、羅如
望，唯教務仍無大進至。自王豐肅立金陵天主堂後，於洪武岡舊址加
建屋宇，又於城外之孝陵衛前，另置花園一所，教友數目增至二百餘
人，引起當地人士注意，進而生疑，又再而攻擊。[89]沈漼與晏文輝之
奏疏，俱云南京天主教發展迅速，沈漼之〈再參遠夷疏〉云：

86　張維華：〈南京教案始末〉，見包遵彭、李定一、吳湘湘編：《中西文化交流》，收入
　　《中國近代史論叢》（臺北：正中書局，1987年），第1輯，冊2，頁201。

87　〔清〕張廷玉等撰：《明史》（臺北：藝文印書館，1956年，據《二十五史》乾隆武
　　英殿刻本影印），冊4，卷218，頁21，總頁2390。

88　張維華：〈南京教案始末〉，見《中西文化交流》，頁201。

89　張維華：〈南京教案始末〉，見《中西文化交流》，頁202。

京師為陛下日月炤臨之所，即使有神姦潛伏，猶或上憚於天威之嚴重，而下怵於舉朝之公論，未敢顯肆猖狂，公行鼓扇。若南京則根本重地，高皇帝陵寢在焉，山川拱護。固為臣庶之瞻依，而門殿閟清，全在紀綱之振肅。所以譏防出入，而杜絕夫異言異服者，尤不可不競競也。而豐肅神奸，公然潛住正陽門裏，洪武岡之西，起蓋無樑殿，縣設胡像，誆誘愚民。從其教者，每人與銀三兩，盡寫其家人口生年日月。云有咒術，後有呼召，不約而至，此則民間歌謠遍傳者也。每月自朔望外，又有房虛星昴四日為會期，每會少則五十人，多則二百人，此其自刻天主教解要略中，明開會期可查也。蹤跡如此，若使士大夫峻絕，不與往還，猶未足為深慮。然二十年來，潛住既久，結交亦廣，不知起自何人何日，今且習以為故嘗，玩細娛而忘遠略，比比是矣。臣若更不覺察，胡奴接踵於城闉，虎翼養成而莫問，一朝竊發，患豈及圖。尤可恨者，城內住房，既據洪武岡王地，而城外又有花園一所，正在孝陵衛之前。夫孝陵衛以衛陵寢，則高廟所從遊衣冠也，龍蟠虎踞之鄉，豈狐鼠縱橫之地，而狡夷伏藏於此，意欲何為乎？[90]

又晏文輝之奏疏云：

豐肅數年前，深居，簡出入，寡交遊，未足啟人之疑，民與之相忘，即士大夫亦與之相忘。邇來則有大謬不然者，私置花園於孝陵衛，廣集徒眾於洪武岡。大瞻禮，小瞻禮，以房虛星昴日為會約，洒聖水，擦聖油，以剪字貼戶門為記號。迫人盡去家堂之神，令人惟縣天主之像。假周濟為招來，入其教者，即

---

90 夏瑰琦編：《聖朝破邪集》（香港：建道神學院，1996年），頁63-64。

與以銀。記年庚為恐嚇，背其盟者，云置之死。對士大夫談則
言天性，對徒輩論，則言神術，道路為之喧傳，士紳為之疑
慮。[91]

由沈漼與晏文輝之奏疏，可見明末天主教在南京發展之三種狀況：
一，於孝陵衛設置花園，在洪武岡起無樑殿，可知其建築較前大增。
二，以房虛星昴四日為會期，每次聚會，少者五十人，多者二百人，
可見教徒之數目增加很多。三，當時士大夫與之往還，習以為常，玩
細娛而忘遠略，可見其影響士大夫頗深。然豐蕭之被攻訐，一是於洪
武岡王地建堂，並於孝陵衛前置花園，此國人所忌也；二是會眾瞻禮
時洒聖水，擦聖油，為中國習俗所無，引致國人見疑。三是與士大夫
遊，也足使人嫉妒。凡此皆引起地方士紳之不滿，導致反教觀念。且
利瑪竇死後，天主教失卻支柱，佛教乘勢起而攻之。[92]

二　沈漼與南京教案

沈漼為南京教案之主力，屢次上疏參劾，必使西教士盡出國境而
後快。漼為浙江吳興人，與李之藻、楊廷筠為同鄉。之藻與廷筠奉教
虔誠，而漼反教甚烈。時漼為南京禮部侍郎，掌一時之教化，欲修明
職掌，結好人心，故稱天主教為左道惑眾，言傳教士圖謀不軌，前後
三次上疏，力陳西士之非。漼第一次上疏於萬曆四十四年五月，第二
次於同年八月，第三次亦於同年十二月。[93]綜觀三次奏疏，可知其反
對天主教的幾個原因。

91　夏瑰琦編：《聖朝破邪集》，頁78-79。
92　張維華：〈南京教案始末〉，見《中西文化交流》，頁203。
93　張維華：〈南京教案始末〉，見《中西文化交流》，頁203-204。

（一）天主教惑亂中國道統

沈㴶認為西士在中土傳教，乃惑亂中國道統，為使國內一道同風，當嚴夷夏之防，盡逐西士出境。其〈參遠夷疏〉云：

> 職聞帝王之御世也，本儒術以定綱紀，持綱紀以明賞罰，使民日改惡勸善，而不為異物所遷焉。此所謂一道同風，正人心而維國脈之本計也。以太祖高皇帝長駕遠馭，九流率職，四夷來王，而猶諄諄於夷夏之防，載諸祖訓，及會典等書。凡朝貢各國有名，其貢物有數，其應貢之期，給有勘合。職在主客司。其不係該載，及無勘合者，則有越渡關津之律，有盤詰奸細之律。至於臣部職掌，尤嚴邪正之禁。一處左道亂正，佯修善事，煽惑人民者，分其首從，或絞或流。其軍民人等，不問來歷，窩藏接引，探聽境內事情者，或發邊充軍，或發口外為民，律至嚴矣。夫豈不知遠人慕義之名可取，而朝廷覆載之量，可以包荒而外哉？正以山川自有封域，而彼疆我理，截然各止其所，正王道之所以蕩平，愚民易與為非，而抑邪崇正，昭然定於一尊，乃風俗之所以淳厚。故釋道二氏，流傳既久，猶與儒教並馳，而師巫小術，耳目略新，即嚴絕之，不使為愚民煽惑，其為萬世治安計，至深遠也。[94]

（二）西教士圖謀不軌

沈㴶認為西教士傳教中土，乃心謀不軌，盜竊神器，為防患於未然，必須驅逐西士出境，以絕禍亂根源。其〈參遠夷疏〉云：

---

94 夏瑰琦編：《聖朝破邪集》，頁58-59。

然閭左小民，每每受其簧鼓，樂從其教者。聞其廣有貲財，量人而與，且曰天主之教，如此濟人，是以貪愚之徒，有所利而信之，此其胸懷叵測，尤為可惡者。昔齊之田氏，為公私二量：公量大，家量小，以家量貸民，而以私量收之，以收民心，卒傾齊國，可以炯鑒。劉淵入太學，名士皆讓其學識，然而寇晉者，劉淵也。王夷甫識石勒，張九齡阻安祿山，其言不行，竟為千古永恨。有忠君愛國之士者，寧忍不驚惕於此，猥云遠夷慕義，而引翼之，崇獎之，俾生其羽毛，貽將來莫大之禍乎？[95]

他的〈參遠夷疏〉又云：

但使止行異教，非有陰謀，何故於洪武岡王氣所鐘，輒私盤據？又何故於孝陵衛寢殿前，擅造花園？皇上試差官踏勘，其所蓋無樑殿，果於正陽門相去幾里。是否緣城近堞，蹤跡可疑。[96] 臣近又細詢閩海士民，識彼原籍者云，的係佛狼機人，其王豐肅原名巴里狼當。先年同其黨類，詐稱行天主教，欺呂宋國主，而奪其地，改稱大西洋。然則閩粵相近一狡夷爾，有何八萬里之遙。臣雖未敢即以此說為據，然而伏戎於莽，為患叵測。總之根本重地，必不可一日不防者也。[97]

從上文可見沈㴑認為西教士來華目的是圖謀不軌，且以事實為據，認為若不驅逐西教士，將會禍延中土。

---

95 夏瑰琦編：《聖朝破邪集》，頁61-62。
96 夏瑰琦編：《聖朝破邪集》，頁66。
97 夏瑰琦編：《聖朝破邪集》，頁66-67。

（三）變亂中國曆法道統

沈㴶認為，西教士修治曆法，是變亂堯舜以來之綱紀，為了維持中國之綱紀，必須斥逐西教士出境。其〈參遠夷疏〉云：

> 說者又謂治曆明時之法，久失其傳，臺監推算漸至差忒，而彼夷所制窺天窺日之器，頗稱精好。以故萬曆三十九年，曾經該部具題，欲將平素究心曆理之人，與同彼夷，開局繙譯。嗚呼！則亦不思古帝王大經大法所在，而不知彼之妖妄怪誕，所當深惡痛絕者，正在此也。……是舉堯舜以來中國相傳綱維統紀之最大者，而欲變亂之。此為奉若天道乎？抑亦妄干天道乎？以此名曰慕義而來，此為歸順王化乎？抑亦暗傷王化乎？夫使其所言天體，不異乎中國，臣猶慮其立法不同，推步未必相合，況誕妄不經若此，而可據以紛更祖宗欽定，聖賢世守之大統曆法乎？[98]

沈㴶力主大統曆法，因其是祖宗欽定，聖賢世守之曆法不應被西曆取代。

（四）天主教令人背祖棄宗

天主教所傳者，乃一神信仰，不拜偶像。是故，不少國人咸認西教士教人不祀祖宗，乃教人不孝不弟，造作惡業。欲使國人慎終追遠，必逐西教士出境不可。其〈參遠夷疏〉云：

> 臣又聞其誕惑小民，輒曰「祖宗不必祭祀，但尊奉天主，可以

---

98 夏瑰琦編：《聖朝破邪集》，頁60。

昇天堂，免地獄。」夫天堂地獄之說，釋道二氏皆有之。然以之勸人孝弟，而示懲夫不孝不弟造惡業者，故亦有助於儒術爾。今彼直勸人不祭祀祖先，是教之不孝也。繇前言之，是率天下而無君臣；繇後言之，是率天下而無父子。何物醜類，造此矯誣！蓋儒術之大賊，而聖世所必誅，尚可蚩蚩然驅天下而從其說乎？[99]

上舉四端，皆中國視為大逆不道者。自沈㴶上疏後，南北台省諸臣，亦先後上本參奏，故反教聲浪，遍佈南北二京。明末天主教中之三大柱石徐光啟、李之藻、楊廷筠有見及此，亦起而維護天主教。

三　徐光啟之護教

沈㴶之三次上疏，不單止排斥西教士，更攻擊當時之中國天主教徒。其時在南京之教士有王豐肅、謝務祿，在北京者為龐迪我、熊三拔（Sabbathin de Ursis），中國之著名天主教徒為徐光啟、李之藻、楊廷筠，號稱明末天主教開基三大柱石。㴶之第一次上疏云：「其說浸淫人心，即士君子，亦有信向之者。」[100]第二疏則云：「蹤跡如此，若使士大夫峻絕，不與往還，猶未足為深慮。」[101]所謂士大夫、士君子，乃指光啟、之藻、廷筠三人。徐光啟於萬曆四十四年七月上〈辨學章疏〉云：

臣見邸報：南京禮部參西洋陪臣龐迪我等，內言「其說浸淫，

99　夏瑰琦編：《聖朝破邪集》，頁61。
100　夏瑰琦編：《聖朝破邪集》，頁59-60。
101　夏瑰琦編：《聖朝破邪集》，頁63。

即士大夫亦有信向之者」；一云：「妄為星官之言，士人亦墮其雲霧」。曰士君子，曰士人，部臣恐根株連及，略不指名，然廷臣之中，臣嘗與諸陪臣講究道理，書多刊刻，則信向之者臣也。又嘗與之考求曆法，前後疏章具在御前，則與言星官者亦臣也。諸陪臣果應得罪，臣豈敢幸部臣之不言而苟免乎？[102]

然臣累年以來，因與講究考求，知此諸臣最真最確，不止踪跡心事一無可疑，實皆聖賢之徒也。且其道甚正，其守甚嚴，其學甚博，其識甚精，其心甚真，其見甚定，在彼國中亦皆千人之英，萬人之傑。所以數萬里東來者，蓋彼國教人，皆務修身以事上主，聞中國聖賢之教，亦皆修身事天，理相符合，是以辛苦艱難，履危蹈險，來相印證，欲使人人為善，以稱上天愛人之意。其說以昭事上帝為宗本，以保救身靈為切要，以忠孝慈愛為工夫，以遷善改過為入門，以懺悔滌除為進修，以升天真福為作善之榮賞，以地獄永殃為作惡之苦報，一切戒訓規條，悉皆天理人情之至。其法能令人為善必真，去惡必盡，蓋所言上主生育拯救之恩，賞善罰惡之理，明白真切，足以聳動人心，使其愛信畏懼，發於繇衷故也。[103]

臣嘗論古來帝王之賞罰，聖賢之是非，皆範人於善，禁人於惡，至詳極備。然賞罰是非，能及人之外行，不能及人之中情。又如司馬遷所云：顏回之夭，盜跖之壽，使人疑於善惡之無報，是以防範愈嚴，欺詐愈甚。一法立，百弊生，空有願治之心，恨無必治之術，於是假釋氏之說以輔之。其言善惡之報在於身後，則外行中情，顏回盜跖，似乎皆得其報。謂宜使人為善去惡，不旋踵矣。奈何佛教東來千八百年，而世道人心未

102　〔明〕徐光啟：《徐光啟集》（上海：上海古籍出版社，1984年），下冊，頁431。

103　〔明〕徐光啟：《徐光啟集》，下冊，頁431-432。

能改易，則其言似是而非也。說禪宗者衍老莊之旨，幽邈而無當；行瑜迦者雜符籙之法，乖謬而無理，且欲抗佛而加於上主之上，則既與古帝王聖賢之旨悖矣，使人何所適從，何所依據乎？必欲使人盡為善，則諸陪臣所傳事天之學，真可以補益王化，左右儒術，救正佛法者也。蓋彼西洋鄰近三十餘國奉行此教，千數百年以至於今，大小相卹，上下相安，路不拾遺，夜不閉關，其久安長治如此。然猶舉國之人，兢兢業業，惟恐失墜，獲罪於上主。則其法實能使人為善，亦既彰明較著矣。此等教化風俗，雖諸陪臣自言；然臣審其議論，察其圖書，參考互稽，悉皆不妄。[104]

皇上豢養諸陪臣一十七載，恩施深厚，諸陪臣報答無階，所抱之道、所懷之忠，延頸企踵，無繇上達。臣既知之，默而不言，則有隱蔽之罪，是以冒昧陳請。倘蒙聖明採納，特賜表章，且今暫與僧徒道士一體容留，使敷宣勸化，竊意數年之後，人心世道，必漸次改觀。乃至一德同風，翕然丕變，法立而必行，令出而不犯，中外皆勿欺之臣，比屋成可封之俗，聖躬延無疆之遐之福，國祚永萬世之太平矣。[105]

試驗之法：其一，盡召疏中有名陪臣，使至京師，乃擇內外臣僚數人，同譯西來經傳。凡事天愛人之說，格物窮理之論，治國平天下之術，下及曆算、醫藥、農田、水利等興利除害之事，一一成書，欽命廷臣共定其是非。果係叛常拂經，邪術左道，即行斥逐，臣甘受扶同欺罔之罪。其二，諸陪臣之言與儒家相合，與釋老相左，僧道之流咸共憤嫉，是以謗害中傷，風聞流播，必須定其是非。乞命諸陪臣與有名僧道，互相辯駁，

---

104 〔明〕徐光啟：《徐光啟集》，下冊，頁432-433。
105 〔明〕徐光啟：《徐光啟集》，下冊，頁433-434。

推勘窮盡，務求歸一。仍令儒學之臣，共論定之。如言無可采，理屈辭窮，即行斥逐，臣與受其罪。其三，譯書若難就緒，僧道或無其人，即令諸陪臣將教中大意、誡勸規條與其事蹟功效，略述一書，并已經翻譯書籍三十餘卷，原來本文經典一十餘部，一併進呈御覽。如其蹐駁悖理，不足勸善戒惡，易俗移風，即行斥逐，臣與受其罪。[106]

處置之法：其一，諸陪臣所以動見猜疑者，止為盤費一節，或疑燒煉金銀，或疑洋商接濟，皆非也。諸陪臣既已出家，不營生產，自然取給於捐施。凡今衣食，皆西國捐施之人，展轉託寄，間遇風波盜賊，多不獲至，諸陪臣亦甚苦之。然二十年來不受人一錢一物者，蓋恐人不見察，受之無名，或更以設騙科斂等項罪過相加。且交際往來，反多煩費故耳。為今之計，除光祿寺恩賜錢糧照舊給發外，其餘明令諸陪臣量受捐助，以給衣食；足用之外，義不肯受者，聽從其便。廣海洋商，諭以用度既足，不得寄送西來金銀，仍行關津嚴查阻回。如此音耗斷絕，盡釋猜嫌矣。其二，諸陪臣所居地方，不擇士民，不論富貴貧賤，皆能實心勸化，目今宜令隨其所在，依止焚修，官司以禮相待，使隨人引掖。或官司未能相信，令本地士民擇有身家行止者，或十家，或二十家，同具一甘結在官。如司教之人果有失德猥行，邪言妄念，表率不端者，依今部議放流逬逐，甘結諸人，一體科坐；其無人保結者，不得容留。若他人有以違反事理，傳聞告言者，官司亦要體訪的確，務求實跡，則掩飾難容，真為自見矣。其三，地方保舉倘有扶同隱匿，難以遽信，再令所在官司，不時備細體察，除有前項違犯登時糾舉外；其道行高潔，地方士民願從受教者，有司給與印信文簿二

扇，令司教者循環報數在官。年終正印官備查從教人眾，當否犯有過惡，間有罪名，另籍登記。三年總行考察，如從教人眾一無過犯，兼多善行可指，正印官於司教之人，優行嘉獎。如從教者作奸犯科，計其人之眾寡，罪之輕重，甘結士民，量行罰治。若從教之人故犯罪惡，司教同教戒勸不悛，因而報明官司除其教籍者；或教籍未除而同教之人自行出首者，或過犯在從教以前事發在後者，罪止本身，同教之人並不與坐。如此官府有籍可稽，諸人互相覺察，不惟人徒寡少，仍於事體有益，其他釋道諸人，或爭論教法，更不必設計造言，希圖聳聽，只須分明。司教亦同此法，考察賞罰，誰是誰非，孰損孰益，久久自明矣。[107]

當教案發生後，維護西士者不僅光啟一人。之藻、廷筠亦力護西士。時光啟在朝，上疏陳辯，之藻與廷筠居家，匿藏教士，法雖不同，唯愛護則一。自豐肅、務祿等人被捕後，國內西士驚惶失措，無地容身，之藻、廷筠延西士至家隱匿而安之。有人問廷筠知否危險，其云：「師弟相從義也，居恆聞道，自謂生死不渝，一朝臨難而棄之，甯惟不慊於情，即學問亦非矣。」沈㴶亦語廷筠曰：「西士之事，今置之矣。」廷筠笑答曰：「某卻要公不置，猶且望於公，伐某親之也。」之藻、廷筠不顧危險，維護西士，其勇氣與光啟不相上下。[108]

四　第一次之大逮捕

沈㴶於明萬曆四十四年五月第一次上疏，是為南京教案之肇始，

---

107 〔明〕徐光啟：《徐光啟集》，下冊，頁434-436。
108 張維華：〈南京教案始末〉，見《中西文化交流》，頁209-210。

然逮捕之行動，則於萬曆四十四年七月廿一日開始，[109]距沈㴶第一次
上疏兩月餘。蓋沈㴶上疏後，無日不思緝捕西士，然因未有朝廷下
令，未便採取行動，且西士亦奉公守法，沈㴶等遂無緝拿之藉口，然
在七月廿一日，竟在王豐肅處發現「訂寄揭稿」，頗涉營私之嫌，而
沈㴶之同鄉大學士方從哲又在京為後應，故沈㴶不候朝廷指示，用
「訂寄揭稿」為理由，以逮捕西士。[110]沈㴶之〈再參遠夷疏〉云：

> 更可駭者，臣疏向未發抄。頃七月初，纔有邸報，而彼夷即於
> 七月初旬具揭，及至二十一日，已有番書訂寄揭稿在王豐肅處
> 矣。夫置郵傳命，中國所以通上下，而廣宣達也。狡焉醜類，
> 而橫弄線索於其間，神速若此，又將何為乎？[111]

此云沈㴶於五月所上之奏疏，至七月初，才見諸邸報。在七月廿一
日，已經有訂寄揭稿之書在豐肅處，事為沈㴶所知，乃以妄為不法之
罪名，由巡視東城之御史孫光裕，行令兵部司馬而逮捕之。被捕者為
王豐肅、謝務祿等人，西士被逮，有奉教虔誠之教徒，見教難突發，
主教遇害，悲情難掩，遂手執黃旗，大呼為教殉難之語，被沈㴶等所
見，一併緝拿歸案。[112]沈㴶〈再參遠夷疏〉云：

> 頃該巡視東城御史孫光裕查照會題事理，行令兵馬司拘留彼夷
> 候旨，猶有愚民手執小黃旗，自言願為天主死者，幸而旋就拘
> 獲，然亦可見事機之不可失，而處分之明旨更不可後矣。[113]

109　夏瑰琦編：《聖朝破邪集》，頁70-71。
110　張維華：〈南京教案始末〉，見《中西文化交流》，頁210。
111　夏瑰琦編：《聖朝破邪集》，頁64。
112　張維華：〈南京教案始末〉，見《中西文化交流》，頁210。
113　夏瑰琦編：《聖朝破邪集》，頁64。

合計先後二次之拘捕行動，被捕者共十四人，另有孩僮五名。有關第一次大逮捕所緝獲之人數，有兩種講法。據沈淮第二次之奏疏，為十三人[114]。而南京禮部的〈付該司查驗夷犯劄〉則謂拘捕了十四人，而〈拿獲邪黨後告示〉亦云：「但據申報西營地方搜獲十三名，幼童五名，孝陵衛地方搜獲一名。」[115]故此，被捕者有十四成年人，而非十三成年人。因被捕十四人中，有王桂亦名王貴被捕後即病故[116]，沈淮之奏疏乃脫漏一人。茲將第一次大逮捕被捕之人士列出於下：

（一）被捕的成人

1　王豐肅

〈會審王豐肅等犯一案〉記載：

> 會審得王豐肅，面紅白、眉白長、眼深鼻尖、鬍鬚黃色。供稱：年五十歲，大西洋人，幼讀夷書，繇文考、理考、道考，得中多耳篤，即中國進士也。不願為官，只願結會，與林斐理等講明天主教。約年三十歲時，奉會長格老的惡之命，同林斐理、陽瑪諾三人，用大海船，在海中行走二年四個月，于萬曆二十七年七月內前到廣東廣州府香山縣香山灣〔澳〕[117]中。約有五月，比陽瑪諾留住灣〔澳〕中。是豐肅同林斐理前至韶州府住幾日，又到江西南昌府住四月，于萬曆三十九年三月內前到南京西營街居住。先十年前，有利瑪竇……等，已分住南京

114　夏瑰琦編：《聖朝破邪集》，頁64。

115　夏瑰琦編：《聖朝破邪集》，頁116。

116　夏瑰琦編：《聖朝破邪集》，頁107。

117　香山「灣」應作香山「澳」，所以插入〔澳〕字。

等處。利瑪竇要得進京貢獻，寄書灣〔澳〕中到王豐肅處，索取方物進貢，是豐肅攜自鳴鐘、玻璃境等物前來。比時利瑪竇先已進京，隨將方物等件寄進京貢獻訖。比時羅儒望將家伙交與王豐肅，遂在此建立天主堂，聚徒講教，約二百餘人。每遇房、虛、昴、星日一會，寅聚辰散，月以為常，並未他往，……一向豐肅所用錢糧。自西洋國商船帶至灣〔澳〕中，約有六百兩。若欲蓋房，便增至千金。每年一次，是各處分，教龐迪俄用等語。[118]

2　謝務祿

〈會審王豐肅等犯一案〉續云：

又審得謝務祿，面紅白色、眼深鼻尖、黃鬚。供：年三十二歲，大西洋人，曾中多耳篤，不願為官，亦只會友講學，于先年先記月日，自搭海船前到廣東灣〔澳〕中，約有三年六個月等語。據此看得謝務祿面貌與豐肅相同，其為遠夷無疑。[119]

3　鍾明仁

〈會審鐘鳴仁等犯一案〉載曰：

會審得鐘明仁：年五十五歲，廣東廣州府新會縣人。供稱先年同父念山弟鳴禮住香山灣〔澳〕中，從天主教，於己亥年隨利瑪竇進貢，在京七八年，方來南京住三年，又住浙江一年。舊

---

118 夏瑰琦編：《聖朝破邪集》，頁74-75。

119 夏瑰琦編：《聖朝破邪集》，頁75。

歲五月間，仍來天主堂中，為王豐肅招引徒眾，若婦人從教
者，不便登堂，令仁竟詣本家，與婦淋水宣呪。呪云：「我洗
爾身，因拔的利揭，非利揭，西必利多，三多明者，亞們。」
大約淋過婦人十五六口，不記姓。仍管買辦使費，所費銀兩在
灣〔澳〕中來，每年約有一二百兩。[120]

4　曹秀

〈會審鐘鳴仁等犯一案〉說：

曹秀時年四十歲，江西南昌府南昌縣人。供稱先年來京，結帽
為生，因妻染痰疾，五年不愈，慕天主教可以禳災獲福。遂於
四十年三月間同妻入教，誦天主經，經云：「在天我等父者，
我等願爾名承盛，爾國臨格，爾止承行於地，如與天焉。我等
望爾，今日與我，我日用糧，爾免我債，如我亦赦負我債者。
又不許陷與誘惑，乃救我與兇惡，亞們。」專務招引從教，如
余成元、王文等是實。[121]

5　姚如望

〈會審鐘鳴仁等犯一案〉說：

姚如望：年六十一歲，福建興化府莆田縣人，供稱挑腳為生。
在京三十年，於甲寅正月十六日進教。因王豐肅事發，手執黃
旗，口稱「願為天主死」，遂被獲。[122]

120　夏瑰琦編：《聖朝破邪集》，頁107-108。
121　夏瑰琦編：《聖朝破邪集》，頁108。
122　夏瑰琦編：《聖朝破邪集》，頁108。

6　游祿

〈會審鐘鳴仁等犯一案〉說：

> 年五十三歲，江西南昌府南昌縣人。供稱髡頭為生，有夷人羅
> 儒望在江西開教，即便投入教中。於四十四年五月間，羅儒望
> 以書一封差祿送王豐肅處，即入天主堂中，於頭門外耳房居住
> 看守。[123]

7　蔡思命

〈會審鐘鳴仁等犯一案〉說：

> 時年二十二歲，廣東廣州府新會新〔縣〕[124]人。供稱幼年粗讀
> 詩書，於三十七年間，同陽瑪諾、費奇規來京，投入王豐肅
> 家，專管書東，兼理茶房每年約得錢一千二百文。來時年只十
> 六歲，同來費奇規亦夷人，尚在韶州府。[125]

8　王甫

〈會審鐘鳴仁等犯一案〉說：

> 年三十一歲，浙江湖州府烏程縣人。供稱四十四年五月十二
> 日，有桐鄉縣錢秀才僱甫來京，抽豐失意，棄甫獨歸，被鄰居
> 余成元引進王豐肅處看園，每月得受工錢一百五十文、飯米三

---

123 夏瑰琦編：《聖朝破邪集》，頁108。
124 「新」應作「縣」，照夏瑰琦編：《聖朝破邪集》，頁114改。
125 夏瑰琦編：《聖朝破邪集》，頁108-109。

斗、菜錢三十文。[126]

9　張元

〈會審鐘鳴仁等犯　案〉說：

年三十二歲。江西瑞州府人。供稱結帽為生，在南京十餘年，
於四十年間，偶在縉紳家做巾，見本宦拜禮豐肅，心竊慕之，
遂傭於天主堂內，客至奉茶，每月得受工食銀三錢，從夷教，
守十戒。[127]

10　王文

〈會審鐘鳴仁等犯一案〉說：

年三十歲，江西九江府湖口縣人。供稱補網為生，來京二世，
於四十三年正月十六日進教，有姐夫曹秀先在教中，招之使去
也。[128]

11　劉二

〈會審鐘鳴仁等犯一案〉說：

年三十九歲，江西南康府都康縣人。供稱木匠為生，於三十八
年來京，前年從王豐肅教：先在天主堂中修理做工，遂聽其

126　夏瑰琦編：《聖朝破邪集》，頁109。

127　夏瑰琦編：《聖朝破邪集》，頁109。

128　夏瑰琦編：《聖朝破邪集》，頁109。

教，迨事發往看，因而被獲。[129]

12　周可斗

〈會審鐘鳴仁等犯一案〉說：

> 年二十七歲。江西九江府湖口縣人供稱隨母在安慶府宿松縣王
> 佑家，帶至南京，結帽為生。四十四年六月十二日進教，王豐
> 肅將錢一百七十文，浼斗結帽一頂，結完送去被獲。[130]

13　王玉明

〈會審鐘鳴仁等犯一案〉說：

> 時年二十九歲，福建郡武府郡武縣人。供稱前年八月到京，跟
> 陳外郎度日，外郎往山西蒲州探親，遺下玉明，遂進天主堂煮
> 飯，每月得工錢一百二十文，候外郎回日仍去隨之。[131]

（二）被捕的幼童

除了成年人十三人之外，尚有幼童五名，與鍾鳴仁等一同審理。

1　三郎

〈會審鐘鳴仁等犯一案〉說：

129　夏瑰琦編：《聖朝破邪集》，頁109。

130　夏瑰琦編：《聖朝破邪集》，頁109。

131　夏瑰琦編：《聖朝破邪集》，頁109-110。

年十五歲，松江府上海縣人。供稱父親鄒元盤，於四十三年同母病故，有祖父鄒思化送杭州開教夷人郭居靜處讀書，因交遊不暇，轉送王豐肅處讀書，今染病。[132]

2 仁兒

〈會審鐘鳴仁等犯一案〉說：

年十四歲，北直保定府人。供稱父親劉大，於四十四年三月內，將仁兒賣與龐迪峨，聞南京要人使用，差管家送至豐肅處，兩月被獲。[133]

3 龍兒

〈會審鐘鳴仁等犯一案〉說：

年十四歲，北直保定府漆水縣人。供稱父故，有伯張文正將龍兒賣與龐迪峨，得銀一兩，同仁兒一起送至南京。[134]

4 本多

〈會審鐘鳴仁等犯一案〉說：

年十四歲，廣東東莞縣人。供稱父親劉應魁在此當軍，於四十二年將本多催與王豐肅燒火每月得錢七十文。[135]

---

132 夏瑰琦編：《聖朝破邪集》，頁110。
133 夏瑰琦編：《聖朝破邪集》，頁110。
134 夏瑰琦編：《聖朝破邪集》，頁110。
135 夏瑰琦編：《聖朝破邪集》，頁110。

5　熊良

〈會審鐘鳴仁等犯一案〉說：

> 年十四歲，江西南昌人。供稱父親熊廷試久住南京，木匠生
> 理，時常在王豐肅家做工，帶良進出，偶豐肅與錢五十文買
> 雞，送進被獲。[136]

自此十三人及幼童五人被捕後，因豐肅為化外人，須待朝廷處分。其餘中國教徒即行審訊，依其與教士關係大小，分別處治。沈㴶等認為鐘鳴仁、曹秀、姚如望等與西士過從甚密，誘人進教，事發之後，又往來探訪，謀求營救，為干法最大者。明律規定，在京在外軍民人等，與朝貢夷人，私通往來，投託管顧，撥置害人，因而透漏事情者，俱問發邊衛充軍。故鐘鳴仁、曹秀、姚如望、游祿、蔡思命五人，參送有司定罪。王甫、張元、三郎遞解回籍。王文、劉二、周可斗、王玉明准放釋。幼童本多、熊良由親人領回。仁兒、龍兒父死家亡，一時無處寄託，暫令僧錄司收管寄託，俟該府縣有親識人來，則再行發還。[137]

五　第二次之大逮捕

萬曆四十四年八月十四日，再有第二次之大逮捕，被捕者有八人[138]，其被捕之理由，見諸沈㴶之第三次奏疏，與及南京禮部拿獲邪

---

136 夏瑰琦編：《聖朝破邪集》，頁110。
137 張維華：〈南京教案始末〉，見《中西文化交流》，頁223。
138 夏瑰琦編：《聖朝破邪集》，頁101。

黨後告示，沈㴶之〈參遠夷三疏〉云：

> 南京各衙門，月給報房工食，蓋謂南京事體，奉旨施行，欲其
> 呼吸相通爾，其他鄉官士民，皆不能得，而彼夷人，亦給工食
> 與報房人，意欲何為！尤可異者，各衙門參彼之疏，尚未得
> 旨，而龐迪峨、熊三拔等，亦造疏揭，差其細作鐘鳴禮張寀
> 等，齎持前來，詐稱已經奏進，刊刻投遞。臣觀疏揭內，公然
> 自言兩京各省有十三人，殊為可駭。[139]

〈拿獲邪黨後告示〉則云：

> 無奈有一二邪黨，如鐘明宇等八名，自遠而來，齎有龐迪峨、
> 熊三拔等疏揭二件。潛搭窩棚，私行刊刻，肆出投遞。夫本部
> 未有一牌票提治，而狡夷公然揭，公然疏，又公然刻，此等伎
> 倆，豈法紀所容。為此不得不拿。[140]

觀二件奏疏，可知由沈㴶發難之後，在京之西士龐迪我、熊三拔等，
懼怕朝廷採納沈㴶之言論，會禍延全教，遂具疏揭，以謀營救之法。
七月廿一日，王豐肅等事發後，迪我遣張寀齎疏揭至南京，刊刻分
發。事為沈㴶等所知，遂逮捕之。八月八日，張寀至南京，見教堂被
封，乃尋至教友余成元家。時鐘鳴禮自杭州來，見寀持來疏揭，謀議
刊刻。並約定自十一日起，至十四日刻完，十五日至習儀所投遞。十
四日晚，刻印已畢，正裝訂間，為沈㴶等所知，由兵部司馬逮捕。是

---

139 夏瑰琦編：《聖朝破邪集》，頁66。
140 夏瑰琦編：《聖朝破邪集》，頁116。

以，於萬曆四十四年八月十四日被捕之人，皆牽涉於刊刻之事者。[141]

　　第二次被捕者共有八人，分別是鐘鳴禮、張寀、余成元、方政、湯洪、夏玉、周用、吳南。此外尚有逃脫者秦文，另有潘明、潘華二人，因純係雇用，與教無關，被捕後旋被釋放。第二次大逮捕為萬曆四十四年八月十四日，與第一次大逮捕相距約廿三至廿四日。茲將八人被捕及其與天主教之關係列出如下：

（一）鍾鳴禮

　　又名明禮或鳴宇。〈會審鍾明禮等犯一案〉云：

> 　　審據鍾明禮，即鍾鳴宇，供年三十四歲。廣東新會縣人。父鍾念山，生兄鍾鳴仁及鳴禮。幼時曾住香山灣〔澳〕中。灣〔澳〕中有大天主殿一，灣〔澳〕人皆從其教。彼時主教者，名曰歷山。又有頭目，曰東寶祿。兩人共住灣〔澳〕中，或兩年一換，或三年一換，俱從西洋國撥來。鳴禮失記日月，不知何年份，有利瑪竇……等，從西洋國來入灣〔澳〕，縣將天主教愈加講明，要得行教中國。是父鍾念山，率鳴禮兄弟，往拜從之，自此朝夕不離。利瑪竇等，向在韶州地方，起造房屋，供奉天主像，約有十年，乃至江西南昌府，賃房居住。比時從之者少，教未大行，眾議分頭行教。……萬曆二十七年，利瑪竇、龐迪峨前往北京，有鳴仁從之同住。鳴禮自住江西。於萬曆三十三年間，鳴禮來至南京，與王豐肅同住於天主堂內。兄鍾鳴仁亦自北來，一同居住。乃萬曆三十九年，利瑪竇死，鳴禮兄弟同往北京會葬[142]〔葬〕，葬〔葬〕畢仍復來京。……凡

---

141 夏瑰琦編：《聖朝破邪集》，頁101。
142 「葬」是俗字，「葬」是正字。

天主堂中有來從教者，或鳴仁，或鳴禮，先與講說，然後引見
王豐肅，一向無異。至今年五月內，鳴禮前往杭州，與郭居靜
會話。八月初二日，知王豐肅事發，兄鳴仁已被拘獲。又聞浙
江軍門亦將緝拿郭居靜。鳴禮即於初十日到京，見天主堂已
封，即訪教中人王甫、余成元。時王甫已獲在城，唯余成完在
家。見宋宷先已在彼，持有北邊書揭，俱不敢開。鳴禮云：
「開亦何害？」即開其包袱，見護封內有揭帖一封，是禮稱
說：「刻此揭帖，徧送各老爺，可以釋放我兄，並一干人犯。」
即於初十夜，將錢僱已發落刻匠潘明、潘華，並已逃秦文等，
包工刊刻。至十四日刻完，隨到蓬廠中裝釘，欲於十五日朝天
宮習儀處所投遞。不意城上聞知，當有兵馬官前來擒獲。是
鳴禮說：「平日受天主大恩，無以報答，今日就拏也不怕」等
語。[143]

（二）宋宷

〈會審鍾明禮等犯一案〉云：

時年二十六歲。山西平陽府曲沃縣人，於萬曆四十二年三月內
前往北京，推水過活，因見同鄉人說稱天主教極好，遂拜從龐
迪峨門下。迪峨即以雞翎粘聖油，向額上劃一十字，謂之擦聖
油，乃又持聖水，念天主經，向額上一淋，即滌去前罪。自後
七日一瞻拜，群誦天主經，在天我等父者云云。日將出乃散，
習以為常。至今年七月二十一日，龐迪峨見南京王豐肅事發，
要得救解，與宷盤費銀二兩，交包袱一個，內書揭一大封，差

---

143 夏瑰琦編：《聖朝破邪集》，頁99-101。

案送南京天主堂中開拆。案八月初八日到南京，見王豐肅天主堂已經封鎖，乃尋到教中余成完家。比時鍾鳴禮自杭州來，解包開封，因商量刻揭情繇，十一日起，十四日刻完，隨於本夜刷印裝釘，共成一百本，約十五日習儀處所投遞，不意二更時即被拘獲等情。[144]

（三）余成元

〈會審鍾明禮等犯一案〉云：

年二十九歲，原籍江西本京府軍右衛人，住鷹揚倉地方。向與王甫同院居住，合種一園。萬曆三十九年十一月，內有表叔曹秀，先從天主教，勸余成元亦入教中。先遇鍾鳴仁講說：「人生不久，壽夭不同，不如及今修一修，使靈魂不滅」等語，遂于本月初七日進見王豐肅，成元跪于天主像前，王豐肅先擦聖油，後淋聖水，令拜天主四拜，並向王豐肅叩頭，口稱王爺。自後七月一日聚會，天未明而至，日未出而散，每次或三四十人，或五六十人不等。至今年七月二十日王豐肅事發，王甫被城上拘獲，成元獨往園中。八月初六日，值張案自北京齎揭前來，至成元家，即與同住，尚未敢開揭，適鍾鳴禮亦從杭中來，將書揭拆開，是成元僱得潘明、潘華並已逃秦文等包工刻元，議于十五日習儀日投揭，隨被拘獲等情。[145]

144　夏瑰琦編：《聖朝破邪集》，頁101。
145　夏瑰琦編：《聖朝破邪集》，頁102。

（四）方政

〈會審鍾明禮等犯一案〉云：

年三十二歲，徽州府歙縣人，描金生理。於三十八年十一月二十日，有不在官叔芳文榜，向從天主教，政因此拜從王豐肅，稱為王爺，自稱小的。擦油淋水，其眾俱同，七日一會，歲時不絕。至今年五月內，王豐肅被參，至八月初九日，余成元見北京張寀持揭到來，遂向政說：「北京有個信來，不知其中何意？」值鍾鳴禮自浙江來，乃開書揭，即同刊完，要趕十五日投遞，十四日夜隨被拘獲等情。[146]

（五）湯洪

〈會審鍾明禮等犯一案〉云：

年三十歲，上元縣人，住朝天宮後易家橋總甲劉科地方。有故兄湯應科向在天主堂，每向洪勸誘。應科即于萬曆四十年十一月率洪到天主堂，先見鍾鳴仁，即叩王豐肅四頭，擦油淋水如常，自後如期聚會。今年七月內，王豐肅事發，洪雖住家中，時常探聽消息。至八月十四日到余成元家，見張寀、鍾鳴禮等先在。余成元向洪云：「你母舅王桂捉在監中，你可幫送揭帖，救你母舅」等語。是洪聽信，亦同在彼幫釘，釘完即同喫酒，約十五日投遞，隨被捉獲等情。[147]

---

146 夏瑰琦編：《聖朝破邪集》，頁102-103。
147 夏瑰琦編：《聖朝破邪集》，頁103。

（六）夏玉

〈會審鍾明禮等犯一案〉云：

年三十三歲，南京府軍右衛人，住本衛平倉地方，賣糕生理。萬曆四十年十月內，前往帽子店曹秀家做帽，曹秀因說：「天主生天、生地、生萬物，汝何不從之？」有鍾鳴仁等與玉講說天主道理，玉云：「既謂之天主，何以有像？」仁答云：「當初天主化生止有一男一女，自後百姓作業不認得天主了，所以洪水泛濫，遭此大難。天主不忍，降生西洋國，以教化天下，至今共一千六百十五六年。」又將夷教書十五本，付玉誦讀，隨進天主堂，擦油淋水，一一是實。若婦人有從教者，王豐肅差鍾鳴仁前往女家，以聖水淋之，止不用油。至今年七月二十一日，見天主堂門已封，思我既敬天主，就有災患亦無事。至八月二十四日，余成元來叫玉同買魚肉等項，前往蓬中，但見揭已刷完，只要明早送了。正喫飯間，被城上拿獲等情。[148]

（七）周用

〈會審鍾明禮等犯一案〉云：

年六十八歲，江西撫州府東鄉縣人。一向在京居住，開設書舖，並刷書生理。萬曆三十八年正月，王豐肅僱用刷天主經，因與用說：「你年紀老大，何不從天主教，日後靈魂可昇天堂？」用遂入教。今年八月十四日早，有湯洪來說，揭已刊

完，你需去刷印幾簿。用因年老，恐刷不及，即僱吳南同往蓬中，刷至起更時份方完，隨即裝釘，商量明日投遞，不意被獲等情。[149]

（八）吳南

〈會審鍾明禮等犯一案〉云：

年二十四歲，羽林左衛人。平日刷印為生，並未從入天主教中。八月十四日，周用向南說：「有一相公，有幾本書速要刷完，要趕十五日分送各位爺，我刷不及，你同去一刷。」及刷時，乃知其為揭帖，許錢二十文，尚未交付，正留吃飯，隨即被獲等情。[150]

除此八人外，有潘明、潘華二人，受僱刊印揭稿而遭捕獲，旋被釋放，因未經審訊，不知其籍貫或是否奉教。另有秦文亦係受僱之人，事發後逃亡。上述八人中，除吳南純係僱用，非奉教者外，其餘皆為虔誠天主教徒，雖遇教難，亦不畏縮。

此八人被捕後，於萬曆四十四年十月間，由主客清吏司郎中吳爾成等會審。沈漼認為鍾鳴禮父子兄弟，年來追隨西士，於各地傳教，通事夷人，豐肅事發後，鳴禮又潛集蓬廠，公行刻揭，故違法紀。張寀南北奔馳，甘為夷役。余成元、方政，一則以灌園而為保匿夷人之藪，一則以鏤金而效刻揭投遞之功，湯洪、夏玉一則從兄邪而與舅同惡，一則受夷書而利畜亡命。皆屬干犯律例，不容於法，參送法司定

---

149 夏瑰琦編：《聖朝破邪集》，頁104。
150 夏瑰琦編：《聖朝破邪集》，頁104。

罪。周用以垂息之年，惑於輪迴而不自知。吳用則鬼鼠之流，偶誘青蚨，而致效用，均有可恕，當即解網，以覆顓愚。[151]

六　南京禮部宣示西士之四大罪狀

自鐘鳴禮等八人被捕後，南京居民，恐懼不安，未遭逮捕之教徒，人人自危。南京禮部因見愚民無知，遂出示曉諭，以撫民心。將西士罪名，分列四款，昭示於眾。〈拿獲邪黨後告示〉說：

（一）夷人辨疏辨揭，俱稱天主，即中國所奉之「天」，而附和其說者，亦曰「吾中國何嘗不事天也。」乃彼夷自刻天主教解要畧，明言天主生於漢哀帝某年，其名曰耶穌，其母瑪利亞，是西洋一胡耳。又曰：被惡官將十字枷釘死，是胡之以罪死者耳。焉有罪胡而可名天主者乎？甚至辨疏內，明言天主降生西國，其矯誣無禮，敢於欺誑天聽，豈謂我中國無一人覺其詐耶。

（二）大明律有私習天文之禁，正謂大統曆法為萬世不刊之典，惟恐後世有姦宄之徒，威侮王行，遁天倍法者，創為邪說，以淆亂之也。故預嚴其防耳。凡我臣子，皆凜凜奉若，不敢二三，而狡夷突來，明犯我禁，私藏另造渾天儀等器，甚至為七政七重天之說，舉天體而欲決裂之，然則天下何事不可以顛倒誑惑者耶！無論百里不同風，千里不同晷，九萬里之外，晷影長短縣殊，不可以彼格此，目今聖明正御，三光順度，晦朔弦望，不忒于

151　夏瑰琦編：《聖朝破邪集》，頁105。

月，分至啟閉，不愆于時，亦何故須更曆法，而故以為
狡夷地耶？

（三）大明律禁私家告天，書符咒水，隱藏圖像，燒香集眾，
夜聚曉散等欵。今彼夷妄稱天主，誘人大瞻禮、小瞻禮
名色，不為私家告天乎？從其教者，灑之以水，曰灑聖
水，擦之以油，曰擦聖油，不為書符咒水乎？其每月房
虛星昴大小瞻禮等日，俱三更聚集。天明散去，不為夜
聚曉散乎？種種邪術，煽惑人民，豈容于堯舜之世！

（四）夷人煽惑愚民，從其教者，每人與銀三兩。此係民間歌
謠遍傳者，而遠聽之君子，豈能入彼窟穴，探彼蓋藏，
遂身任其無咎，曲證為借貸乎。或曰：「人未有不自愛
其鼎者，獨疑彼夷有禁呪之術，是以不得已而護之。」
不知彼鬼術者，只可在魑魅之邦騙下愚耳，豈能行於大
明之世。而堂堂士君子，立身行己自有法度，何至畏彼
狡獪，反沮其正氣耶。今該本部出示之後，彼夷縱有邪
術，自然不靈，不必畏護。[152]

七　教案發生後之西教士處境

明廷於萬曆四十四年（1618）十二月廿八日下禁教諭，距教案發
生之期達四月，諭中下令西士回國，〈發遣遠夷回奏疏〉云：

萬曆四十四年十二月初十日，本部署部事左侍郎兼翰林院侍讀
學士何宗彥等具題，二十八日奉聖旨：這奏內遠夷王豐肅等，

---

152 夏瑰琦編：《聖朝破邪集》，頁116-118。

立教惑眾，蓄謀叵測，爾部移咨南京禮部，行文各該衙門，速差員役，遞送廣東撫按，督令西歸，以靜地方。其龐迪峨等，去歲爾等言曉知曆法，請與各官推演七政。具係向化來京，亦令歸還本國，該部院知道，欽此欽遵。[153]

禁教諭旨發出後，南京禮部於四十五年（1619）二月，命主客清吏司，查驗謝務祿是否為西士。主客清吏司奉命查驗，見謝務祿面貌與豐肅相同，斷定為西士。南京禮部遂移咨都察院，轉行所司衙門，遵旨速差員役，送至廣東撫按衙門，督令西歸。都察院旋即行文巡視京城監察御史郭一鶚、趙紱、孫光裕，選差指揮李鈺、劉仕曉，帶領兵勇，將王豐肅、謝務祿之年貌開具，押解前往。並押送之至廣東巡撫衙門。[154]

豐肅與務祿至廣東後，先後經廣州府署印同知林有樑及布政司左布政使臧爾勸、右布政使堵維垣，及按察司署印副使羅之鼎，都司長印暑都指揮僉事楊維垣等之審查。而豐肅與務祿等之供語，亦大致與前無異。時廣東當局，認為豐肅、務祿歸國，若取道於澳門，澳門外人甚多，易於隱匿，去留未易查知，於是決定俟西船至澳時，遣官督送歸國。於是將豐肅、務祿均留於城，派兵監視，每月予二兩銀為衣食之用。後豐肅改名高一志（Alphonse Vagnoni），潛入山西佈道。務祿亦改名魯德照，入浙江江蘇佈道，二人實未嘗離開中國。[155]

此外龐迪我、熊三拔等尚在北京，萬曆四十五年（1619）五月二十六日，被解至南京，擬遞解至廣東，同豐肅等歸國。翌年，迪我、

153　夏瑰琦編：《聖朝破邪集》，頁96。

154　張維華：〈南京教案始末〉，見《中西文化交流》，頁222。

155　張維華：〈南京教案始末〉，見《中西文化交流》，頁222。

三拔相繼歿於中華。[156]

至於在沈㴶奏疏中提及之陽瑪諾，教案事發時，身處南雄。南京禮部行文廣州緝拿之，在行文未達廣州時，陽瑪諾已往澳門。另外林斐理於教案發生前已身故，惟教案事發後，沈㴶於萬曆四十五年（1619）三月，令上元江寧二縣，開驗林斐理遺骸。時距林斐理之死，已四年有餘矣。[157]

至於其餘之西士，散在各處，或匿藏中國信徒家中，或避處一隅，為禁令未及之地，俱未遇難。後來，禁教令弛，西士復行開教，終明之世，未嘗絕也。[158]

八　南京教案之影響

沈㴶在朝之日子，天主教常在患難之中。南京教案雖於萬曆四十五年結束，然其影響卻遠。自豐肅解至廣州後，西士仍隱居中土，暗傳天主教，而在朝之徐光啟等，亦未與西士斷交。是故沈㴶亦未停反教之志，天啟元年，沈㴶為禮部尚書兼東閣大學士，內豎李進忠（魏忠賢）、劉朝皆其弟子，沈㴶之勢力隆起，顯赫一時，誣天主教為白蓮教，嚴禁如故。時光啟遣書士大夫，力闢其非，沈㴶深嫉之。時廷筠居家，之藻於天啟元年春到京，授光祿寺少卿，兼工部都水清吏司。光啟則於天啟三年，拜禮部右侍郎，兼翰林院侍讀學士，協理詹事府事，纂修神宗實錄副總裁。沈㴶等更加嫉妒之，與忠賢合謀，促臺臣知鋌劾光啟，光啟落職閒居。光啟落職，天主教失一大支柱。自

156　張維華：〈南京教案始末〉，見《中西文化交流》，頁222。

157　張維華：〈南京教案始末〉，見《中西文化交流》，頁221。

158　張維華：〈南京教案始末〉，見《中西文化交流》，頁222-223。

教案發生至沈㴶等解職，天主教無日不在患難之中。[159]

沈㴶解職後，反對天主教之聲仍不絕於耳。崇禎元年，詔內臣非奉命不得出禁門，戮魏忠賢。沈㴶亦已被參去職。仇視天主教者，少了有力之士。其後，閩人黃天香者，反教甚力，一時隨者甚眾。其所標榜者，即沈㴶之三奏疏。天香〈破邪集自序〉，兩言及沈㴶，一則言：「萬曆間宗伯沈仲雨驅逐之疏霹靂，未幾，而此夷旋踵復入，千倍於昔。」[160]二則云：「幸得沈仲雨等諸公舊疏，於沉晦之秋，遂募刻播聞。」[161]武林釋成勇作〈闢天主教檄〉，亦云：「沈宗伯之諫疏猶新，許徵君之闢書尚在。」[162]其他儒釋之徒，凡攻擊天主教者，皆援沈㴶之言，他們反對天主教，可云繼承沈㴶之餘志。可見沈㴶之影響頗深。

西曆雖好，然因其由西士傳入，遭明廷棄用。明神宗萬曆年間，曆法失修，推驗不確，禮部疏請，以徐光啟、李之藻與西士龐迪我、熊三拔、龍華民、陽瑪諾同譯西法，西士精通曆法，時人皆曉。唯南京教案起，至崇禎二年，西法輸入受挫，引致曆法謬亂。及至明熹宗天啟年間（1621-1627），外患日亟，需用槍炮，漸又重用西士。及崇禎二年（1629）五月，日食，大統曆、回回曆推測皆誤，徐光啟依西法推算準確，明廷又重用西曆。

總而言之，西士東來，以其科學知識在華立足，開創天主教之事業，所傳者為時人聞所未聞、見所未見的宗教信仰，國中士子攻擊亦事理之常，唯因此而興大獄，則實為過份。教中之士，為維護天主教而與沈㴶等爭論，亦屬自然之反應。最可惜者，因互相排斥而導致學問交流中斷於一時，此應值得後人反省也。

---

159 張維華：〈南京教案始末〉，見《中西文化交流》，頁224-225。
160 夏瑰琦編：《聖朝破邪集》，頁168。
161 夏瑰琦編：《聖朝破邪集》，頁96。
162 夏瑰琦編：《聖朝破邪集》，頁393。

第五章　天主教在明末之發展

　　自瑪竇來華之後至明朝末年，天主教在華已有不俗的發展。徐宗澤神父做了一些有關明朝末年的教堂及信教人物的統計，茲將其研究結果轉述如下：

一　教堂之建立

　　肇慶府。利瑪竇與羅明堅於一五八三年（萬曆十一年）九月十四日，在此城建造了一住宅。至一五八九年（萬曆十七年）八月十五日，利瑪竇轉往韶州，這住院由劉節齋新制臺取為其生祠，曾寓居此院者除了利瑪竇之外還有羅明堅、賈勃拉、孟三德、黎安東五司鐸。

　　韶州府。利瑪竇於於一五八九年（萬曆十七年）祕密到了此地，建立教堂與住宅。後有郭居靜於一五九四（萬曆廿二年）到此院協助利瑪竇的工作，利氏於一五九五（萬曆廿二年）離開韶州。此地於一六○六年（萬曆卅四年）間有教友達八百人，可惜韶州教堂於一六一一年（萬曆卅九年）被毀。

　　南昌府。利瑪竇於一五九五年（萬曆廿二年），以六十金買一小屋建造教堂；一五九八年（萬曆廿六年）利氏離開南昌。一六○七年（萬曆卅五年）八月李瑪諾（Emmanuel Diaz Senior）又以百金買一較大之屋建立教堂。一六○九年（萬曆卅七年）在此地有教友約三至四人。

　　南京。利瑪竇曾經到過北京，但他當時不能久居北京，唯有於一五九九（萬曆廿七年）年一月底折返南京，是年四月底在南京建造教堂。

　　北京。利瑪竇於一六○一（萬曆廿九年）年一月廿四日到北京，

一六〇五年（萬曆卅三年）八月廿七日以五百金購一屋建立教堂，此堂後被稱南堂。

上海。一六〇七年（萬曆卅五年），徐光啟丁父艱回籍，道經南京，請郭居靜神父到上海開教，郭氏一六〇八年到達徐家，並立即建堂開教，二年時間已向二百多人施洗禮。

杭州。李之藻在一六一一年（萬曆卅九年）丁父艱，需要回故鄉杭州，他邀請郭居靜到其地開教。[163]

二　信教之重要人物

徐光啟，上海人，官至禮部尚書，一六〇三年（萬曆卅一年）在南京領洗於羅如望，聖名保祿。

李之藻，杭州人，一六一〇年（萬曆卅八年）病重時，在北京領洗於利瑪竇。

楊廷筠，杭州人，一六一一年（萬曆卅九年）五月八日在杭州領洗於郭居靜。

瞿太素，江蘇常熟人，大宗伯文懿公之長子，他勸利瑪竇著儒服，一六〇五年領洗於羅如望之手，聖名依納爵。

馮應京，安徽盱眙人，讀《天主實義》而受感動。

李天經，河間吳橋人，以進士在京師為官，與徐光啟關係良好，受其勸導入教。

張燾，李之藻門人，與其師同受洗於利瑪竇。聖名彌額爾。

孫元化，嘉定人，與徐光啟友好，在北京受徐光啟感化，於一六二一年（天啟元年）領洗，聖名依納爵。

---

163 徐宗澤：《中國天主教史概論》（上海：上海書店，1990年），頁188-189。

王徵，陝西涇陽人，官至布政司，聖名斐理伯，是陝西省最先奉教之人。

韓霖，山西絳州人，在北京作官時與徐光啟善，得聞教領洗，聖名多默。

段衮，山西絳州人，亦在北京做官時奉教。

金聲，安徽休甯人，崇禎元年進士，與徐光啟善而領洗入教，其女守貞不嫁，亦奉教。

瞿式耜，江蘇常熟人，為瞿太素之姪，萬曆丙辰進士，因為保明室而殉國。

張賡，福建晉邑人。[164]

三　天主教與明末帝室之關係

清兵入關，明崇禎帝殉國，福王朱由崧於順治元年（1644）在南京稱帝，及順治二年（1645）清軍攻陷南京，福王政權滅亡。唐王朱聿鍵於順治二年在福建稱帝，號曰隆武，順治三年（1646），清軍佔福州，唐王被執。丁魁、瞿式耜奉桂王朱由榔於順治三年（1646）在肇慶稱帝，改元永曆，順治四年（1647），桂王由廣東肇慶退至廣西桂林，順治七年（1650），明大臣瞿式耜戰死，順治十三年，（1656）桂王退至昆明，順治十六年（1659），桂王撤入緬甸，順治十八年（1661）桂王被俘，康熙元年，桂王在雲南被吳三桂所殺。桂王（永曆帝）是神宗（萬曆帝）之孫，由順治三年（1646）至順治十八年（1661）在位凡十五年，靠賴奉教之大臣瞿式耜、龐天壽、焦璉等人支撐殘局。永曆太后及皇后皆受洗入教，太后聖名赫肋納，皇后聖名

---

164 徐宗澤：《中國天主教史概論》，頁190-191。

亞納，太子亦因病受洗入教，聖名公斯當定。而且宮中有五十人領洗入教。[165]

　　太后曾遣使至澳門獻祭。也欲遣使至羅馬謁見教皇，且龐天壽請纓前往，唯太后以其年事已高，改派卜彌格神甫前往，並派龐天壽家人同行。卜彌格於永曆四年（1650，清順治七年）啟程，由廣州西航赴印度的臥亞，在此地取陸路，經波斯，於一六五三年（順治十年）一月，抵羅馬，向教皇呈上〈永曆太后致教皇之諭文〉、〈致耶穌會總師書〉與及〈龐天壽致教皇〉書。[166]三書分列於下：

　　〈永歷太后之諭文〉：

> 大明寧聖慈肅太后烈納致諭於因諾曾爵，代天主耶穌在世總師公教皇主聖父座前：竊念烈納本中國女子，忝處皇宮，惟知閫中之禮，未諳域外之教；賴有耶穌會士瞿紗微在我皇朝，敷揚聖教，傳聞自外，子始知之，遂爾信心，敬領聖洗；使皇太后瑪利亞、中宮皇后亞納、皇太子當定，並請入教領聖洗，叁年於茲矣。雖知瀝血披誠，未獲涓涘答報，每思恭詣聖父座前，親領聖誨，慮茲遠國難臻，仰風徒切！伏乞聖父向天主前，憐我等罪人去世之時，特賜罪罰全赦！更望聖父與聖而公一教之會，代求天主，保佑我國中興太平，俾我大明第拾捌代帝，[167]太祖第拾貳世孫主臣等，悉知敬真主耶穌，更冀聖父多遣耶穌會士來廣傳聖教；如斯諸事，俱維憐念！種種眷慕，非口所宣。今有耶穌會士卜彌格，知我中國事情，即令回國，致言我

165　劉准：《天主教傳行中國考》（獻縣：獻縣天主堂，1931年），頁238-239。

166　〔明〕永歷太妃：〈永歷太妃肅羅馬教皇箋〉，《東方雜誌》（臺北：商務印書館，1976年），第8卷第5號，插圖一，1976年，總第28冊，頁19877。

167　即是桂王。

之差聖父前，彼能詳述鄙意也。俟太平之時，即遣使官到聖伯多祿、[168]聖保祿[169]臺前，致儀行禮。伏望聖慈鑒茲愚悃，特諭。永曆四年十月十一日。[170]

〈永曆太后致耶穌會總師書〉：

大明甯聖慈肅皇太后烈納勒[171]諭耶穌會大尊總師神父：予處宮中，遠聞天主之教，傾心既久，幸遇尊會之士瞿紗微領聖洗，使皇太后瑪利亞、中宮皇后亞納及皇太子當定並入聖教，領聖水閱三年矣。今祈尊師神父，並尊會之友，在天主前祈保我國中興太平，俾我大明第十八帝、太祖十二世孫，主臣等悉知敬真主耶穌，更求尊會相通功勞之分，再多送老師來我國中行教，待太平之後，即著欽差官來到聖祖總師意納爵座前，致儀行禮，今有尊會士卜彌格儘知我國情事，即使回國代傳，其意諒能備悉，可諭予懷，欽哉！特勒！永曆四年十月十一日。[172]

〈龐天壽致教皇書〉：

大明欽命總督粵閩恢剿聯絡水陸軍務提調漢土官兵兼理財催餉便宜行事仍總督勇衛營兼掌御馬監印司禮監掌印太監龐亞基樓

---

168 基督教《聖經》譯彼得。

169 基督教《聖經》譯保羅。

170 〔明〕永曆太妃：〈永曆太妃肅羅馬教皇箋〉，《東方雜誌》（臺北：商務印書館，1976年），第8卷第5號，插圖一，1911年，總第28冊，頁19877。

171 「勒」即「敕」字，下同。

172 轉引自高勞：〈永曆太妃遣使於羅馬教皇考〉，《東方雜誌》第8卷第5號，頁18，1911年，總第28冊，頁19971。

契利斯當，膝伏因諾曾爵代天主耶穌在世總師公教真主聖父座前，切念亞基樓職列禁近，謬司兵戎，寡昧失學，罪過多端，昔在北都，幸遇耶穌會士，開導愚懵，勸勉入教，恭領聖水，始知聖教之學，蘊妙洪深，夙夜潛修信心，崇奉二十餘年，罔敢少怠，獲蒙天主庇佑，報答無繇，每思躬詣聖座，瞻禮聖容，詎意邦家多故，王事靡盬，弗克遂所願懷，深用悚仄，但罪人一念之誠，為國難未靖，特煩耶穌會士卜彌格歸航泰西，來代告教皇聖父在於聖伯多祿聖保祿座前，兼于普天下聖教公會，仰求天主慈炤我大明，保佑國家，立際昇平，俾我聖天子乃大明第拾捌代帝太祖第拾貳世孫，主臣欽崇天主耶穌，則我中華全福也。當今寧聖慈肅皇太后聖名烈納，昭聖皇太后聖名瑪利亞，中宮皇后聖名亞納，皇太子聖名當定，虔心信奉聖教，并有諭言致聖座前，不以宣之矣。及愚罪人懇祈聖父念我去世之時，賜罪罰全赦，多令耶穌會士來我中國，教化一切世人悔悟，敬奉聖教，不致虛度塵劫，仰徼大造，實無窮矣，肅此！少布愚悃，伏惟慈鑒不宣！永曆肆年歲次庚寅陽月弦日書。慎餘！[173]

綜觀三封書信之內容，都是請求教皇等人，代祈於天主，使明室復興，又請求多派教士來華，使大明君主臣民歸信天主。當時之教皇伊諾森十世（Pope Innocent X）已得其他會士之報告，獲悉中國政局動亂，明室大勢已去，即使鼎力襄助，也無濟於事，徒使清室不滿，有礙將來之傳教事業，故遲遲未答覆。至一六五五年（順治十二年）伊諾森十世去世，亞力山大七世（Pope Alexander VII）繼位，才於該年十二

173　〔明〕龐天壽：〈永曆太監龐天壽奉羅馬教皇書〉，見《東方雜誌》第8卷第5號，插圖二，1911年，總第28冊，頁19878-19879。

月覆函二封，由卜彌格帶返中國，分別致明皇太后烈納及龐天壽。

〈教皇覆明皇太后書〉云：

教宗亞立山第七世覆書信仰耶穌基督之信女，大明皇太后烈納：可愛信女，謹候安好，賜予宗座遐福。展讀來書，詞美情切，具悉天主慈善，無量無限，出太后於暗昧之幽谷，登之於真理光明之坦途，教之以聖道之真諦，俾識至理之真原。此至理之真原，乃造物之天主。雖因人罪而震義怒，然慈心常存，施恩不匱，以成真理之美菓。太后昔在天主前，本為微小之罪女，天主惠然眷顧。蓋天主寧欲人敬其為仁慈之主，而不樂人懼之為軍旅之帥，判罪之王也。夫一偌大之邦，昔不為人所知，邪魔曾據而有之，今則臣服耶穌基督，則天主神能廣大深遠，誰又能測之乎？昔每逢人談此偌大之邦，余自信如聞裨史小說之語；蓋大邦距此既遠，又因信從邪神之教，乃使人少知是邦之事矣。然誰能相信真理之道，終能進入此絕域之邦矣。此絕遠之域，與吾人遠隔重洋，波濤洶湧，高山重重，沙漠無垠；旅路既遙，危險何堪勝計？天光晨辰，恍若別一天地。此天地於重洋廣漠之盡頭，復高樹禁門，嚴禁外人，走入國境。使看重靈魂之救贖，貴於印度玉寶金銀之人，亦不能進城佈道。然今日天主已庇佑若干自動獻身之人，離鄉棄家，無名利之思，無艱難之懼，遠來此邦，宣傳真理，使汝等識真理之途，是誠天主大恩，允宜衷心欽謝，永誌不忘。且宜詔誡子孫，使常憶主恩，常守主誡，以增彼等信靠天主之情。太子公斯當定，暨宮中多人，追隨太后芳表，信仰真主，聞之不勝欣喜。又念來日信主之人日增月盛，皇帝可使全國棄邪神之教，余心之樂，更增萬倍。茲以慈父之情，祝福太后及皇太子。且

如太后所請，代禱天主，賜太后之國土，重歸一統，永享和平，皈依信仰，能與余一心一德焉。發自羅馬聖伯多祿殿側。一六五五年十二月十八日，登基第一年。[174]

〈教皇覆龐天壽書〉：

教宗亞立山第七世覆書可愛信子龐天壽，永曆太監，大明欽命總督粵閩恢剿……！可愛信子，茲候平安，錫賜宗座遐福。天主之仁慈自東迄西，自南至北，無所不包，無所不容。在一未識耶穌真道之國，學者以聖道為嗤。忽燭照王室一太監，權高財富，使認識真主，恭領聖洗，身為天主之義子，名列天國之王廷，余心之喜，汝難憶料。汝既以天主賜予之恩，衷心喜悅，宜朝乾夕惕，深明主恩之意。然汝如仰慕降生成人，以身作則之救主，追隨聖表，則汝感謝主恩之責，則易為矣。望汝誓志忠誠，使在汝國始興之聖業，能奏全功，則汝等之光榮，書於《聖經》矣。聖道之光明，遠路不能阻，海路弗能攔，地雖僻遠，人雖蠻化，聖道亦可照之。聖道真光，夾有仁愛之風。仁風吹草，所過必偃。余深知汝信教虔誠，艱難困苦，不能屈汝信心。故余以慈父之情，接汝於懷中，欣然賜汝宗座之遐福。祝此遐福，常與汝偕焉。發於羅馬聖伯多祿殿側。一六五五年十二月十六日，登基第一年。[175]

卜彌格於一六五六年攜函返華，一六五八年抵中國。時兩廣失守，桂王避難雲南，而皇太后及龐天壽已死。清軍苛待明代之教士，卜彌格

---

174 轉引自羅光：《教廷與中國使節使》（臺北：傳記文學出版社，1983年），頁64-65。
175 轉引自羅光：《教廷與中國使節使》，頁65-66。

轉赴安常，於順治十六年（1659）八月廿一日，客死途次。順治十八
年，桂王於緬甸被俘，明室遂亡。然在北京的天主教士，因其學問之
故，仍受清室重用，其傳教事業也能繼續。

第六章　明清之際西學輸入中國

　　中國有五千年以上的精深博大文化，而期間中國未嘗沒有與外來
文化接觸。第一次的外來文化，是從印度而來的佛教，其事由東漢開
始，相當於西元一世紀後，適值中國的政治制度、社會風氣、人民思
想各方面步入衰退之時。下及東漢末年的三國，其後的西晉、東晉、
五胡亂華、南北朝，中國在這幾百年裏都陷入戰爭、紛亂的狀態，其
時的人對自身的文化亦產生搖動。佛教的宗教及哲學思想傳入，獲得
其時人士的崇信及研究，乃有青出於藍的情況。自佛教傳入中國之
後，經過六百年的長時期，適值中國創建了隋唐統一的盛世，中國的
佛教發展也到了登峰造極。[176]

　　正當中印文化在唐朝調和融合之際，中國西部鄰邦阿拉伯有回教
的興起，而且泛海東來，此為第二期的外來文化。回教文化在唐朝開
始與中國文化接觸，回教人士遍中土，晚唐時期在中國寄居的波斯商
人數踰十萬。回教文化與中國文化在植物、食貨、思想、學術相互交
融，尚有很多地方足供現代學者研究的。觀乎回教能與、佛、道二教
成為中國人民的信仰，回族人更是中國五大民族之一，可見回教在中
國歷唐、宋、元、明四朝的發展，早已在中土生根了。[177]

　　由明末至現代，西學輸入中國進入了第三期，此一時期可分兩階

176　錢穆：《教育與文化》（臺北：東大圖書公司，1976年），頁17-18。
177　錢穆：《教育與文化》，頁18。

段，第一階段由明萬曆中葉開始（1573-1619），盛於清康熙年間（1662-1722），至乾隆中葉（1862-1874）而絕，以羅馬天主教的耶穌會士為主；第二階段始於清咸豐（1851-1861）、同治（1862-1874）間之講求洋務，以基督新教為主。這個與基督教文化一同進入中土的西方文化，無論宗教、科學、哲學等，到了當代仍未斷絕。[178] 本文祇講述此時期的第一階段之西學輸入中國，此期之西學東漸，是耶穌會士傳教之附帶事業。其輸入之學，以天文學為主，數學次之，物理學又次之。

　　利瑪竇來華之後，發覺以西方學術作橋樑與士大夫交往是傳教的尚佳途徑，乃寄書回國，希望多有同志之士，多帶西書來華。[179] 其後金尼閣來華，據說他帶西方書籍七千多部來華，這些書籍都是天人之學，曆法度數之書。[180] 可惜大部份未有譯成中文。

　　這些書籍引起了明朝士大夫不滿，著文抨擊之，例如〈請顏壯其先生闢天主教書〉有載：「今日天主教書名目多端，艾氏說有七千餘部入中國，現在漳州者百餘種，縱橫亂世，處處流通。」[181] 此外，有〈聖朝佐闢〉云：「而彼夷更宣言，西國天書有七千部，即書目已有充棟之多。」[182] 當然也有仰慕之者，如李之藻翻譯之《寰有論》，其序曰：「時則有利公瑪竇，浮槎開九萬之程，有金公尼閣，載書踰萬部之富。乾坤闡其靈祕，光岳煥彼精英。將進闕庭，鼓吹聖教，文明之盛，蓋千古未有者。」[183]

178　張蔭麟：〈明清之際西學輸入中國考略〉，見《中西文化交流》，收入包遵彭、李定一、吳湘湘編：《中國近代史論叢》，第1輯，冊2，頁1。

179　方豪：《方豪六十自訂稿》（臺北：臺灣學生書局，1969年），上冊，頁39。

180　方豪：《方豪六十自訂稿》，上冊，頁40。

181　夏瑰琦編：《聖朝破邪集》，頁152。

182　夏瑰琦編：《聖朝破邪集》，頁216-217。

183　方豪：《方豪六十自訂稿》，上冊，頁42。

　　七千部書的內容如何暫時不得而知，但耶穌會士遺留下來的譯著卻很多，僅從徐宗澤《明清間耶穌會士譯著提要》共有譯著的書目達一百八十七種之多，涉及的範圍甚廣，包括神學、哲學、天主教教義、天主教史、語言學、數學、天文學、機械學、地埋學、生物學和醫學等。

一　西方宗教的輸入

　　耶穌會士來華的目的是傳播宗教，他們帶來的西方文化當然以歐洲的天主教為主，從徐宗澤《明清間耶穌會士譯著提要》所收集的書目，也以論述天主教義、歷史的為多。耶穌會士傳入的天主教，在明朝末年確實是有相當影響，這點可從當時不少信奉天主教的中國學者撰文討論天主教得知。

　　馮應京〈天主實義序〉：

> 天主實義，大西國利子及其鄉會友與吾中國人問答之詞也。天主何？上帝也。「實」云者，不空也。吾國六經四子，聖聖賢賢，曰畏上帝、曰助上帝、曰事上帝、曰格上帝、夫誰以為空？空空之說，漢明自天竺得之……古倦極呼天而今呼佛矣；古祀天地社稷山川祖禰，而今祀佛矣；古學者知天順天而今念佛作佛矣；古仕者寅亮天工，不敢自暇自逸以瘝天民，而今大隱居朝，逃禪出世矣。夫佛、天竺之君師也，吾國自有君師。……吾舍所學而從彼，何居？程子曰：「儒者本天，釋氏本心。」師心之與法天，有我無我之別，兩者足以定志矣。是書也，歷引五六經之語以證其實而深詆譯空之誤。……有吾國

之素所未聞，而所嘗聞而未用力者十居九矣。[184]

又馮應京〈二十五言序〉：

> 儻誦斯言者，穆然動深長之思，一切重內輕外，以上達於天
> 德，則不必起游夏於九原，而尼父覺人之志以續。其視蘭臺四
> 十二章可尊用，當必有能辨之者。[185]

徐光啟是明代的虔誠天主教徒，他認為天主教可以補儒易佛，他在
〈辨學章疏〉說：

> 且其道甚正，其守甚嚴，其學甚博，其識甚精，其心甚真，其
> 見甚定，在彼國中亦皆千人之英，萬人之傑。所以數萬里東來
> 者，蓋彼國教人，皆務修身以事上主，聞中國聖賢之教，亦皆
> 修身事天，理相符合，是以辛苦艱難，履危蹈險，來相印證，
> 欲使人人為善，以稱上天愛人之意。其說以昭事上帝為宗本，
> 以保救身靈為切要，以忠孝慈愛為工夫，以遷善改過為入門，
> 以懺悔滌除為進修，以升天真福為作善之榮賞，以地獄永殃為
> 作惡之苦報，一切戒訓規條，悉皆天理人情之至。其法能令人
> 為善必真，去惡必盡，蓋所言上主生育拯救之恩，賞善罰惡之
> 理，明白真切，足以聳動人心，使其愛信畏懼，發於繇衷故
> 也。[186]

---

184 〔意〕利瑪竇（Mathieu Ricci）：《天主實義》，見〔明〕李之藻輯：《天學初函》
　　（臺北：臺灣學生書局，1965年），冊1，頁359-364。

185 〔意〕利瑪竇（Mathieu Ricci）：《二十五言》，見〔明〕李之藻輯《天學初函》，冊
　　1，頁322。

186 〔明〕徐光啟：《徐光啟集》，下冊，頁431-432。

臣嘗論古來帝王之賞罰，聖賢之是非，皆範人於善，禁人於惡，至詳極備。然賞罰是非，能及人之外行，不能及人之中情。又如司馬遷所云：顏回之夭，盜跖之壽，使人疑於善惡之無報，是以防範愈嚴，欺詐愈甚。一法立，百弊生，空有願治之心，恨無必治之術，於是假釋氏之說以輔之。其言善惡之報在於身後，則外行中情，顏回盜跖，似乎皆得其報。謂宜使人為善去惡，不旋踵矣。奈何佛教東來千八百年，而世道人心未能改易，則其言似是而非也。說禪宗者衍老莊之旨，幽邈而無當；行瑜迦者雜符籙之法，乖謬而無理，且欲抗佛而加於上主之上，則既與古帝王聖賢之旨悖矣，使人何所適從，何所依據乎？必欲使人盡為善，則諸陪臣所傳事天之學，真可以補益王化，左右儒術，救正佛法者也。蓋彼西洋鄰近三十餘國奉行此教，千數百年以至於今，大小相卹，上下相安，路不拾遺，夜不閉關，其久安長治如此。然猶舉國之人，競競業業，惟恐失墜，獲罪於上主。則其法實能使人為善，亦既彰明較著矣。此等教化風俗，雖諸陪臣自言；然臣審其議論，察其圖書，參考互稽，悉皆不妄。[187]

諸陪臣之言與儒家相合，與釋老相左，僧道之流咸共憤嫉，是以謗害中傷，風聞流播，必須定其是非。乞命諸陪臣與有名僧道，互相辨駁，推勘窮盡，務求歸一。仍令儒學之臣，共論定之。如言無可采，理屈辭窮，即行斥逐，臣與受其罪。其三，譯書若難就緒，僧道或無其人，即令諸陪臣將教中大意、誡勸規條與其事蹟功效，略述一書，并已經翻譯書籍三十餘卷，原來本文經典一十餘部，一併進呈御覽。如其蹖駁悖理，不足勸

---

187 〔明〕徐光啟：《徐光啟集》，下冊，頁432-433。

善戒惡，易俗移風，即行斥逐，臣與受其罪。[188]

使其人果有纖芥可疑，臣心有一毫未信，又使其人雖非細作奸徒，而未是聖賢流輩，不能大有裨益，則其去留，何與臣事。修曆一節，關係亦輕。臣身為侍從之臣，又安敢妄加稱許，為之游說，欺罔君父，自干罰罪哉。[189]

李之藻和利瑪竇相交甚久，經常協助利瑪竇，受洗進入天主教，他的〈天主實義重刻序〉：

昔吾夫子語修身也，先事親而推及乎知天，至孟氏存養事天之論而義乃綦備，蓋即知即事，事天事親同一事，而天其事之大原也。說天莫辯乎《易》，《易》為文字祖，即言「乾元統天，為君為父」，又言「帝出乎震」。而紫陽氏解之，以為帝者天之主宰。然則天主之義，不自利先生刱矣。世俗天幽遠不暇論，竺乾氏者出，不事其親，亦已甚矣，而敢於幻天藐帝，以自為尊。儒其服者習聞乎天命天理天道天德之說，而亦浸淫入之。然則小人之不知不畏也，亦何怪哉？[190]

彼其梯航琛贄，自古不與中國相通，初不聞有所謂羲文周孔之教。故其為說亦初不襲吾濂洛關閩之解，而特於知天事天大旨，乃與經傳所紀，如券斯合。……嘗讀其書，往往不類近儒，而與上古素問周髀考工漆園諸篇默相勘印，顧粹然不詭於正。至其檢身事心，嚴翼匪懈，則世所謂皋比而儒者，未之或

188　〔明〕徐光啟，《徐光啟集》，下冊，頁434。

189　〔明〕徐光啟，《徐光啟集》，下冊，頁436。

190　〔意〕利瑪竇（Mathieu Ricci）：《天主實義》，見〔明〕李之藻輯：《天學初函》，冊1，頁351-352。

先，信哉！東海西海，心同理同。……是編者出則同文雅
化……固不當與諸子百家同類而視矣。[191]

〈刻天學初函題辭〉：

天學者，唐稱「景教」，自貞觀九年入中國，歷千載矣。其學
刻苦昭事，絕財色意，頗與俗情相盭，要於知天事天，不詭六
經之旨。稽古五帝三王，施今愚夫愚婦，性所固然，所謂最初
最真最廣之教，聖人復起不易也。[192]

〈聖水紀言序〉：

其教尊事天主，即吾儒知天事天事上帝之說。不曰帝曰主者，
譯語質。朱子曰「帝者天之主宰」，以其為生天生地生萬物之
主也，故名之主則更切，而極其義，則吾六合萬國人之一大父
母也。……人有恒言：道之大原出於天。如西賢之道，擬之釋
老則大異，質之堯舜周孔之訓則略同。其為釋也者，與百家九
流並存，未妨吾中國之大；其為堯舜周孔之學也者，則六經中
言天言上帝者不少，一一參合，何處可置疑關？以彼真實，配
吾中國之禮樂文章，庸渠不鼓吹麻明，輝映萬禩。今必局壇宇
以示遠人，上無以昭宣德意，又令後世追慕，有麟見不時之
嗟，則吾儕當執其咎，故樂為表章之。[193]

---

191 〔意〕利瑪竇（Mathieu Ricci）：《天主實義》，見〔明〕李之藻輯：《天學初函》，
   冊1，頁354-356。

192 〔明〕李之藻：〈刻天學初函題辭〉，見〔明〕李之藻輯：《天學初函》，冊1，頁1-
   2。

193 徐宗澤：《明清間耶穌會士譯著提要》（北京：中華書局，1989年），頁172。

〈畸人十篇序〉：

> 然則與瞿曇氏奚異，而云儒曰彼所謂寶玉大弓之竊，西泰子別
> 有辯之。經術所未睹，理所必有，拘儒疑焉，……又支誕其說
> 以惑世。而西泰子子身入中國，奪而歸之吾儒，以佐殘闕而振
> 聾瞶，不顧詹詹者之疑且訕，其論必傳不朽。[194]

　　楊廷筠與徐、李二氏被稱為明末天主教三大柱石，他對天主教的
推崇有加，他在〈刻西學凡序〉：

> 儒者本天，故知天事天畏天，皆中華先聖之學也。詩書所稱，
> 炳如日星，可攷鏡已。自秦以來天之尊始分，漢以後天之尊始
> 屈，千六百年天學幾晦而無有能明其不然者。利氏自海外來，
> 獨能洞會道原，實修實證，言必稱昭事，當年明公碩士皆信愛
> 焉，然而卒未有能盡叩其學。……獨竊悲諸誦法孔子而問禮問
> 官者之鮮，失其所自有之天學，而以為此利氏西來之學也。[195]

〈七克序〉：

> 夫欽崇天主，即吾儒昭事上帝也：愛人如己，即吾儒「民吾同
> 胞也」。而又曰「一」曰「上」，見主宰之權，至尊無對，一切
> 非鬼而祭，皆屬不經，即夫子所謂「獲罪於天無所禱」也。其

---

194 〔意〕利瑪竇（Mathieu Ricci）：《畸人十篇》，見〔明〕李之藻輯，《天學初函》，
　　冊1，頁116。
195 〔意〕利瑪竇（Mathieu Ricci）：《西學凡》，見〔明〕李之藻輯：《天學初函》，冊
　　1，頁9-20。

持論可謂至大至正而至實矣。⋯⋯又以泛而言昭事，稽顙對越皆事也，必愛人乃為昭事之真；泛而言愛人，怵惕煦嫗皆愛也，必克己乃有愛人之實。⋯⋯于為善之七克，克其心之罪根，植其心之德種。凡所施愛，純是道心。道心，即是天心，步步鞭策，著著近裏。此之為學，又與吾儒闇然為己之旨，脈脈同符。[196]

《代疑篇》：

天主愛人甚矣。上古之時，性教在人心，依其良知良能，可不為惡。只以行與事示之，聖賢名教迪之，人人自畏主命，不須降生。然而詩書所載，欽若昭事，如臨如保，已示開先之兆矣。三代而後，聖賢既遠，奸偽愈滋，性教之在人心者日漓，詩書之示監戒者日玩，則又大發仁慈，以無限慈悲為絕世希有，自天而降，具有人身，號曰耶穌。[197]

瞿式耜〈性學觕述序〉認為天主教教義才真正指出人禽分界：

甲子春，予獲與艾先生游，自存養省察以至明庭屋漏，昭之為儀象，幽之為鬼神，議之為德行，制之為度數，靡不亹亹劇談，洞其當然，徹其所以然為極致。一日出其性學以示，曰：「儒言致知，必先格物。」⋯⋯然味其大旨，則不在是。夫學莫大於人禽之辨，此虞廷危微宗旨，明於庶物，正為察於人

---

196 徐宗澤：《明清間耶穌會士譯著提要》，頁53。

197 〔明〕楊廷筠：《代疑篇》，見吳相湘輯：《天主教東傳文獻》（臺北：臺灣學生書局，1962年），頁585。

倫。彼生之謂性一言，子輿氏直斥之為犬牛。人性不少貳，政慮此覺魂不明，將天下萬世不卒歸於禽獸不止也。[198]

韓霖之〈鐸書〉更認為天主就是中國古代五經所講的上帝，其云：

> 聖人之言，言近指遠。今人聞孝順父母，只當平常之語，誰人不知？不知中間包涵道理，淵深廣大。吾人要知天為大父母。詩云：「悠悠昊天，曰父母且」，非蒼蒼之天也。上面有個主宰，生天，生地，生神，生人，生物。即唐虞三代之時，五經相傳之上帝。今指蒼蒼而言天，猶以朝廷稱天子也；中有至尊居之，豈宮闕可以當天子乎？古今帝王聖賢，皆天所生，以治教下民者。天子祀昊天上帝之文曰，「嗣天子臣某」，故自天子以至於庶人皆以敬天為第一事。蓋天既生人，即付以性，與禽獸不同，自生時至死後，皆天造成。培養管轄之，時刻不離，有求斯應。善有永賞，惡有永罰，總是愛人之意。所以吾人第一要敬天，敬者尊無二上之謂，凡神聖無可與之比者。[199]

而王徵的《畏天愛人極論》則把「上帝」與「天主」作出一番考察，指出用「天主」一詞，可更適切表達天主教的教義，可見他對天主教的教義作了深入了解，其云：

> 七，天主之名辨析。余曰：「所稱天主即陡斯乎？」曰「然」。曰：「奚不仍稱陡斯，而胡易以天主之名為？」曰：「此中難明

---

198 〔明〕瞿式耜：〈性學觕述序〉，見鐘鳴旦（Nicolas Standaert），杜鼎克（Adrian Dudink）主編：《耶穌會檔案館明清天主教文獻》，冊6，頁71-75。

199 〔明〕韓霖：《鐸書》（出版地點不詳，1919年，陳垣校刊本），頁1。

陡斯之義，不得不借天地、人物之主而從其大者，約言之矣。」其實吾西國原無是稱，此中不嘗曰：「帝者，天之主宰乎？」單言天，非不可，但恐人錯認此蒼蒼者之天，而不尋認其所以主宰是天者，似涉於泛。故於天力加一主字，以明示一尊更無兩大之意。且主者，視父尊嚴，專操賞罰之大權，不獨偏施生全安養之恩而已也。

八，不用上帝之名釋疑。曰：此正與吾書所言：「惟上帝不常，作善降之百祥，作不善降百殃。」其義適相吻合，可以窺賞罰之大旨矣。然即之以上帝之稱，似無不可。而胡必欲名之天主以駭人之聽聞？曰：「初意亦以上帝之號甚當也。比見此中廟貌甚多，稱上帝者甚夥。余以為上帝之廟貌也，竊喜此中人知敬天矣。乃徐察之，則率以人神而謬擬之，如玄天上帝之類，不可枚舉，私人懼其混也。以人儕天，故卒不敢褻吾陡斯之尊稱。要之，果真知其為生天、生地、生人、生物之主宰，而畏之，而愛之，而昭事之，則謂之天也可，天主也可，陡斯也可，上帝也亦可，而奚拘拘於名號之異同哉？[200]

朱宗元〈答客問〉論及天與天主，其云：

問：六經之言天者多矣，未有天主之名，意亦止據蒼蒼者示之乎？

一、天主即所以為天者：

---

200 〔明〕王徵：《畏天愛人極論》，見鄭安德輯：《明末清初耶穌會思想文獻匯編》（北京：北京大學宗教研究所，2000年），冊34，頁14-15。

曰：「上天之載，無聲無臭」；蒼天則形像爛然矣。「於穆不已」乃天之所以為天；所以為天者，非天也，天之主也。

二、天主即事畏之本

且夫事天者，謂其生我養我之一本大源也；畏天者，謂其威靈洞矚而臨下有赫也。在上為日月星晨，在地為水土金石，蒼蒼之天，與地正等，塊然冥然而絕無靈覺，畏事安施？

三、天命配天亦指天主

書曰：「維皇上帝，降衷下民，若有恒性」，即天命謂性之說。孝經亦以配天配上帝並舉。夫以上帝當天，則天非蒼蒼之有形，而特為無形之主宰也，明矣。

四、言天即言天主

所以但言「天」，不言「天主」者，正如世俗指主上曰朝廷。夫朝廷，宮闕矣；言朝廷，即言此內攸居之主上也。[201]

上面的引述，都是明末的中國士人對天主教思想的論述，有些是為西士所寫的書籍作序言，有些則是自行著書立說闡釋天主教，可見天主教對明末的士人不無影響。天主教思想在中國真的生根了。

二　西方天文學之輸入

中國之天文學，至明代為止，已有三千多年歷史，唐朝期間，有阿拉伯天文學之輸入，而歐洲之天文學輸入，則始於耶穌會士來華。

201　〔明〕朱宗元：《答客問》，見鄭安德編：《明末清初耶穌會思想文獻匯編》，冊32，頁25-26。

（一）明末西方天文學之輸入

1　利瑪竇與西方天文學之輸入

　　耶穌會士最先在中國內地建立傳教基地者，乃意大利人利瑪竇，他也是最先將歐洲天文學傳入中國之人。他入華初年，撰《乾坤體義》，上卷言天象：講日月蝕是由於日月與地球相掩，又述七曜與地體之比例；又著《經天該》，將西方已測知的諸恆星，製成歌訣，以便觀象者記誦。在測天儀器方面，他製了渾天儀、天球儀、地球儀等器具。他又教授其學生徐光啟、李之藻、周子愚等輩。利氏曾以簡平儀授李之藻，之藻得其用法，並闡其術而作《渾蓋通憲圖說》。[202]

2　明廷對西洋曆法之需要

　　利氏卒後，來華之西教士，多以天文學見稱於中國，中國人多有從其學者。明萬曆卅八年（1610）十一月日蝕，欽天監預測不準，禮部乃奏請博求知曉曆法者與監官晝夜推測。於是五官正周子愚乃上疏請以西洋人龐迪我、熊三拔等盡譯其所帶來之曆書。[203]禮部於是上疏，請以邢雲路主理曆事，而以徐光啟、李之藻、熊三拔、龐迪我等，同譯西法，供邢雲路參考。邢氏雖倡改曆甚殷，但他是舊曆家，天文知識膚淺，邢氏與李之藻共掌修改曆法事，邢以舊學為據，李以西學為宗。[204]

202　張蔭麟：〈明清之際西學輸入中國考略〉，見《中西文化交流》，頁1-2。

203　〔清〕阮元：《疇人傳》，收入《國學基本叢書》（臺北：臺灣商務印書館，1968年），第356種，頁387。

204　方豪：《中西交通史》，冊5，頁7。

3　西法繼續輸入

　　萬曆四十一年（1613），之藻上奏西洋天文學說十四事，言地圓，日月蝕及行星運行之理；並力言西法之長，揭舊曆之短；又請開館翻譯西法，然未得明神宗答允。[205]

　　但是，此時之耶穌會士，仍繼續輸入西方天文學說。熊三拔於萬曆四十一年（1613）著《簡平儀》，詳述《簡平儀》之用法；次年又著《表度說》，解說立表測日影以定時之簡捷法。此外，有陽瑪諾於萬曆四十三年（1615）著《天問略》，其書於「諸天重數，七政部位，太陽節氣，晝夜永短，交食本原，地形粗細，蒙氣映差，蒙映留光」，皆設為問答，反復其義。又詳解晦朔、弦望、交食淺深之原因。[206]

4　西學輸入之頓挫

　　西學之輸入因南京教案而一度中輟。南京教案，是明末反對天主教之政治運動，於萬曆四十四年發生，其事件之始末，可參考〈南京教案〉一章。此教案歷時十六月，被捕之中西教徒共廿六人。明廷於萬曆四十四年（1616）十二月廿八日下禁教諭：

> 這奏內遠夷王豐肅等，立教惑眾，蓄謀叵測，爾部移咨南京禮部，行文各該衙門，速差員役，遞送廣東撫按，督令西歸，以靜地方。其龐迪峨等，去歲爾等公言，曉知曆法，請與各官推演七政。且係向化來京，亦令歸還本國，該部院知道，欽此，欽遵。[207]

205　張蔭麟：〈明清之際西學輸入中國考略〉，見《中西文化交流》，頁2-3。

206　張蔭麟：〈明清之際西學輸入中國考略〉，見《中西文化交流》，頁3。

207　夏瑰琦編：《聖朝破邪集》，頁96。

明熹宗天啟元年至七年（1621-1627）初年，明廷因外患日亟，需用槍炮，又漸用洋人。再加上於明思宗崇禎二年（1629）五月，大統、回回曆推測日食錯誤，徐光啟依西法推而驗。崇禎帝責欽天監官，監官戈豐等言，若依舊法，不能無差，奏請開局修曆，崇禎帝乃命徐光啟督修曆法，《明史》云：「於是禮部奏開局修改，乃以光啟督修曆法。」[208]是以西法復得重視。[209]

5 西洋曆局之設與崇禎曆法新書

朝廷既重視新法，徐光啟乃根據西法上修曆大綱十事：一、議歲差，每歲東行漸行漸短之數，以正多寡互異之說。二、議歲實小餘，及日影長短歲歲不同之因，以定冬至，以正氣朔。三、每日測驗日行經度，以跟隨日躔轉變。四、夜測月行經緯度；五、密測列宿經緯行度；六、密測五星經緯行度；七、推變黃赤道黃狹度數，密測三道距度，及月五星各道，與黃道相距之度；八、議日月去交遠近，及真會、視會之因；九、測日行，考知二極出入地度數，因月食考知東西相距經度；十、隨地測驗二極出入地度數，及經緯度。[210]

崇禎二年，光啟既上修曆大綱，因舉李之藻、鄧玉函（Jean Terrenz〔Terentio〕）、龍華民協同修曆。明思宗遂於崇禎二年（1629）九月在京師東長安街設曆局，作觀星臺，光啟上疏請造天文儀器：計七改象限大儀六、列宿紀限大儀三、平懸渾儀三、交食儀一、列宿經緯天球儀一、萬國經緯天球儀一、平面日晷三、轉盤星晷三、時候鐘三、望遠鏡三。得思宗答允。[211]

---

208 〔清〕張廷玉等撰：《明史》，冊1，卷31，頁7，總頁284。

209 方豪：《中西交通史》，冊5，頁7。

210 〔清〕張廷玉等撰：《明史》，冊1，卷31，頁7，總頁284。張蔭麟：〈明清之際西學輸入中國考略〉，見《中西文化交流》，頁4。

211 張蔭麟：〈明清之際西學輸入中國考略〉，見《中西文化交流》，頁4。

　　光啟旋上《見界總星圖》，乃於崇禎二年測定者，此圖有黃赤二道經緯度，共測得一千三百五十六星，比回回曆所測多約五倍，用西法繪圖立表，並正舊圖之誤。後又上黃赤道兩總星圖，測得之星一千三百四十四，上具黃赤道經緯度，又列表二卷。均為崇禎曆書一部份。[212]

　　崇禎三年（1630）鄧玉函卒，以湯若望（Jean Adam Schall Von Beli），羅雅谷供事曆局，主譯書演算之職，由朝廷發餉。[213]

　　崇禎四年（1631）正月，光啟上所成諸書：《日躔曆指》一卷、《測天約說》二卷、《大測》二卷、《日躔表》二卷、《剖圓八線表》六卷、《黃道升度表》七卷、《黃赤距度表》一卷、《通率表》一卷。其年十月，又上《測候四說》，言新舊推算日蝕法之異，並論西法之長，舊法之短。惜崇禎五年光啟因病去職、詔以李天經代之。是年光啟卒，所修曆書近百卷。[214]

　　崇禎七年（1634）七月，《天經進曆元》廿七卷，星屏一具，旋又上《曆法》卅二卷。時「日晷」、「星晷」、「望遠鏡」等儀器告成，天經奏上其用法。此外，由羅雅谷（Jacques Rho）、湯若望所成之儀器有象限懸儀、象限立運儀、象限座正儀、三直遊儀、渾蓋簡平儀、挈儀、孤矢儀、地平緯儀、黃赤全儀、地平晷、立晷、通光晷、柱晷、瓦晷、十字晷，李天經不能盡用之。[215]

　　崇禎八年（1635）四月，天經又上《乙亥》、《丙子》，《七政行度》，旋又上《參訂曆法條議》廿六則，詳論新舊法之畢同得失。崇禎九年，天經與湯若望推算南京北京恆星出沒，又測北京北極高度。至是，新舊法之書籍、儀器俱完備，推算密合。[216]

212　張蔭麟：〈明清之際西學輸入中國考略〉，見《中西文化交流》，頁4。
213　張蔭麟：〈明清之際西學輸入中國考略〉，見《中西文化交流》，頁4。
214　方豪：《中西交通史》，冊4，頁10。
215　張蔭麟：〈明清之際西學輸入中國考略〉，見《中西文化交流》，頁5。
216　張蔭麟：〈明清之際西學輸入中國考略〉，見《中西文化交流》，頁5。

　　所成書籍合併為《崇禎曆法新書》，計全書分十一部：曰法原、曰法數、曰法算、曰法器、曰會通——謂之基本五目：曰日躔、曰恆星、曰月離、曰日月交會、曰五緯星、曰五星交會——謂之節次六目。其中有術、有圖、有考、有表、有論。以西法融合中法，如置閏月之類，徐光啟謂「鎔西洋之巧算，入大統之模型」者也。書成後，命宣付史館，刊傳四方，惟遲至明亡，其法尚未正式頒行，乃因舊派之阻撓。[217]

6　明末新舊曆之爭

（1）崇禎年修曆之爭

　　新舊曆之爭，早於曆局設立之前已出現，萬曆年間邢雲路與李之藻同理曆事，已生爭論。及西洋曆局設立後，舊派曆家起而抗之。崇禎三年（1630），四川巡按荐冷守中精曆學，呈其所著書及預推次年四川月蝕送部。光啟駁其謬誤。其後，四川報守中推測不確，新法卻密合。而其時與新法爭論最烈者，為滿城之魏文魁[218]。文魁著《曆元》、《曆測》二書，於崇禎四年（1631），命其子上《曆元》一書於朝，送局考驗[219]。書中孤背求弦矢，乃用周三徑之一率，光啟摘其謬誤者七，文魁反復爭辯，光啟更申前說，乃成《曆學小辨》一書。光啟雖力駁文魁之說，惟朝廷因曆法未定，遂兼存文魁之說。光啟既卒，崇禎七年（1643），文魁上言曆官所推之交食節氣皆誤，文魁受命入京測驗，別立東局，與西法、大統、回回並而為四。文魁又指責李天經等的新法推測出五星凌犯、會合、行變都不對。後因天經等人

217　張蔭麟：〈明清之際西學輸入中國考略〉，見《中西文化交流》，頁5-6。

218　張蔭麟：〈明清之際西學輸入中國考略〉，見《中西文化交流》，頁6。

219　〔清〕阮元：《疇人傳》，頁382。

推驗天象密合，文魁說遂詘。[220]

（2）新法頒行之阻梗

崇禎八年（1635），新法之書器既成，屢測交食凌犯俱密合，方欲頒行，但魏文魁多方阻撓，內官又左右之，帝不能決，乃命天經與監局詳究，務求劃一曆法。於是屢測天像，大統、回回及文魁之曆，屢測不驗，獨新法吻合，乃議廢大統用西法。舊派郭正中力言中曆必不可盡廢，西法必不可全行。思宗乃詔行大統曆，如交食、經緯、晦朔、弦望等因年遠而有誤差者，以新法為參考。後來，天經疏陳大統曆所定崇禎十五年（1642）節氣失誤，思宗亦深知西法之密。崇禎十六年（1642）正月，日蝕，西法預推又準確，思宗決定遣散魏文魁回籍，定意頒行新法，惜兵事倥傯，未即實行。[221]茲引述阻撓新曆法推行的言論。

李璨〈劈邪說〉云：

> （利瑪竇）近復舉其技倆一二，如星文律器，稱為中土之所未見未聞，竊圖訂用，包藏禍萌。不思此等技藝，原在吾儒覆載之中，上古結繩而治不曰缺文，中古禮樂代興不無因革，誠以治教之大源在人心，而在此焉故也。是以諸子百家雖間有及于性命，尚以立論不醇，學術編雜，不能入吾夫子之門墻。而外夷小技，竊淆正言，欲舉吾儒性命之權，倒首而聽其轉向，斯不亦妖孽治亂之極，而聖天子斧之所必加乎？[222]

220　〔清〕阮元：《疇人傳》，頁384。

221　張蔭麟：〈明清之際西學輸入中國考略〉見，《中西文化交流》，頁6-7。

222　夏瑰琦編：《聖朝破邪集》，頁271。

明末反對西方曆法者，皆以中國之舊曆法為標準來反對西方新曆法。沈㴶〈參遠夷疏〉云：

> 從來治曆，必本于言天。言天者必有定體。堯典：「敬授寅時」始於寅賓寅餞。以日為記，如「日中星鳥，日永星火，宵中星虛，日短星昴」。蓋日者，天之經也。而月五星同在一天之中，月之晦朔弦望，視日之遠近，而星之東南西北，與日之短永中相應；是故以日記日，以月記月，以中星記時。舜典：「在璇璣玉衡，以齊七政」。解之者以天體之運有恆，而七政運行于天，有遲有速，有順有逆，猶人君之有政事也。則未聞有七政而可各自為一天者。今彼夷立說，乃曰七政行度不同，各自為一重天。又曰七政諸天之中心，各與地心不同處所，其為誕妄不經，惑世誣民甚矣[223]。
>
> 傳曰：「日者眾陽之宗，人君之表」是故天無二日，亦象天下奉壹君也。惟月配日，則象于后；垣宿經緯，以象百官；九野眾星，以象八方民庶。今特為之說曰：日月五星，各居一天。是舉堯舜以來中國相傳綱維統紀之最大者而欲變亂之，此為奉若天道乎？抑亦妄干天道乎？以此名曰冒義而來，此為歸順王化乎？抑亦暗傷王化乎？夫使其所言天體不異乎中國，臣猶慮其立法不同，推步未必相合，況誕妄不經若此，而可據以紛更祖宗欽定、聖賢世守之大統曆法乎？[224]

用天文現象附會到國家政治，也是舊派反對新法的理論，許大受〈聖朝佐闢〉，云：

---

223 夏瑰琦編：《聖朝破邪集》，頁60。
224 夏瑰琦編：《聖朝破邪集》，頁60-61。

（夷）且言星宮天高于日月天，五星二十八宿之體並大于日月。且無論「王者惟歲，庶民惟星」之聖經斷乎不可改易，凡有目者皆見日月之大，而彼偏小之；皆見三光共繫壹天，而彼偏多之。小日是小王也；多天是多帝也。彼豈是玩侮中國之識歟！[225]

（二）清初之西方天文學之輸入

清室入關，定鼎中原，仍重視西方天文曆算之學，其掌天文曆算之官署為欽天監，自順治年起，清室已用西洋人為欽天監，自康熙八年（1669）開始，規定欽天監用西洋人，最初只有監正一員，後增置西洋監副一員。乾隆十八年（1755），又增置西洋監副一員，成為左右監副。又經常使用澳門三巴寺之教士入欽天監。據嘉慶年間（1769-1820）所修纂之《大清會典》所載，已無規定監正必須為西洋人，只附註謂兼用西洋人，監副則依乾隆之舊。至光緒年間（1875-1908）所纂會典，欽天監職員，已無規定用西洋人。

1　清初新舊曆之爭

（1）新舊之爭

清室既定鼎中原，順治元年（1644），湯若望進是年日蝕之預測於朝，較大統、回回吻合。清廷遂用西法，頒行天下，名時憲曆。若望又上疏陳說大統曆、回回曆的問題。因而奉旨掌欽天監印信，負責一切進曆占候選擇。若望並於入清後著新法表異一書，舉四十二點，表西法之畢，證中法之疏。是時使用大統曆、回回曆者皆排斥新法，而若望製曆不用諸科校正，大統回回遭罷黜，舊派仇新法更甚。順治

---

225 夏瑰琦編：《聖朝破邪集》，頁224。

十四年（1657），已革職之回回曆官吳明烜上疏，言若望所推天象錯謬，並呈上是年回回推算天象之書，請立回回科以存絕學。後經測驗，明烜所指皆謬，禮部議其罪，幸獲赦免。[226]

（2）曆獄

耶穌會士，以曆法得清政府信任，傳教無阻。舊派反對益烈。徽州楊光先著〈不得已〉，攻擊教士甚烈，並攻其曆法。康熙四年（1665），光先進所著〈闢謬論〉，指湯若望新法十謬；又指若望選擇榮親王安葬日期有誤；並謂若望陽為修曆，陰傳邪教。帝下議政王等推議。光先闢謬論所言雖妄，惟清室諸王不通曆法，無從分辨。但謂：「若望進二百年曆；夫天祐皇上，歷祚無疆，而若望止進二百年，為大不合；又若望選擇榮親王安葬日期，不用正五行，反用〈洪範〉下五行，山向年月，俱事犯重大。」議決：若望及監官等八人凌遲處死，子弟斬決者五人，干連族人皆治罪。帝命若望免死，赦族人罪，只斬五人，其餘流徙。廢西洋新法，用大統舊曆。[227]

（3）舊派之末路

舊派既勝，楊光先為欽天監正，吳明烜副之，不久因大統曆不密，改用回回曆，後因為術俱窮，光先稱病請辭。康熙八年（1669），帝命大臣傳召西洋人，與監官對辯，南懷仁（Ferdnand Verbiest）指吳明烜所造康熙八年（166）曆有誤。帝命大學士圖海等同赴觀象臺測驗，懷仁所言皆合，明烜所言皆謬。圖海等請將康熙九年曆書，交南懷仁推算。欽天監正馬祜等力指楊光先誤解西洋曆法，帝下詔復用西洋新法。康熙十一年（1672）有楊煒南者造《真曆言》一書，議西法

---

226 張蔭麟：〈明清之際西學輸入中國考略〉，見《中西文化交流》，頁7。
227 張蔭麟：〈明清之際西學輸入中國考略〉，見《中西文化交流》，頁7-8。

之謬，後經測驗，其說虛妄，其人交刑部處置。自是舊派失勢，新舊曆之爭結束。[228]

2　清初西洋疇人之貢獻

（1）湯若望

　　清初西洋欽天監之貢獻，以南懷仁，戴進賢（Ignace Kögler）為最。湯若望於曆獄之前，亦嘗製器著書。明室之亡，曆局儀器悉毀，湯若望效力清室，奏請另造新器。順治元年（1644）成渾天星球儀、地平日晷儀、望遠鏡、輿地屏圖各一。[229]計若望所著天文曆法之書有：《渾天儀說》五卷；《西洋測日曆》一卷，《民曆補註釋惑》一卷，《大測》二卷，《星圖》八幅，《恆星表》五卷，《古今交食考》一卷，《交食曆指》七卷，《學曆小辨》一卷，《測食說》二卷，《新曆曉惑》一卷，《測天約說》二卷，《遠鏡說》一卷，《新法曆引》一卷，《恆星出沒》二卷，《曆法西傳》，《交食表》，《西洋曆法新書》共卅六卷，共譯各圖《八線表》，《新法表異》二卷，《赤道南北兩動星圖》。[230]其中《新法曆引》及《曆法西傳》皆《崇禎曆書》之提要，而《曆法西傳》，兼述西方天文學進化之跡，對多祿某（Claudius Ptolemy），哥白尼（Nicolaus Copernicus），第谷（TychoBrahe）及加利勒阿（Galileo Galilei）之說俱略舉一二。

（2）南懷仁

　　西法復用，詔南懷仁為欽天副監。他於康熙八年（1669）改造觀象臺之儀器，成新儀六式：曰黃道經緯儀、曰赤道經緯儀、曰紀限

228　張蔭麟：〈明清之際西學輸入中國考略〉，見《中西文化交流》，頁8。
229　張蔭麟：〈明清之際西學輸入中國考略〉，見《中西文化交流》，頁8。
230　徐宗澤：《明清間耶穌會士譯著提要》，頁373-374。

儀、曰地平經儀、曰地平緯儀、曰紀限儀、曰天體儀。[231]又將各儀器
之製法、用法、安置法、加以繪圖立說，並用其器測驗所得列表，合
曰《靈臺儀象志》，書成於康熙十三年（1674）。其書所載測得諸星，
與古同者共二千一百六十一座，一千二百一十星；《步天歌》所有，
而新測所無者，廿二座，二百五十四星，外增新星五百十六，及近南
極諸星，中國所不見者一百卅五。又成預推《七政交食表》卅二卷，
名《康熙永年表》。康熙廿一年，懷仁隨駕盛京，[232]測得其地北極高
度，製盛京推算表。[233]

（3）清聖祖（康熙）與西學

聖祖深嗜西學，尤好天文曆算之術，雖巡幸亦召西士講學不輟。
康熙廿一年（1682），帝往盛京，南懷仁奉命攜內廷觀測儀器從之；廿
二年（1683）幸北塞，南懷仁又偕庫利爾、焉爾其從之；卅年（1691），
親征噶爾丹，以白晉（Joachim Bouvet）、林安多（Antoine de Silva
〔Sylva〕）隨駕；卅八年（1699）南巡，命蒲壁等從之。可見康熙之
好西學。康熙一代，「御定」之天文學書有二：一曰《御定四餘七政
萬年書》，成於康熙五十七年（1718），將順治元年（1644）至康熙六
十年（1721）之節氣日時，及日月五星交宮入宿分度，按年排列，自
後可按式繼續，故名《萬年書》，唯編纂此書之人無可考矣。另一曰
《曆象考成》，成於康熙六十一年（1722），為《御定律曆淵源》之第
一部，書內所列編纂者，雖無一西洋人，然其書乃沿《崇禎曆書》所
採第谷法之舊而成。[234]

---

231 〔清〕阮元：《疇人傳》，頁590-592。

232 今遼寧省會瀋陽，清太祖自遼陽遷都於此，號曰盛京。

233 張蔭麟：〈明清之際西學輸入中國考略〉，見《中西文化交流》，頁9。

234 張蔭麟：〈明清之際西學輸入中國考略〉，見《中西文化交流》，頁9-10。

（4）戴進賢等人的成績

　　南懷仁卒後，繼之者有徐日昇（Thomas Pereira）、蘇霖（Joseph Saurez）、林安多、白晉、張誠（JeanFrançois Gerbillon）等人。康熙四十三年（1703），增衍《蒙古諸處推算表》。康熙五十三年（1713）監臣紀利安制地平經緯儀，將象限儀及平緯儀之作用合一。[235]

　　自康熙之《歷象考成》告成後，欽天監依之推算曆法，然其書以第谷之法為主，第谷距康熙已百餘年，[236]其數有差，且歐洲天文學又屢有新創。雍正年（1723-1734）間，欽天監官西人戴進賢、徐懋德（André Pereira）習其術，雍正八年（1730）推測日食，較第谷之法密合。戴進賢奏請纂修《日躔》、《月離》二表[237]，以推交月支食，交宮過度，晝夜長短，表成，凡卅九頁，續之於《歷象考成》之末。乾隆二年（1737）吏部尚書顧琮請將二表增補圖說，務期垂之永久，又請修改《歷象考成》內當修之處。並荐戴進賢纂總表，徐懋德副之，後以梅殼成、何國宗為正副總裁。乾隆七年（1737）六月，書成，凡十卷，賜名《歷象考成》後編，對《崇禎曆書》及《歷象考成》作修正。[238]

　　戴進賢又據西洋新測星度，累經測驗，知南懷仁所造《靈臺儀象志》多未合處，奏請訂正之。西洋監官劉松齡、鮑有管等詳加測試，著之於圖。總計星名與古同者二百七十七座，一千三百十九星，比《儀象志》多一百零九星，與《步天歌》為近。改正《儀象志》之次序凌亂者，一百零五座，四百四十五星。又新增星一千六百零四。合舊載南極星，其有恆星三百座，三千零八十三星。編為《總記》一

235　張蔭麟：〈明清之際西學輸入中國考略〉，見《中西文化交流》，頁10。

236　〔清〕阮元：《疇人傳》，頁557-559。

237　〔清〕阮元：《疇人傳》，頁599。

238　張蔭麟：〈明清之際西學輸入中國考略〉，見《中西文化交流》，頁10。

卷,《黃赤道度經緯度表》各十二卷,《月五星相距恆星經緯度表》一卷,《天漢黃赤經緯度表》四卷,共卅卷,名《儀象攷成》,書成於乾隆十七年(1752)。乾隆十九年(1754),戴進賢又製璣衡撫辰儀,體制仿照渾天之舊,但時度較為整齊;運量同於赤道新儀,而重環更能合應。至於借表窺測,則上下左右,無不合宜。戴進賢又自撰《璣衡撫辰記》二卷以說明之,冠於《儀象攷成》之首。[239]

(5)蔣友仁之貢獻

乾隆廿、卅年間(1755-1765),法國人蔣友仁(Michel Benoist〔Benoit〕)來華,進呈《增補坤輿全圖》及新製渾天儀,乾隆令翻譯圖說,使何國宗及錢大昕為之詳加潤色。其坤輿全圖說,述哥白尼地動之原理條舉縷晰,是地動說入中國之始[240]。然其時之我國學者,即使號稱精通天文學如阮元者,猶惑於湯若望言哥白尼有天動以圓之說,而言蔣說為誣。蔣友仁之後,直至咸同以前,不復聞有西說之輸入,此時期乃於此告終。[241]

三 數學物理學及其他學術之輸入

(一)數學

西方數學輸入中國,始於利瑪竇,其著《乾坤體儀》上卷言天像,下卷論數學。[242]利氏入北京後,與徐光啟、李之藻譯西籍,以數學書為先,最先譯成者為《幾何原本》六卷,書成於萬曆卅五年

---

239 張蔭麟:〈明清之際西學輸入中國考略〉,見《中西文化交流》,頁11-12。

240 〔清〕阮元:《疇人傳》,頁601。

241 張蔭麟:〈明清之際西學輸入中國考略〉,見《中西文化交流》,頁12。

242 方豪:《中西交通史》,冊4,頁45。

（1607），此書原作者為歐幾里得（Euclid），全書共十五卷，利氏口授，徐光啟譯，至第六卷《平面之部》而止。光啟求合本書之意，凡三易稿。利氏於其書之引言，論述幾何學與各科學之關係。[243]《四庫提要》稱此書為「弁冕西術」[244]，可見清代學者之重視此書。惜其書初出世時，除了徐光啟、李之藻之輩外，少有注意者。[245]在《天學初函》中，關於幾何學之書，尚有：一、《圜容較義》，說圓形是最大、最多邊的形。[246]二、《測量法義》，乃徐光啟從利瑪竇繼《幾何原本》而譯，內述應用幾何原理，以測量之法，為術十五，每術悉詳加證明。[247]此外，羅雅谷有《測量全義》摘譯亞奇默德（Archimedes）《圜書》（*The Measure of The Circle*）中圓周率之計算，及其《圜柱圜球書》（*The Sphere and The Cylinder*）之要題，其計算圓周率，至廿一位。輸入西洋算術者，有《同文指算》一書，乃李之藻從利瑪竇所譯，成於萬曆四十一年（1613），書凡十卷，所述比例、級數，皆前此中土所未聞。[248]

　　十七世紀之西方，平三角、弧三角之術已成立，來華之西士以其術測天，其術隨《崇禎曆書》而輸入中土。崇禎四年（1631），徐光啟奏《上割圜八線表》及《大測》二書，前書言平面三角，後者言弧三角，皆出自崇禎曆局諸西人之手。[249]

　　順治（1644-1661）年中，穆尼閣（Jean-Nicolas　Smogolenshi

243　徐宗澤：《明清間耶穌會士譯著提要》，頁257-262。
244　〔清〕永瑢等撰：《四庫全書總目》（北京：中華書局，1983年），上冊，頁907。
245　張蔭麟：〈明清之際西學輸入中國考略〉，見《中西文化交流》，頁13。
246　〔明〕李之藻輯：《天學初函》，冊6，頁3430。
247　徐宗澤：《明清間耶穌會士譯著提要》，頁267-269。
248　張蔭麟：〈明清之際西學輸入中國考略〉，見《中西文化交流》，頁13。
249　方豪：《中西交通史》，冊4，頁51。

〔Smoguleki〕）居金陵，以數術授薛鳳祚，著有《比例對數表》十二卷。[250]

康熙（1662-1722）末年，西士入內廷講學，輸入代數之術，當時稱「借根方程」或「阿爾八達」（Algebra）。此外，聖祖命諸臣纂《律曆淵源》，其中有《數理精蘊》一書，此書至雍正元年（1723）始成，集當時所輸入之西方數學之大成。此外，尚有杜美德（Pierre Jartoux）所輸入之《割圜九術》。[251]

（二）物理學

明熹宗天啟六年（1626），湯若望撰《遠鏡說》一書，乃西方光學入中國之始，全書十六章，首言遠鏡之用法，中言其原理，末言其製法。[252]凡光在水中之曲折，光經過望遠鏡之曲折，凹鏡散光，凸鏡聚光，凹凸鏡相合以放大物像等現象及解釋，皆詳言之。惟西士寫中文，詞意晦澀。[253]

西方之力學輸入中國者，始於鄧玉函口授，王徵所譯之《遠西奇器圖說》，書成於明熹宗天啟七年（1634）。[254]書之第一卷言重心，比重之理凡六十一款；第二卷述槓桿滑車，輪軸斜面之理，凡九十二款；每款皆有例證。[255]第三卷言應用上述各原理，以起重引重、轉重、取水及用水力代人力諸器械。各器械之用法均有圖解。書中有目錄四卷，惜今書只得三卷。[256]

---

250 方豪：《中西交通史》，冊4，頁51。

251 張蔭麟：〈明清之際西學輸入中國考略〉，見《中西文化交流》，頁14。

252 徐宗澤：《明清間耶穌會士譯著提要》，頁294。

253 張蔭麟：〈明清之際西學輸入中國考略〉，見《中西文化交流》，頁14。

254 徐宗澤：《明清間耶穌會士譯著提要》，頁295-296。

255 方豪：《中西交通史》，冊4，頁65-66。

256 張蔭麟：〈明清之際西學輸入中國考略〉，見《中西文化交流》，頁13- 14。

　　除此書外，有《泰西水法》一書，是熊三拔口授、徐光啟筆錄，成書於一六一二年（明神宗萬曆十年），此書論述取水、蓄水的方法，蓄水機器的使用等。[257]

　　此時期所輸入之物理學，對中國影響極少，除了方以智著《物理小識》受西方物理學影響；戴震按照西人《龍尾車法》，作《嬴旋車記》，照西人《引重法》，作《自轉車記》，可云頗知西學，其他學者了解西學者甚少。[258]

（三）地理學

　　利瑪竇來華初期，在肇慶傳教，在廳堂中掛有一幅世界地圖，並將外文註解譯成中文，中國人始聞五大洲之說。[259]及利氏入京，貢物中有《萬國輿圖》。其後有《職方外紀》一書，由艾儒略增譯，楊廷筠彙記，此書於明熹宗天啟三年（1632）完成，共六卷，此書的資料是取材自龐迪俄、熊三拔二人，奉萬曆帝之命，講解利瑪竇的〈萬國輿圖〉的講義，書中講述世界五大州的風土民情，氣候名勝。[260]可惜，清朝時國人囿於狹窄知識，斥艾說荒誕，又將艾五大洲之說等歸諸鄒衍瀛海之談。直至乾隆中葉所纂之《清通考》，猶言「……即彼所稱五大洲之說，語涉誕誑。」[261]可見其時國人對西學之鄙視。清初西人所撰關於外國地理書者，有利類思（Louis Buglio）、安文思（Gabriel de Magalhaens）與南懷仁合著之《西方紀要》；另南懷仁有《坤輿全圖》與《坤輿圖說》。《坤輿全圖》於一六七四年刊印，將世

257　徐宗澤：《明清間耶穌會士譯著提要》，頁307。

258　張蔭麟：〈明清之際西學輸入中國考略〉，見《中西文化交流》，頁15。

259　〔意〕利瑪竇（Mathieu Ricci）著，劉俊餘、王玉川譯：《利瑪竇全集》，冊1，頁146。

260　徐宗澤：《明清間耶穌會士譯著提要》，頁313。

261　張蔭麟：〈明清之際西學輸入中國考略〉，見《中西文化交流》，頁16。

界分為南北兩個半球形狀，另有《坤輿圖說》二冊，解說南北兩極的
地震、山嶽、海水的流動、潮夕潮退等情形。[262]其後，蔣友仁來華進
呈《增補坤輿全圖》，又譯圖說，為此期輸入地理學之最後著作。[263]

　　西方地理學之影響我國最深者，為清康熙年間《全國輿地圖》之
測繪，全由西人負責。始於康熙四十七年（1708），命費隱（Xavier-
Ehrenbert Fridelli）、雷孝思（Jean-Baptiste Régis）、杜美德，測繪蒙古、
直隸。四十九年（1710）費隱測繪黑龍江。五十年（1711）雷孝思與
加爾特測繪山東；杜美德、費隱、潘如望、湯尚賢（Pierre-Vincent de
Tartre）測繪山西、陝西、甘肅。五十一年（1712）馮秉正（Joseph-
François-Marie-Anne de Moyriac Mailla）、德瑪諾（Romin Hinderer）、
雷孝思測繪河南、江南、福建。五十二年（1713）湯尚賢、費隱、麥
大成（Jean-François Cardoso）測繪江西兩廣；費隱又與潘如望測繪四
川。五十四年（1715）雷孝思，費隱測繪雲南、貴州、兩湖。五十八
年（1719）全事工告完。白晉彙成總圖一張，又做各省分圖。康熙命
之為《皇輿全覽圖》，並諭內閣學士蔣廷錫曰：「此朕費三十餘年之
力，始得告成，山脈水道，俱與禹貢合。爾將此圖與九卿細看，儻有
不合之處，有知者即指出。」[264]尋九卿奏稱「從來輿圖地記，往往前
後相沿；雖有成書，終難考信。……此圖誠開闢方圓之至寶，混一區
夏之鉅觀。蓋非過諛也。」[265]現在我國之地圖，皆以《皇輿全覽圖》
為據，可見此圖對中國地理學之貢獻。

---

262 徐宗澤：《明清間耶穌會士譯著提要》，頁318-319。

263 張蔭麟：〈明清之際西學輸入中國考略〉，見《中西文化交流》，頁16。

264 〔清〕雍正九年敕修：《聖祖仁皇帝聖訓》，收入《文淵閣四庫全書》，冊411，卷
　　5，頁30，總頁214。

265 轉引自張蔭麟：〈明清之際西學輸入中國考略〉，見《中西文化交流》，頁16-17。

（四）炮術

　　耶穌耶會士來華前，葡萄牙人曾以大炮攻新會，國人始知有西方槍炮。耶穌會士之來華者，多精炮術，其法漸傳中國，其時有《海外火攻奇器圖說》一書，唯未知傳自何人，是書也不行於世。徐光啟嘗從利瑪竇習火炮之術，力請多鑄大炮，以資城守。明熹宗天啟元年（1622），外患日亟，滿人已攻陷遼東數省，徐光啟與李之藻建議招請澳門葡軍的炮手幫助，[266]是以兵部乃議請居於澳門之精於火炮之西洋人，明熹宗從之。崇禎三年（1630），龍華民、畢方濟（François Sambiasi）奉旨招勸殷商集資助製火炮。明思宗崇禎十五年（1642）兵部尚書陳新到東閣語明帝，言西炮之利害，帝命湯若望商榷鑄炮，思宗命若望將用法傳授給兵杖局內監。若望共鑄造無間大小炮廿餘位，大者重一千二百斤，次者三百斤，小者不下數百斤。又命若望教放銃法，條纂火藥城守等書進呈。崇禎十六年（1643），明思宗命若望與吳惟英講究火器於都城，以資演練。若望又以《火攻揭要》授焦勗，詳述火器之製法、用法，以及子彈火藥火箭地雷之製法，和試放的方法。[267]若望亦屢次隨師出征，在陣前授以炮術，後若望以炮術從李建泰剿賊，亦隨之降清。[268]

　　清室入主中原後，有吳三桂之亂，南懷仁又奉帝命鑄造銃炮，自康熙十三年至十五年（1674-1676）造大小炮一百廿具，分配各省。及康熙廿年（1681）更鑄較便歐式神武炮三百廿具，帝親蒞盧溝橋檢閱試放。南懷仁又編《神武圖說》，分理論卅六編，圖解四十四篇，詳說銃炮之術。然自後朝野較承平，火器無用武之地。[269]

266　方豪：〈明末西洋火器流入我國之史料〉，見《東方雜誌》第40卷第1期，1944年，頁51，總第156冊，頁121267。

267　徐宗澤：《明清間耶穌會士譯著提要》，頁301。

268　張蔭麟：〈明清之際西學輸入中國考略〉，見《中西文化交流》，頁17。

269　張蔭麟：〈明清之際西學輸入中國考略〉，見《中西文化交流》，頁17-18。

（五）採礦術

崇禎元年（1628）畢方濟上疏云：「臣蒿目時艱，思所以恢復封疆，而裨益國家者⋯⋯二曰：辨礦脈以裕軍需。蓋造化之利，發現於礦；第不知礦苗所在，則妄鑿一日，即虛一日之費。西國⋯⋯論五金礦服徵兆多端，宜往澳門招聘精於礦學之儒。」[270]崇禎十六年（1643）湯若望奉命赴薊督軍，除授火器之術外，亦授採礦之法。十七年（1644）晉王審烜亦疏請命若望往營開採事。惜明亡後，其術亦無人問津。[271]

（六）語言學

耶穌會士來華之後，為了傳教方便，不得不學中國語言文字，羅明堅和利瑪竇因為懂華語而得明朝士大夫的欣賞，得以留在中國傳教。先有利瑪竇撰有《西字奇蹟》，用羅馬拼音方式讀中國文字。[272]後有金尼閣著《西儒耳目資》，[273]由韓雲詮訂正，王徵校梓，是一文字學之書，共分三冊：第一冊說文字學及其翻譯的意義；第二冊是以中文字的音韻排列中文字，有如中國的韻書；第三冊是用中文字的偏旁排列中文字，並配以羅馬拼音。[274]這種用羅馬拼音研究中國字音的方法，到了現在仍然使用，為研究中國聲韻學的人士，提供了更多的研究方法。

---

270 轉引自張蔭麟：〈明清之際西學輸入中國考略〉，見《中西文化交流》，頁18。

271 張蔭麟：〈明清之際西學輸入中國考略〉，見《中西文化交流》，頁18。

272 〔意〕利瑪竇（Mathieu Ricci）著：《西字奇蹟》，見利瑪竇著，朱維錚編：《利瑪竇中文著譯集》（香港：香港城市大學出版社，2001年），頁293-335。

273 〔法〕金尼閣（Nicolas Trigault）：《西儒耳目資》，收入《續修四庫全書》（上海：上海古籍出版社，1995年，據北京大學圖書館藏明天啟六年王徵張問達刻本影印），冊259，頁425-652。

274 徐宗澤：《明清間耶穌會士譯著提要》，頁321。

（七）藝術

耶穌會士帶來的西方藝術，以音樂和繪畫為最。西洋音樂傳入中國者，應始於葡萄牙人定居澳門，建立天主教堂，用西洋風琴與天主教音樂崇拜上帝之用，[275]屈大均《廣東新語》載：「男女日夕赴寺禮拜，聽僧演說，寺有風樂，藏革櫃中不可見，內排牙管百餘，外按以囊，噓吸微風，入之，有聲嗚嗚自櫃出，音繁節促，若八音並宣，以合經唄，甚可聽。」[276]

其後有利瑪竇將西洋音樂及繪畫傳入中國內地，他在肇慶傳教時，經常以西方樂器及油畫等物示其時之士官。而入京所貢方物有西琴一張和西洋畫三幅獻予明神宗，他的〈上大明皇帝貢獻土物奏〉云：「大西洋陪臣利瑪竇，謹奏為貢獻方物事。……謹以原攜國土物，所有天帝圖像一幅，天帝母圖像二幅，……西琴一張。」[277]說明了他帶了歐洲琴和耶穌圖像和聖母圖像來中土。而且，他更著有《西琴曲意》八章，乃是為樂曲而寫的中文歌辭。[278]此外，清朝康熙帝也提倡西洋音樂，命其子跟隨德理格學習西洋音樂，陳垣輯《康熙與羅馬使節關係文書影印本》第六件云：

> 至於律呂一學，大皇帝猶徹其根源，命臣德理格在皇三子、皇十五子、皇十六子殿下前，每日講究其精微，修造新書，此書不日告成。此《呂律新書》內，凡中國外國鐘磬絲竹之樂器，

---

275 張維華：〈明清間中西文化接觸中之醫學音樂及對中國語文之貢獻〉，見顧頡剛編：《文史雜誌》第1卷第10期，頁5。

276 屈大均：《廣東新語》（香港：中華書局，1974年），頁37。

277 〔意〕利瑪竇（Mathieu Ricci）著，朱維錚編：《利瑪竇中文著譯集》，頁282。

278 〔意〕利瑪竇（Mathieu Ricci）著，朱維錚編：《利瑪竇中文著譯集》，頁287-291。

分別其比例，查算其根源，改正其錯訛，無一不備美。[279]

耶穌會士徐日昇於康熙五十二年（1713）著成《律呂正義》，[280]此書前四卷是御纂，第五卷是《律呂止義續編》，此卷是出自西人徐日昇和德里格（Teodorico Pedrini）之手，專討論西洋音樂，〈律呂正義續編總說〉云：「徐日昇者，精於音樂其法專以絃音清濁二均遞轉和聲為本。其書元大要有二：一則論管律絃度生聲之由，聲字相合不合之故；一則定審音合度之規，用剛柔二記以辨陰陽二調之異。用長短遲速等號，以節聲字之分。」[281]

至於繪畫方面，利瑪竇朝貢的西洋畫亦有分別。他帶來的畫是彩色的，人面有凹凸相，如真人一樣。[282]可見其畫是著重寫實、光暗面及立體感，與中國寫意境及平面的山水畫大異其趣。自利瑪竇之後，不少耶穌會士都帶來西洋畫作為傳教工具。[283]畢方濟更著有《畫答》一書，乃討論西洋畫及西洋雕版畫之書。[284]郎世寧（Joseph Castiglione）更為清朝乾隆帝的御用的畫師。[285]西洋畫和畫法傳入中國，中國人之好畫者，也有使用西洋畫法者，如明末有福建莆田人曾蘇波便

279 陳垣輯：《康熙與羅馬使節關係文書影印本》（臺北：臺灣學生書局，1973年），頁18-19。

280 徐宗澤：《明清間耶穌會士譯著提要》，頁396-397。

281 徐宗澤：《明清間耶穌會士譯著提要》，頁326。

282 向達：〈明清之際中國美術所受西洋之影響〉，見《東方雜誌》第27卷第1號，頁21，1930年，總第106冊，頁80679。

283 向達：〈明清之際中國美術所受西洋之影響〉，見《東方雜誌》第27卷第1號，頁21，1930年，總第106冊，頁80679。

284 向達：〈明清之際中國美術所受西洋之影響〉，見《東方雜誌》第27卷第1號，頁23，1930年，總第106冊，頁80681。

285 向達：〈明清之際中國美術所受西洋之影響〉，見《東方雜誌》第27卷第1號，頁23，1930年，總第106冊，頁80681。

使用西洋畫法寫畫，清初有焦秉貞亦以西洋畫法畫人物畫。[286]清聖祖時有西洋畫家焦秉貞供奉內廷，亦有中國畫家習西畫者。清人王士禎認為西洋畫是寫實畫，其《池北偶談》云：「西洋所製玻璃等器，多奇巧。曾見其所畫人物，視之初不辨頭目手足，以鏡照之，即眉目宛然姣好，鏡銳而長，如卓筆之形。畫樓臺宮室，張圖壁上，從十步外視之，重門洞開，層級可數，潭潭如王宮第宅。」[287]

（八）哲學

明時輸入中土之西方哲學有「落日加」（Logica，論理學）譯言辯是非之法，「費西加」（Physica，物理學）譯言察性理之道，「默達費西加」（Metaphysica，形而上學或玄學）譯言察性理以上之學，總名「斐錄所費亞（Philosophia，哲學），「瑪得瑪第加」（Mathematica，數學）亦屬「斐錄所費亞」科內。明末西士所譯有《辨學》一書，為西方論理學輸入之鼻祖。高一志撰《空際格致》，暢闡火、氣、水、土，為宇宙四大元素之說。惜此學在清代無過問者。[288]

（九）醫學

西方醫學於明朝末年傳入中國者，以解剖學為最先，[289]中國學者亦有述及此事者，俞正燮《癸巳類稿》卷十四說：「西洋羅雅谷、龍華民、鄧玉函所譯其國人身圖說二卷。」[290]俞正燮謂《人身圖說》是

---

286 向達：〈明清之際中國美術所受西洋之影響〉，見《東方雜誌》第27卷第1號，頁25，1930年，總第106冊，頁80683。

287 王士禎：《池北偶談》（臺北：臺灣商務印書館，1976年），下冊，卷26，頁9。

288 張蔭麟：〈明清之際西學輸入中國考略〉，見《中西文化交流》，頁19。

289 張維華：〈明清間中西文化接觸中之醫學音樂及對中國語文之貢獻〉，見《文史雜誌》第1卷第10期，頁1。

290 俞正燮：《癸巳類稿》（臺北：世界書局，1965年），卷14，頁521。

由羅雅谷、龍華民和鄧玉函三人合著，但沒有說及鄧玉函尚有另一部相關的書。實際上《人身圖說》是由羅雅谷譯述，龍華民、鄧玉函二人校閱。[291] 據馮承鈞所譯之《入華耶穌會士列傳》謂鄧玉函所譯述的是《人身說概》，與《人身圖說》二者的編次有別，可能因為二書並行，俞正燮乃產生誤會。[292] 所謂二書並行者，是說《人身說概》與《人身圖說》二書合訂成為一冊刊行。《人身說概》所論的是生理學與及解剖學的知識。[293]

雖然，這些生理、解剖理論之書，於明末傳入了中國，但其時的中國人觀念，離西洋之科學理論甚遠，沒有接受這些理論，西方理論可謂對明末中國醫學沒有影響。[294] 即使是乾嘉時期的俞正燮，雖然博覽群籍，亦甚留意西教士之書，但他對《人身圖說》的批評，也足以反映那時中國學者對西方生理、解剖學的無知。他評之曰：

> 又論人知覺在腦，其人南懷仁於康熙時上《窮理學》書云：「一切知識記憶不在於心而在於腦之內」，亦不出此書之旨。惜藏府經絡，事非眾曉，藏府不同，故立教不同。其人好傳教，欲中土人學之，不知中國人自有藏府經絡，其能信天主教者，必中國藏府不全之人，得此等千百，於西洋教何益？西洋人倘知此亦當殷然自惜，掉首芟舍，決然捨去者歟。[295]

291　徐宗澤：《明清間耶穌會士譯著提要》，頁303。

292　〔法〕費賴之（Louis Pfister）著，馮承鈞譯：《在華耶穌會士列傳及書目》（北京：中華書局，1995年），上冊，頁161-162。

293　徐宗澤：《明清間耶穌會士譯著提要》，1989，頁303。

294　張維華：〈明清間中西文化接觸中之醫學音樂及對中國語文之貢獻〉，見《文史雜誌》第1卷第10期，頁2。

295　俞正燮：《癸巳類稿》，卷14，頁547。

很明顯俞正燮誤會中西人士的身體構造，且認為西洋人是藏府不全之人。

雖然如此，西方醫學之士在清初已為朝廷效力。閻宗臨輯存〈華諦岡圖書館存康熙六十年正月初五日文書〉云：「標下千總陳秉誌、標下千總袁良棟同謹稟大老爺台前。稟者，二十九日旨意，叫喜樂進朝內見，皇上問嘉樂許多話，貴克（當作衣字）食。皇上望西洋內科烏爾達話（當作說字）玩話：『你治死了多少人，想是爾治死的人，比我殺的人還要多了。』皇上大笑甚歡。」可見康熙使用了烏爾達在朝廷做內科御醫。[296]

此外，亦有羅德先（Bernard Rhodes）任康熙的御醫，閻宗臨〈從西方典籍所見康熙與耶穌會之關係〉一文：「允祈廢立後，康熙沈入『深痛中，心臟弱，跳得很快，臥病幾死。』羅德先進藥痊癒，遂榮任內廷御醫。」[297]而且康熙帝亦喜用外國藥物，閻氏續云：

> 四十八年（康熙）正月二十五日奉上諭：西洋人自從南懷仁、安文思、徐日昇等在內廷效力，俱勉力事，未嘗有錯。……前者朕體違和，爾等跪奏，西洋上好葡萄酒，乃高年人大補之物，即如童子飲乳之力，諄諄泣奏，求皇上進葡萄酒，或者有益。朕即准其所奏，每日進葡萄酒幾次，甚覺有益，飲膳亦好。今每日竟進數次，朕體已經大安。念爾為朕之誠心，不可不曉諭，今將眾西洋人傳在養心殿，都叫知道。欽此。[298]

---

296 轉引自張維華：〈明清間中西文化接觸中之醫學音樂及對中國語文之貢獻〉，見《文史雜誌》第一卷第十期，頁2-3。

297 轉引自張維華：〈明清間中西文化接觸中之醫學音樂及對中國語文之貢獻〉，見《文史雜誌》第一卷第十期，頁3。

298 轉引自張維華：〈明清間中西文化接觸中之醫學音樂及對中國語文之貢獻〉，見《文史雜誌》第一卷第十期，頁3。

文中所說的葡萄酒，雖是日常飲用的酒，但有醫病作用，可作藥用。

四　西學輸入之禁制

自康熙四十三年（1707），天主教士奉教皇令改變傳教方針，違反中國傳統，引致朝野憤怒，聖祖令下，將教皇特使魯囊（Charles-Thomas Maillard de Tournon）監禁澳門，各地傳教活動受禁，未經特許之傳教士，盡逐往澳門。傳教既受頓挫，西學之輸入亦告衰落。雍正元年（1723），朝廷允閩浙總督滿寶奏請，下令所有在華之西洋人，除供職欽天監者外，餘皆驅逐至澳門。而欽天監所需者僅在天文之術，且職在官府，與國內其他學者少有接觸，已不能在學術界發生影響。自《曆象考成後編》（乾隆七年，1742）及《儀象考成》（乾隆十七年，1752）告成後，欽天監所需測天之術，已達完備。故蔣友仁來華（1762）以後，直至咸同以前，西學之之輸入完全停止[299]。

五　西學輸入對我國學術之影響

（一）西學與理學

明末之理學如王陽明一派的學說，著重主觀，缺乏科學精神，遇到以絕對客觀的，以歸納為研究方式的天文學，再加上以完全客觀觀念運算的西方數學輸入，而且天文、數學又為政府所重，影響當時之思想、學術界者，實在不容忽視。例如徐光啟認識了西方數學之後，便把我國數學之不振，歸咎於理學家，其〈刻同文算指序〉云：

---

299 張蔭麟：〈明清之際西學輸入中國考略〉，見《中西文化交流》，頁19-20。

算數之學，特廢於近世數百年間爾，廢之緣有二：其一為名理之儒士苴天下之實事；其一為妖妄之術謬言數有神理。能知來藏往，靡所不效。卒於神者無一效，而實者亡一存，往昔聖人所以制世利用之大法，曾不能得之士大夫間，而術業政事遜於古初遠矣。余友李水部振之（李之藻字），卓犖通人，生平相與慨歎此事，行求當世算術之書，大都古初之文十一，近代俗傳之言十八，其儒先所術作而不倍於古初者，亦復十一而已。[300]

中國近代學者梁啟超認為，西學輸入影響了中國學者的客觀治學精神，其《中國近三百年學術史》云：

我三年前曾做過一部清代學術概論，……這個時代的學術主題是：厭倦主觀的冥想傾向客觀的考察。[301]

可見西方學術之輸入，刺激中國學術界反省其為學之方法。

（二）學術內容之增加

西學輸入之初，引起我國學者研究，明末治西學者除了徐光啟、李之藻、周之愚、李天經、王徵、焦勗、方以智外，現可考者有瞿式穀、虞淳熙、樊良樞、汪應熊、楊廷筠、鄭洪猷、馮應京、汪汝淳、周炳謨、王家植、瞿汝夔、曹子汴、鄭以焯、熊明遇、陳亮采、洪士祚、許胥臣、王英等。其後天文、數學二科盛行，清初研之者頗眾，其中以王錫闡、梅定九、薛鳳祚、杜知耕、方中通、方中履、陳訏、

300　〔明〕徐光啟：《徐光啟集》，上冊，頁80。
301　梁啟超：《中國近三百年學術思史》（臺北：中華書局，1936年），頁1。

陳世仁、莊亨陽、胡亶、游藝、屠文漪、王百家、秦文淵、揭暄、邵
昂霄、余熙、李子金、孔興泰、毛乾乾、梅文鼐。此後乾嘉漢學者，
多有兼通天文數學者，從阮元的《疇人傳》便可知其概況。可見明末
清初的中國學者受西學影響不少，梁啟超云：

> 中國知識線和外國知識線相接觸，晉唐間的佛學是第一次，明
> 末歷算學便為第二次。在這種新環境下，學界空氣當然變換。
> 後此清一代，學者對於歷算之學都有興味，而且最喜歡談經世
> 致用之學，大概受利（瑪竇）徐（光啟）諸人影響不少。[302]

梁啟超對中國與西方文化的接觸，只題及晉唐間的佛教和明末歷算之
學，而無題及唐朝來華的阿拉伯和回教文化，此乃其不足之處。然其
指出清代學者對天文數學多有認識則是的論。

（三）西學與清代漢學家

明末清初的耶穌會士傳入的天文學與數學，二者皆著重歸納的方
法，漢學家之代表人物，自顧炎武、方以智、毛奇齡、閻若璩、惠
棟、江永、戴震、焦循、錢大昕、孔廣森、阮元、陳澧等人莫不精究
之。清朝的漢學首重考證的功夫，著重證據，著重科學精神，胡適在
〈考證學方法之來歷〉說：「有清一代的考證學，就是在西洋算學影
響之下，發展起來的。算學方法，就是要有證據。」[303]這種風氣乃受
西方天文數學之影響。[304]昔利瑪竇於《幾何譯本》之引言中，述西方

---

302 梁啟超：《中國近三百年學術思史》，頁14。

303 胡適著，季羨林主編：《胡適全集》（合肥：安徽教育出版社，2003年），卷13，頁
  162。

304 張蔭麟：〈明清之際西學輸入中國考略〉，見《中西文化交流》，頁21。

之科學要素云：

> 然虛理隱理之論，雖據有真指，而釋疑不盡者，尚可以他理駁焉，能引人以是之，而不能使人信其無或非之也。獨實理者明理者，剖散心疑，能強人不得不是之，不復有理以疵之，其所致之知深且固，則無有若幾何一家者矣。[305]

又云：

> 夫儒者之學，亟致其知，致其知，當由明達物理耳。物理渺隱，人才頑昏，不因既明，累推其未明，吾知奚至哉。吾西陬國唯褊小，而其庠校所業格物窮理之法，視諸列邦為獨備焉。故審究物理之書極繁富也。彼士立論宗旨，唯尚理之所據，弗取人之所意。蓋曰理之審，乃令我知，若夫人之意，又令我意耳，知之謂，謂無疑焉，而意猶兼疑也。[306]

此種科學精神，為客觀的科學所本，而天文數學尤其著者也。清儒戴震（東原）述其研治古學之方法，也有頗相類似之精神，其云：

> 凡僕所以尋求於遺經，懼聖人之緒言闇汶於後世也。尋求而獲，有十分之見，有未至十分之見。所謂十分之見，必徵諸古而靡不條貫，合諸道而不留餘議；鉅細畢究，本末兼察。若夫

---

305 〔意〕利瑪竇（Mathieu Ricci）著：《幾何原本》，見利瑪竇著，朱維錚編：《利瑪竇中文著譯集》，頁343。

306 〔意〕利瑪竇（Mathieu Ricci）著：《幾何原本》，見利瑪竇著，朱維錚編：《利瑪竇中文著譯集》，頁343。

依於傳聞以擬其是；擇於眾說以裁其優；出於空言以定其論；
據於孤證以信其通；雖溯流可以知源，不目睹淵泉所導，循根
可以達杪，不手披枝肄所岐，皆未至十分之見也。[307]

其云「十分之見」，及「未至十分之見」與利氏所述「定理」及「虛
理隱理之論」若合符節，都是實事求是，尋根究底，如做科學實驗的
探究學問，而非摘取他人的言論作為研究結果。他批評宋儒義理之
說，也具有相當的科學精神，他先設問云：

問：宋以來書之言，以理為「如有物焉，得於天而具於心。」[308]

宋儒所言之「理」，是一先天的，超越時間空間的「理」，乃一形而上
學之理，宋儒做學問的最高目的，就是以心體驗出這個「理」[309]。然
而，東原指出這種以心去體會而得之理，是個人的感受，只能說是
「意見」，而不是「理」，意見是很個人的，而「理」卻是萬人認同
的，是有一客觀的準則的，必須切合這準則才是「理」，[310]東原云：

心之所同然始謂之理，謂之義；則未至於同然，存乎其人之意
見，非理也非義也。凡一人以為然，天下萬世皆曰：「是不可
易也」，此之謂同然。舉理，以見心能區分；舉義，以見心能
裁斷。分之，各有其不易之則，名曰理；如斯而宜，名曰義。

---

307 〔清〕戴震：〈與姚孝廉姬傳書〉，見戴震撰，張岱年主編：《戴震全書》（合肥：
　　黃山書社，1994-1997年），冊6，頁372。

308 〔清〕戴震：《孟子字義疏證》（北京：中華書局，1961年），頁3。

309 梁啟超：〈戴東原哲學〉，收入《飲冰室合集》（北京：中華書局，1989年），冊5，
　　飲冰室文集之四十，頁61。

310 梁啟超：〈戴東原哲學〉，《飲冰室合集》，冊5，飲冰室文集之四十，頁63。

是故明理者，明其區分也；精義者，精其裁斷也。[311]

「各有其不易之則，名曰理」是就客觀事物的本身而言，「如斯而矣，名曰義」是就客觀事物的關係而言，東原認為，若離開了客觀的事物條理與萬人所同然的公認標準，從主觀上求一先天的理，就是「意見」。[312]其言「義」「理」與「意見」之別，與利氏「理之所據」與「人之所意」可云不謀而合。東原精研西方天文、數學，他受到西方之科學及利瑪竇之影響，是毫無疑問的。

就如民國時期的學者胡適在〈考證學方法之來歷〉所言：「中國考證學家，清代考證學開山祖師顧亭林和閻若璩，全生於利瑪竇來華之後。……顧亭林考證古音，他的方法極其精密。……閻若璩考證古文《尚書》也是這樣。……清代學術，是訓詁、考據和音韻。顧亭林考證音韻，研究訓詁；閻若璩考證古書真偽。他們兩人全是十七世紀的人，在利瑪竇來華以後，這樣看來，豈不是西洋的科學影響了中國的考證學了嗎？」[313]

（四）古學之整理

西學輸入而影響中國古籍整理者，以清朝之漢學為最。自乾嘉以還，漢學盛行，研究西方天文、數學之國人漸稀。另一方面，天文、數學又與中國之經學有關，故漢學家多兼習天文、數學，於是掀起整理古天文、數學書籍之風氣。而「立天元」一術之復明，《算經十書》之校輯，為最大成績。又為明以前之天文、數學書作註。然所用以整理古籍之工具則為西方之天文、數學。[314]

311　〔清〕戴震：《孟子字義疏證》，頁3。
312　梁啟超：〈戴東原哲學〉，《飲冰室合集》，冊5，飲冰室文集之四十，頁63。
313　胡適著，季羨林主編：《胡適全集》，卷13，頁161。
314　張蔭麟：〈明清之際西學輸入中國考略〉，見《中西文化交流》，頁21。

（五）清代科學不盛的原因

自明末以來，西學輸入中國，而清儒又以科學之方法以治漢學，但清代之科學終究不發達，其中饒有趣味，頗值探究。

1 西方科學未能盡量輸入我國

西方天文學之發展，自哥白尼之後，已與占星學分家。耶穌會初來時，未提及哥白尼之大發明，反謂哥氏有天動之說，又改刻白爾定律，以實日動之說。此外，其所輸入之天文學，仍未能脫占星學之窠臼。如湯若望在欽天監任占候、擇日、為榮親王擇安葬日期，用〈洪範〉下五行，或許宥於中國傳統，也許受西方占星學之影響；穆尼閣撰《人命》一書，以西方天文學之計算，詮釋星命之說，可見其時輸入之天文學尚與占星術混淆。《四部全書總目提要》云：「作《新法算書》時，歐羅巴人自祕其學，立說復深隱不可解。」[315]故王錫闡遂謂西人不能深知法意，此蓋耶穌會士輸入之西學，多重其術，少闡原理，以致其意暗晦不明也。[316]

2 學術非最終目的

無論「輸學者」與「求學者」之宗旨，根本不在學術，傳教士之目的在傳教，輸入學術乃接近社會之傳教手法；明清政府接納西學之目的，乃改良曆法，學習數學及他種科學只為附屬之事，故上至朝廷下至在野學士，只重西方之天文學及其附帶之數學，引致清朝之科學發展不前。[317]

---

315 〔清〕永瑢、紀昀等纂：《四庫全書總目》（北京：中華書局，1965年），上冊，頁897。

316 張蔭麟：〈明清之際西學輸入中國考略〉，見《中西文化交流》，頁23。

317 張蔭麟：〈明清之際西學輸入中國考略〉，見《中西文化交流》，頁24。

3　中國科舉取士的制度

清初沿用科舉取士，而且以八股文為主，這種考試制度與科學研究是格格不入的。而且，康熙雖重西學，但沒有開辦專研科學的學校造就科學人才，這是清代科學不興的一個原因。[318]

4　天主教士的分裂

康熙年間的禮儀之爭，足以反映了天主教士之間互不咬弦，教皇也不贊成自利瑪竇以來的傳教策略，所以過去以教授科學知識為傳教方法之路行不通了。清代的中國科技也就不能發展起來。[319]

5　中國士大夫的反對

西方天文科學知識入中國，當然有不少人樂於與西士接觸，並向他們學習科學知識，然而反對西方科技的有力之士也不少，《四庫全書總目題要》載云：「《新法算書》一百卷。……明大學士徐光啟、太僕寺少卿李之藻、光祿寺卿李天經、及西洋人龍華民、鄧玉函、羅雅谷、湯若望等所修西新曆也。……足以盡歐邏巴曆學之蘊。然其時牽制於廷臣之門戶，雖立兩局，累年測驗，明知新法之密，竟不能行。」[320]中國不少士大夫或囿於門戶之見，或出於鄙視西學，形成了一股強大的反西方文化勢力。而且，不獨反西方科學，而是反西方文化，下一章對這一問題有更多討論。

318　梁啟超：《中國近三百年學術史》，頁17-18。

319　梁啟超：《中國近三百年學術史》，頁18。

320　〔清〕永瑢、紀昀等纂：《四庫全書總目》（北京：中華書局，1965年），上冊，頁895-896。

第七章　明末反西化言論

　　中國人反西化之言論，以清朝末年為最，唯其反對西化之開始，卻可卜溯至明朝末年利瑪竇東來，利氏向中國人介紹西方文化，雖然有不少人跟隨他學習西方文化，但是反對之聲也十分之多。清末之反西化言論，只不過是繼續過去二百多年之潮流，故此，討論中國人反西化之言論，應由明朝末年說起。明末反西化之言論，多載於徐昌治編訂《聖朝破邪集》，這是一部集明末反西化的文集，也可說是反天主教的文集。根據此書之文章，其反西化之理論，可分物質文明與精神文明兩種[321]。

一　反對西方物質文明的理論

（一）器物

　　明末東來之西教士，攜有自鳴鐘、望遠鏡、火器等物。中國人見之頗覺新奇，傳教士也因而得與中國之士大夫相往還。但也因而引致不少反對之言論。許大受〈聖朝佐闢〉云：

> 或曰：「彼理雖未必妙，人雖未必賢，而制器步天，可制民用，子又何以闢之？」余應之曰：「子不聞乎輸攻墨守乎？輸巧矣，九攻九卻，而墨又巧焉，何嘗讓巧於夷狄？又不聞乎巧輓拙鳶，及楮葉棘猴之不足貴，與乎修渾沌氏之術者之見取於仲尼乎？縱巧亦何益於身心？今按彼自鳴鐘，不過定刻漏耳；費數十金為之，有何大益？桔橰之製，曰人力省耳；乃為之最

321　全漢昇：〈明末清初反對西洋文化之言論〉，見《中西文化交流》，頁227。

難，成之易敗，不反耗金錢乎？火車等器，未能殲敵，先已火人，此又安足尚乎[322]？」

李王粲〈劈邪說〉云：

> （利瑪竇）近復舉其技倆一二，如星文律器，稱為中土之所未見未聞，竊圖訂用，包藏禍萌。不思此等技藝，原在吾儒覆載之中，上古結繩而治不曰缺文，中古禮樂代興不無因革，誠以治教之大源在人心，而在此焉故也。是以諸子百家雖間有及于性命，尚以立論不醇，學術編雜，不能入吾夫子之門墻。而況外夷小技，竊淆正言，欲舉吾儒性命之權，倒首而聽其轉向，斯不亦妖孽治亂之極，而聖天子斧鉞之所必加者乎[323]？

（二）曆法

明末反對西方曆法者，皆以中國之舊曆法為標準來反對西方新曆法。沈㴶〈參遠夷疏〉云：

> 從來治曆，必本於言天。言天者必有定體。〈堯典〉：「敬授人時」始於寅賓寅餞。以日為記，如「日中星鳥，日永星火，宵中星虛，日短星昴」。蓋日者，天之經也。而月五星同在一天之中，月之晦朔弦望，視日之遠近，而星之東南西北，與日之短永中相應；是故以日記日，以月記月，以中星記時。〈舜典〉：「在璇璣玉衡，以齊七政」。解之者，以天體之運有恆，

---

322 夏瑰琦編：《聖朝破邪集》，頁227-228。
323 夏瑰琦編：《聖朝破邪集》，頁271。

而七政運行于天，有遲有速，有順有逆，猶人君之有政事也。則未聞有七政而可各自為一天者。今彼夷立說，乃曰七政行度不同，各自為一重天。又曰七政諸天之中心，各與地心不同處所，其為誕妄不經，惑世誣民甚矣[324]。

傳曰：「日者眾陽之宗，人君之表。」是故天無二日，亦象天下奉壹君也。惟月配日，則象于后；垣宿經緯，以象百官；九野眾星，以象八方民庶。今特為之說曰：日月五星，各居一天。是舉堯舜以來中國相傳綱維統紀之最大者而欲變亂之，此為奉若天道乎？抑亦妄干天道乎？以此名曰冒義而來，此為歸順王化乎？抑亦暗傷王化乎？[325]

夫使其所言天體不異乎中國，臣猶慮其立法不同，推步未必相合，況誕妄不經若此，而可據以紛更祖宗欽定，聖賢世守之大統曆法乎[326]？

又許大受〈聖朝佐闢〉云：

（夷）且言星宮天高于日月天，五星二十八宿之體並大于日月。且無論「王省惟歲，庶民惟星」之聖經斷乎不可改易，凡有目者皆見日月之大，而彼偏小之；皆見三光共繫一天，而彼偏多之。小日是小王也；多天是多帝也。彼豈是玩侮中國之讖歟！[327]

---

324 夏瑰琦編：《聖朝破邪集》，頁60。
325 夏瑰琦編：《聖朝破邪集》，頁60-61。
326 夏瑰琦編：《聖朝破邪集》，頁61。
327 夏瑰琦編：《聖朝破邪集》，頁224。

（三）地圖

中國人一向的理想，認為中國居於天下之正中，領土又是最廣大的。利瑪竇來華之初，繪有輿地全圖，贈予士大夫，以便結納。該圖把中國置于稍為偏西北之位置，而中國又似乎很小，遂引致一些頑固之士不滿。魏濬〈利說荒唐惑世〉云：

> 近利瑪竇以其邪說惑眾，……所著輿地全圖，及洸洋宵渺，直欺人以其目之所不能見，足之所不能至，無可按驗耳。真所謂畫工之畫鬼魅也。毋論其他，且如中國于全圖之中；居稍偏西面而近于北。試于夜分仰觀，北極樞星乃在子分，則中國當居正中；而圖置稍西，全屬無謂……鳴鑾（中國之北）、交趾（中國之南），所見相遠，以至于此，焉得謂中國如此蕞爾，而居于圖之近北，其肆談無忌若此。信之者乃謂其國人好遠遊，斯非遠遊者耶。談天衍謂中國居天下八分之一，分為九洲，而中國為赤縣神州。此其誕妄，又甚于衍矣[328]。

二　反對西方精神文明的言論

明末反對西方精神文明之言論，著重於批評基督教，而涉及於西方之哲學、倫理。

（一）宗教

明末反對基督宗教的言論，可分三方面討論。

328　夏瑰琦編：《聖朝破邪集》，頁183-185。

1 與古賢之說不合

基督教教義與中國聖賢的學說有衝突，因此要反對。黃貞〈請顏壯其先生闢天主教書〉云：

> 蓋彼教獨標生天、生地、生人、生物曰天主，謂體無所不在，無所不知，無所不能；謂主賦靈魂于人曰「性」，不可謂性即天，不可謂天即吾心；又謂天地如宮殿，月日似燈籠，更不可謂天地即主。天地也，天主也，人也，分為三物，不許合體。以吾中國萬物一體之說為不是；以王陽明先生良知生天、生地、生萬物皆非也。此其壞亂天下萬世學脈者一也[329]。

2 天主是罪人

基督教敬奉的天主是罪人，豈有崇拜罪人之理。沈㴶〈參遠夷疏〉云：

> 天帝一也。以其形體謂之天，以其主宰謂之帝。吾儒論之甚精。而彼刻天主教要略云：「天主生于漢哀帝時，其名曰耶穌，其母曰瑪利亞。」又云：「被惡官將十字枷釘死。」是以西洋罪死之鬼為天主也，可乎不可乎？……孔氏有言曰：「攻乎異端，斯害也已。」今正其攻之之時矣[330]。

3 與中國傳統衝突

基督教與中國傳統習俗衝突，應該反對。施邦曜〈福建巡海道告

---

329 夏瑰琦編：《聖朝破邪集》，頁150。
330 夏瑰琦編：《聖朝破邪集》，頁79。

示〉云：

> 本道細閱其（天主教）書，大概以遵從天主為見道，以天堂地
> 獄為指歸。人世皆其唾棄，獨有天主為至尊。親死不事哭泣之
> 哀，親葬不修追遠之節。此正孟子所謂「無父無君人道而禽獸
> 者也」。其為邪說惑人，明白易見。……本道廷問（黃）尚愛
> 等以從教之故。則云：「中國自仲尼之後，人不能學仲尼；天
> 主入中國勸人為善，使人人學仲尼耳」。夫仲尼教人「慎終追
> 遠」；又曰：「生事之以禮，死葬以禮，祭之以禮。」寧有親死
> 不哀，親喪不奠，而稱為仲尼之教者乎？且極詆中國親死追荐
> 之非，既從天主便升天堂，春秋祭祀俱屬非禮，是則借夷教以
> 亂聖道，真為名教罪人！……是不但人道等于禽獸，必至夷狄
> 而亂中華，誠時事之大可慮者也[331]。

而且，中國一夫多妻之制行之已久，已成習尚，基督教則反對納妾，
亦為中國人攻擊基督教的口實。黃貞〈請顏壯其先生闢天主教書〉云：

> 又彼教中有十誡，謂「無子娶妾，乃犯大戒，必入地獄」。是
> 舉中國歷來聖帝明王有妃嬪者，皆脫不得天主地獄矣。貞詰之
> 曰：「文王后妃眾多，此事如何」？艾（儒略）氏沈吟甚久，
> 不答。第二日，貞又問，又沈吟不答。第三日，貞又問曰：
> 「此義要講議明白，立千古之大案，方能令人了然皈依而無
> 疑」。艾氏又沈吟甚久，徐曰：「本不欲說，如今我亦說」。又
> 沈吟甚久，徐曰：「對老兄說，別人面前我亦不說。文王亦怕

331　夏瑰琦編：《聖朝破邪集》，頁128-129。

入地獄去了」。又徐轉其語曰:「論理不要論人,恐文王後來痛悔,則亦論不得矣」。蓋彼教中謂犯戒後,能皈天主,真心痛悔,則地獄之罪亦可免,直至氣盡而不知痛悔,則無及故也。嗟嗟!辭窮莫遁,謗誣聖人,其罪莫容者二也[332]。

(二)哲學

明末反對西方哲學之論者,俱以中國五行學說以攻訐西方之四行學說。許大受〈聖朝佐闢〉云:

若乃先天八卦之體,自具後天之用,而五行稟職焉。……彼夷獨謂五行為非,而夷之氣、火、土、水四行為是,舉洪範炎上潤下之理而悉刺譏之。曾不知氣屬陰陽,包五行之統宗者也。木金則一生一殺之大用,而分五行之能事者也。夷之是彼非此,又何當焉[333]?

(三)倫理

中國文化之倫理,著重君臣、父子、兄弟、夫妻、朋友之五倫。西方之人倫與中國之五倫扞格難通,在中國人看來,是違反五倫的,故必須反對。許大受〈聖朝佐闢〉云:

君臣、父子、昆弟、夫婦、朋友,雖是總屬人倫,而主敬、主恩、主別、主序、主信,其間各有取義,非可以夷天等地,推

---

332 夏瑰琦編:《聖朝破邪集》,頁150-151。
333 夏瑰琦編:《聖朝破邪集》,頁224。

親作疏，陽反從陰，手顧奉足，背公以植黨，去野而于宗也。
夷輩乃曰，彼國之君臣，皆以友道處之。又曰，彼國至今傳賢
而不傳子。審從其說，幸則為楚人之並耕，不幸則為子噲，子
之之覆轍，忍言乎，不忍言乎。……夷輩乃曰：「父母不必各
父母，子孫不必各子孫。且對之天亦不足父，而同父天主。」
其于父子大親，但目為彼男、彼女，生此男、此女而已。夷亦
屬毛，乃忍捐本。且于父母之歿，而生前未聞邪教者，即甚賢
哲，必冤以鍊清地獄：稍稍常流，即誣入鍊罪永苦。其言以為
縱有孝子，媚我天主，得生天堂，然天怒最嚇，萬難解免，雖
存孝志，無益親靈云云。嗟乎！舜大孝，禹致孝，假使舜、禹
陟位，而瞽、鯀不得配天，吾知舜、禹之必慼然而不南面
矣。……夷輩乃曰：夫亦以婦為主。婦死，夫亦為未亡人：雖
無子，而續娶者不齒人類。甚而曰：彼所經諸國皆從其教。從
教後，則雖帝王之貴，只許一夫一婦。然則舜文先為不齒之
人。即所謂在鍊清地獄者，亦不得已而未減之矣。有是理
哉？……今若此，為陰陽倒置，忍言乎，不忍言乎？[334]
若乃昆弟以天合。朋友以人合。固當敦恤，無取比私。夷輩乃
告編氓曰：汝但從教，即某某大老，某某中貴，亦稱曰教
兄。……然彼於佛教「不殺」誡下增一「人」字，有以知其決
不殺人，因有以知其決不殺洴澼絖也。則火器一試，帑命兩
糜，又不知其于不殺人之戒何如，而于友道又何如也。[335]

從上面的論述可以見到明朝末年反對西方文化的士大夫，並不單止反
對西方傳入的曆法，或科技，而是反對傳入中土的西方文化。包括天

---

334 夏瑰琦編：《聖朝破邪集》，頁206-208。
335 夏瑰琦編：《聖朝破邪集》，頁208-209。

文、曆法、藝術、地理知識、宗教、哲學思想等。而士大夫反對西方
的基礎，是中國的傳統與歷史，而且又將西方文化看作蠻夷文化，不
足與中國相比，可說是以中國為天朝自居的心態。而這種心態，在清
朝初年至中葉與西方文化接觸時，又再出現。直至同治、光緒年間才
有所轉變。這種中國為天朝的心態，是使到西方文化不能在明末至清
初在中國長足發展的原因。

第六篇
清初至道光南京條約前的基督教

第一章　湯若望與順治年間之天主教發展

　　湯若望，字道未，明崇禎二年（1629）進入中國，時明廷禮部奏請開局修曆法，徐光啟、李之藻所進呈的天文曆法之書，都是湯若望的譯作。[1]明朝亡後，清室入主中原。天主教在中國之發展，未嘗終止，反更進一步。李自成攻陷北京，湯若望曾助明室剿賊，清室入關後，湯若望請求留於京師，他上奏清帝云：

> 臣自大西洋八萬里，航海東來，不婚不宦，以昭事上帝，闡揚天主聖教為本，勸人忠君孝親，貞廉守法為務，臣自構天主堂一所，朝夕虔修，祈求普佑，作賓於京，已有年所；曾奉前朝故帝，令修曆法，著有曆書多帙，付工鐫板，尚未完竣，而板片已堆積累累，并堂中供像禮器，傳教所用經典，修曆應用書籍，并測量天象各種儀器，件數甚夥，若欲一併遷於外域不但三日限內，不能悉數搬盡，且必難免損壞，修整既非容易，購辦又非可隨時寄來，特為瀝情具摺，懇請皇上恩賜，臣與同伴諸遠臣，龍華民等仍居原寓，照舊虔修云云。[2]

湯若望的理由是他的曆法工作，已歷有所成，且已刻板待印，頗難搬

1　〔清〕阮元：《疇人傳》，頁581。
2　轉引自徐宗澤：《中國天主教傳教史概論》，頁216。

遷，再加上各種天文器具，更難搬遷。此時中國南部隨南明的命運升降浮沉，而清室已起用湯若望，攝政王多爾袞命湯若望安居於寓，不久，更被清室召為內院大學士[3]，委任他為欽天監正，《清史稿》云：「世祖定鼎京師，十一月，以湯若望掌欽天監事。」[4]在明末清初，朝代更迭的動盪時代，若望仍以其科技知識，繼續天主教傳教事業。故此，清初北京的傳教事工，不單止沒有消滅，反而更加鞏固。

一　順治帝與天主教

順治元年（1644）睿親王多爾袞，因舊曆法失誤舛錯。命湯若望與龍華民等耶穌會士，以西法測驗天像。是年（1644）七月，湯若望把所製成的渾天星球一架、地平月晷、望遠鏡各一件，及輿地屏圖一幅，進呈御覽，並上疏云：

> 敬授民時，全以節氣交宮，與太陽出入晝夜時刻為重。若節氣之時日不真，則太陽出入晝夜刻分俱謬矣。歷稽《大統》、《回回》舊曆，所用節氣止泥乎古。且北直之節氣，春分、秋分，前後俱差一、二日，況諸方乎！新法之推太陽出入地平環也，則有此晝而彼夜、此入而彼出之理。而舊法以一處而概諸方：故種種差訛，難以枚舉。今以臣局新法，所有諸方節氣及太陽出入晝夜時刻，俱照道里遠近推算，開列篇首，開卷瞭然。[5]

上面所引湯若望此一奏章，乃據王之春《清朝柔遠記》而來，而《清

3　〔清〕王之春：《清朝柔遠記》（北京：中華書局，1989年），頁2。

4　〔清〕趙爾巽等撰：《清史稿》（北京：中華書局，1977年），冊33，頁10020。

5　〔清〕王之春：《清朝柔遠記》，頁2。

史稿》之奏章則較為簡短，一併錄之，以為參考，《清史稿》云：「敬授人時，全以節氣交宮，與太陽出入、晝夜時刻為重。今節氣、日時、刻分與太陽出入、晝夜時刻，俱照道里遠近計算，增加曆首，以協民時，利民用。」[6]阮元的《疇人傳·湯若望》亦有抄錄此奏章。[7]

　　是年八月朔，日蝕，湯若望測驗準確。清廷遂命湯若望修正曆法，睿親王多爾袞謂：「治曆明時，帝王所重。今用新法正曆，以敬迓天休，宜名《時憲曆》，用稱朝廷憲天又民之至意。自順治二年始，即用新曆頒行天下。」[8]《時憲曆》的封面原本題有「依西洋新法」五字，[9]這五個字直到康熙三年（1666）改為「奏准」二字。[10]自順治二年，西洋曆法稱《時憲曆》，意謂「以昭朝廷憲天又民至意」。順治更以湯若望掌領欽天監的事務，《清史稿》云：「初，順治元年設欽天監……以西人湯若望推算密合，大統、回回兩法時刻俱差。令修時憲，領監務。」[11]順治二年，命湯若望為欽天監正，上諭：「欽天監印信著湯若望掌管，所屬官員，嗣後一切占候事宜，悉聽奉行。」[12]順治三年（1646），湯若望製成二百年恒表。不久又升湯若望兼太常寺卿銜。順治七年（1650），順治帝賜地建堂，天主堂落成後，順治賜御筆匾額「欽崇天道」。[13]順治八年（1651），順治帝親政，封湯若望為通議大夫。[14]順治十年（1653），順治賜號湯若望曰：「通玄教

6　〔清〕趙爾巽等撰：《清史稿》，冊33，頁10020。

7　〔清〕阮元：《疇人傳》，頁581。

8　〔清〕趙爾巽等撰：《清史稿》，冊33，頁10020。

9　〔清〕趙爾巽等撰：《清史稿》，冊33，頁10022。

10　〔清〕趙爾巽等撰：《清史稿》，冊7，頁1664。

11　〔清〕趙爾巽等撰：《清史稿》，冊12，頁3324。

12　張奉箴：《湯若望：耶穌會傳教士》（臺北：光啟出版社，1992年），頁26。

13　張奉箴：《湯若望：耶穌會傳教士》，頁26。

14　〔清〕黃伯祿：《正教奉褒》，收入陳方中編：《中國天主教史籍彙編》（臺北：輔仁大學出版社，2003年），頁486。

師」,《清史稿》云:「十年,賜若望通玄教師,以獎其勤勞。」[15]順治十年,三月初四日[16]之敕諭云:

> 朕惟國家肇造鴻業,以授時定曆為急務。羲和而後,如漢,洛下閎、張衡、唐李淳風,僧一行諸人,于曆法代有損益。獨于日月、塑望、交會、分秒之數,錯誤尚多,以致氣候刻應不驗。至于有元,郭守敬號為精密,然經緯之度尚未能符合天行,其後晷度,亦遂積差矣!爾湯若望,來自西洋,涉海十萬里,明末居京師,精于象緯,閎通曆法,其時大學士徐光啟特荐于朝,令修曆局中。一時崇家治曆如魏文奎等,推測之法,實不及爾。但以遠人之故,多忌成功,歷十餘年,終不見用。朕承天眷,定鼎之初,爰諮爾姓名,為朕修大清時憲曆,迄今有成,可謂勤矣。爾又能潔身持行,盡心涖事,董率百官,可謂忠矣。比之古洛下閎諸人,不既優乎!今特賜爾嘉名,為通玄教師,餘守秩如故。俾知天生賢人,佐佑定曆,補數十年之闕略,成一代之鴻書,非偶然也。爾其益憲厥修,以服厥官,傳之史冊,豈不美哉,故諭。[17]

有些學者將「通玄教師」寫做「通微教師」,然實為「通玄教師」。因為康熙之後,因避諱而將「玄」改成「微」字。[18]這道聖諭,是用漢文和滿文寫在一塊四周雕有二龍戲珠邊緣的木匾上,此聖諭木匾懸掛

---

15 〔清〕趙爾巽等撰:《清史稿》,冊7,頁1659。

16 魏特(Alfons Vath S. J.)著,楊丙辰譯:《湯若望傳》(臺北:臺灣商務印書館,1949年),冊2,頁314。

17 鐘鳴旦(Nicolas Standaert)等編:《徐家匯藏書樓明清天主教文獻》(臺北:方濟出版社出版,輔仁大學神學院發行,1996年),冊5,頁1013-1017。

18 劉准:《天主教傳行中國考》,頁285。

在北京耶穌會的大客廳內。[19]而在《清史稿》所載之此份諭旨，則略為簡單，其云：

> 國家肇鴻業，以授時定曆為急務。羲和以後，如漢洛下閎、張衡，唐李淳風、僧一行，於曆法代有損益。元郭守敬號為精密，然經緯之度，尚不能符合天行，其後暑度遂以積差。爾湯若望來自西洋，精於象緯，閟通曆法。徐光啟特薦於朝，一時專家治曆如魏文魁等，實不及爾。但以遠人，多忌成功，終不見用。朕承天眷，定鼎之初，爾為朕修大清時憲曆，迄於有成。又能潔身持行，盡心乃事。今特錫爾嘉名，俾知天生賢人，佐佑定曆補數千年之闕略，非偶然也。[20]

「通玄教師」原為稱讚湯若望之天文學，本無宗教意味，但有天主教徒及教外之人，將「通玄」理解為天主教。[21]

順治帝對湯若望之寵信，在其統治之最後四年，更見有加。十四年（1657），順治授湯若望「通政使」，進秩正一品，封贈三代。[22]翌年（1658）再加封為「光祿大夫」，並賜若望祖先三代一品封典。[23]一個原本事於明朝的西來教士，在清朝成為一品大員，其成就可與利瑪竇相比美。

明清之交的在華天主教，因為湯若望身為欽天監正、通政使司通政司之力，得繼續不斷發展。利瑪竇是中國天主教的開創人，湯若望

---

19 張奉箴：《湯若望：耶穌會傳教士》，頁27。

20 〔清〕趙爾巽等撰：《清史稿》，冊33，頁10020。

21 張奉箴：《湯若望：耶穌會傳教士》，頁27。

22 〔清〕趙爾巽等撰：《清史稿》，冊33，頁10020。

23 張奉箴：《湯若望：耶穌會傳教士》，頁26-27。

則可稱為中國天主教第二開創人。在滿人入主中原時，教會害怕滿州
人之迫害。然湯若望以超然之態度，對明廷忠實盡職，亦對清朝新主
勉力盡忠，得清順治帝信任，尊稱其為「瑪法」（師尊或尚父），讚許
他「潔身持行，盡心乃事」。順治帝曾多次親訪湯若望的住所，并在
湯若望趨朝謝恩時，免其三跪九叩之禮。他對傳教之最大貢獻，無疑
因為他身為欽天監的工作及名聲，使全國天主教傳教士，得到傳教的
便利。[24]

二　湯若望對中國天主教的貢獻

（一）人數之增加

天主教在順治年間，因湯若望之關係，成績非常可觀。凡想來華
之歐洲傳教士，在湯若望之周旋下，都能獲准入境，曾一次過達十四
名之多，他也幫助了九位多明我會士順利入境。他又盡力保護各省的
傳教士。他保存了利類思和安文思的性命，也保護了兩位被誤認為間
諜的方濟各會士的性命。另外廣東的魯德照，濟南的李方西等傳教
士，也因湯若望的幫助，免去重刑。[25]

順治年間，天主教的信徒頗多。據南懷仁神父估計，順治年間，
每年領洗入教之人達萬名以上。另據畢嘉神父的統計，自順治八年
（1651）正式親政至楊光先掀起之曆獄（1664），全中國之領洗入天
主教者，最少有十萬五千名。而利瑪竇在萬曆卅八年（1610）逝世
時，全國只有天主教教友二千五百名，可見增幅之大。[26]清初之天主

24 張奉箴：《湯若望：耶穌會傳教士》，頁28。

25 張奉箴：《湯若望：耶穌會傳教士》，頁30。

26 張奉箴：《湯若望：耶穌會傳教士》，頁31。

教，成為國人所共認的第四宗教，趙翼《廿二史劄記》云：

> 天主教……其人東來者，大都聰明特達之士，意專行教，不求
> 祿利，所著書多華人所未道，一時好異者咸尚之，……統而論
> 之，天下大教四：孔教、佛教、回回教、天主教也，皆生於亞細
> 亞洲……佛教所及最廣，天主教次之，孔教、回教又次之。[27]

趙翼所說的「天下」，應該是中國人的慣常說法，就是天下者即國家
也，不是指全世界而言。故此，他的意思是說天主教在中土成為第四
大宗教。反觀全世界，則佛教傳佈範圍最廣，次為天主教。

此外，朱之俊《硯廬詩》有〈乙酉都門贈湯道未先生二首〉，其
第二首云：「三教今為四，端然一巨靈，赤心常自白，碧眼不須
清。」[28]也說到中國原本有三大宗教，自天主教傳入之後，其發展已
成中國另一大宗教，成為第四大宗教。

（二）興建教堂

利瑪竇曾經在宣武門的居所，興建一所天主教堂。萬曆卅九年
（1611），南京耶穌會士曾經為新建成的南京西式天主教堂行落成典
禮，但此教堂卻成為南京教案導火線之一，南京之教堂被拆毀。自
此，中國之天主教徒，都不敢興建有明顯特徵的天主教堂。直至湯若
望，憑其欽天監的威望和順治帝的保護，在北京城宣武門內興建一座
歐洲巴洛克式的大聖堂。這座巴洛克式（綺麗瑰奇）的教堂，也採用

---

27 〔清〕趙翼著，王樹民校證：《廿二史劄記》（北京：中華書局，1963年），下冊，
　　頁791-792。

28 〔清〕朱之俊：《硯廬詩》，收入《四庫未收書輯刊》（北京：北京出版社，2000
　　年）第七輯，冊16，頁71，總頁772。

了中國傳統的建築式樣,可說中西合璧。另外,又在利瑪竇墓旁建聖母堂一所,茲分別述之。[29]

1 北京城內之教堂

順治七年(1650)湯若望向朝廷申請得紫禁城和曆局之間的一塊空地,並於是年動工興建天主堂。該堂長八十公尺,寬四十五公尺。堂之正面之匾額以拉丁文大寫字母「耶穌人類救主 IHS」三字為記。堂內有五個祭台,正中是救世主祭台,左面是聖母祭台,右面是紅彌額爾天使祭台,立柱之間分設依納爵和沙勿略祭台,各祭台皆圍以欄杆。堂內四壁,懸掛鍍金方牌,上面寫教義之大要,如基督與聖母瑪利亞之歷史、天主十誡、八福等。大聖堂之旁建有一小聖堂,專供女教友聚會學習教義。[30]聖堂大體竣工後,湯若望以漢文和拉丁文,在大門的大理石額,刻有〈建堂記〉,其文云:

> 自昔西漢時,有宗徒聖多默者,初入中國,傳天主正教。次則唐貞觀以後,有大秦國西士數人,入中國傳教。又次明嘉靖時,聖方濟各入中國傳教。至萬曆時,西士利瑪竇等,先後接踵入中國傳教,譯有經典,著有書籍,傳衍至今。荷蒙清朝特用西法,定造時憲新曆,頒行曆務告竣。謹於都城宣武門內,虔建天主新堂,昭明正教。時天主降生一千六百五十年,為大清順治七年歲次庚寅。修政曆法湯若望記。[31]

此堂落成兩年後(1652),順治帝賜予此堂「欽崇天道」之匾額,順

---

29 張奉箴:《湯若望:耶穌會傳教士》,頁32。

30 張奉箴:《湯若望:耶穌會傳教士》,頁33。

31 魏特(Alfons Vath S. J.)著,楊丙辰譯:《湯若望傳》,冊1,頁253。

治十四年（1657）三月十五日，順治帝諭令在聖堂前立碑一座，並有〈御製天主堂碑記〉一篇。在這碑文裏，湯若望亦被稱為「通玄教師」，天主堂被賜名「通玄佳境」。其碑文云：

自古帝王膺承曆數，協和萬邦。所務者，敬天勤民之事，而其要莫先於治曆。定四時以成歲功，撫五辰而熙庶績。使雨暘時若，民物咸亨，道必由之，矧開創之初，昭式九圍，貽謀奕葉。則治曆明時，固正位凝命之先務也。粵稽在昔，伏羲制干戈，神農分八節，黃帝綜六術，顓頊命二正。自時厥後，堯欽曆象，舜察璣衡，三統迭興，代有損益。見於經傳者，非不彰彰也，然其法皆不傳。若夫漢之太初，唐之大衍，元之授時，俱號近天，元曆由為精密。然用之既久，仍多疎而不合，蓋積歲而為曆，積月而為歲，積日而為月，積分而為日。凡物與數之成於積者，不能無差。故語有之曰，銖銖而稱之，至石必謬。寸寸而度之，至丈必差。況天體之運行，日月星辰之升降遲速，未始有窮，而度之以一定之法，必至積久而差，差則敝而不可用。凡曆之立法雖精，而後不能無修改者，亦理勢之必然也。自漢以還，迄於元末，修改者七十餘次，創法者十有三家。至於明代，雖改元授時曆為大統之名，而積分之術，實仍其舊。洎乎晚季，分至漸乖，朝野之言，僉云宜改，而西洋學者，雅善推步。於時湯若望航海而來，理數兼暢，被薦召試，設局授餐。奈眾議紛紜，終莫能用。歲在甲申（1644），朕仰承天眷，誕受多方，適當正位凝命之時，首舉治曆明時之典。仲秋月朔，日有食之，特遣大臣，督率所司，登台測驗其時刻分秒起復方位，獨與若望歆奏者悉相符合。及乙酉（1645）孟春之望，再驗月食，亦纖毫無爽，豈非天生斯人，以待朕創制

立法之用哉！朕特士以司天，造成新曆，敕名時憲，頒行遠爾。若望素習泰西之教，不婚不宦，祇承朕命，勉受卿秩，洊曆三品，仍賜以通玄教師之名，任事有年，益勤厥職。都城宣武門內有祠宇，素祀其教中所奉之神，近復取錫賚所儲，而更新之。朕巡幸南苑，偶經斯地，見神之儀貌，如其國人，堂牖器飾，如其國制。問其几上之書，則曰：此天主教之說也。夫朕所服膺者，堯、舜、周、孔之道，所講求者，精一執中之理。至夜玄笈貝文所稱道德楞嚴諸書，雖嘗涉獵，而旨趣茫然。況西洋之書，天主之教，朕素未覽閱，焉能知其說哉！但若望入中國已數十年，而能守教奉神，肇新祠宇，敬慎蠲潔，始終不渝，孜孜之誠，良有可尚。人臣懷此心以事君，未有不敬其事者也。朕甚嘉之，因賜名曰：通玄佳境，而為之記。銘曰：大圜在上，周迴不已；七政之行，經緯有理；庶績百工，於焉終始；有器有法，爰觀爰紀；惟此遠臣，西國之良；測天治曆，克殫其長；敬業奉神，篤守弗忘；乃陳儀象，乃構堂皇；事神盡虔，事君盡職；凡爾疇人，永斯矜式。[32]

2 建利瑪竇墓旁之聖母小堂

順治十一年（1654），順治帝頒詔，將利瑪竇墓旁一大片田地，賜予湯若望為墓地。若望就在這地上興建一小聖母堂。順治十七年（1660）聖堂落成，在聖堂前面，若望為之立碑，碑以漢文及滿文刻之。其云：

今皇帝在位之十有一年，順治甲午（1654）臣若望蒙恩軫念，

---

32 轉引自劉准：《天主教傳行中國考》，頁285-288。

犬馬齒衰，賜地一區，以作他日宅兆所，所以昭異眷也。竊維九萬里孤蹤，結知英主，既榮其生，復哀其死，魚水相驩，得若將終其身，而人預為之計，久遠若此。寵施優渥，出於格外，豈人力也哉。古聖賢於遇合之際，率歸之天，今予之得遇主上，用西法以定曆，修士以演教，道之將行，日昇月恒，殆未可量。又不特一身之感恩稱知遇而已。謂非天主上帝默作合於其間，可乎，用是昕夕輸誠，仰圖報答，計莫如崇祀，乃於賜地之中央構椽，內供聖母抱天主耶穌，名聖母堂，以資焚祝。自是歲時趨謁，行彌撒禮誦祈普庇無斁。而奉教友輩有造門瞻叩申虔者，其務識所從來，伏禱上祐曰：致吾君於堯舜，綿國祚於無疆。斯為實獲我心者矣。順治十七年（1660）歲次庚子孟秋穀旦敕賜通玄教師通政使司通政司加二品又加一級掌欽天監印務湯若望譔。[33]

3　其他地方的天主堂

因為湯若望得順治帝之器重，又得地建堂，且得皇帝之嘉許，各地教士，乃風氣響應，建堂開教。順治七年（1650），栗安當在濟南建堂，順治十三年（1656）許纘曾、母甘第大在南昌購屋，改為聖堂。順治十七年（1660）許纘曾遷四川參政，承母甘第大意旨，於成都建天主堂。天主教建堂既得允准，天主教更易在中上傳播。[34]

第二章　康熙年之曆獄與天主教之發展

明朝萬曆年間之「南京教案」是天主教在華的第一次教難。到了

---

33 轉引自魏特（Alfons Vath S. J.）著，楊丙辰譯：《湯若望傳》，冊1，頁309-311。
34 張奉箴：《湯若望：耶穌會傳教士》，頁38。

康熙年間，在華之天主教又再次受逼迫，是為第二次教難，此教難可稱之為「曆獄」。「曆獄」之發生，乃因順治年間，天主教士在欽天監之成就與及天主教迅速發展所致。「曆獄」之難，濫觴於順治年，爆發於康熙年。

一　新舊曆法之爭

清順治年間，新舊曆法二派之爭已展開。清既定鼎，順治元年（1644），湯若望上奏朝廷云曾據西洋新法釐定舊曆，並將其推算的八月初一日日食的時間方位、圖像進程。是年七月欽天監用西洋新法推衍而成的曆書，睿親王和碩將之定名為「時憲」。而湯若望推算順治元年八月的日食，時間及方位準確，反而用大統曆、回回曆推算的結果卻有差異，清廷遂於順治二年將《時憲曆》頒行天下，《清史稿》云：「順治元年……七月……禮部言：『欽天監改新法，推注已成，請易新名，頒行天下。』睿親王言：『宜名時憲』，以稱朝廷憲天乂民之意。」[35]

若望又上疏陳大統、回回之失。乃奉旨掌欽天監印信，主理一切進曆占候選擇。若望並於入清後著《新法表異》一書，舉四十二點，表西法之精，證中法之疏。是時習大統回回曆者咸排斥新法，而若望製曆不用諸科校正，大統回回遭罷黜，舊派仇新法更甚。順治十四年（1657），已革職之回回曆官吳明烜上疏，言若望所推天象錯謬，並呈上是年回回推算天象之書，請立回回科以存絕學。後經測驗，明烜所指皆謬，禮部議其罪，幸獲赦免。[36]耶穌會士以曆法得清政府信任，傳教無阻。舊派反對益烈。

35 〔清〕趙爾巽等撰：《清史稿》，冊7，頁1658。

36 〔清〕趙爾巽等撰：《清史稿》，冊33，頁10021。

　　順治年間，徽州楊光先上奏參劾湯若望，著《摘謬論》、《闢邪論》、《不得已》等書。[37]對耶穌會士之修曆及天主教教義極盡攻擊之能事，他攻擊天主教的教義，認為以耶穌為宇宙之天主，則引致空間上與時間上之矛盾，其〈闢邪論下篇〉云[38]：

　　　　夫天，二氣之所結而成，非有所造而成者也。設天果有天主，則覆載內四海萬國，無一而非天主之所宰制，必無獨主如德亞一國之理。獨主一國，豈得稱天主哉！既稱天主，則天上地下，四海萬國，物類甚多，皆待天主宰制。天主下生三十三年，誰代主宰其事。天地既無主宰，則天亦不運行，地亦不長養，人亦不生死，物亦不蓄茂，而萬類不幾息乎？天主欲救亞當，胡不下生于造天主之初，乃生于漢之元壽庚申？[39]

又批評天主造人，竟造一惡人，而其子孫卻有賢人出現，其云：

　　　　天主造人，當造盛德至善之人以為人類之初祖，猶恐後人之不善繼述，何造一驕傲為惡之亞當，致子孫世世受禍？且其子孫中，又有聖有賢，有智有仁，不盡肖亞當之所為，又何人造之哉？[40]

37　〔清〕趙爾巽等撰：《清史稿》，冊33，頁10022。

38　此〈闢邪論下篇〉乃根據天下第一傷心人編：《闢邪紀實》而言。而據收入《天主教東傳文獻續篇三》的《不得已》，此〈闢邪論下篇〉則是〈闢邪論上篇〉，而二者詳略互有不同。

39　〔清〕楊光先：〈闢邪論下篇〉，天下第一傷心人編：《闢邪紀實》（同治辛未年〔1871〕，季夏重刻本），上卷，頁13。

40　〔清〕楊光先：〈闢邪論下篇〉，天下第一傷心人編：《闢邪紀實》，上卷，頁13。收入《天主教東傳文獻續篇》冊三的《不得已》本，沒有「且其子孫中，又有聖有賢，有智有仁，不盡肖亞當之所為，又何人造之哉？」

再則攻擊救世主之觀念，其〈辟邪論下篇〉云：

> 天主下生救之，宜過化存神，型仁講讓，以登一世于皞熙，其
> 或庶幾；乃不識其大而好行小惠，惟以瘳人之疾，生人之死，
> 履海幻食，天堂地獄為事，又安能救一世之雲礽，去惡而遷
> 善，以還造化之固有哉？[41]
> 如以瘳人之病，起人之死為功，此華陀良醫，祝由幻術之事，
> 非大聖人之事也，更非主宰天地萬物者之事也。苟以此為功，
> 則何如不令人病，不令人死之功更大也？以上帝之聖神廣運，
> 一一待其遇病瘳之，遇死起之，則已不勝其勞。遇耶穌者一
> 二，不遇耶穌者無量無邊，其救世之功安在也？[42]

其攻擊西士，以曆法進身朝廷，他日必生後患，其〈辟邪論上篇〉云：

> 若望借曆法以藏身金門，而棋布邪教之黨羽於大清十三省要害
> 之地，其意欲何為乎？……大清因明之待西洋如此，習以為
> 常，不察伏戎於莽，萬一竊發，百餘年後，將有知予言之不得
> 已者。[43]

舊派雖一再攻擊，唯因順治帝重用西士，加以保護，西士仍能活動自
如。楊光先之參劾未能得逞。順治帝駕崩後，形勢逆轉。康熙年少即

---

41 〔清〕楊光先：〈辟邪論下篇〉，天下第一傷心人編著：《辟邪紀實》，上卷，頁13。

42 〔清〕楊光先：〈辟邪論下篇〉，天下第一傷心人編著：《辟邪紀實》，上卷，頁14。

43 〔清〕楊光先：〈辟邪論上篇〉，天下第一傷心人編著：《辟邪紀實》，上卷，頁11。
收入《天主教東傳文獻續篇》冊三的《不得已》本，此〈辟邪論上篇〉題為〈與許
青嶼侍御書〉

位，以鰲拜為首之輔臣輔政，重用楊光先，西洋曆法遂遭棄用，《清史稿》載：「聖祖即位，四輔臣執政，頗右光先，下禮、吏二部會鞫。康熙四年，議政王等定讞，盡用光先說，譴湯若望，其屬官至坐死。遂罷新法，復用大統術。」[44]

二　康熙年之曆獄

康熙三年（1664）八月間，楊光先上奏所著《闢謬論》，參劾湯若望等人，指湯若望新法十謬；又指若望選擇榮親王安葬日期有誤；並謂若望陽為修曆，陰傳邪教。據《清史稿・湯若望傳》云：

> 康熙五年，新安衛官生楊光先叩閽，進所著《摘謬論》、《選擇議》，斥湯若望新法十謬，並指選擇榮親王[45]葬期，誤用《洪範下五行》，下議政王等會同確議。[46]

又據《清史稿・楊光先傳》云：

> 國初命湯若望治曆用新法，頒《時憲曆書》，面題「依西洋新法」五字。光先上書謂非所宜用。又論湯若望誤以順治十八年閏十月為閏七月，上所為《摘謬》、《闢邪》諸論，攻湯若望甚力。斥所奉天主教為妄言惑眾。聖祖即位，四輔臣執政，頗右光先，下禮吏二部會鞫。[47]

44　〔清〕趙爾巽等撰：《清史稿》，冊33，頁10022。
45　榮親王是順治帝第四子，於順治十五年卒。
46　〔清〕趙爾巽等撰：《清史稿》，冊33，頁10021。
47　〔清〕趙爾巽等撰：《清史稿》，冊33，頁10021。

　　湯若望傳所載「康熙五年」，實為「康熙三年」，據《清史稿‧時憲志》云：「康熙三年十二月，禮部議「時憲書面『依西洋新法』五字擬改，『奏准』二字，從之。」[48]又阮元《疇人傳‧楊光先傳》：「康熙三年，狀告禮部，奉旨下部，會吏部同審，湯若望等出是罷黜。」[49]又據費賴之著、馮承鈞譯《在華耶穌會士列傳及書目》云：「更有中國士人名楊光先者，徽州人，聰敏狡詐，一六六四年，上疏攻訐天主教與諸傳教人，諸輔政大臣不喜天主教，且有與湯若望為敵者，遂可其奏。」[50]一六六四年即康熙三年。朝廷以圖謀不軌之罪，緝捕西士湯若望、利類思、南懷仁、安文思等人，於同年十月予以收押。

　　康熙四年（1665），帝下議政王等推議。光先《闢謬論》所言雖妄，惟清室諸王不通曆法，無從分辨，只以傳統之陰陽五行觀點，以定湯若望之罪，而且牽連甚廣，與湯若望有關而被判死的曆官共有十二人，據《清史稿》云：

> 議政王等議：「歷代舊法，每日十二時，分一百刻，新法改九十六刻。康熙三年立春候氣，先期起管，湯若望妄奏春氣已應，參觜二宿改調次序。四餘刪去紫炁、天祐皇上，歷祚無疆，湯若望祇進二百年曆。選擇榮親王葬期，不用正五行，反用《洪範》五行，山向年月，俱犯忌殺，事犯重大。湯若望及刻漏杜如預、五官提壺正楊宏量、歷科李祖白、春官正宋可成、秋官正宋發、冬官正朱光顯、中官正劉有泰皆凌遲處死；故監官子劉必遠、賈文郁、可成子哲、祖白子實、湯若望義子

48　〔清〕趙爾巽等撰：《清史稿》，冊7，頁1664。

49　〔清〕阮元：《疇人傳》，冊8，頁450。

50　〔法〕費賴之（Louis Pfister）著，馮承鈞譯：《在華耶穌會士列傳及書目》，上冊，頁179。

潘盡孝皆斬。[51]

又據《清史稿》載云：

> 康熙四年，議政王等定讞，盡用光先說，譴湯若望，其屬官坐
> 死，遂罷新法，復用大統術。[52]

可憐湯若望以七十多歲高齡，竟被判凌遲之死，《清史稿・時憲志》
云：「將湯若望及科官等分別擬凌遲、斬決。」[53]又王先謙《十朝東華
錄》云：「擬欽天監監正湯若望……凌遲處死。」[54]

　　據云此案方擬定，忽現地震，朝臣皆恐，逃出堂外，及至返入堂
內坐定，地又大震，屋宇搖動，大家以為上天示警，遂減輕眾人罪名，
以回天意，釋放南懷仁等三神父，湯若望凌遲之刑改為監候斬。[55]

　　輔政大臣將此案呈請太皇太后定奪，太皇太后覽閱奏摺後，嚴責
諸輔政大臣，云：「湯若望向為先帝所信任，禮待極隆，爾等欲置之
死地耶？遂命釋放。」[56]乃命速即釋放，但李祖白等人因榮親王擇葬
事當斬。結果湯若望得釋，而李祖白、宋可成、宋發、朱光顯、劉有
泰五人，均被革職，其他奉天主教之官員，如御史許之漸，梟臺許纘
曾，撫臺佟國器等，均遭革職。[57]

51　〔清〕趙爾巽等撰：《清史稿》，冊33，頁10021。

52　〔清〕趙爾巽等撰：《清史稿》，冊33，頁10022。

53　〔清〕趙爾巽等撰：《清史稿》，冊7，頁1665。

54　〔清〕王先謙：《十朝東華錄》（出版地不詳：光緒二十五年〔1899〕仿泰西法石
　　印），康熙卷5，頁17。

55　〔清〕黃伯祿：《正教奉褒》，見陳方中編：《中國天主教史籍彙編》（臺北：輔仁大
　　學出版社，2003年），頁503。

56　〔清〕黃伯祿：《正教奉褒》，見陳方中編：《中國天主教史籍彙編》，頁503。

57　王治心：《中國基督教史綱》，頁121-122。

湯若望蒙赦後，返回宣武門內之天主堂（即南堂），後來揚光先做了欽天監正，把南堂奪為其住宅，湯若望遷到東堂與南懷仁同住，康熙五年，湯若望因病去世，時年七十有五，在中國傳教四十四年。[58]

曆獄之發生，不僅京中之西士受害，更牽連全國。各省督撫，亦奉旨拘捕西士，解京查辦。又禁止傳習天主教，堂宇查封，經像焚毀。然亦有地方官員同情西士者，不忍拘捕之。如江蘇、福建、湖廣等省之督撫皆優待教士，且派兵護送之進京。松江知府為潘國光（François Brancati）神甫餞行，南京之劉迪我（Jacques le Favre）神甫，得官廳優待。但在山西、陝西、山東、江西等省，教士卻飽遭凌辱，山西金尼閣、陝西李方西（Jean-François Ronusi de Ferrariis）以及山東汪儒望（Jean Valat），江西聶伯多（Pierre Cunevari）、浙江洪度貞（Humbert Augery）等均被鎖押，教徒受苦刑，甚至有因而喪命者。各省解京神甫，共計卅人；內有耶穌會士廿五人，多明尼會四人，方濟各會一人。[59]

經此一役，西士之地位受抑，清廷改用舊曆法，《清史稿》云：「自是廢新曆不用。聖祖既親政，以南懷人治理曆法，光先譴黜，時湯若望已前卒。」[60]天主教之發展受到頓挫。唯最後得勝者，卻在曆法不謬之西士。

三 曆獄之結束

舊派一時既勝，楊光先為欽天監正，吳明烜副之，旋因大統曆不密，改用回回曆，後因曆術有限，光先稱病請辭。康熙八年（1669），

---

58 王治心：《中國基督教史綱》，頁122。

59 王治心：《中國基督教史綱》，頁122。

60 〔清〕趙爾巽等撰：《清史稿》，冊7，頁10022。

帝命大臣傳召西洋人，與監官對辨，南懷仁指吳明烜所造康熙八年（1669）曆有誤。[61]康熙並下諭云：

> 授時乃國家要政，爾等勿挾宿仇，以己為是，以彼為非，是者當遵用，非者當更改，務其歸於至善。[62]

帝命大學士圖海等同赴觀象臺測驗，懷仁所言皆合，明烜所言皆謬。圖海等請將康熙九年（1670）曆書，交南懷仁推算。欽天監正馬祐等力指楊光先誤解西洋曆法。[63]楊光先恐南懷仁進用，即上奏云：

> 中國之曆法，乃堯舜相傳之曆法也，皇上承堯舜之統，居堯舜之位，即當用堯之曆。今南懷人等，天主教之人也，安有法堯舜之聖君，而用天主教之曆哉。且中國曆以百刻推算，西洋曆以九十六刻推算，若用西洋曆，必至短促國祚，不利子孫，臣未見其可也云云。[64]

康熙帝不納所言，下詔復用西洋新法。康熙十一年（1672）有楊煒南者造《真曆言》一書，議西法之謬，後經測驗，其說虛妄，其人交刑部處置。自是舊派失勢，新舊曆之爭結束。[65]鰲拜因獨大專恣，屢矯聖旨以誅戮大臣，遏必隆不加勸阻，二人因而被削職罷黜。[66]西曆及天主教之發展亦重見天日。

61　〔清〕黃伯祿：《正教奉褒》，見陳方中編：《中國天主教史籍彙編》，頁507。
62　〔清〕趙爾巽等撰：《清史稿》，冊7，頁1665。
63　張蔭麟：〈明清之際西學輸入中國考略〉，見《中西文化交流》，頁8。
64　劉准：《天主教傳行中國考》，頁308。
65　張蔭麟：〈明清之際西學輸入中國考略〉，見《中西文化交流》，頁8。
66　〔清〕趙爾巽等撰：《清史稿》，冊32，頁9680。

　　同時，康熙帝明知湯若望案乃一冤獄，唯鰲拜等輔政大臣干預朝政，康熙礙於年少，亦莫奈之何。康熙既已成長，掌握朝政，想為湯若望平反，暗中叫利類思、安文思、南懷仁三神甫上書，許以平反，神甫們乃遵命上疏。[67]其疏云：

　　具呈利類思、安文思、南懷仁呈為詭隨狐假，罔上陷良，神人共憤，懇殲黨惡，以表忠魂事，棍惡楊光先，在故明時，以無藉建言，希圖倖進，曾經廷杖，雖婦人小子，皆知其為棍徒也，痛思等，同鄉遠臣湯若望，來自西洋，住京四十八載，在故明時，即奉旨修曆。恭逢我朝廷鼎新，荷蒙皇恩，欽敕修曆二十餘載，允合天行，頒行無異。遭棍楊光先倚恃權奸，指為新法舛錯，將先帝數十年成法，妄謮更張。頻年以來，古法件件參差，幸諸王貝勒大臣，考正新法，無有不合；蒙恩命懷仁仍推新曆，此已無庸置辯。惟是天主一教，即經云：「皇矣上帝，臨下有赫」，為萬物之宗主。在西洋三十餘國如一家，千三百年如一日，是可大可久之教也，即在故明萬曆年間，其著書立言，大要以敬天愛人為宗旨。總不外克己盡性，忠孝廉節諸大端，往往為名公卿所敬慕。世祖章皇帝數幸堂宇，賜銀修造，御製碑文，門額通微佳境，錫望通微教師。若係邪教，先帝聖名，豈不嚴禁，乃為光先所誣，火其書而毀其居，捏造闢邪論，蠱惑人心，臣等亦著有不得已辨可質。且其並將佟國器、許之漸、許讚曾等，誣以為教革職，此思等抱不平之鳴者一也。又光先誣望謀叛，思等遠籍西洋，跋涉三年，程途九萬餘里，在中國者不過二十餘人，俱生於西而卒於東，有何羽

67　王治心：《中國基督教史綱》，頁125。

翼，足以謀國，今遭橫口巘誣，將無辜遠人栗安當等二十餘
人，押送廣東，不容進退。且若望等無抄沒之罪，今房屋令人
居住，墳墓被人侵占；況若望乃先帝數十年勳勞藎臣，羅織擬
可，使忠魂含恨，此臣等負不平之鳴者二也。臣等與若望俱天
涯孤蹤，狐死兔悲，情難容已。今權奸敗露之日，正奇冤暴白
之時，冒懇天恩，俯鑒覆盆，恩賜昭雪，以表忠魂，生死銜
恩。上呈。[68]

康熙將此奏疏交六部九卿論議，認為湯若望、李祖白等確實被誣捏，
應以原官賜卹，並給葬銀賜祭。因奉教而被革職之佟國器、許之漸、
許纘曾、潘盡孝等十多人，俱官復原職。被侵佔之天主堂發還予南懷
仁。楊光先則因誣告反坐，罪情重大，應予處斬，妻子流徙甯古塔，
惟念光先年紀老邁，赦其死罪，驅逐回籍。光先狼狽出京，舟行至山
東德州，背上生一惡疽，不久即逝世。[69]清人王士禛的《池北偶談》
曾論及楊光先的生平，可為楊氏生平作一總結，其云：「楊光先者，
新安人，明末居京師，以劾陳啟新，妄得敢言名，實市儈之魁也，康
熙六年疏言西洋曆法之弊，遂發大難，逐欽天監監正加通政使湯若望
而奪其位，然光先實於曆法毫無疏解，所言舛誤，如謂戊申歲，當閏
十二月，尋覺其非，自行檢舉，時已頒行來歲曆，至下詔停止閏月，
光先尋事敗，論大辟，光先刻一書曰《不得已》，自附於亞聖之闢異
端，可謂無忌憚矣。」[70]

---

68 〈具呈利類思、安文思、南懷仁〉，收入鐘鳴旦（Nicolas Standaert）等編：《徐家匯
藏書樓明清天主教文獻》，冊5，頁995-1002。參〔清〕黃伯祿：《正教奉褒》，收入
《中國天主教史籍彙編》，頁511-512。

69 王治心：《中國基督教史綱》，頁126。

70 〔清〕王士禛：《池北偶談》，上冊，卷4，頁8。

四　曆獄後之天主教發展

湯若望之曆獄雖得平反，惟傳教之禁令未除，拘押在廣州之西士未釋。在北京之三位西士頗關心此事，蓋西士之目的乃傳教，修治曆法只是傳道之工具，為免捨本逐末，他們決定辭退欽天監之職位。康熙派國舅佟國綱撫慰之，並解釋云，禁教令未除，乃因許多朝臣反對天主教。西士知道康熙並無仇教之意，乃打消退意。西士在北京修葺東南兩教堂，天天在堂內舉行彌撒，朝臣知道康熙無禁教意願，所以不禁止傳教工作，在這些年中有三千人受洗加入天主教。第二年，三位西士再上疏求釋放廣州廿五位西士及弛禁教令，未果。康熙九年，康熙下諭弛禁教令，一面准廣州廿五教士各歸本堂，另一面不准增加教堂與中國人入教。倘廿五人中，如有通曉律法者，往北京幫助修曆，並御書「奉旨歸堂」四大字，分送廿五西士。在廣州被禁之西士，尚生存者只十九人，他們重返各省工作，各省封禁教堂，一律交還，被拆毀之教堂，責令賠償，地方官皆優禮相待。其時閔明我（Dominique Navarrete）已死，格里瑪弟（Philippe-Marie Grimaldi）乃冒稱其名，由澳門入華，然因其通曉天文曆法，便奉召與恩里格（Christian Herdtricht），徐日昇一同進京修曆。[71]

（一）南懷仁的功勞

康熙年之天主教發展，可謂得力於南懷仁，他得康熙重用，著成《永年曆書》共卅二卷，又奉命鑄炮數百尊，皇帝親臨炮場試放，大加褒獎。康熙屢加南懷仁之官職，升至工部侍郎，然懷仁皆間辭不就。懷仁與徐日昇、閔明我向康熙講授西學，康熙對教義也頗有興趣。[72]

---

71 王治心：《中國基督教史綱》，頁126-127。
72 王治心：《中國基督教史綱》，頁127。

南懷仁於康熙廿六年病歿，享年六十六，帝命賜葬並派人致祭，
亦有御製碑文，勒石紀念，碑文云：

> 欽天監治理曆法加工部右侍郎又加二級謚勤敏，南懷仁碑文：
> 朕維古者立太史之官，守典奉法，所以考天行而定歲紀也。苟
> 稱厥職，司授時之典，實嘉賴之。況克殫藝能，有資軍國，則
> 生膺榮秩，歿示褒崇，豈有靳焉。爾南懷仁，秉心質樸，肄業
> 淵通，遠泛海以輸忱，久服官而宣力；明時正度，曆象無譌，
> 望氣占雲，星躔式敘；既協靈臺之掌，復儲武庫之需。覃運巧
> 思，督成火器，用摧堅壘，克俾戎行；可謂蒞事惟精，奉職弗
> 懈者矣。遽聞溘逝，深切悼傷，追念成勞，易（賜）名勤敏。
> 嗚呼！錫命永光乎重壤，紀功廣示於遐陬，勒以貞珉，用垂弗
> 替。康熙二十八年四月初一日。[73]

南懷仁於康熙年間之天主教發展，厥功至偉。蓋教難雖得平反，唯教
禁未除，有排外仇教之官吏，藉口橫加壓迫，賴南懷仁之力，避免軒
然大波。

康熙廿九年（1690），浙江發生搶掠教堂，壓迫教友之事，乃因
巡撫張鵬翮出示禁習天主教。杭州西士殷鐸澤（Prosper Intorcetta）
向北京西士告急，徐日昇與張誠面見皇帝，求弛教禁，帝初命禮部議
奏，[74] 惟禮部所奏，不合上意，帝命禮部朝臣再議，國舅佟國綱迎合
帝意，具題云：

---

73 《熙朝定案》，收入吳相湘編：《天主教東傳文獻續編》（臺北：臺灣學生書局，1966
　　年），冊3，頁1781-1782。

74 《熙朝定案》，收入吳相湘編：《天主教東傳文獻續編》，冊3，頁1783-1788。

禮部等衙門尚書降一級臣顧八待僅題，為欽奉上諭事，該臣等
會議得，查得西洋人仰慕聖化，由萬里航海而來，現今治理曆
法，用兵之際，力造軍器火炮，差往阿羅素，誠心效力，克成
其事，勞績甚多。各省居住西洋人，並無為惡亂行之處，又並
非左道惑眾，異端生事。喇嘛僧等寺廟，尚容人燒香行走，西
洋人並無違法之事，反行禁止，似屬不宜。相應將各處天主堂
俱照舊存留，凡進香供奉之人，仍許照常行走，不必禁止，俟
命下之日，通行直隸各省可也。康熙三十一年二月初三日會
題，初五日奉旨，依議。[75]

康熙批示「依議」，此旨既下，全國天主教徒歡欣不已，天主教之發
展，遂告如虎添翼。

（二）教堂與教友的統計表

綜觀康熙年間之天主教發展，頗為快速，茲列出康熙三年（1664）
及康熙四十年（1701）之天主教狀況，以見其分別：

康熙三年（1664），天主教於中國各地傳播情形

省別	地名	教堂數目	教友數目
直隸	北京	三（南堂，東堂，墓堂）	15,000
	正定	七	
	保定	二	
	河間	一	2,000
山東	濟南	十（全省）	3,000

75 《熙朝定案》，收入吳相湘編：《天主教東傳文獻續編》，冊3，頁1789-1790。

省別	地名	教堂數目	教友數目
山西	絳州		3,300
	蒲州		300
陝西	西安	十（城內一，城外九）	20,000
	漢中	廿一（城內一，城外五，會口十五）	40,000
河南	開封	一	
四川	成都		
	保寧		300
	重慶		
湖廣	武昌	八	2,200
江西	南昌	三（城內一，城外二）	1,000
	建昌	一	500
	吉安		200
	贛州	一	2,200
福建	汀州		800
	福州	十三（連興化，連江，長樂）	2,000
	延平		3,600
	建寧		200
	邵武		400
	彝山崇安	多所	
浙江	杭州	二	1,000
江南	南京	一	600
揚州		一	1,000
	鎮江		200
	淮安	一	800

省別	地名	教堂數目	教友數目
	上海	（城內老天主堂，南門，九間樓，鄉下六六）	42,000
	松江		2,000
	常熟	二	10,900
	蘇州		500
	嘉定		400
	太倉，崑山，崇明	均有教堂教友	

上表為康熙三年（1664）耶穌會士在中國十一省傳教情形，共有教友十一萬四千兩百人。到康熙四十年（1701），則有顯著增長。[76]

康熙四十年（1701），天主教於中國各地傳播情形

省別	會別														
	耶穌會			方濟各會			多明尼會			奧斯定會			不入會		
	住院	教堂	教士	住院	教堂	教士	住院	教堂	教士	住院	教堂	教士	住院	教堂	教士
直隸	6	6	11												
江南	16	130	15	2	2	2				1	1	2			
山東	4	12	1	6	6	10									
山西	3	10	2												
陝西	4	4	1												
河南	2	2	1												
湖廣	8		3												
江西	8	8	6	4	4	5	1		1						

---

76 王治心：《中國基督教史綱》，頁131-133。

省別	會別														
	耶穌會			方濟各會			多明尼會			奧斯定會			不入會		
	住院	教堂	教士	住院	教堂	教士	住院	教堂	教士	住院	教堂	教士	住院	教堂	教士
浙江	4	4	2	1			2	2	3				4	1	1
福建	7	7	6	3	2	3	5	4	5				3	2	3
廣東	1	1	1	3	3	5				4	4	6	3	3	9
廣西	7	7		10	5	7						1			

上列數字，雖非十分準確，也足以說明，在四十年間，天主教的教士、教堂增加了一倍以上，也證明康熙一代天主教會之發達。[77]但好境不常，康熙晚年期間，天主教士竟引起禮儀之爭，促使康熙改變政策，天主教之發展又陷入另一次之頓挫。

第三章　康熙年間之禮儀之爭與天主教之頓挫

　　天主教在康熙年間，正在順利發展的時候，忽然發生內部的爭端，為禮儀問題各執一辭，使教會之發展，受到很大的影響，可謂教會的不幸[78]。中國傳教史上的禮儀之爭，包括四大部份：一是創造主的名稱，二是敬孔傳統，三是祭祖孝道，[79]四是康熙與教廷之爭。

77　王治心：《中國基督教史綱》，頁133-134。

78　王治心：《中國基督教史綱》，頁135。

79　樊國樑：《燕京開教略》，見《中國天主教史籍彙編》（臺北：輔仁大學出版社，2003年），頁374-375。

一　利瑪竇之傳教政策與禮儀之爭

（一）借儒家思想及名詞傳教

在闡述創造主譯詞之先，必先要論利瑪竇來華傳教之成果。利瑪竇入華傳道成功，乃在於其走本色化的路線，他努力學習中國語言及文化，以中文寫作，穿著中國士人之服式，利用中國之哲學思想傳教，以中國經書中之名詞，解釋天主教義。馮應京〈天主實義序〉云：「是書也，歷引吾六經之語，以證其實。」[80]茲引利瑪竇《天主實義》以說明利氏對中國古儒家經典所載「上帝」的理解，其云：

> 吾天主乃古經書所稱上帝也，《中庸》引孔子曰：「郊社之禮以事上帝也。」朱註曰：「不言后土者，省文也。」竊意仲尼明一之以為不可二，何獨省文乎。〈周頌〉曰：「執競武王，無競維烈，不顯成康，上帝是皇。」又曰：「於皇來牟，將受厥明，明昭上帝。」〈商頌〉云：「聖敬日躋，昭假遲遲，上帝是祗。」〈雅〉云：「維此文王，小心翼翼，昭事上帝。」《易》曰：「帝出乎震」。夫帝也者，非天之謂。[81]

利瑪竇引用了六段儒家經典證明天主教所信的上帝就是儒家經典的上帝，而且質疑朱熹的注解，由此看，他引用的應該是《四書》本的

---

80 馮應京〈天主實義序〉，見〔意〕利瑪竇（Mathieu Ricci）：《天主實義》，收入《續修四庫全書》（上海：上海古籍出版社，1997年，據北京圖書館藏明萬曆卅五年燕貽堂刻本影印），冊1296，頁2，總頁481。

81 〔意〕利瑪竇（Mathieu Ricci）：《天主實義》，收入《續修四庫全書》，冊1296，上卷，頁20，總頁494。

《中庸》而非《禮記》本的《中庸》。[82]此外又引用《詩經‧周頌‧執競》[83]、《詩經‧周頌‧臣工》[84]、《詩經‧商頌‧長發》[85]、《詩經‧大雅‧大明》[86]、《周易‧說卦》[87]，利氏認為儒家經典的「上帝」與「天」有分別。

　　梁章鉅《退庵隨筆》批評其為附會之說云：「西洋人之入中國，由利瑪竇始。其教法之傳中國，自利瑪竇《二十五言》一書始。大旨暗資釋氏，而復明攻釋氏。又明知儒教之不可攻，故所著《天主實義》，並附會六經中上帝之說。」[88]徐光啟《辨學章疏》則云：

　　　蓋彼國教人，皆務修身以事上主，聞中國聖賢之教，亦皆修身事天，理相符合，是以辛苦艱難，履危蹈險，來相印證，欲使人人為善，以稱上天愛人之意。其說以昭事上帝為宗本，以保救身靈為切要，以忠孝慈愛為工夫，以遷善改過為入門，以懺悔滌除為進修，以升天真福為作善之榮賞，以地獄永殃為作惡之苦報，一切戒訓規條，悉皆天理人情之至。其法能令人為善

82　〔宋〕朱熹：〈中庸章句〉，見《四書集註》（臺北：藝文印書館，1980年，據吳縣吳志忠校刊本影印），頁14。

83　〔漢〕毛亨傳，〔漢〕鄭玄箋，〔唐〕孔穎達正義：《詩經正義》，卷19之2，頁9，總頁720。

84　〔漢〕毛亨傳，〔漢〕鄭玄箋，〔唐〕孔穎達正義：《詩經正義》，卷19之2，頁16，總頁723。

85　〔漢〕毛亨傳，〔漢〕鄭玄箋，〔唐〕孔穎達正義：《詩經正義》，卷20之4，頁4，總頁801。

86　〔漢〕毛亨傳，〔漢〕鄭玄箋，〔唐〕孔穎達正義：《詩經正義》，卷16之2，頁3，總頁541。

87　〔魏〕王弼注，〔晉〕韓康伯注，〔唐〕孔穎達疏：《周易正義》，收入〔清〕阮元校刻：《重刊宋本十三經注疏附校勘記》，冊1，卷9，頁4，總頁183。

88　〔清〕梁章鉅：《退庵隨筆》，收入梁章鉅編：《二思堂叢書》（杭州：浙江書局，光緒元年校刊本福州梁氏藏版），冊3，卷8，頁24。

> 必真,去惡必盡,蓋所言上主生育拯救之恩,賞善罰惡之理,
> 明白真切,足以聳動人心,使其愛信畏懼,發於繇衷故也。[89]

可見耶穌會士來華,力效華風,其傳教之方式,力求與儒家學說相
合,且借用儒家之用語,以宣揚天主教。這是禮儀之爭的遠因所在。

　　耶穌會士初來中國,為了傳教便利,需要以一個名確易曉之名
稱,說明其所相信之「上帝」,亦即創造天地萬物之主宰,於是採用
了「天主」一詞,最先用「天主」之詞者,是耶穌會士羅明堅。張介
眉《天主教淺說》云:

> 天主二字首先被羅明堅採用。景教的時候,從阿剌伯譯音為
> 「羅訶」(應為阿羅訶),明末清初的教士,從拉丁音譯為徒斯
> (Deus)。「徒斯」二字,中文不可解,所以羅氏又譯為「天
> 主」。[90]

羅明堅是第一個以中文撰寫天主教教義書籍的耶穌會士,其書名為
《天主聖教實錄》,在此書中有幾章都以「天主」稱基督教的上帝,
如「真有一位天主章之一」,「天主事情章之二」,「解釋世人冒認天主
章之三」,「天主制作天地人物章之四」,「天主十誡章十二」。[91]其所譯
之十誡,皆以「天主」稱上帝,其云:「一,要誠心奉敬一位天主不
可祭拜別等神像;二,勿呼請天主名字而虛發誓願;三,當禮拜之日

---

89 〔明〕徐光啟:《徐光啟集》,下冊,頁431-432。

90 轉引自張澤:《清代禁教期的天主教》(臺北:光啟出版社,1992年),頁19。

91 〔意〕羅明堅(Michel Ruggieri):《天主聖教實錄》,見鐘鳴旦(Nicolas Standaert),
　　杜鼎克(Adrian Dudink)主編:《耶穌會羅馬檔案館明清天主教文獻》,冊6,頁7-
　　8。

禁止工夫謁寺誦經禮拜天主。[92]

自從羅明堅使用這名詞後，利瑪竇與其他耶穌會士也使用不替，且亦與「天」「上帝」等名詞一同使用，利瑪竇所著之《天主實義》，以「天」、「上帝」、「后帝」、「皇天」等名詞稱呼「創造主」。利氏在世時，各耶穌會士均未就此名稱有任何爭議，而且傳教也取得成效。

（二）尊重中國傳統

中國傳統的活動而有宗教性質的，為祭祖與敬孔最重。祭祖是家庭及家族之事，若處理不善，不單對先人不敬，且禍及後人。而敬孔則是學校中之禮儀，除紀念性質外，也涉及仕途之問題。現先簡述祭祖與敬孔之傳統，以明概況。

1　祭祖

祖宗崇拜在我國有很久遠的歷史，所謂「慎終追遠」，是中國人非常強調的思想。現今社會，華人的祭祖風氣仍然普遍非常，父母去世，都舉行隆重的喪禮，且每年清明節、重陽節，都有掃墓的習俗。有些知名人士去世後，其後人會有生忌、死忌的紀念活動。考諸古代，祭祖之風氣不單普遍，且名目、方式也頗多，茲分論之。

按字義而言，「祖」是開始的意思，《爾雅‧釋詁》云：「初哉首基肇祖元……始也。」[93]此所謂始者，乃專指宗廟之始而言，《說文》云：「祖，始廟也。」[94]而廟也者，乃先祖之所居也，《釋名‧釋宮

---

92 〔意〕羅明堅（Michel Ruggieri）：《祖傳天主十誡》，見鐘鳴旦（Nicolas Standaert），杜鼎克（Adrian Dudink）主編：《耶穌會羅馬檔案館明清天主教文獻》，冊6，頁82。

93 〔晉〕郭璞注，〔宋〕刑昺疏：《爾雅注疏》，卷1，頁6。

94 〔漢〕許慎著，〔清〕段玉裁注：《說文解字注》，第1篇上，頁8，總頁4。

室》：「廟，貌也，先祖形貌所在也。」[95]而宗也者，亦有祭祖之義，《說文》云：「宗，尊祖廟也。」[96]

到了商代，血緣上的祖先崇拜可謂相當普遍，《禮記・表記》云：「夏道尊命，事鬼敬神而遠之，近人而忠焉。……殷人尊神，率民以事神，先鬼而後禮。……周人尊禮尚施，事鬼敬神而遠之，近人而忠焉。」[97]鄭玄注云：「先鬼後禮，謂內宗廟，外朝廷也。」[98]宗廟乃祭祖活動，藉祭祖活動而維繫宗族，在商朝已經相當普遍。

到了周朝，血緣上的祭祖活動已經成為了社會傳統，儒家思想已明顯說明了這種社會習尚。雖然孔子對死後世界與事鬼敬神之事不願多談，唯其對祭祖之事卻絕不苟且，他認為祭祖乃孝道之體現《論語・為政》載：「孟懿子問孝，子曰：無違。樊遲御，子告之曰：孟孫問孝於我，我對曰無違。樊遲曰：何謂也。子曰：生事之以禮，死葬之以禮，祭之以禮。」[99]祭非其祖乃不合禮之事《論語：為政》有載：「子曰：非其鬼而祭之，諂也。」[100]其弟子曾子亦師承孔子之訓，著重祭祖之事，《論語・學而》謂：「曾子曰：『慎終追遠，民德歸厚矣。』」[101]慎終是處理好喪禮，追遠就是祭祖。

祭祖之目的乃在於報本返始，《禮記・郊特牲》曰：「萬物本乎天，人本乎祖，此所以配上帝也。郊之祭也，大報本返始也。」[102]祭

95　〔清〕王先謙：《釋名疏證補》（上海：上海古籍出版社，1984年），頁267。

96　〔漢〕許慎著，〔清〕段玉裁注：《說文解字注》，第7篇下，頁14，總頁345。

97　〔漢〕鄭玄注，〔唐〕孔穎達疏：《禮記正義》，收入〔清〕阮元校刻：《重刊宋本十三經注疏附校勘記》，冊5，卷54，頁16，總頁915。

98　〔漢〕鄭玄注，〔唐〕孔穎達疏：《禮記正義》，卷54，頁16，總頁915。

99　〔魏〕何晏注，〔宋〕邢昺疏：《論語注疏》，收入〔清〕阮元校刻：《重刊宋本十三經注疏附校勘記》，冊8，卷2，頁2，總頁16。

100　〔魏〕何晏注，〔宋〕邢昺疏：《論語注疏》，卷2，頁10，總頁20。

101　〔魏〕何晏注，〔宋〕邢昺疏：《論語注疏》，卷1，頁6，總頁7。

102　〔漢〕鄭玄注，〔唐〕孔穎達疏：《禮記正義》，卷26，頁8，總頁500。

祖是孝道的表現，如此一來，對待死者的態度也就像對在生的人一樣，《禮記・中庸》：「踐其位，行其禮，奏其樂，敬其所尊，愛其所親，事死如事親，事亡如事存，孝之至也。郊社之禮，所以事上帝也，宗廟之禮，所以祀乎其先也。」[103]又《禮記・祭法》云：「文王之祭也，事死者如事生，思死者如不欲生，忌日必哀，稱諱如見親，祀之忠也。」[104]事奉已去世的祖先，就如事奉在生的長輩一樣，這是孝道。《孝經・聖治章》所言：「曾子曰：『敢問聖人之德，無以加於孝乎？』，子曰：『天地之性人為貴，人之行莫大於孝，孝莫大於嚴父，嚴父莫大於配天，則周公其人也。』」[105]周公對祭祖之重視，就如祭天一般，以祖配天。

古代對祭祖如此重視，也因而產生出不同類型的祭祖名稱。據《國語・魯語》所載，中國自虞、夏、商、周以來的祀典，可總括為五種，其云：「凡禘、郊、祖、宗、報，此五者，國之祀典也。」[106]

（1）禘祭

禘祭本為四時祭之一，《禮記・王制》把四時之祭分為四：「春曰礿、夏曰禘、秋曰嘗、冬曰烝。」[107]又《禮記・祭統》云：「凡祭有四，春祭曰礿，夏祭曰禘，秋祭曰嘗，冬祭曰烝。」[108]禘祭乃追源溯始的祖宗祭祀。

---

103 〔漢〕鄭玄注，〔唐〕孔穎達疏：《禮記正義》，卷52，頁17，總頁887。

104 〔漢〕鄭玄注，〔唐〕孔穎達疏：《禮記正義》，卷47，頁4，總頁808。

105 〔唐〕唐玄宗注，〔宋〕邢昺疏：《孝經注疏》，收入〔清〕阮元校刻：《重刊宋本十三經注疏附校勘記》，冊8，卷5，頁1，總頁36。

106 〔春秋〕左丘明著，〔三國吳〕韋昭注，上海師範大學古籍整理組校點：《國語》（上海：上海古籍出版社，1978年），上冊，頁166-167。

107 〔漢〕鄭玄注，〔唐〕孔穎達疏：《禮記正義》，卷12，頁16，總頁242。

108 〔漢〕鄭玄注，〔唐〕孔穎達疏：《禮記正義》，卷49，頁16，總頁837。

《禮記・喪服小記》云：「禘其祖之所自出，以其祖配之。」[109]
「禘」又稱殷祭或祫祭，禘祭五年舉行一次，即合群廟而祭之，祫祭
三年一祭。古代人認為禘祭與國家之太平臻治有關，《禮記・祭統》
云：「禘嘗之義大矣，治國之本也。」[110]又《禮記・中庸》云：「明乎
郊社之禮，禘嘗之義，治其國如示諸掌乎。」[111]孔子云：「或問禘之
說，子曰：不知也。知其說者之於天下也，其如視諸斯乎，指其
掌。」[112]由此可知禘祭之重要性。

（2）郊祭

郊本是祭天之禮，冬至祭天於南郊，夏至祭天於北郊，《禮記・
中庸》云：「郊社之禮，所以事上帝也，宗廟之禮，所以祀乎其先
也。」[113]到了周朝，因為尊祖的緣故，乃祭祖以配天，《國語》載
云：「周人禘嚳而郊稷。」[114]《孝經》云：「昔者，周公郊祀后稷以配
天。」[115]因為「郊祀后稷以配天」的祭祖觀念與禮儀，郊祭亦賦予了
祭祖的意義。

（3）祖祭

《禮記・祭法》：「祭法，有虞氏禘黃帝而郊嚳，祖顓頊而宗堯。
夏后氏亦禘黃帝而郊鯀，祖顓頊而宗禹。殷人禘嚳而郊冥，祖契而宗

109　〔漢〕鄭玄注，〔唐〕孔穎達疏：《禮記正義》，卷22，頁8，總頁592。
110　〔漢〕鄭玄注，〔唐〕孔穎達疏：《禮記正義》，卷49，頁18，總頁838。
111　〔漢〕鄭玄注，〔唐〕孔穎達疏：《禮記正義》，卷52，頁17，總頁887。
112　〔魏〕何晏注，〔宋〕邢昺疏：《論語注疏》，卷3，頁6-7，總頁27-28
113　〔漢〕鄭玄注，〔唐〕孔穎達疏：《禮記正義》，卷52，頁17，總頁887。
114　〔春秋〕左丘明著，〔三國吳〕韋昭注，上海師範大學古籍整理組校點：《國語》，
　　上冊，頁166。
115　〔唐〕唐玄宗注，〔宋〕邢昺疏：《孝經注疏》，卷5，頁2，總頁36。

湯。周人禘嚳而郊稷，祖文王而宗武王。」[116]凡父之父以上皆稱祖，天子祖七廟，即祭其父之父以上者六代以及其始祖。「祖」是祭祖的意思，鄭玄注云：「禘郊祖宗，謂祭祀以配食也。」[117]可知祖是祭祖之禮。

（4）宗祭

宗也是祭祖的名稱，周公宗祀文王，就是以子祭父，又稱其所自出之祖曰宗，從血統上推源其祖宗，而致其祭祀。宗也可指實際的宗廟，《周禮》：「凡師甸用牲于社，宗則為位。」[118]鄭玄注云：「宗謂宗廟」。[119]此云出師征伐之前，先在社前進行宗廟祭祀之禮。又《詩經・采蘋》：「于以奠之，宗室牖下。」[120]《毛傳》云：「宗室，大宗之廟也。」[121]宗祭也有以祖配天的意義，《孝經》載：「宗祀文王於明堂，以配上帝。」[122]可見宗是有祭祖的意義。

（5）報祭

祭祖之目的乃在於報本返始，《禮記・郊特牲》曰：「萬物本乎天，人本乎祖，此所以配上帝也。郊之祭也，大報本返始也。」[123]《禮記・

116　〔漢〕鄭玄注，〔唐〕孔穎達疏：《禮記正義》，卷46，頁1，總頁796。

117　〔漢〕鄭玄注，〔唐〕孔穎達疏：《禮記正義》，卷46，頁1，總頁796。

118　〔漢〕鄭玄注，〔唐〕賈公彥疏：《周禮注疏》，收入〔清〕阮元校刻：《重刊宋本十三經注疏附校勘記》，冊3，卷19，頁16，總頁297。

119　〔漢〕鄭玄注，〔唐〕賈公彥疏：《周禮注疏》，卷19，頁16，總頁297。

120　〔漢〕毛亨傳，〔漢〕鄭玄箋，〔唐〕孔穎達疏：《詩經正義》，卷1之4，頁4，總頁52。

121　〔漢〕毛亨傳，〔漢〕鄭玄箋，〔唐〕孔穎達疏：《詩經正義》，卷1之4，頁4，總頁52。

122　〔唐〕唐玄宗注，〔宋〕邢昺疏：《孝經注疏》，卷5，頁2，總頁36。

123　〔漢〕鄭玄注，〔唐〕孔穎達疏：《禮記正義》，卷26，頁7，總頁500。

祭義》云:「君子反古復始,不忘其所由生也。」[124]報者謝其恩,反者歸其功,「報」是頌揚祖先功德之祭禮。祭祖在乎思,就是「不忘乎心」。祖宗雖已死亡,但其音容猶在,《禮記・祭義》云:「孝子之祭也,盡其愨而愨焉,盡其信而信焉,盡其禮而不過失焉,進退必敬,如親聽命,則或使之也。」[125]此即如《禮記・中庸》所言:「事死如事生,事亡如事存。」[126]所以,報祭具有報本反始之意。

明朝時期,祭祖之名稱雖有改變,然其普及程度卻有過之而無不及。清明節、重陽節皆流行於社會,家家戶戶皆設有神主牌,以供祭祀祖先,且有大大小小之祖先祠廟作為家族祭祖之所。

2 敬孔

在學校之祀典,古已有之,唯所祭者乃先聖、先師而非祖先。《禮記・文王世子》云:

> 凡學,春官釋奠於其先師,秋冬亦如之。凡始立學者,必釋奠於先聖先師。[127]

鄭玄云:

> 先聖若周公孔子。[128]

鄭玄舉孔子為例,以解釋所祭之先聖先師,實際上是以漢代的習慣解

---

124 〔漢〕鄭玄注,〔唐〕孔穎達疏:《禮記正義》,卷48,頁1,總頁819。
125 〔漢〕鄭玄注,〔唐〕孔穎達疏:《禮記正義》,卷47,頁8,總頁810。
126 〔漢〕鄭玄注,〔唐〕孔穎達疏:《禮記正義》,卷52,頁17,總頁887。
127 〔漢〕鄭玄注,〔唐〕孔穎達疏:《禮記正義》,卷20,頁8-9,總頁394-395。
128 〔漢〕鄭玄注,〔唐〕孔穎達疏:《禮記正義》,卷20,頁8-9,總頁395。

釋《禮記》。在漢以前，並未祭祀孔子，歷代之帝王祭祀孔子者，始自漢高祖；《史記‧孔子世家》云：

> 高皇帝過魯，以太牢祠焉。[129]

《漢書‧高祖本紀》云：

> 十二年……十一月，行自淮南，還過魯，以太牢祠孔子。[130]

而在學校祭祀孔子，則是始於後漢明帝，《文獻通考》云：

> （漢明帝）永平二年，養三老五更於辟雍，郡縣行鄉飲酒禮。學校皆祀聖師周公孔子。[131]

可見學校祭先聖先師，乃祭周公與孔子二人，並非只祀孔子一人，唐宋以後，孔子之地位漸凌駕於周公，孔子被賦予帝王之尊。唐朝初年，仍然在太學祭周公、孔子，至貞觀二年才停祭周公，以孔子為先聖而祭之，唐玄宗封孔子為文宣王，《文獻通考》云：

> 唐高祖武德二年，國子學立周公孔子廟各一所，四時致祭，……太宗貞觀二年，左僕射房玄齡等建議，武德中詔釋奠於太學，初以周公為先聖，孔子配享。臣以為周公尼父俱稱聖

---

129 〔漢〕司馬遷：《史記》，冊1，卷47，頁28，總頁773。

130 〔漢〕班固撰，〔清〕王先謙補注：《漢書補注》（北京：中華書局，據虛受堂刻本影印，1983年），卷1下，頁21，總頁57。

131 〔宋〕馬端臨：《文獻通考》（臺北：新興書局，1959年），卷43，頁405。

> 人，庠序置奠，本緣夫子，……伏請停祭周公，升孔子為先
> 聖，以顏回配。詔從之。……（玄宗開元）二十七年詔
> 曰：……夫子既稱先聖，可追諡為文宣王，……昔周公南面，
> 天子西坐，今位既有殊，豈宜依舊，其兩京國子監及天下諸
> 州，夫子南面坐，十哲等東西行列侍。[132]

明朝時，全國府縣之學校，皆祭祀孔子。《續文獻通考》云：

> 明太祖洪武元年二月以太牢祠先師孔子於國學，……十五年，
> 詔天下通祀孔子，并頒釋奠儀注。[133]

自漢以來，已全國崇奉孔子，而立廟奉祀近於宗教性質者，乃由於人
心之演變，將孔子比於神靈，並非孔子欲創一宗教，也非帝王借孔子
以愚民。[134]

　　祭祖與敬孔包含了對先人之崇敬與仰慕，也包含宗教信仰的性
質，二者之關係往往混淆不清。利瑪竇等人來華傳教，難免與中國祭
祖敬孔之傳統有所接觸。於是引起了一連串的問題，例如祭祖敬孔是
否有罪？基督徒是否絕對不可參加？這些禮節是否有宗教性質？基督
徒是否可以憑良心決定是否參加？傳教士若排斥這數千年的傳統，傳
教之阻力實無法估計。利瑪竇採取權宜的辦法，認為這些禮儀是一種
禮節，表示孝道和敬仰。但當時已受一些耶穌會士如龍華民之反對，
惟大多數之耶穌會士都支持利瑪竇之主張。[135]

---

132 〔宋〕馬端臨：《文獻通考》，卷43，頁406-407。

133 清高宗敕撰：《續文獻通考》（臺北：新興書局，1958年），卷48，頁3226-3227。

134 柳詒徵：《中國文化史》（臺北：正中書局，1948年），上冊，頁318。

135 王治心：《中國基督教史綱》，頁136。

（三）尊重社會習俗

社會習俗是比較瑣碎的，如民間迎神賽會的活動，基督徒應否捐錢及參加？倘若一個基督徒的父母不是基督徒，可否為其靈魂舉行彌撒？教士為婦人行洗禮時，應否避免那些不合中國傳統的禮節？[136]

這些小問題與及上述兩個大問題，引致教士分為贊成與反對兩派，兩派不同之意見，利瑪竇在生時，尚能暫時容忍，但利氏去世後，二者之爭便轉趨激烈，不獨在遠東之教士爭論，甚致引起歐洲教廷之教士也引起辯論。

二　創造主譯詞之爭

自利瑪竇死後，有關「創造主」一詞爭議便出現，這些創造主譯詞之爭議，起於耶穌會之內。羅光《教廷與中國使節史》云：

> 利子去世於一六一〇年。次年，利子的繼任管理中國教務人龍華民（Nicolò Longobardo），便發起反對利子所用「天」和「上帝」兩稱呼的運動。發起這種運動的理由，說是當時耶穌會遠東視察員巴範濟（Francesco Pasio）得到日本耶穌會士的報告，利子所著的「天主實義」，因日本人用理學家朱熹的思想去解釋，「天」和「上帝」不能代表創造萬物的尊神。龍華民命在中國的耶穌會士，對這個問題加以研究，並且徵求奉教的中國學者對這個問題的意見。徐光啟和李之藻都贊成利子的主張，龍華民便不能向巴範濟有具體的建議。巴範濟於一六一二年去世，繼任視察員為衛方濟（Francisco Vieira）。龍華民這時聯合

136　王治心：《中國基督教史綱》，頁136。

熊三拔（Sabbatino de Ursis）向耶穌會中國日本區區長 Valentim Carvalho 上書，請禁止使用「天」和「上帝」兩個名詞。視察員衛方濟於一六一四年命龐迪我（Diego Pantoja）和高一志（Alfonso Vagnoni）對於「天」「上帝」「靈魂」等名詞表示意見。熊三拔見到他們的反對意見乃書寫長文一篇，題名 Tractatus de verbo Xam-ti（論上帝一名），作為對辯。熊氏之文由澳門轉到羅馬，由教會中心的神學家予以研究。著名神學家 Lessio, Lorino Gabriel Vasquez 等，都贊成利瑪竇所用的名詞。日本的耶穌會士 Juan Rodriguez 反對天與上帝。龍華民一六一七年寄所寫的 Res memorabiles pro di rigenda re Christiana 與視察員，熊三拔在龍華民的文後加有註釋。衛方濟乃命熊三拔等再詳細研究。熊氏於一六一八年印刻 De vera cognitione Deiapud litteratos sinenses。龍華民更進而主張根本廢除「天」、「上帝」、「靈魂」等名詞，一律採用拉丁文譯音。耶穌會視察員與耶穌會總長不接受龍華民之主張。於一六二一年耶穌會視察員 Jeronimo Ruiz 在澳門召開會議，會議結果贊成利子主張的一派得勝，視察員出令批准。龍華民不服，於一六二三年寫一覆書 Responsio brevis super controvers ias de Xam-ti。耶穌會視察員命李瑪諾（Manoel Diaz, senior）函復龍華民，予以申斥。同時羅雅谷（Giacomo Rho）也寫一書，書名 Tractatus in civitate Kiamcheu anno 1623 conscriptus adco mprobandam partem oppositam P.Ricci partem et totam Soci etatis in sinis praxim confirmandam）。次年，龍華民又把利子的「天主實義」，詳加批評寫成 Annotationes super librum X e-y P. Ricci, anno 1624 Perkini conscriptae）。

駱入祿（Jeronimo Rodriguez）繼任視察員一年（1625-1626），

高一志上書視察員，反對龍華民的主張，費樂德（Rodrigo de Figueredo）於一六二七年，為文攻擊日本耶穌會士 Juan Rodriguez 的意見，辯護利瑪竇所譯的名稱，費氏的文章名 Duplex responsio anno 1627 data super Tractatum Joa. Rodriguez。但是同年史惟貞（Petrus VanSpire）則又出書攻擊利子：Tractatus contra usum sinensium vocabulorum in rebus sacris apud Christianos, Nankini conscriptus, Anno 1627。視察員 Andreas Palmleiro 乃於一六二八年在嘉定召集會議，討論一種解決的辦法。來嘉定開會的耶穌會士共有九人或十人；會中討論的問題，共三十八項，大半關於中國敬孔敬祖以及譯名問題。討論的結果，對於敬孔敬祖等問題，沿用利瑪竇的方案，不以這種敬禮為宗教上的迷信；對於譯名，則採用龍華民一派人的意見。視察員為謹慎起見，自己把嘉定的議案攜往北京，向在欽天監任職的會士詢問意見，湯若望遂寫 Responsio ad Tractatus super undecim punctis a decem Patribus S.J. decisis circa usum vocabulorum sinensium in rebus sacris Pekini decisis 1629。於是視察員 Palmeiro 在一六二九年出命：以後耶穌會士不許用「天」和「上帝」。然而兩方的爭執並沒有完結，龍華民認為禁止「天」和「上帝」尚不滿意，一心要連「天主」的名稱也加以禁止，完全採用拉丁譯音。李瑪諾則認為「天」和「上帝」不宜禁止，他於一六三〇年上書耶穌會長總長 Vitelleschi。龍華民於一六三一年寫 Annot ationes contra usum nominis Xam-ti, Pekini 1631。費奇規（Gaspar Ferreira）起而與之對辯，寫 Refutatio argumentorum P. Longobardi。一六三三年，耶穌會士再行集會，決議保守以往的習慣和名字。李瑪諾繼任視察員，遂許自由採用「天」與

「上帝」。[137]

耶穌會士內部的爭論剛結束，但事情並未了結。在一六三二年道明會士 Angelo Cocchi 來中國，在福安之「頂頭」開教。次年，道明會士黎玉範（Juan Bautista Morales）和方濟會士利安東（Antonio Caballero 或 Antonio de María）兩人來福安增援。方濟會和道明會是歐洲的老修會，在來華之前，已有既定的傳教方式，他們一向以平民為傳教對像，他們手持十字架，向平民宣講耶穌受難之事，指外教人是愚昧無知的，所以並不了解向中國知識份子傳道的策略，與耶穌會士產生很多爭論。他們一到福建，便反對耶穌會士艾儒略的傳教方針，認為過於曲折。[138]

道明會士和方濟會的教士首先指耶穌會士允准中國教徒祭祀祖先，乃是崇拜偶像，是錯誤之舉。其次便是認為中文之「天」是物質天，即眼所見之蒼天，不能代表《聖經》中的「創造主」。[139]又認為「上帝」是對偶像的稱呼，不適宜用來稱呼「創造主」。[140]

三　祭祖敬孔與習俗問題之爭

道明會和方濟會士來華後，亦學習華語。利安當偶然問教書先生中文「祭」字何解，教書先生為使其易明起見，便答云，「祭」字尤如天主教的彌撒，利安當聽了之後，立即想到祭祖敬孔都是宗教禮

137　羅光：《教廷與中國使節史》，頁80-83。

138　羅光：《教廷與中國使節史》，頁83-84。

139　白晉（Joachim Bouvet）著，馮作民譯：《清康乾兩帝與天主教傳教史》（臺中：光啟出版社，1966年），頁38。

140　楊森富：《中國基督教史》，頁130。

儀，天主教徒絕不能參加。到了一六三四年，利安當到一個家庭參觀
祭祖典禮，更加認為祭祖是迷信，於是他和道明會士便禁止教友參加
祭祖典禮。二會之修士曾與耶穌會士討論中國信徒的祭祖問題，但無
結果。又審問天主教友有關祭祖問題，將報告呈交教皇，但久未得教
廷回音。於是道明會遠東區長派黎玉範與利安當親自往羅馬遊說，惟
利安當滯留於澳門，只黎玉範往羅馬。[141]

（一）黎玉範在羅馬之報告

黎氏於一六四三年二月抵羅馬，他呈報云：

> 中國人，在上述的皇國裏，有從前已經去世的倫理哲學的飽學
> 先師，名叫孔夫子。因為他的學問，法制，和文獻，致在整個
> 中國受人的尊敬。至少在理論方面，無論是皇上到各階級地位
> 的人們，都立為自己該師法追隨的典型。尊重稱揚他為聖人。
> 在城鄉各處，有為上述先師立的廟宇，執政人員身當祭司的職
> 責，該每年兩次在他的廟裏舉行隆重的祭禮；小祭按年每月兩
> 次，除地方首長外，有士人在場參加禮儀。祭中的奉獻：宰豬
> 一隻，整個羊一頭，香燭酒花等。[142]

他又提出十七個問題向教廷匯報，其云：

> 中國教徒是否應與其他天主教徒同例，每年須舉行認罪及聖餐
> 一次。

---

141 羅光：《教廷與中國使節史》，頁84。
142 劉順德：〈大公會議和中國天主教〉，見《天主教大公會議論集》（臺北：教友生活
　　出版社，1962年），頁164。

教士對婦女行洗禮時，可否不用口津及鹽，以及免除過量的
塗油。

中國信徒如放債時，是否允其徵收百分之三十的利息？如係以
放債為生，在其歸信天主之後，是否允其繼續經營此種職業？

應否允許中國信徒向社會祭神典禮捐獻財物？

中國信徒是否可以參加政府所舉行的必要祭典？

中國信徒是否可以參加祭孔典禮及喪葬禮拜之儀？

中國信徒是否可以參加祭拜祖先牌位的典禮，及舉行其他祭祖
的儀式？

在對中國人洗禮之先，應否告其天主教的教儀為絕對禁止敬拜
偶像及舉行其他祭典？

中國信徒尊敬孔子，可否用「聖」字。

中國信徒，在其會堂中所懸匾額中，對於皇帝應否可用「萬
歲」字樣。

對於中國非教徒可否舉行彌撒禮？[143]

教宗物爾明八世（Pope Urban VIII）把提案交予教義專家審查，在一
六四四年審查完畢，但物爾明八世適於是年七月逝世，沒有頒下任何
指令。至依諾增爵十世（Pope Innocent X）繼位，主持樞機小組會
議，審查禮儀提案，並於一六四五年九月十二日發出正式指引。[144]凡
是敬城隍，敬孔子，敬祖先的祭祀，都加以禁止。[145]

---

143 轉引自張力、劉鑑唐著：《中國教案史》（成都：四川省社會科學院出版社，1987
   年），頁142。

144 劉順德：〈大公會議和中國天主教〉，見《天主教大公會議論集》，頁164-165。

145 羅光：《教廷與中國使節史》，頁85。

（二）耶穌會士的反擊

耶穌會士聞訊，便派衛匡國（Martin Martini）赴羅馬，向教廷解釋敬孔祭祖之意義，他於一六五六年抵羅馬，上書云：

> 基督信徒學人，是否可以在孔廳（廟）裏，舉行領受登科的儀禮。因為沒有祭司在場，或偶像教的使臣參加，是學者和哲人的集會，而完全沒有拜偶的設制。根據原來純文化性的制定，用政治和文化的禮儀，來承認孔子為先師。[146]

衛匡國並未提及焚香祭禮等問題。一六五六年三月廿三日，教皇亞歷山大七世作出回覆，頒令云，敬孔和敬祖儀禮，看來純是政治和文化性質，中國信徒可以舉行這種禮儀。[147]如是者，先後兩位教宗的頒令便有所矛盾，道明會士自然反對。

（三）道明會士的反對

道明會士責備衛匡國隱瞞部份事實。道明會士鮑良高（Juan Alfonso de Polanco）於一六六九年抵羅馬，向教廷詢問在兩個矛盾的教皇諭令中，應如何處理，是否兩個諭令都有效。教宗克來孟九世（Pope Clement IX）回諭云：

> 一六四五年九月十二日依照那時呈報的疑問的規定，仍舊有效；也不因著一六五六年三月二十三日所有的規定而受限制。但該根據疑問和環境以及一切對呈報所陳述的答案遵守。[148]

146　劉順德：〈大公會議和中國天主教〉，見《天主教大公會議論集》，頁165-166。
147　劉順德：〈大公會議和中國天主教〉，見《天主教大公會議論集》，頁166。
148　劉順德：〈大公會議和中國天主教〉，見《天主教大公會議論集》，頁167。

這個答復並沒有解決二派的爭論，各派按實際情形而決定遵行任何一個諭令，結果仍是各持己見，爭辯反而加烈。

（四）福建主教顏璫之牧函

教廷既賦予中國教士自行按實際情況而決定之方便，中國之教區主教便各自作主。其中巴黎外方傳教會士顏璫，其時任福建宗座代牧，在一六九三年三月廿六日頒佈一份牧函，茲引述其內容如下：

> 第一項　為統一稱呼唯一真神的名詞起見，該用「天主」名稱，歐人用的「陡斯」（Deus）或中文裡的「天」和「上帝」，一概該除去。
>
> 第二項　在教堂內所縣掛「敬天」的匾額，該在牧函公佈日起兩個月內取銷，以後並不准再用。
>
> 第三項　教宗亞力山大第七時，衛匡國呈請聖職部批准的禮儀案，因許多不符事實的地方，所以信眾們不能享用。
>
> 第四項　禁止每年兩次祭孔祭祖的隆重典禮。
>
> 第五項　該廢除為亡者所立的牌位，或至少該除去牌位上的「神」或「靈」字。
>
> 第六項　有許多述語，如偶不僅慎，能使人誤會而開異端之路，例如：「若適當的領悟中國哲學和教規無異」，「古賢達們願把『太極』為天主是萬有的真原作定義」，「孔子用於神明的敬禮是文化而非宗教性的」，「稱做經的古籍是極好的物理和倫理的綱領」等等。
>
> 第七項　關於學校教課書，不該混入無神思想和異端邪說的書籍，致使和教規抵觸。[149]

---

149 劉順德：〈大公會議和中國天主教〉，見《天主教大公會議論集》，頁168。

四　康熙帝與禮儀之爭

（一）耶穌會士向康熙求助

　　當兩派爭論正烈時，在華之耶穌會士閔明我等於康熙卅九年（1700）十月廿日上奏康熙帝，請求為祭祖與祀孔作一定奪，其上奏云：

> 治理曆法，遠臣閔明我、徐日昇、安多、張誠等。謹奏為恭請睿鑒，以求訓誨事。竊遠臣看得西洋學者，聞中國有拜孔子，及祭天地祖先之禮，必有其故，願聞其詳等語。臣等管見，以為拜孔子，敬其為人師範，並非祈福祐聰明爵祿而拜也。祭祀祖先，出於愛親之義，依儒禮亦無求祐之說，惟盡孝思之念而已。雖設立祖先之牌，非謂祖先之魂，在木牌位之上，不過抒子孫報本追遠，如在之意耳。至於郊天之禮典，非祭蒼蒼有形之天，乃祭天地萬物根源主宰，即孔所云，郊社之禮，所以事上帝也。有時不稱上帝而稱天者，猶主上不曰主上，而曰陛下曰朝廷之類，雖名稱不同，其實一也。前蒙皇上所賜匾額，御書敬天二字，正是此意。遠臣等鄙見，以此答之。但緣關係中國風俗，不敢私寄，恭請睿鑒訓誨，遠臣不勝惶悚待命之至。[150]

　　康熙覽奏後，即頒佈上諭云：

> 本日奉御批。這所寫甚好，有合大道，敬天及事君親敬師長

---

150 〔清〕黃伯祿：《正教奉褒》，見《中國天主教史籍彙編》，頁555-556。

者，係天下通義，這就是無可改處，欽此。[151]

康熙的回覆，說明中國的祭祖祀孔，不過是一種崇敬的禮節，是紀念祖先過去的善行，並無宗教性質。於是道明會及方濟會等人，便以此為口實，謂教會之事，不求之於教廷，反求諸中國朝廷，實為不妥，以挑起教皇對耶穌會之惡感。[152]福建主教顏璫更派人到羅馬四處奔走，又上書巴黎總主教求助。[153]

（二）多羅來華與康熙之衝突

為解決禮儀問題，教廷與中國的傳教士都各自進行其認為適合的方式。而教宗格勒孟十一世在一七○一年十二月五日開會宣佈派多羅（Charles-Thomas Maillard de Tournon）往中國，為使中國之傳教士意見統一及解決禮儀問題。也請中國之耶穌會派代表往羅馬。經長期討論，教廷於一七○四年十一月十三日再舉行會議，由九位樞機投票決定，十一月廿日聖職部舉行一次會議，這次會議的決議，遂成了解決禮儀問題的定案，而且又決定這議案各款不得在歐洲公報，全個議決交付特使多羅，由多羅與中國之主教商議執行。此時，羅馬天主教對中國的禮儀問題才有了明確的立場。而這個議決案，多羅並沒有在華公報全文，直至嘉樂出使中國，才帶同這份由教皇頒佈之禁約來華，並譯成中文，此禁約名「自登基之日」上諭，其中文譯本才譯出來。[154]

多羅所率領之特使團，於一七○二年由羅馬起程。多羅的身份是

---

151 〔清〕黃伯祿：《正教奉褒》，見《中國天主教史籍彙編》頁556。參《聖祖實錄》，康熙卅九年。

152 張力、劉鑑唐著：《中國教案史》，頁143-144。

153 羅光：《教廷與中國使節史》，頁88。

154 羅光：《教廷與中國使節史》，頁92。

教廷出使中國印度及附近各國的巡閱使，加上等特使銜（Legatusa latere），有指導教務和解決教務問題的全權。他出發時，「自登基之日」上諭之大綱已擬定，但尚未正式議決。[155]

多羅途經印度及馬尼剌，並視察當地教務。一七〇五年四月二日多羅抵澳門，但沒有進城，而是住於一小島 Ilha Verde 之耶穌會院。次日啟程往廣州，四月五日抵廣州，多羅住於於奧斯定會會院中，其他隨員則分赴各會院，其時之廣州已有耶穌會、奧斯定會、方濟會、巴黎外方傳教會之會院。[156]

多羅準備上北京時，康熙身在熱河行宮，耶穌會士三次上奏，才於一七〇五年七月廿日得康熙批示，准其入京覲見，又命沿途官員以禮迎送。一七〇五年九月九日多羅由廣州啟程北上，動身前忽中風，半身不遂。十二月四日抵京師，居於北堂。[157]多羅在一七〇六年三月中，接到從馬尼剌而來的教廷消息，知道禮儀問題之議案已決，他便抱強硬態度。[158]

1　多羅第一次覲見康熙

一七〇五年十二月卅一月（康熙四十四年十一月十六日），康熙第一次接見多羅，親自問羅馬教廷有否收到其敬孔祭祖的批示，多羅不敢明白答復。康熙並感謝教化王派使問安的盛意，命特使指定一員，帶朝廷的禮物，往羅馬答聘。多羅特使請康熙准任命一位中國教務總管。康熙答謂，中國教務總管之人選，應是在中國傳教多年，又是為朝廷效勞的耶穌會士。多羅則決定不用耶穌會士。此問題便沒有

155　羅光：《教廷與中國使節史》，頁96。
156　羅光：《教廷與中國使節史》，頁100。
157　羅光：《教廷與中國使節史》，頁106-107。
158　羅光：《教廷與中國使節史》，頁108。

下文。多羅又請批准在北京城建堂，康熙不答，反而問其有關於敬孔祭祖之批示，命多羅上書奏明。[159]

第一次觀見後，康熙請教皇特使團的顧問沙國安（Sabino Mariani）為報聘副使，另請一通曉中文的耶穌會士白晉為報聘正使，代表康熙回謝教皇。[160]多羅不滿白晉為報聘正使，康熙聞之，乃於一七○六年六月廿二日御批說：

> 覽多羅奏，朕知道了，無用再諭。但白晉已與沙國安不和，叫回白晉如何？還有不盡之諭，等多羅好了，陛見之際再諭。傳與多羅寬心養病，不必為愁。[161]

御批送到多羅住所，多羅聽了譯文，心很安定。送御批之官員忽問是否叫回白晉和沙國安，多羅聞言臉色變成蒼白，眼淚奪眶而出云：如叫回報聘使節，則見罪於教皇，康熙聞報，乃不召回白晉。[162]多羅上奏康熙，謂準備回歐，康熙於六月廿四日下諭云：

> 前日曾有上諭，多羅好了陛見之際再諭。今聞多羅言，我未必等到皇上回來的話，朕甚憐憫，所以將欲下之旨曉諭。朕所欲言者，近日自西洋所來者甚雜，亦有行道者，亦有白人借名為行道，難以分辨是非。如今爾來之際，若不定一規矩，惟恐後來惹出是非，也覺教化王處有關係。只得將定例，先明白曉諭，命後來之人謹守法度，不能稍違方好。以後凡自西洋來

---

159 羅光：《教廷與中國使節史》，頁110。
160 羅光：《教廷與中國使節史》，頁111。
161 陳垣編：《康熙與羅馬使節關係文書》，頁7。
162 羅光：《教廷與中國使節史》，頁112。

者，再不回去的人，許他內地居住。若今年來明年去的人，不
可叫他居住，此等人譬如立於大門之前，論人屋內之事，眾人
何以服之，況且多事。更有做生意，做買賣，此等人益不可留
住。凡各國各會皆以敬天主者，何得論彼此，一概同居同住，
則永無爭競矣。為此曉諭。[163]

照此諭旨內容，康熙反對傳教士之互相攻擊，希望他們平息禮儀之
爭。而且決定，倘若願意留下傳教之人，則可居留下來，否則便要離
開，由此暗示出，要在中國立一教務總管，就必須要是久居中國之人。

2　多羅第二次覲見康熙

　　一七〇六年六月廿九日，康熙第二次接見多羅，屢次問多羅東來
的使命，多羅只言云向皇帝問安。康熙請多羅轉呈教皇，中國人不能
改變祖傳的禮儀，這些禮義也沒有違反天主教理。並准多羅回歐。第
二日，康熙與多羅遊暢春園，重申，若西洋人反對敬孔祭祖，西洋人
很難留在中國。多羅不敢回答，只說有通曉中國問題之顏璫即將抵
京。[164]

　　康熙接見多羅後，便往熱河之行宮，七月廿二日，傳顏璫往行宮
覲見康熙。顏璫只懂福建話，於是康熙命巴多明（Dominique Parrenin）
為翻譯。康熙問御座後四個字，他是否認識，顏璫答只識一字。康熙
又問顏璫，儒家與天主教義不同之點安在，顏璫不能回答，康熙不
悅，於八月二日下諭指責顏璫：「愚不識字，擅敢妄論中國之道」。八
月三日再下一諭指責多羅云：「顏璫既不識字，又不善中國語言，對
話須用翻譯。這等人敢談中國經書之道，像站在門外，從未進屋的

163　陳垣編：《康熙與羅馬使節關係文書》，頁9-10。
164　羅光：《教廷與中國使節史》，頁115-116。

人，討論屋中之事，說話沒有一點根據。」[165]多羅惟有決定離京，康熙立即批准。

3　康熙初步禁教

康熙於多羅抵達南京時，下令驅逐顏璫，又於一七〇六年十二月十八日下令，在中國之傳教士，必須向朝廷領取「發票」即居留證，才可以在內地居留，此諭云：

> 朕念你們，欲給你等敕文，爾等得有憑據，地方官曉得你們來歷，百姓自然喜歡進教。遂諭內務府，凡不回去的西洋人等，寫票用內務府印給發。票上寫西洋某國人，年若干，在某會，來中國若干年，永不復回西洋，已經來京朝覲陛見。為此給票，兼滿漢字，將千字文編成號數，挨次存記。將票書成款式進呈。欽此。[166]

一七〇七年元月廿五日，多羅在南京向中國傳教士發表公函，宣佈教廷已經禁止祭祖敬孔，此公函於二月七日公佈云：

> 若是盤問天主教對於中國風俗和倫理，是否尊重，不加批評，傳教士應該答覆：凡是合於天主教義的倫理和風俗，都加以尊重。若是盤問何者是和天主教教義不相合，則可以隨便舉出不相合之點以答。例如：算卜，祭天地，祭鬼神等。假使問到祭孔和祭祖，傳教士都該答覆天主教人不能祭孔祭天，也不能在家供祖宗靈牌，也不能以天或上帝稱呼天主。若是盤問為甚麼

165　羅光：《教廷與中國使節史》，頁117。
166　〔清〕黃伯祿：《正教奉褒》，見《中國天主教史籍彙編》，頁557。

天主教人不許行這些禮節呢？應該答覆，這些禮節和恭敬唯一的天主的教禮不相合，羅馬聖座因此加以禁止。若是問什麼時候禁止的？答應是一七〇四年十一月二十日禁止的。若是又問你們怎樣知道這事是真的呢？答應是多羅特使聲明的。

中國的傳教士，都應該按照上面的指示去答覆：敢有自作主張，不按指示去答覆的，馬上受「棄絕」的重罰，「棄絕」重罰的赦免權，由聖座和特使加以保留（Excommunicatio latae sententiae S.Sedis et Nobis reservata）。[167]

其時，康熙正南下，遇有因禮儀問題而聽從多羅，不願領票之傳教士，康熙一律予以斥逐回歐，倘願領票者，則准予居留。康熙四十六年三月十七日（一七〇七年四月十七日），康熙巡幸蘇州期間，命閔明我會長，通知多羅，早日回歐，並於三月十九日（四月十九日）下諭云：

三月十七日，直郡王張常住奏西洋人孟由義等九人請安求票，並履歷摺字。呈覽，奉旨諭眾西洋人，自今以後，若不遵利瑪竇的規矩，斷不准在中國住，必逐回去。若教化王因此不准爾等傳教，爾等既是出家人，就在中國住著修道。教化王若再怪你們遵利瑪竇，不依教化王的話，教你們回西洋去，朕不教你們回去。倘教化王聽了多羅的話，說你們不遵教化王的話，得罪天主，必定教你們回去，那時朕自然有話說。說你們在中國年久，服朕水土，就如中國人一樣，必不肯打發回去。教化王若說你們有罪，必定教你們回去，朕帶信與他說，徐日昇等在中國服朕水土，出力年久，你必定教他們回去，朕斷不肯將他

---

167 轉引自羅光：《教廷與中國使節史》，頁118-119。

們活打發回去，將西洋人頭割回去。朕如此帶信去，爾教化王萬一再說，爾等得罪天主，殺了罷。朕就將中國西洋人等都查出來，盡行將頭帶回西洋去。設是如此你們的教化王也就成個教化王了。你們領過票的就如中國人一樣，爾等放心，不要害怕。領票，俟朕回鑾時，在寶塔灣同江寧府方西滿等十一人同賜票。欽此。[168]

五月三日，康熙幸杭州，差派官員赴廣州，命多羅出示受命來華之國書，但多羅不敢出示此任命狀，遂被押至澳門。康熙與多羅完全決裂。多羅於一七一〇年（康熙四十九年）六月八日病逝澳門。

多羅之事雖告一段落，唯禮儀之爭尚未完結，康熙對於禮儀問題，堅持遵守利瑪竇之成規，凡遵利氏之規矩者，則給予居留印票，准在中國傳教，否則一律斥逐。據羅光《教廷與中國使節史》云：

一七一七年正月，浙江巡撫陳昂〔昂〕，因聞皇上驅逐西洋人，遂上奏，請禁止傳教，杜絕西洋人的侵略。康熙以奏本下到軍機處。軍機處三次修擬奏議，康熙於五月二十一日至廿三日間批准奏本。在京西士蘇霖（Jose Suarez），巴多明（Dominique Parrenin），穆敬遠（Joao Mourao），等在暢春園覲見：「啟奏九卿議禁天主教一事，臣等聞禁止天主教，議得很嚴。皇上面諭云，並不曾禁止天主教，本內禁的是不曾給票的洋人，其給票過的，並不曾禁。巴回奏本內引有康熙八年的旨意。皇上云，是那沒得票的人，應該照康熙八年例禁止，與有票的人無干。……穆奏，若地方官要囉唆有票的西洋人，臣等還要求萬

---

168 陳垣編：《康熙與羅馬使節關係文書》，頁13-14。

歲作主。皇上云是果有此事，再來啟奏。蘇奏謀反的題目，臣
等很當不得，皇上很知道臣等根由。皇上帶笑云，這是衙門內
一句套話，不相干，你們放心去。隨即叩頭謝恩而出。[169]

此時之中國天主教十分混亂，一方面因教宗之「自登基之日」上諭未
送到中國，康熙又迫他們領票，結果各行其是。「自登基之日」上
諭，於一七一六年八月送抵廣州，由駐廣州之傳信部辦事處主任龐見
修（Joseph Ceru）分發各省教士。伊大仁主教遣康和之於十月廿九日
往北京，向在京教士公佈教宗上諭，康和之於十一月五日抵京，六日
公佈詔書，七日下獄。這份「自登基之日」上諭的中譯如下：

> 教王第十一格勒門得傳為永遠世世悉知之事，自從我作教王第
> 一日以至今，我料理諸事雖多，至於眾西洋人在中國互相爭
> 論，此係我第一件要緊事，在中國眾西洋人因看見中國有幾個
> 字，還有幾件禮，也有說此有異端之事，也有說此無異端之
> 事，因此爭論，寄信與我彼此相告，要我自己決斷，我所定
> 奪，叫他們眾西洋人一心一意，此一件事從先前在位教王第十
> 二般諾深爵料理起首，因他亡故，此事到我跟前，我將兩邊所
> 告言詞，細細詳審後，于天主降生一千七百四年十一月二十日
> 俱已定奪開寫於于後。
> 一　西洋地方稱呼天地萬物之主用斗斯二字，此二字在中國用
> 不成語，所以在中國之西洋人，並入天主教之人，方用天主二
> 字，已經日久，從今以後，總不許用天字，亦不許用上帝字
> 眼，只稱呼天地萬物之主，如敬天二字之匾，若未懸掛，即不
> 必懸掛，若已曾懸掛，在天主堂內即取下來，不許懸掛。

---

169 羅光：《教廷與中國使節史》，頁131。

一　春秋二季祭孔子並祭祖宗之大禮，凡入教之人，不許作主祭助祭之事，連入教之人亦不許在此處站立，因為此與異端相同。

一　凡入天主教之官員或進士舉人生員等，於每月初一日、十五日，不許入孔子廟行禮，或有新上任之官並新得進士，新得舉人生員者，亦俱不許入孔子廟行禮。

一　凡入天主教之人，不許入祠堂行一切之禮。

一　凡入天主教之人，或在家裏，或在墳上，或逢弔喪之事，俱不許行禮，或本教與別教之人若相會時，亦不許行此禮，因為還是異端之事，再入天主教之人，或說我並不曾行異端之事，我不過要報本的意思，我不求福，亦不求免禍，雖有如此說話者亦不可。

一　凡遇別教之人行此禮之時，入天主教之人若要講究，恐生是非，只好在旁邊站立還使得。

一　凡入天主教之人，不許依中國規矩留牌位在家，因有靈位神主等字眼，文指牌位上邊說有靈魂，要立牌位，只許寫亡人名字，再牌位作法若無異端之事，如此留在家裡可也，但牌位旁邊應寫天主教孝敬父母之道理。

以上我雖如此定奪，中國餘外還有別樣之禮，毫無異端，或與異端亦毫不相似者，如齊家治國之道，俱可遵行，今有可行與不可行之禮，俱由教王之使臣定奪，若教王之使臣不在中國，而主事之人同主教之人即可定奪，有與天主教不相反者許行，相反者俱次斷不行。

天主降生一千七百十年九月二十五日。以上禁止條約之禮，屢次查明之後，仍定奪照此條約遵行，再我差使臣多羅於天主降生一千七百七年正月二十五日在中國亦如此定奪，照此禁約遵

行我所禁止之事，如此而已。我教王自今以後，不論你們大人小人之言語，我俱不聽信。於天主降生一千七百十年九月二十五日，我已定奪主意，諸事俱各完畢，還有人不肯順從，我聞得在中國西洋人，也有說我自己把我所發的票禁止不行，也有說此票不明，也有說此票之解說還未到中國，也有說於天主降生一千六百五十六年三月二十三日在位教王第七亞勒桑多准行此禁止條約之禮等語。以上之言，我心甚是不悅，因此我於天主降生一千七百一十五年三月十九日又寫此禁止條約帶去申明，嚴示在中國之眾西洋人悉知，即便遵行，如或不然，我依天主教之罰處之，自今以後，凡西洋人在中國傳教，或再有往中國去傳教者，必然於未傳教之先，在天主臺前，發誓謹守此禁止條約之禮，隨後即將發誓之音信，寄到羅瑪府來。[170]

康熙於十二月十三日，召在京教士進宮，嚴責之。「自登基之日」上諭公佈後，中國傳教士宣誓服從，但教友們並不全體遵守。士子及作官之教友，不能進孔廟，不能陪皇帝祭祖，無異自毀前程，大都脫離天主教。也有教友因不放棄敬祖而不再進教堂。也有一些教友應允不敬祖但又在家中敬祖者，傳教士唯有不為他們行聖事。一七一七年，康熙批准浙江巡撫陳昴〔昂〕的奏章和九卿的奏議，禁止傳教。因此，康熙時代之天主教，由興旺轉趨衰落。[171]

（三）嘉樂來華與康熙之禁教

自從教皇的「自登基之日」詔書，向中國之傳教士公佈後，中國各方之傳教士屢次上書傳信部，詢問在敬祖方面的實際問題。北京主

---

170 陳垣編：《康熙與羅馬使節關係文書》，頁88-95。
171 羅光：《教廷與中國使節史》，頁136。

教伊大仁眼見教務衰落，乃於一七一九年十月七日上書傳信部之樞機，云：

> 這邊傳教區的情形很衰敗，不僅如上面所說，一切的事，都懸於一絲線上，同時又常受各方面的打擊，也因為許多人使自己的教友，希望聖座允許中國禮節。將來真真告訴他們一切都禁止了，他們必定不願放棄這禮節，因此，在許多地方教友已像裂教人了。本教區的耶穌會士至今仍舊不執行聖事。去年，一七一八年，我因他們的視察員紀理安不斷的要求，已經給他們寫出實際的辦法，他們仍舊不行聖事，只有幾個在教友臨終時，纔給臨終教友行聖事，行聖事前又不問教友違背了禁令與否，而且根本不提教宗的禁令。[172]

由此信之內容，已明顯看到中國天主教的分裂，教皇之禁諭，不單無解決禮儀問題，反使康熙時之天主教更形混亂。

傳信部為處理中國禮儀問題之善後事宜，於一七一九年向教宗獻議，派遣新使往中國，教宗格勒孟十一世於一七一九年九月十八日祕密御前會議，決定任命嘉樂（Carlo Ambrogio Mezzabarba）為特使，巡視中國及附近國家之教務。[173]

一七二〇年三月廿五日，嘉樂之使團由里斯本出發，十月十二日進廣州城，十月廿八日啟程赴京，於十二月廿五日抵京。

1 康熙重申禁教與嘉樂之八件准許事項

在嘉樂未抵北京時，耶穌會士已就禮儀問題向康熙乞援，康熙於

---

172 轉引自羅光：《教廷與中國使節史》，頁142。

173 羅光：《教廷與中國使節史》，頁142。

五十九年十一月十八日在乾清宮西暖閣接見耶穌會士，聲明其對天主教的立場，下諭云：

康熙五十九年十一月十八日上召西洋人蘇霖、白晉、巴多明、穆敬遠、戴進賢、嚴嘉樂、麥大成、倪天爵、湯尚賢、雷孝思、馮秉正、馬國賢、費隱、羅懷忠、安泰、徐茂盛、張安多、殷弘緒等，至乾清宮西暖閣。上面諭，爾西洋人自利瑪竇到中國，二百餘年，並無貪行邪亂，無非修道，平安無事，未犯中國法度。自西洋航海九萬里之遙者，為情願效力。朕因軫念遠人，俯垂矜恤，以示中華帝皇，不分內外。使爾等各獻其長，出入禁廷，曲賜優容致意。爾等所行之教，與中國毫無損益，即爾等去留，亦無關涉。因自多羅來時，誤聽教下閻璫，不通文理妄誕議論。若本人，略通中國文章道理，亦為可恕，伊不但不知文理，即目不識丁，如何輕論中國義理之是非。即如以天為物，不可敬天，譬如上章謝恩必稱皇帝陛下階下等語。又如過御座無不趨蹌起敬，總是敬君之心，隨處皆然。若以陛下為階下座位，為工匠所造，怠忽可乎！中國敬天亦是如此意。若依閻當之論，必當呼天主之名，方是為敬，甚悖於中國敬天之意。像爾眾西洋人修道，起意原為以靈魂歸依天主，所以苦持終身，為靈魂永遠之事。中國供神主，乃是人子思念父母養育，譬如幼雛物類，其母若殞，亦必呼號數日者，思其親也。況人為萬物之靈，自然誠動於中，形於外也。即爾等修道之人，倘父母有變，亦自哀慟；如置之不問，即不如物類矣。又可足以較量中國敬孔子乎！聖人以五常百行之大道，君臣父子之大倫，垂教萬世，使人親上事長之大道，此至聖先師之所應尊敬也。爾西洋人亦有聖人，因其行事可法，所以敬

重。多羅、閻璫等知識褊淺，何足言天，何知尊聖？前多羅來，俱是聽教下無賴妄說之小人，以致顛倒是非，壞爾等事。今爾教主差使臣來京，請安謝恩，倘問及爾等行教之事，爾等眾公同答應，中國行教俱遵利瑪竇規矩，皇上深知歷有年所。況爾等今來上表，請皇上安，謝皇上愛護西人之重恩，並無別事。汝若有言，汝當啟奏皇上，我等不能應對。爾等不可各出己見，妄自應答，又致紊亂是非，各宜凜遵，為此持諭。[174]

康熙五十九年（1720）十一月廿五日，李秉忠上奏云嘉樂於廿六日至北京竇店，康熙於次日差伊都立、趙昌、李國屏、李秉忠四人傳旨云：

爾九萬里遠來稱係教王使臣，真假莫辨。因問在京眾西洋人，俱云真是教王所使。朕軫念遠來，且係外國使臣，朕必曲賜優容，以示柔遠至意。爾在廣東並在途中，但云教王差臣嘉樂，請皇上安，謝皇上愛養西人重恩，並無別事。語言關係體面，不可增減。況目今鄂羅斯國使臣，并各國之人俱在京師，爾倘有他說，臨時更變，關係爾之體面。[175]

嘉樂回復云：

遠臣嘉樂，實是教王所使。教王使臣請皇上安，求皇上隆恩有兩件事：一件求中國大皇帝府賜允准，著臣管在中國傳教之眾西洋人。一件求中國大皇帝府賜允准，中國入教之人，俱依前歲教王發來條約內禁止之事。[176]

---

174 陳垣編：《康熙與羅馬使節關係文書》，頁33-38。
175 陳垣編：《康熙與羅馬使節關係文書》，頁40-41。
176 陳垣編：《康熙與羅馬使節關係文書》，頁42。

康熙於五十九年十一月廿七日之復諭云：

> 爾教王所求二事，朕俱府賜允准。但爾教王條約與中國道理，
> 大相悖戾。爾天主教在中國行不得，務必禁止。教既不行，在
> 中國傳教之西洋人，亦屬無用。除會技藝之人留用，再年老有
> 病不能回去之人，仍准存留；其餘在中國傳教之人，爾俱帶回
> 西洋去。且爾教王條約，只可禁止爾西洋人，中國人非爾教王
> 所可禁止。其准留之西洋人，著依爾教王條約，自行修道，不
> 許傳教。此即准爾教王所求之二事。此旨既傳，爾亦不可再行
> 乞恩瀆奏。爾若無此事，明日即著爾陛見。因有此更端，故著
> 爾在拱極城且住。再顏璫原係起事端之人，爾怎不帶他同來？
> 欽此。[177]

康熙此諭非常嚴厲，蓋嘉樂在廣州、江西都說來向康熙請安，現在卻
要求教會及教友行教王禁約，且要求管理中國傳教士。康熙於是拒不
接見，且以驅逐傳教士以恐嚇之，康熙於五十九年十一月廿八日下諭
著嘉樂回歐云：

> 朕之旨意，前後無二，爾王條約與中國道理大相悖謬，教王表
> 章朕亦不覽，西洋人在中國行不得教，嚴行禁止。本應命爾入京
> 陛見，因道理不合，又生爭端，爾於此即回去。明日著在京眾西
> 洋人，於拱極城送爾西洋人中有不會技藝之人，爾俱帶回。[178]

嘉樂以旅途遙遠，身體疲倦為藉口，請康熙准於明春河水解凍才回

---

177 陳垣編：《康熙與羅馬使節關係文書》，頁43-44。
178 陳垣編：《康熙與羅馬使節關係文書》，頁45。

歐，得准[179]。一七二〇年（康熙五十九年）十二月廿九日，在京之傳
教士，譯出教宗的禁約與嘉樂的八件准許事項，其八件准許事項云：

一、准許教友家中供奉祖宗牌位。牌位上只許寫先考先妣姓
　　名，兩旁加註天主教孝敬父母的道理。

二、准許中國對於亡人的禮節；但是這些禮節應是非宗教性質
　　的社會禮節。

三、准許非宗教性質的敬孔典禮。孔子牌位若不書靈位等字，
　　也可供奉，且准上香致敬。

四、准許在改正的牌位前或亡人棺材前叩頭。

五、准許在喪禮中焚香點燭，但應聲明不從流俗迷信。

六、准許在改正的牌位前或亡人棺材前供陳菓蔬。但應聲明只
　　行社會禮節，不從流俗迷信。

七、准許新年和其他節日，在改正的牌位前叩頭。

八、准許在改正的牌位前，焚香點燭，在墓前供陳菓蔬。但俱
　　應聲明不從流俗迷信。[180]

嘉樂當時身陷困境，此八項准許只是權宜之策，康熙見了此上奏之八
項，傳諭云：「但中國道理無窮，文義深奧，非一爾西洋人所可妄
論。朕念教王使臣，於後日令爾陛見。明日著御前侍衛存問，並在京
西洋人俱去看爾。欽此。」[181]

---

179 陳垣編：《康熙與羅馬使節關係文書》，頁46。
180 轉引自羅光：《教廷與中國使節史》，頁152-153。
181 轉引自羅光：《教廷與中國使節史》，頁153。

2　嘉樂覲見康熙

康熙見嘉樂態度轉軟，乃再接見嘉樂。康熙接見嘉樂前後共十三次。其中影響天主教最深者，為第四次接見。康熙五十九年十二月十七日，康熙第四次接見嘉樂，據羅光《教廷與中國使節史》云：

> 上又召西洋使臣嘉樂，同帶來眾西洋人，並在京眾西洋人至淵鑑齋。當日充翻譯的是德理格和馬國賢；但有耶穌會士四人作助譯員，四人為李若瑟（Pereira）、白晉（Bouvet）、穆敬遠（Mourao）、馮秉正（de Mailla）。
>
> 上面問嘉樂：爾係教王所使大臣，有何辯論道理之處，爾當面奏，中國人說話，直言無隱，不似爾西洋人，曲折隱藏。朕今日旨意，語言必重。
>
> 嘉樂特使奏云：「臣不敢在皇上前辯論，臣來是為傳教化王的旨意。教化王經過長久的研究，決定了中國信教人該守的各款，教化王所定，不能改變。」康熙說：「中國遵行孔子之道已兩千多年，中國人無有不敬孔子的。」嘉樂特使奏對說：「中國孔子之道甚善。可惜其中有幾點和教會的道理不大相合。」康熙問有甚麼不合之點。嘉樂奏對如敬牌位。「上諭嘉樂，供牌位原不起自孔子，此皆後人尊敬之意，並無異端之說。
>
> 嘉樂奏請准中國的信教人，遵守教化王的禁約。康熙諭答：「此等事甚小，只合向該管衙門地方官員處議論，不合在朕前瀆奏。如有他事，即可奏明。」
>
> 嘉樂隨奏：「這事在皇上看來甚少，在教會裏則很重要。天主教人稱造物真主，也不應用天，用上帝的稱呼。」康熙答說：「呼天為上帝，即如稱朕為萬歲，稱朕為皇上。稱呼雖異，敬

君之心則一。朕必以為自開闢以至如今止七千六百餘年，尚未
至萬歲，不呼朕為萬歲可乎？」為這等的小事，在中國的西洋
人鬥了好幾十年的口角。康熙又問：「即如利瑪竇以來，在中
國傳教有何不合爾教之處？在中國傳教之眾西洋人，如有悖爾
教之處，爾當帶回西洋，照爾教例處分。」嘉樂奏答利瑪竇供
牌位和稱天為上帝的錯處，乃是無心之錯，那時教皇並沒有禁
止；於今禁止了，信教的人便應遵守，大家和睦相親，不再辯
論。「臣惟有囑咐眾西洋人同心和睦，竭力報效，仰答皇上隆
恩，於天主前保佑皇上萬壽無疆。」康熙諭說：「此奏甚是，
爾如再辯，朕必與爾辯論至極，據爾所奏之言，事體可以明白。
再顏璫等不通小人，妄帶書信，顛倒是非，委屈當日利瑪竇、
湯若望、南懷仁、利類思（Luigi Buglio）、安文思（Gabriel de
Magalhaens）、羅麗山（Alessandro Ciceri）徐日昇等舊西洋人
行悖教之事。如此妄書妄信，亦當不必再存，伊等負屈，朕深
憐憫。」嘉樂乃奏請皇上寬恕以往的事，今後西洋人大家和
睦。康熙諭說：「好，這事就完了，以後不許再提了。」[182]

嘉樂之隨員誤解康熙之意，以為康熙允准嘉樂所請，一切問題都完
結。但耶穌會士卻認為事情壞了。

康熙五十九年十二月廿日，康熙命趙昌向嘉樂索取「自登基之
日」上諭，嘉樂最初不願交出，但趙昌強調此乃康熙諭旨，嘉樂惟有
交出，康熙命人將此教王上諭譯出，此諭即一七〇四年十一月廿一日
所定禁諭，其時稱「禁約」。其中文譯文已在上面引述。康熙覽此禁
約，龍顏大怒，用硃筆在禁約後批云：

---

182 羅光：《教廷與中國使節史》，頁157-158。參《康熙與羅馬使節關係文書》，頁61-
63。

覽此告示，只可說得西洋人等小人，如何言得中國之大理？況
西洋人等，無一人通漢書者，說言議論，令人可笑者多。今見
來臣告示，竟是和尚道士，異端小教相同，彼此亂言者莫可如
何。以後不必西洋人在中國行教，禁止可也，免得多事。[183]

康熙原本重視西教士，也尊重天主教，無奈因教士彼此爭執，且教宗
又反對中國傳統禮儀，亦要立一人管理中國境內之傳教士，無論政治
與宗教二角度，都使康熙嚴行禁教之舉。嘉樂知道事情已決裂，唯有
用最後方法，再將上次所奏的准行八項，再奏明康熙，或有一線生
機。奈何，康熙態度強硬，在嘉樂准行八項後論批云：

朕理事最久，事之是非真假，可以明白。此數條都是嚴襠[184]當日
在御前，數次講過使不得的話。他本人不識中國五十個字，輕
重不曉，辭窮理屈，敢怒而不敢言，恐其中國致於死罪，不別
而逃回西洋，搬弄是非，惑亂眾心，乃天主教之大罪，中國之
反叛。覽此幾句，全是嚴襠之當日奏的事，並無一字有差。嚴
襠若是正人，何苦不來辨別？況中國所使之人，一字不回，都
暗害殺死。而且嚴襠之不通，訛字錯寫，被中國大小寒心，方
知佛道各種之異端相同乎？欽此。[185]

同時又命伊都立、趙昌傳口諭予嘉樂，批評教宗之禁約云：

爾教王條約內，指中國敬天拜孔子諸事有異端之意，爾不通中
國文理，不知佛經道藏之言。即如爾名嘉樂，乃阿旋理，喇嘛

---

183 陳垣編：《康熙與羅馬使節關係文書》，頁70及96。
184 陳垣編《康熙與羅馬使節關係文書影印》是用「嚴襠」，即「顏璫」。
185 陳垣編：《康熙與羅馬使節關係文書》，頁73-74。

之言。先來之多羅，係佛經多羅摩訶薩內之言。稱天主為造物之主，乃道藏內諸真語內之語。朕無書不覽，所以能辨別。爾等西洋人一字不識，一句不通，開口非佛經即道藏異端小教之言，如何倒指孔了道理為異端？殊屬悖理。且中國稱天為上帝，大小之人，皆一樣稱呼，並無別說。爾西洋呼天主為陡斯，乃意達理亞國之言，別國稱呼又異。況陡斯亦如蒙古語相同。即此一端，敬天之事，熟重熟輕。在中國之眾西洋人，並無一人通中國文理者，惟白晉一人稍知中國書義，亦尚未通。既是天主教不許流入異端，白晉讀中國書，即是異端，即為反教。爾係教王使臣著爾來中國辦事，爾即當將白晉拿到天主堂，聚齊鄂羅斯國之人並京中大小人等，同看著令偏信之德理格和馬國賢動手，將白晉燒死，正其反教之罪。將天主堂拆毀。再天主堂內，因當日舊西洋人湯若望曾在先帝時效力，因曾賜匾額，朕亦賜有匾額。既是與爾教不合，爾亦當將額毀壞，方為辦事。且爾偏信德里格和馬國賢一偏之言，德里格曾在中國行不合教之事，於四十五年內，曾告趙昌、王道化，其告人之言現在，爾等可帶去，同眾西洋人著德里格翻譯與嘉樂看。朕必將前後事體明白寫出，出刷印紅票，付鄂羅斯帶去，傳與西洋各國。欽此。[186]

嘉樂得此諭後，立即上奏求情，並與十二傳教士共同署名。康熙本欲傳諭不再見嘉樂，見此奏本後，回心轉意。自後，康熙再有八次接見嘉樂。談話內容，大都是康熙指兩教士不懂中國道理，在教王面前搬弄是非，引致教王誤解中國之天主教徒。嘉樂在康熙面前不敢題禮儀之事，但教王之禁約，他仍是一字不能改。

---

186 陳垣編：《康熙與羅馬使節關係文書》，頁74-77。

　　次年三月一日，康熙最後一次接見嘉樂，准其動身回羅馬。於五月廿七日抵澳門。他在澳門寫公函，於十一月四日公佈，分發予中國各主教和神父，勸傳教士和睦傳教，遵守教宗之禁約，在實際的問題上，可依其准行八項處理。[187]此准行八項反使在華天主教對教規的一致性引起更大波折，禮儀之爭更趨惡化，擁護中國禮儀的教士以這准行八項作依據，將教宗格勒孟第十一世在一九一五年所頒佈的禁行禮儀之通諭變相地廢除了。山西和陝西的代牧撒拉遜（Francesco Saraceni da Conca）在一七三〇年八月六日發出牧函，反對嘉樂的「准行八項」，而北京主教在一七三三年七月六日和十二月廿三日連續發出兩道牧函，勒令教區上下，一律廢除教宗格勒孟第十一世的禁諭，而要遵守教宗牧使嘉樂的「准行八項」。[188]故此，有康熙一代，直至清末，禮儀問題仍未解決，傳教士都各依良心辦事。康熙之禁教政策，一直延續至雍正、乾隆、嘉慶、道光各朝。直至不平等條約陸續簽訂後，禁教令才得以廢除。

（四）禮儀問題之解決

　　中國天主教的禮儀問題，由明代開始，至清代康熙而趨白熱化，歷經清代各朝，仍未能完全解決，直至進入民國時代，教宗庇護第十二世（Pope Pius XII）認為中國之祭祖敬孔為社會禮儀，於一九三九年十二月八日，由傳信部頒令，收回過往有關祭祖敬孔之禁令，其令云：

（1）中國政府屢次公開聲明人民信仰自由，政府不願對宗教事件頒佈法律。因此，政府機關所舉行或下令舉行的敬孔典

187　羅光：《教廷與中國使節史》，頁168。
188　劉順德：〈大公會議和中國天主教〉，見《天主教大公會議論集》，頁178。

禮，不是向孔子予以宗教敬禮，乃是向這位偉人予以相稱
的尊榮，兼以尊重本國文化的傳統。因此，公教人可以參
加在孔廟或學校內在孔子像前或牌位前所舉行的敬禮。

（2）同樣也不禁止在公教學校內懸掛孔子像或設孔子牌位。另
外是政府機關要求懸掛時，並可遵行。也許可在孔子像前
或牌位前行鞠躬禮。假如怕人誤會，則可以聲明公教人敬
孔的意義。

（3）公教官員和學生，如因上命應參加公開儀禮，儀禮頗有宗
教迷信之嫌，公教人則只可按照教律第一二五八條條文，
以被動方式參加隨眾行禮。如有誤會的危險，則宜聲明自
己執行儀禮的意義。

（4）在亡人前，或在亡人像前，或只寫姓名的牌位前，鞠躬或
行及其他社會敬禮，乃屬善舉，理應准行。[189]

至是，困擾中國多年的禮儀之爭才告一段落。

第四章　雍正的禁教

一　雍正對天主教的態度

雍正登基為皇後，仍執行康熙的禁教令，地方官吏亦乘時上疏請
求禁教，雍正年間的天主教，遭嚴禁發展，有些教徒遭受逼害。馮秉
正在雍正二年（1724年10月16日）從北京給歐洲所寄的信，記載了雍
正談及天主教的話，其云：

---

189 羅光：《教與中國使節史》，頁72-173。

朕的先父皇教導了朕四十年，在朕的眾兄弟中選定朕繼承皇位。朕認為首要之點是效法於他，一點也不偏離他的治國方略。福建省某些洋人試圖壞吾法度，擾亂百姓，該省主管官員們向朕告了他們的狀。朕必須制止混亂，此乃國家大事，朕對此負有責任。如今朕不能夠也不應該像朕只是一個普通親王時那樣行事了。

你們說你們的宗教不是偽教，朕相信這一點；朕若認為它是偽教；誰能阻止朕摧毀你們教堂、把你們趕走呢？那些以教人積善積德為名煽動造反的宗教才是偽教，白蓮教就是這樣做的。但是，如果朕派一隊和尚喇嘛到你們國家傳播他們的教義，你們該怎麼說呢？你們如何接待他們呢？

利瑪竇于萬曆初來華。朕不想評論當時中國人的做法，朕對此不負責任。但當時你們人數極少，簡直微不足道，你們的人和教堂也不是各省都有，只是在朕先父皇當政時期各地才建起了教堂，你們的宗教才迅速傳開。我們當初看著這一切，卻甚麼也不敢說。但縱然你們騙得了朕的父皇，別指望也來騙朕。

你們想讓所有中國人都成為基督徒，這是你們宗教的要求，朕很清楚這一點。但這種情況下我們將變成甚麼呢？變成你們國王的臣民。你們培養的基督徒只承認你們，若遇風吹草動，他們可能惟你們之命是從。朕知道目前還沒甚麼可擔心的，但當成千上萬的船隻到來時就可能出亂子。

中國北面有不可小看的俄羅斯人的王國，南面有更值得重視的歐洲人和他們的王國，西面則有策妄阿拉布坦——我怕他到中國興風作浪，因此把他約束在其地盤內不准進入中國。隨沙皇使臣伊斯邁羅夫（Ismaliof）一起來華的蘭給（Lange）請許俄羅斯人在各省設立代理商行，但遭到了拒絕，我們只准他們在

北京和土庫班沁（Tchu-Kou-pai-sing）互市，最多也只能擴大到喀爾喀（Kalkas）地區。同樣，朕允許你們留在這裡和廣州，只要你們不貽人以任何抱怨的口實，就可以一直住下去；但日後你們若引起抱怨，那麼無論這裡還是廣州，朕都不讓你們住了。朕絕不願意你們在地方各省居留。朕的先父皇屈尊俯就，讓你們居留外省，他在文人們心目中的威望就大受損害。先賢之法不容任何更改，朕絕不允許朕當朝期間在這方面給人留下甚麼把柄。朕的子孫們即位後，他們將按他們認為合適的方式行事，朕對此無需操心，正如朕對萬曆的做法不會操心一樣。此外，你們不要以為朕對你們有甚麼敵意或是朕想壓迫你們，你們知道朕在只是皇子的時候是如何對待你們的。遼東有位官員是你們的一個基督徒，因不祭祖而受到全家反對，你們當時很為難，求朕幫助，朕調解了這件事。朕如今是以皇帝身份辦事，惟一關心的是治理好這個國家。朕朝夕為此操勞，甚至不見朕的孩子和皇后而只見負責國家事務的大臣，這種狀況在三年守孝期間將繼續下去。孝期滿後朕可能會照常召見你們。[190]

在這段話中，雍正帝對天主教的態度相當強硬，說明了他對天主教的立場，他並非認為天主教像白蓮教一般是假的宗教，只不過他不想天主教在中國傳佈，恐怕中國人信了天主教之後，便歸了教王而不聽中國帝王的話，他不會像康熙帝一般讓天主教士在各省傳教，只許天主教士留在北京和廣州二地，並且不准傳教，以便管理。

雍正原本對天主教沒有惡感，他在雍正二年十月廿九日硃批兩廣

---

190 〔法〕馮秉正（Joseph-François-Marie-Anne de Moyriac Mailla）：〈馮秉正神父致本會某神父書〉，見〔法〕杜赫德（Jean-Baptiste Du Halde）編，鄭德弟譯：《耶穌會士中國書簡集》（鄭州：大象出版社，2001年），冊2，頁338-339。

總督孔毓珣的奏疏云：

> 朕於西洋教法，原無深惡痛絕之處，但念於我中國聖人大道，
> 無甚裨益，不過聊從眾議耳。爾其詳加酌量，若果無害，則異
> 域遠人自應一切從寬。爾或不達朕意，繩之過嚴，則又不是
> 矣。特諭。[191]

　　雍正治蘇努之子烏爾陳一家之罪，指他們一家背棄傳統，信奉天
主教是一個重要原因，雍正也藉此說明對天主教的強硬態度。宋君榮
（Antoine Gaubil）〈有關雍正與天主教的幾封信〉云：

> 天主者，天也。世人無不敬天者。國家立祭祀之壇，即所以敬
> 天也。我滿洲之民，亦有「跳神」。年年歲首，焚香化紙，皆
> 敬天之禮儀也。
> 我滿洲之民自有敬天之禮儀，猶蒙古、漢、俄羅斯、歐羅巴之
> 民各有祭天之禮儀也。今觀烏爾陳之詞，昏憒糊塗，似有禁其
> 敬天者。朕未嘗言其不應敬天，然敬天之習俗當各有不同耳。
> 伊既系滿洲之民，則應與朕同俗。今伊圖謀不軌，棄我之法
> 俗，從歐之教律。豈有二天為伊共戴乎？四海之內，唯天與
> 共，一國之中，寧有二主耶。[192]

雍正將宗教、政治、民族扯上了關係，其觀念一如過去攻訐西士的中

191　孔毓珣：〈孔毓珣奏疏〉，見雍正御批，鄂爾泰等輯：《硃批諭旨》，收入《文淵閣四
　　庫全書》（上海：上海古籍出版社，1987年），冊416，卷7之1，頁70，總頁271。
192　〔法〕宋君榮（Antoine Gaubil）著，沈德來譯：〈有關雍正與天主教的幾封信〉，
　　見杜文凱輯：《清代西人見聞錄》（北京：中國人民出版社，1985年），頁158。

國士人一般。

雍正五年四月初八諭云：

> 凡天下中外設教之意，未有不以忠君、孝親、獎善、懲惡、戒
> 淫、戒殺、明己性、端人品為本務者，其初創設之人，自然非
> 尋常凡夫俗子，必有可取方能令人久久奉行也。至末學，後人
> 敷衍支離而生種種無理悖謬之說，遂成異端矣，與其教有何涉
> 乎。中國有中國之教，西洋有西洋之教，彼西洋之教必不行於
> 中國，亦如中國之教豈能行於西洋。如蘇努之子烏爾陳等，愚
> 昧不法之輩，背祖宗違朝廷，甘蹈刑戮而不恤，豈不怪乎？西
> 洋天主化身之說尤為誕幻，天主既司令於冥冥之中又何必託體
> 於人世，若云奉天主之教者即為天主後身，則服堯之服，誦堯
> 之言者皆堯之後身乎？此則悖理謬妄之甚者也。[193]

雍正五年（1727）七月廿一日宋君榮寄給羅馬教庭的信中提及了雍正
帝召見天主教士的講話，此時的雍正帝，措詞更強硬，其云：

> 對巴多明神父的恭維話，皇帝只簡單地客氣了幾句，隨後就作
> 了一番很長的講話，其要點如下：

> 巴多明，倘若你將事實真相告訴了麥德樂，倘若你對伊正確地
> 解釋了朕所講的道理與意圖，伊是絕對不會對朕說出那樣的話
> 的。伊請朕下令，歸還所有的教堂，准許播爾等的教義，就在
> 父皇康熙在世時的那樣。請爾等聽朕之言：爾等要轉告在這裏

---

193 〔清〕允祿等編：《世宗憲皇帝上諭八旗》，收入《文淵閣四庫全書》（上海：上海
古籍出版社，1987年），冊413，卷5，頁22-23，總頁145。

和廣州的所有歐洲人，並且要盡快告訴他們。有別的使臣再來，爾等應事先告訴他們，要他們注意，不要像麥德樂那樣講話。麥德樂清楚了朕之理由後，他也會贊同朕的這些道理的。即使羅馬教皇和各國國王親臨吾朝，麥德樂提出的那些要求也會遭到朕拒絕的。因為這些要求沒有道理。假如有道理，爾等一經提出，朕即會贊同。請不要讓爾等的國王也捲到這事件中來吧！朕允許爾等留住京城和廣州，允許爾等從這裏到廣州，又從廣州往歐洲通信，這已足夠了。不是有許多人控告爾等嗎！不過朕了解爾等是好人。倘若是一位比朕修養差的君主，早就將爾等驅逐出境了。麥德樂向朕提出要發執照，好讓朕知道爾皆是好人，朕不想那樣做。朕會懲罰惡人，會認識誰是好人的。但是，朕不需要傳教士，倘若朕派和尚到你爾等歐洲各國去，爾等的國王也是不會允許的嘛。

漢明帝任用印度僧人，唐太宗任用西藏喇嘛，這倆位君主因此受到了中國人的憎惡。先皇讓爾等在各省建立教堂，亦有損聖譽。對此，朕作為一個滿洲人，曾竭力反對。朕豈能容許這些有損於先皇聲譽的教堂存在？朕豈能幫助爾等引入那種譴責中國教義之教義？豈能像他人一樣讓此種教義得以推廣？喇嘛教是最接近爾等的教，而儒教則與爾等的教相去甚遠。爾等錯了。爾等人眾不過二十，卻要攻擊其他一切教義。須知爾等所具有的好的東西，中國人的身上也具有，然爾等也有和中國各種教派一樣的荒唐可笑之處。爾等稱天為天主，其實這是一回事。在回民居住的最小村莊裏，都有一個敬天的「爸爸」（即阿訇——譯者），他們也說，他們的教義是最好的。和我們一樣，爾等有十誡，這是好的，可是爾等卻有一個成為人的神（指耶穌——譯者），還有甚麼永恒的苦和永恒的樂，這是神話，是再荒唐不過了。

佛像是用來紀念佛以便敬佛的。人們既不是拜人佛,也不是拜
木頭偶像。佛就是天主。難道爾等的天主像不也是爾等自己畫
的嗎?如同爾教一樣,佛也有化身,也有轉世,這是荒唐的。
難道我們滿洲人在我們的祭祀中所豎立的杆子不如爾等的十字
架荒唐嗎?(原文如此——譯者),在儒生、喇嘛、和尚當中
都很少有人理解他們那一套教義,就像爾等當中很少有人理解
爾的教義一樣。大多數歐洲人大談甚麼天主呀,大談天主無時
不在無所不在呀,大談甚麼天堂、地獄呀等等,其實他們也不
明白他們所講的究竟是甚麼。有誰見過這些?又有誰看不出來
這一套只不過是為了欺騙小民的?以後爾等可常來朕前,朕要
開導開導爾等。[194]

這次談話,指責到天主教的教義,與其他宗教一樣,有不少可笑的地
方,就算是天主教遍佈的歐洲,教徒也不明白其所信的教義,可見雍
正的態度,比以前強硬了不少。

雍正年間,雍正帝雖然厭惡天主教士,但也重用教士。一方面禁
止天主教在宗教上的發展,而在修治曆法上,卻仍重用天主教士,雍
正二年之《聖諭廣訓》第七條〈黜異端以崇正學〉云:「又如西洋教
宗天主,亦屬不經。因其人通曉曆數,故國家用之,亦不可不知
也。」[195]故此,他以戴進賢,徐懋德為欽天監的監正和副監,雍正三
年又加戴進賢禮部侍郎銜,對在京之教士頗寬,准其居於教堂內,且
他為太子時,曾從德理格神父學西學,對德神父特別優待。[196]

---

194 〔法〕宋君榮(Antoine Gaubil)著,沈德來譯:〈有關雍正與天主教的幾封信〉,見
　　杜文凱編:《清代西人見聞錄》,頁144-146。
195 〔清〕清聖祖頒諭,〔清〕清世宗繹釋:《聖諭廣訓》,收入《文淵閣四庫全書》
　　(上海:上海古籍出版社,1987年),冊717,頁16,總頁599。
196 張澤:《清代禁教期的天主教》,頁34。

二　雍正壓逼天主教

（一）驅逐天主教士

雍正年間，天主教的發展都受到限制。雍正元年十二月壬戌日，浙滿總督滿保上疏云：

> 西洋人在各省起蓋天主堂，潛住行教，人心漸被煽惑，毫無裨益。請將各省西洋人，除送京效力外，餘俱安插澳門。應如所請，天主堂改為公所；惧入其教者，嚴行禁飭。[197]

雍正諭令各省督撫，限六個月內以禮貌遣發西士出境，不得虐待，在京之耶穌會士巴多明、白晉、戴進賢聯名上疏，請恩准西教士留廣州居住，孔毓珣奏疏云：

> 經臣議，將各省送到之西洋人，暫令在廣州省城天主堂居住，不許出外行教，亦不許百姓入教。遇有本國洋船到粵，陸續搭回。[198]

雍正暫准西洋教士暫住澳門。至是，雍正只留下廿多名教士在京，在欽天監任職，另五十多名教士被驅往澳門。雍正二年十二月庚寅，兩禮部議覆兩廣總督孔毓珣的奏疏云：

---

197 〔清〕鄂爾泰等撰：《世宗實錄》，見〔清〕覺羅勒德洪等監修：《清實錄》（北京：中華書局，1985年），冊7，頁251。

198 〔清〕雍正御批，鄂爾泰等輯：《硃批諭旨》，卷7之1，頁69，頁270。

> 廣州省城為洋舶聚泊之所，應將各省送到的西洋人，盡其暫住
> 省城之天主堂。其年壯願回者，令其陸續附舟歸國，年終造冊
> 報部。年老有疾不願回西洋者，聽其居住省城天主堂，不准各
> 處行走，行教誦經。其外府之天主堂俱改為公所。素日誤入其
> 教者，俱令改易。[199]

雍正准其所請，戴進賢上疏陳情，貌乞皇恩，雍正召見在京之教士，
對他們訓斥一番，並說明不能留居中國。[200]可見教士被逐，乃不能幸
免矣。

（二）沒收教堂

　　雍正既厭惡天主教，又下逐教士令，各地官吏亦乘時排教，不少
天主教堂皆被沒收，改作他用。各地教堂都遭搶掠，也有被拆毀的，
有改為廟宇的。經、像、書籍都被銷毀。

　　北京是皇帝駐在之地，雍正要用西士治曆，為他們保留教堂為居
所，惟禁教令一出，各教堂之聖像聖龕遭到焚毀，北堂被充公，改為
病院。山東之教堂亦不能辛免，雍正七年九月十九日山東布政使費金
吾上奏云：

> 奏為請旨事，雍正七年八月初五日接大學士公馬賽爾得字，開
> 欽奉上諭到臣，臣伏思西洋人潛居各省，誦經行教，煽惑人
> 心，深為民害。……茲查得歷城縣原有西洋人南懷德等，已於
> 雍正二年間進京，所遺天主堂二所，一改為育嬰堂，一改為義

---

199 〔清〕鄂爾泰等撰：《世宗實錄》，見〔清〕覺羅勒德洪等監修：《清實錄》，冊7，
　　頁419。

200 張澤：《清代禁教期的天主教》，頁37。

學……又查得臨清州原有西洋人康和子，於雍正二年十月初六日進京，現住京城西直門紅橋天主堂內，所遺天主堂已改為公所。[201]

雍正的硃批云：

何必咨部，但不許容留此輩在地方行教為是，伊並未干犯抄沒之罪，將其所遺房產變價，給予京中堂內也。[202]

上海老天主堂為明徐光啟所建，是中國最古老教堂之一，被改為關帝廟，南京天主堂被改為穀倉。杭州天主堂被改為天后宮。廣東順德天主堂被出售，《順德縣誌》云：

今順德東門內有天主堂，不知始自何時，舊誌不載。向來官府以客禮待之。後雍正間，觀風整俗──使焦祈年惡其教亂民，引福建例，凡有天主教堂嚴示驅逐，其屋拆毀，天主堂為解元陳聲伯所售。[203]

（三）殺害教徒

雍正登位後，曾經逼害一個信奉天主教的宗室蘇努。蘇努是清太祖努爾哈赤的四世孫，祖父是與雍正帝是從祖昆弟。蘇努有子十三人，全家大小七十四口，都先後入天主教。雍正將蘇努全家治罪，有兩個原因；一是蘇努及其子曾幫助允禩謀取帝位，故雍正含恨在心，

---

201 〔清〕雍正御批，鄂爾泰等輯：《硃批諭旨》，卷16，頁54-55，總頁146。
202 〔清〕雍正御批，鄂爾泰等輯：《硃批諭旨》，卷16，頁55-56，總頁146-147。
203 轉引自張澤：《清代禁教期的天主教》，頁41。

二是蘇努一家信奉天主教之故。

最先受害者是六子勒甚亨及十二子烏爾陳，雍正元年二月初十日
諭云：

> 勒甚亨憸邪小人，伊父蘇努係七十（一貝勒之名）之黨，結為
> 生死之交。朕於蘇努父子，宥其罪戾，……亦冀其感念國恩，
> 悛改舊惡，豈知伊等仍然結黨，庇護貝子允神，對朕所交之
> 事，顛倒錯謬，以致諸事制肘，難以辦理，……勒甚亨不可在
> 內廷行走，著革職發往西寧，跟隨允神效力。[204]

很顯然，勒甚亨及烏爾陳被發往西寧，是因其結黨之故，二人在西寧
遇見穆敬遠神父，並受洗禮，後在西寧傳教，雍正聞之大怒，召二人
回京收監。

雍正四年，烏爾陳寫信予宋君榮，述其願為天主殉道之心志：

> 剛才他們藉口檢查我們的僕人，在這裏搜查了我們天主教徒。
> 雍正四年十一月十五日，各牛錄[205]派人來勸我們放棄信奉天主
> 教教義，我們答復說：我們的教義是真正的教義，因此不能放
> 棄。一個頭領叫我們口頭上放棄，我們說，即使是口頭放棄也
> 是違背我們的教義的，因此不能從命……到了晚上，我們的全
> 部僕人，都被召到衛隊那裡，盤問他們是不是天主教徒，全體
> 天主教徒都很堅強，一致承認是天主教徒。有兩個人本來還不
> 是天主教徒，卻也說是。他們二人遂在第二天晚上接受了洗

---

204 張澤：《清代禁教期的天主教》，頁43。

205 清軍連隊的名稱，由韃靼旗人所組成。每個連隊有一百、二百或三百人不等。參
見杜文凱：《清代西人見聞錄》，頁149。

禮，一個取名為若翰達尼老，另一個為方濟各。殉教的願望促使另外十個僕人也要求領洗，因此他們也受到了洗禮。[206]

雍正處死烏爾陳的理由，乃因他是滿州人，卻捨棄自己民族的宗教，跟從歐洲天主教的教訓，實在是一死罪。一七二七年（雍正五年）五月三日，雍正諭云：

> 烏爾陳之父乃塞思黑、阿其那（塞思黑即胤禟，阿其那胤禩，皆雍正之弟）之黨羽，今伊與其父同出一轍。棄我國之禮教，從歐人之偽律。烏爾陳曰：「若皇上循天主之戒律，賜我一死，我死，皇上亦將負殺我之惡名，可吾乃天主教徒也。」今朕以其父之罪殺之，此則一新罪也。
> 伊與其父均犯死罪。爾等奏請，朕未予答復。今朕賜其一死，乃以其父與伊所犯罪，而非以其信奉天主教也。朕之寬恕信天主教之奴僕者，蓋因彼等皆卑賤之下人也。尚有他人為天主教徒，並無妨礙，縱有不當之處，先皇與朕均不在意。烏爾陳乃滿洲之民，又係宗室，竟棄我祖宗之禮儀，從歐人之戒律，僅此一端，即已踐踏國法，冒犯天威。此其應改過者也。[207]

雍正五年四月十九日雍正之議奏：

> 「蘇努之子烏爾陳等與阿其那結黨亂政，復私入西洋邪教，請

206　〔法〕宋君榮（Antoine Gaubil）：〈有關雍正與大主教的幾封信〉，見杜文凱：《清代西人見聞錄》，頁149。

207　〔法〕宋君榮（Antoine Gaubil）：〈有關雍正與天主教的幾封信〉，見杜文凱：《清代西人見聞錄》，頁158-159。

將烏爾陳等凌遲處死。」奉上諭:「烏爾陳、蘇爾金、庫爾陳等,不遵滿州之正道,崇西洋之教,朕令伊等悛改,屢次遣王大臣等降旨,分析開導詢問,乃伊等固執己見,堅稱不願悛改,如此昏庸無知,與禽獸奚別,其心固已先死,何必加以誅戮,⋯⋯著將烏爾陳等交與步軍統領阿其圖,擇一地方牢固鎖禁,俾得用力窮究西洋道理,伊等如知西洋敬天之教,自然在朕前奏請改過也。」[208]

同年七月廿五日諭云:

蘇爾金、庫爾陳、烏爾臣信從西洋外國之教,經朕屢次降旨,諭令峻改,伊等公然抗違,奏稱:「願甘正法,不肯改易。」似此忘本背君,藐視國法,喪心蔑理,聞者莫不駭異⋯⋯倘諸人中有一人犯法者,不論情罪之輕重,定照此本所議,將爾等即行正法。[209]

《清史稿》亦載云雍正五年七月,因為宗親蘇努一家信天主教,被雍正治以死罪,後來改為監禁,其云:

蘇努怙惡不悛,竟令其子蘇爾金、庫爾陳、烏爾陳信從西洋之教。諭令悛改,伊竟抗稱:「原甘正法,不能改教。」今又查出昔年聖祖硃批奏摺,敢於狂書塗抹,見者髮指。即應照大逆律概行正法。但伊子孫多至四十人,悉行正法,則有所不忍。

---

208 〔清〕允祿編:《世宗憲皇帝上諭內閣》,卷56,頁37-38,總頁606-607。
209 〔清〕允祿編:《世宗憲皇帝上諭內閣》,卷59,頁32-33,總頁671。

倘分別去留，又何從分別。暫免其死，仍照前禁錮。[210]

近代史學家陳垣認為「蘇努曾助允禩謀繼位，大為雍正所忌，實為獲罪之唯一原因。」[211]然而由上列聖諭，可知蘇努一家之被戮，與奉教也頗有關連。然蘇努一家，既曾助胤禩、胤禵，雍正欲除之，亦可想而之，若但以曾助胤禩、胤禵而伏誅，則使朝臣等惶恐，若以背棄傳統，入西洋邪教之罪，則戮之有理，朝臣亦不致人人自危。

三　雍正禁教令下之傳教活動

自雍正禁教令下，全國有天主教的地方，都掀起排教運動，地方官吏奉旨緝拿天主教士和教民。在禁教令之下，天主教之發展，並沒有完全停止，仍有宗教活動。

在北京一地，雍正初年，有西教士廿人，到雍正十一年（1733）東南二堂有神父十一人，修士五人，北堂有神父十人，修士一人。雍正因為需要西士效力，對西士相當優待，可以在堂內祈禱和行彌撒。教士們在暗裏行教，雍正十二年，在北京就有一千人領洗禮。[212]

廣州一地之傳教工作也未停止，廣州知府藍鼎元〈粵夷論〉云：「今省城天主堂八處，招集一萬餘人矣。又有女天主堂亦八處，招集二千餘人矣。」[213]這十六座天主堂，可能是祕密或半祕密的教堂。至於其他省份，西教士都在地下活動。[214]

---

210 〔清〕趙爾巽等撰：《清史稿》（北京：中華書局，2003年），冊3，頁320。

211 陳垣著，吳澤編：《陳垣史學論著選集》，頁308。

212 張澤：《清代禁教期的天主教》，頁48-49。

213 〔清〕藍鼎元：《鹿洲初集》，收入《文淵閣四庫全書》（上海：上海古籍出版社，1987年），冊1327，卷7，頁10，總頁661。

214 張澤：《清代禁教期的天主教》，頁51-53。

第五章　乾隆禁教政策下的天主教

乾隆帝繼雍正帝即位，他對天主教的態度，與康熙和雍正二帝對天主教有所不同，他對天主教亦無厭惡之心，且對天主教士亦頗友善，他即位初年即表示，國家任西洋人治曆，因為他們勤勞可加嘉，可以從寬容留。[215]但他卻不希望中國人信天主教。

一　乾隆對天主教的壓迫

雖然，乾隆重用天主教士，但只不過是利用西教士的科學知識，並沒有對天主教產生好感。乾隆一朝，因為天主教仍然有地下活動，而有些地方教禁鬆懈，天主教又重新活動起來。遂引致乾隆進行迫害天主教的行動，日本人後藤末雄氏的《乾隆帝傳》謂乾隆帝在位期間，對天主教做了三次迫害的事件，第一次發生於乾隆元年，第二次發生於乾隆二年，第三次發生於乾隆十一年，[216]然而，事實上還有第四次的迫害，發生於乾隆五十年。亦可謂一次比一次嚴重。

（一）第一次的教難

乾隆元年，有人向皇帝上書控告天主教，乾隆皇帝於元年（1736）四月廿四日下令禁止天主教，需要調查改信天主教的人，勸他們棄教，不肯棄教者應處以重罰，訓令禮部禁止以科學──特別是通曉天文學而留北京之傳教士，誘惑漢人及滿人信奉天主教。禁教令一下，官吏即逮捕天主教徒，並施以刑罰，天主教士借助得到乾隆帝

---

215 張澤：《清代禁教期的天主教》，頁62。

216 莊吉發：《清史論集》（臺北：文史哲出版社，2000年），冊8，頁93-94。

器重的宮廷畫師郎世寧上書向乾隆求情，迫害天主教的情形才暫歸平靜。[217]但迫害天主教的情況並未就此完結。

（二）第二次教難

正當乾隆元年的禁教事件轉趨平靜之際，到了乾隆二年，禁教活動又再出現。其時，北京多貧民，每日都有棄嬰，清政府會派人撿拾棄嬰。而葡萄牙耶穌會士也參與撿拾棄嬰的工作，負責在北京的東、南、西、北四個天主教堂附近區域撿拾棄嬰的救濟工作，並為嬰兒施洗。一天，一位名叫劉二的中國天主教徒正在孤兒院為嬰兒洗禮之際，被巡捕抓去，刑吏嚴刑烤問，迫劉二叛教，但劉二不允，此事驚動了反對天主教的刑部尚書，便把事件擴大了。[218]刑吏把劉二帶上枷鎖，頭上罪名寫著「天主教徒」。葡萄牙耶穌會士包括戴進賢、沙如玉（Valentin Chalier）、郎世寧等決定上奏乾隆，遂請朝中大臣海望上表予乾隆，乾隆得表之後，發予刑部處理。刑部復奏上予乾隆對天主教大肆抨擊，認為天主教是騙人的邪教，康熙帝任用天主教傳教士，只不過是因他們通曉算數之學而矣，而且，劉二是中國人，必需以中國的刑法處理，不能以天主教的方式處理。[219]天主教士聽到這些指責，雖然有激烈的反應，但也不能阻止迫害的發生。即使郎世寧趁乾隆帝欣賞他的畫的時候，向乾隆求情，乾隆的回答只說是針對國民，不准信天主教，不是針對西士。[220]官吏既得到逮捕天主教徒的命令，也就進行逮捕的工作，中國各省天主教徒與天主教士在乾隆二年都受到迫害。[221]

---

217 〔法〕白晉（Joachim Bouvet）：《清康乾兩帝與天主教傳教史》，頁115-116。

218 〔法〕白晉（Joachim Bouvet）：《清康乾兩帝與天主教傳教史》，頁117-118。

219 〔法〕白晉（Joachim Bouvet）：《清康乾兩帝與天主教傳教史》，頁119-120。

220 〔法〕白晉（Joachim Bouvet）：《清康乾兩帝與天主教傳教史》，頁122。

221 〔法〕白晉（Joachim Bouvet）：《清康乾兩帝與天主教傳教史》，頁123。

（三）第三次教難

第三次的迫害是於乾隆十一年在福建省開始的。除了福建之外，江西也有逮捕天主教徒事件。

1 福建教難

福建省的天主教傳教工作，是由道明會負責而非耶穌會士。在當時，有一個謠傳謂道明會傳教士把中國天主教徒的真實姓名造成名冊，然後把名冊送到歐洲，一旦有事就利用這些教民。[222]此一謠傳使到福建巡撫周學健派人偵察傳教士及教徒的住所，正於此時，有一個儒生向巡撫控告福安縣及其週圍村落的天主教徒，巡撫派人調查，[223]得到一調查報告謂：

> 1.天主教傳教士乃違反皇帝禁令而從事傳教之潛伏份子。2.傳教士分別授與信奉天主教之中國人以密符，並告以天堂、地獄之苦樂，而勸其歸信。3.由教徒中選拔最虔誠遵守教規者為傳教員，使其統帥五十名教徒。4.不許教徒祭祀祖先與孔子，而只准崇拜稱為「耶穌」的異邦人。5.傳教士對信徒一年舉行兩個懺悔會。6.信奉天主教的女子不論已婚或未婚，身不得穿綢緞、頭不得戴花寶石。7.修女一生不得結婚。8.信徒家之房間內，均設有可以隱匿傳教士之雙層牆或其他密室。9.傳教士於特別建築之大食堂內召集教徒及修女分給某種食物與酒，並於彼等之身體塗油。[224]

---

222 〔法〕白晉（Joachim Bouvet）：《清康乾兩帝與天主教傳教史》，頁124。

223 〔法〕白晉（Joachim Bouvet）：《清康乾兩帝與天主教傳教史》，頁124。

224 〔法〕白晉（Joachim Bouvet）：《清康乾兩帝與天主教傳教史》，頁125。

乾隆十一年五月（1746年7月），下旨嚴密查拿，因而有福建教難出現，《高宗實錄》云：

> 福建巡撫周學健奏：據福寧府知府董啟祚稟報：該屬福安縣境內，崇奉天主教者甚多，竟有西夷人在彼習。當即密遣臣標弁兵，會同該府鎮等，嚴密查拏。據獲到夷人費若用，堂主陳廷柱等男婦各犯，並搜出畫像、經卷等件，嚴審辦理。得旨：辦理甚妥，知道了。董啟祚尚能如此留心，亦可嘉也，其人究如何？[225]

又乾隆十一年六月廿六日（1746年8月12日），下諭各地方官查拿天主教徒，若有疏失，地方官必受處分，《高宗實錄》云：

> 現在福建福寧府屬，有西洋人倡行天主教，招致男女禮拜頌經；又以番民誘騙愚氓，設立會長，創建教堂，種種不法，挾其左道，煽惑人心，甚為風俗之害。天主教久經嚴禁，福建如此，或有潛散各省，亦未何知。可傳諭各省督撫等，密飭該地方官，嚴加訪緝，如有以天主教引誘男婦，聚眾誦經者，立即查拏，分別首從，按法懲治。其西洋人俱遞解廣東，勒限搭船回國，毋得容留滋事。倘地方官有不實心查拏，客留不報者，該督撫即行參處。[226]

　　然而，為了中外關係，被捕之天主教士無須受罰，一律差送往澳

225　〔清〕慶桂監修：《大清高宗純（乾隆）皇帝實錄》（臺北：華聯出版社，1964年），冊6，卷267，頁24-25，總頁3874-3875。

226　〔清〕慶桂監修：《大清高宗純（乾隆）皇帝實錄》，冊6，卷269，頁24，總頁3904。

門，擇期歸國，乾隆十一年七月《高宗實錄》云：

> 軍機大臣等議覆，福建巡撫周學健奏福安縣潛住夷人，以天主
> 教招致男婦二千餘人，書役等俱被蠱惑，請從嚴治罪等語，查
> 天主教係西洋本國之教，與然燈大乘等教有間，遽繩以法，似
> 於綏遠之義未協，應令該府將現獲夷人，檻送澳門，勒限搭船
> 回國，從教男婦，擇其情深重大，不可化誨者，按律究擬，若
> 無知被誘，量予責釋，毋致滋擾，從之。[227]

乾隆十一年九月，《高宗實錄》載周學健上疏說天主邪教招服人
心，冊報番王，居心叵測，要按律定罪，其云：

> 福建巡撫周學健奏，接奉軍機大臣等議覆，臣前奏，請嚴治西
> 洋天主邪教一摺，令臣將現獲夷人，勒限回國並分別量擬懲
> 治。然臣觀該國夷人，實非守分之徒，有難加以寬典者。查西
> 洋人精心計利，獨於行教一事，不惜巨費，現訊據白多祿等，
> 並每年催往澳門取銀之民人繆上禹等，俱稱澳門共有八堂，一
> 堂經管一省，每年該國錢糧，運交呂宋會長，呂宋轉澳門各堂
> 散給。又西洋風土，原與中國相似，獨行教中國之夷人，去其
> 父子，絕其嗜欲，終身為國王行教，甚至忘身觸法，略無悔
> 心。至中國民人，一入其教，信奉終身不改，且有身為生監，
> 而堅心背道者。又如男女情慾，人不能禁，而歸教之處女，終
> 身不嫁，細加查究，亦有幻術詭行。臣前於福安各堂內搜出番
> 冊一本，訊係冊報番王之姓名，凡從報之人，已能誦經堅心歸

---

227 〔清〕慶桂監修：《大清高宗純（乾隆）皇帝實錄》，冊6，卷271，頁2-3，總頁3933。

教者，即給以番名，每年赴澳門領銀時，用番字冊報國王，國
王按冊報人數多少加賞。現在福安從教男婦，計二千六百餘
人，夫以白多祿等數人行教，而福安一邑，已如此之多，合各
省計之，何能悉數？是其行教中國之心，固不可問。至以天朝
士民，而冊報番王，以邪教為招服人心之計，尤不可測。臣請
將白多祿等按律定擬，明正國典，以絕狡謀。得旨：未免言之
過當；然照律定議擬，自所應當。[228]

福建主教受刑之前，慷慨就義，信徒則哀慟送之，《中國聖教由來故
事》云：

三思（桑主教另譯）同教友被執時，軍吏民等，早共聞其德
名，故解往省垣，隨路有多人，或前趨跪敬，或後從哀慟，婦
人女子府首途邊，或送獻飲食，或摩其衣衿，號聲載道。到
省，官定死刑，三思神父（應作桑主教）向眾云：「我今不為
中國講道之宗徒，天將為中華祈主，更益之宗徒。言畢赴法
場，誦經，謂刑役云：「友乎，我今去天，願有時見爾於
天。」役答曰：「此我心願也。」刑後時有外教人名金耳，受
教中人所傭者，分眾往前，收斂致命神父之屍，手染鮮血，不
肯浣洗，直奔家舍，將血手抹子女手云：「願此義人之血降福
吾兒。」[229]

---

228 〔清〕慶桂監修：《大清高宗純（乾隆）皇帝實錄》，冊6，卷275，頁19-30，總頁
4008。
229 轉引自張澤：《清代禁教期的天主教》，頁69。

2 江西教難

除了福建之外，同年又有江西教難出現，被捕者有洋教士李世輔
及信徒，乾隆十二年三月，《高宗實錄》云：

> 江西巡撫開泰奏，上年七月內，因福建福寧府屬，有西洋人倡
> 行天主教，左道惑人，奉諭各省督撫嚴密查拏懲治，其西洋人
> 俱遞解廣東，勒限回國等因，茲確查江省并無西洋人在境行教
> 創建教堂。唯高安、萬安、鄱陽、浮梁等縣有胡柳喻、元捷、
> 沈鳴鳳、鄒雲章等五十餘人，訊係無知奉教，別無引誘聚眾不
> 法之處，應將各犯交地保嚴加約束，經卷圖像銷燬，舊有教堂
> 查照入官。再查上年十一月內，有西洋人李世輔路過鄱陽，經
> 該縣盤獲，訊係熱爾嘛哩哪國人，乾隆五年入中國，在山陝二
> 省傳教多人，上年至京，有西洋人席登元，遣人送伊回國，繞
> 道過此，並未在此傳教等語，除一面移咨山陝，將奉教之人，
> 確查元結。一面移咨禮部，向席登元查明李世輔來由。再行遞
> 解廣東，勒限回國。得旨：知道了，此人且不可令其回國，即
> 在江西拘禁，俟事竣後，摺奏請旨。[230]

因李世輔進入內地之時，並未在關口奏明地方官，朝廷認為他居心叵
測，將之與兩名中國信徒永遠監禁，乾隆十二年四月，《高宗實錄》
云：

> 又諭，據開泰奏稱，上年（乾隆十一年）十一月內有西洋人李

---

230 〔清〕慶桂監修：《大清高宗純（乾隆）皇帝實錄》，冊6，卷387，頁19，總頁
　　4165-4166。

世輔，同直隸南宮縣民蔣相臣，山西曲沃縣民尹德志，路過江省鄱陽縣境，該縣盤獲訊供，曾在山、陝二省傳教，又在京城海淀堂裡住過。一面移咨山、陝撫臣確查，一面移咨禮部查明來歷，俟審明後遞解廣東，附回本國等語。李世輔遊歷山、陝，授徒行教，其從前經由之澳門等關口，並未照例奏明，顯係多事不法之人。此等奸徒，若押令回國，伊必捏造妄言，肆行傳播，轉為未便。其蔣相臣，尹德志等，既隨從附和，此外必尚有黨羽，若押遣回籍，又得串通消息。不若將此三人即於江西省城永遠牢固拘禁，則伊等狡獪技倆，舉無所施，不致蔓延生事。可傳諭巡撫開泰，將此案審明，遵旨辦理，且摺奏聞。其移查禮部之處，傳諭該部，令將原文發回。[231]

在雲南之安寧，亦有教士二人被捕下獄，又乾隆十三年七月《高宗實錄》云：

又諭，據安寧審題西洋人王安多尼等，煽惑內地人民入教，窩頓姦淫一案，將王安多尼、談方濟二犯，照律擬監候，外夷壯棍，潛入內地，誑惑愚民，恣行不法，原應嚴加懲處，但此等人犯，若明正典刑，轉似於外夷民人，故為從重，若久禁圖圄，又死滋事，不如令其瘦斃，不動聲色，而隱患可除，從前福建白多祿一案，將首犯正法外，其餘疑斬候之犯，現經如此辦理，令王安多尼、談方濟二犯，亦應照福建之案，速行完結，但此等信息，稍不慎密恐不待傳播而彼處已知，應於接到

231　〔清〕慶桂監修：《大清高宗純（乾隆）皇帝實錄》，冊6，卷288，頁32，總頁4184。

諭旨之日，即傳司府，密諭遵照辦理，不得稍稽時日，以致洩漏，其監斃犯官員於報文內聲明，免其議處至本內於該犯所用銀錢，訊其是否由該國王寄來，雖屬案情所當根究，然中國之與外夷，各有體制，如因該國之人，犯法內地，即行究及國王，恐彼國聞之，以為中國有司有意吹求，既為非體，且失遠人之心，自當從寬混融辦理，嗣後此等案件，不必將此等供語敘入題本之內，著一併傳諭該撫知之，令將遵辦之處，具摺覆奏。[232]

乾隆十四年八月，《高宗實錄》云：

諭軍機大臣等，據潘思榘所稱，陳怡老私往噶喇叭，潛住二十餘年，充當甲必丹，攜帶番婦，並所生子女銀兩貨物，歸龍溪縣原籍，現經緝獲究審等語，內地匪徒，私往番邦，即干例禁，況潛住多年，供其役使，又復娶婦生女，知其不借端恐嚇番夷，虛張聲勢，更或漏洩內地情形，別滋事釁，不唯國體有關，抑且洋禁宜密，自應將該犯嚴加懲治，即使不挾重資，其罪亦無可貸，至於銀兩貨物入官原有成例，更不待言，今觀潘思榘所奏，措詞之間，似轉以此為重，而視洋禁為輕，亦未免失宜，著傳諭喀爾吉善、潘思榘，一面徹底清查，按律辦理，一面詳悉具摺奏聞。[233]

---

232 〔清〕慶桂監修：《大清高宗純（乾隆）皇帝實錄》，冊7，卷320，頁13，總頁4710-4711。

233 〔清〕慶桂監修：《大清高宗純（乾隆）皇帝實錄》，冊8，卷346，頁14-15，總頁5245-5346。

除了王、談二神父之外，蘇州教難還牽連了多位教友，被判刑的有常熟縣教友二十二人，嘉定教友七人，南匯一人，寶山四人，太倉二人，丹陽五人，蘇州四人，上海二人，上元二人，婁縣三人，徽州二人，新陽、清浦、華亭各一人，男女老弱俱不能倖免。[234]

（四）其他逮捕天主教徒的事件

除上述的福建、江西教案之外，乾隆年間逮捕教士之行動並未停止，常有發生。湖北的襄陽府有信徒被捕，並搜出外文書札，乾隆十八年六月，《高宗實錄》云：

> 己亥，諭軍機大臣等，巡撫恒文奏，上年襄陽縣盤獲信從天主教之曹殿邦，寫寄萬一舉，番字經扎藥方等物，及現在拏獲假冒欽天監差役之唐縣民人邸蘭，究出曹應文，代畢珠所寫番字，書扎各情一摺，內稱伊等字跡，臣等既不認識，而此處亦無認識之人，恐有悖逆不法情弊，即應嚴加根究，何敢草率完結，現在訪查有無夥黨並為匪確情，再行嚴審，所有西洋番字經札，一并進呈等語，曹應文等寫西洋番字，密相扎記，並假充差役，既經拏獲，其有無別情，自應訊究，但京師現在亦無認識番字之人，若交予西洋人之在欽天監者，令其譯漢，即扎中果有不法情弊，伊等恐亦未必寫出實情，且伊等在中國已久，尚屬安份守法，想無煽誘為匪情事，一經查辦，轉致驚疑，看來此事只應在曹應文等，究明緣由，可傳諭恒文該犯，現在楚省，其所寄番字札中情由，俱可就近訊問，照例辦理。[235]

---

234 張澤：《清代禁教期的天主教》，頁74-75。
235 〔清〕慶桂監修：《大清高宗純（乾隆）皇帝實錄》，冊9，卷440，頁28，頁6484。

也有將被捕的天主教徒發配落後地方的，乾隆十九年八月，《高宗實錄》載：

> 又諭口：喀爾吉善奏，馮大千即馮文子，並非西洋番夷，潛至福建傳教，實係福安民人，應俟徒限滿日，解回原籍，勢必故智復萌，傳播煽誘，所云交親族收管，尤屬有名無實，該督不過按照律例辦理，於此案實在情罪，尚未允協，應將該犯酌量安置廣西等省烟瘴地方，嚴行管押，庶令知所懲儆可傳諭該督知之。[236]

四川亦有天主教徒被捕，乾隆卅七年三月，《高宗實錄》云：

> 諭軍機大臣等，桂林奏，據川東道稟稱，節據彭水縣典史蔡廷輅，涪州吏目蔡處稟報，查獲習天主邪教之案並於各犯家內起有銅像書本，均據供，自貴州婺川縣攜來，而涪州知州王用儀，則稟稱二月初七日，准婺川縣挐天主教犯蔣登庸等，供出涪州君民蔣應元、蔣應聘，同孫姓，俱習天主教，移關到州各等情，閱稟內情節，顯係接到婺川咨文，始行挐獲，因含混日期稟報，以免規避處分，已派驛鹽道杜玉林，會同川東道託隆，速赴該處，究係何人倡始，並查是否於婺川移關之前，自行訪獲，請勅圖思德，派委幹員，前赴省交界處，會秉公嚴審，徹底清查等語，著傳諭圖思德，即委明幹大員，迅赴川省交界，會同杜玉林等，秉公嚴訊確情究擬具奏，至此案於二月

---

236 〔清〕慶桂監修：《大清高宗純（乾隆）皇帝實錄》，冊10，卷471，頁17，總頁6865。

七日即經婺縣移關川省，是該縣查辦案犯，發覺已久，自無不
時稟報上司之理，其於川省之熟先熟後，自無難立辦，但此等
邪教案情，既經訪獲，何以未見圖思德奏及，是否現在查辦，
抑因該縣已移川省，遂於黔省不復追究，並著圖恩德查明據實
覆奏，尋奏，案初接婺川縣稟報時，正辦歐韻清案，未暇分
身，委署案察使國棟，鎮遠府高積厚，馳究流黨夥，並飛咨川
省，會同查辦，嗣據國棟押犯，並經像到省，雖查無悖逆書
詞，但稱教惑眾，大干法紀，仍發該司嚴審，因僉供四川涪州
蔣應聘，彭水縣李二傳教，須二犯解黔質訊，復咨川省查辦嗣
在畢節督辦兵差，接川督桂林來咨，並抄錄奏請兩省，派員會
辦奏稟前來，臣以會辦事件，不便停犯待質，即委貴東道龔學
海，石阡府董醇，帶犯卷，星赴川、黔交界處，會同川省委員
究辦，得旨，覽。[237]

（五）第四次教難

　　第三次教難期間，天主教會雖然受到壓制，天主教的發展稍為收
斂，但並未停止，約四十年之後，傳教之風又再興起，而且傳教士在
中國信徒的掩護之下，更深入內地傳教，〈署閩浙總督福建巡撫雅德
覆嚴拿天主教案內逸犯摺〉云：「乾隆十一年，有西洋人白多祿等建
教堂一案，經前督臣崔應階查拿具奏，此風久已斂戢，但現在陝、
甘、川、楚各省俱有西洋人前往行教，則福建粵東境壤相接，尤須嚴
密訪察。」[238]適於此時，甘肅省有回民之亂，清高宗乃於乾隆四十九

237　〔清〕慶桂監修：《大清高宗純（乾隆）皇帝實錄》，冊18，卷950，頁28-30，總頁
　　　10346。
238　《天主教流傳中國史料》，見故宮博物院文獻館編：《文獻叢編》（臺北：臺聯國風
　　　出版社，1964年），上冊，頁445。

年下諭福康安與畢沅與各省徹查，〈安徽巡撫書麟遵旨查拏西洋教犯奏摺〉載高宗之諭云：

> 西洋人私至內地傳教惑眾，最為風俗人心之害，陝甘湖廣等省，現已拏獲多人，則其餘各省亦恐所在多有，均應徹底查辦。近聞西洋人與回人本屬一教，今年甘逆回滋事，而西洋人前往陝西傳教者，又適逢其會，且陝甘兩省民回雜處，恐不無勾結煽惑情事。著傳諭福康安、畢沅，務須不動聲色，留心防範，嚴密查拿，並密諭各省督撫，一體遵照妥辦，不可視為具文，亦不得張皇滋擾。[239]

清高宗誤以為天主教與回教同源，恐懼天主教徒與回民彼此煽惑，激使回民之亂擴大，且加上內地人民私自勾引西洋人到各地傳教，高宗遂下令查辦。在乾隆年間，影響最大的就是這次乾隆四十九至五十年間的天主教難。這次禁教，其範圍遍及全國。

　　是次教難，實因陝、甘二省回民之亂引起，上述的聖旨，分別在下列多處奏摺中出現，〈福康安奏審訊西洋人犯分別解京摺〉之〈附片〉、[240]〈護理廣西巡撫印務布政使奇豐額奏查拿天主教摺〉、[241]〈貴省巡撫永保遵旨嚴拿西洋人教摺〉。[242]此外，〈署閩浙總督福建巡撫雅德覆奏嚴拿天主教案內逸犯摺〉載云：「臣伏思傳教惑眾，最為風俗人心之害，必當嚴加察究，以杜根株，第查閩省回民，本屬稀少，皆散居福州省城，及泉州、邵武二府屬，到處不過十餘戶，向俱安

---

239 《天主教流傳中國史料》，見故宮博物院文獻館編：《文獻叢編》，上冊，頁443。

240 《天主教流傳中國史料》，見故宮博物院文獻館編：《文獻叢編》，上冊，頁446。

241 《天主教流傳中國史料》，見故宮博物院文獻館編：《文獻叢編》，上冊，頁446。

242 《天主教流傳中國史料》，見故宮博物院文獻館編：《文獻叢編》，上冊，頁447。

份。」[243]可見高宗是次查禁天主教，主因是乾隆年間回民之亂。

在安徽緝獲天主教徒及經卷等物，乾隆四十九年十二月〈安徽巡撫書麟遵旨查拏西洋教犯奏摺〉云：

> 乾隆四十九年十二月十七日，奉上諭，據福康安奏，於甘涼二府拏獲傳習天主教之張繼勛、劉志虞等，並起出經卷等物，現飭解省審辦一摺。同日又據畢沅奏，續獲天主教要犯劉西滿、薛成林解京審訊等因一摺。[244]

在廣東拏獲為洋教士引路的天主教徒，乾隆四十九年十二月〈兩廣總督舒常廣東巡撫孫士毅嚴拏傳教之西洋人摺〉云：

> 拿獲伴送西洋人之張永信，訊據供稱，本年春間，在廣東曾聞蔡伯多祿告之，尚有西洋人五名欲往直隸、山東傳教，係何人接引伴送，並不知情等語，據畢沅奏拏獲西洋人呢嗎方濟各等訊據供出羅瑪當家西洋人十名往直隸、山東各省教傳，當經傳諭各省督撫實力緝拏，著傳諭沿途各督撫一體飭屬嚴拏等因，欽此。伏查臣等前此欽奉諭旨，查有呢嗎方濟各等，在陝西潛住，供有西洋十人往各省傳教，臣等即提取哆囉即羅瑪當家，嚴加結問。據供自伊管理書信以來，派往各省傳教共有九人，此外不得知等語，自因質證無人，故為抵賴，臣等已委員將哆囉解送刑部，令與西洋人吧㕇哩啞㖡等，並伴西洋人之謝伯多祿、張永信等犯三面質審。[245]

243 《天主教流傳中國史料》，見故宮博物院文獻館編：《文獻叢編》，上冊，頁445。

244 《天主教流傳中國史料》，見故宮博物院文獻館編：《文獻叢編》，上冊，頁443。

245 《天主教流傳中國史料》，見故宮博物院文獻館編：《文獻叢編》，上冊，頁444。

福康安得旨查辦天主教與回教之關係，經留心查訪後，上奏指出天主教實與回教不同，乾隆五十年一月〈福康安奏審訊西洋人犯分別解京摺〉之〈附片〉說：

> 臣竊恐西洋人與回教相通，當查辦之始，即留心察訪，遂訪得天主教中人均食豬肉，其過年與漢民無異，茲審訊劉多明我各犯，復嚴加究結，據供天主教每七日內持齋二日，其餘日子，葷酒豬肉都是吃的，除吃齋戒持外，一切與眾百姓無異，我們敬的是天主神，誦的是十戒，并不認識回經等語。臣隨閱其所誦十戒，止係勸人行善之詞，尚無荒誕不經之語，似可信其不與回人一教。[246]

雖然福康安查明天主教與回教是迥然不同的兩個宗教，但教難既起，地方官並無停止逮捕天主教徒的行動。

江西捕獲西洋神父與信徒，人數十分眾多，乾隆四十九年十二月〈江西巡撫李承業奏嚴緝姜保祿摺〉載：

> 西洋人哆囉，據供有江西人姜保祿於四十八年十二月向接西洋人佛蘭嘶喂噶，改名方濟覺，前往江西傳教之事，伊見過姜保祿兩次，約年三十餘歲，無鬚，身材瘦小，實不知江西何縣人等語，奏明將哆囉解京質訊，咨會到臣。查姜保祿勾引西洋人來江傳教，大干法紀，必須緝獲究辦，第粵來咨，僅稱姜保祿係江西人，並無切實藉貫，未能指定地方飭拏，臣當即行飛飭

---

246 《天主教流傳中國史料》，見故宮博物院文獻館編：《文獻叢編》，上冊，頁446。

通省各屬，詳核烟戶冊籍，查明姜保祿住址，嚴密拿解。[247]

又乾隆五十年三月〈江西巡撫伊星阿拏獲天主教案內馬西滿等摺〉載：

> 臣查馬士俊即馬西滿私自習教，又每年帶送朱行義銀兩，罪有應得，朱行義已經山東撫臣解部審訊。[248]

又乾隆五十年三月〈江西巡撫伊星阿拏獲西洋人李瑪諾審出傳教之方濟覺咨閩粵嚴緝摺〉載：

> 查李瑪諾、劉林桂、彭彝敘、姜保祿、紀約伯均係案中最要之犯。……其餘被誘入教持齋之人二十四名。[249]

廣西巡撫提供洋教士的行蹤，乾隆五十年正月〈護理廣西巡撫印務布政司使奇豐額奏查拿天主教人犯摺〉載云：

> 又准大學士公阿桂等字，寄乾隆四十九年十二月初五日奉上諭，特成額等拏獲伴送西人之張永信，訊據供稱，本年春間，在廣東曾聞蔡伯多祿告知，尚有西洋人五名，欲往直隸山東傳教，係何人接引伴送，并不知情等語。前據畢沅奏拿西洋人呢嗎方濟各等，訊據供出羅嗎當家曾派西洋人十名往直隸山東各省傳教，當經傳諭各省督撫實力緝拿，唯據山西陝西二省拿獲安多尼王、亞各比二犯。[250]

---

247 《天主教流傳中國史料》，見故宮博物院文獻館編：《文獻叢編》，上冊，頁443。
248 《天主教流傳中國史料》，見故宮博物院文獻館編：《文獻叢編》，上冊，頁454。
249 《天主教流傳中國史料》，見故宮博物院文獻館編：《文獻叢編》，上冊，頁455。
250 《天主教流傳中國史料》，見故宮博物院文獻館編：《文獻叢編》，上冊，頁446-447。

又乾隆五十年三月〈兩廣總督舒常廣東巡撫孫士毅拏獲傳教之鄂斯定解京歸案摺〉載：

> 已將鄂斯定即陳姓緝獲到案，臣等即督同司道，親提研鞫，據該犯供本姓何名亞定，教名鄂斯定係潮陽縣人。到省挑賣米糕，住在鄉親陳阿喜鋪內，認陳阿喜做叔子，所以人都叫他陳阿定。[251]

又乾隆五十年三月〈兩廣總督舒常廣東巡撫孫士毅審擬天主教犯顧士微等案罪摺〉載云：

> 臣等業將先後拏獲伴送之謝伯多祿以及知情之艾球三、蔡亞望，通信之戴加爵，同教之白衿觀及陝省接引之曾學孔，在粵指使洋人前赴各省傳教之羅馬當家即哆囉，節次奏明，……臣等提犯審訊，內有顧士微一犯，籍隸新興，自祖父俱學習天主教。[252]

山東省捉到天主教徒、教士，查拏經卷十字架等物，乾隆五十年二月〈山東巡撫明與拏獲西洋人吧咘哩啞哹等摺〉載：

> 欽奉御旨，嚴行查拿。先來東省傳教之西洋人梅神甫及格雷，西洋諾門多里星阿，臣經通飾各屬，嚴密查拿，久未弋獲，深為焦急，又據廣東省訊出有山東人李姓，教名吧哆囉嗎勾，西

---

251 《天主教流傳中國史料》，見故宮博物院文獻館編：《文獻叢編》，上冊，頁457。
252 《天主教流傳中國史料》，見故宮博物院文獻館編：《文獻叢編》，上冊，頁459。

洋人吧咃哩啞嗳、吧哩譏哩咃二人前來山東。并引西洋人前往
湖廣、四川各處傳教，殊為可惡。……縣城東谷家坟庄有縣民
李松，素奉天主教，又常出外經營。密赴該庄將李松拿獲，并
在伊家搜出聖教四規等項書板四十七塊，《天主實義》等項經
卷六十三本及十字木架、瞻禮單等物，隨帶李松到案查訊，……
臣一面密委兗州府同知張方理星夜趕赴武城縣查拿吧咃哩啞嗳
及勾引之臨清人邵珩，……一面分委因公在省之署高縣知縣陳
鼎鈞、聊城縣縣丞王元勛，飛赴平陰查拿格雷西洋諾。[253]

此奏章的〈附片〉云：「於棘山脚下拿獲西洋人伊姓，并搜出隨身番
經等物。」[254]

　　山西捉拿到洋教士、信徒，搜得經卷、圖像、念珠等物，乾隆五
十年二月〈護理江西巡撫印務署布政使李承鄴拿獲西洋人等摺〉載：

據何浩稟稱改裝易服，自盧陵一帶查至萬安縣，訪有西洋人潛
住該縣，地方併有縣民彭彞敘私習天主教情事，隨即知會萬安
縣知縣靖本誼同往，拿獲彭彞敘，搜有齋單圖像，究出西洋人
現進桐木坪，劉林桂山寮內，復同該處將西洋人拿獲，搜出經
卷圖像，念珠十架洋錢等物，并獲劉林桂，在其家內搜有經卷
圖像，別無不法字跡。隨訊西洋人，據稱姓滿大剌德，名撒格
喇門多，法字李瑪諾，西洋人衣斯巴尼國人。[255]

253　《天主教流傳中國史料》，見故宮博物院文獻館編：《文獻叢編》，上冊，頁447-
　　　448。

254　《天主教流傳中國史料》，見故宮博物院文獻館編：《文獻叢編》，上冊，頁448。

255　《天主教流傳中國史料》，見故宮博物院文獻館編：《文獻叢編》，上冊，頁449。

山西拏獲傳教的中國信徒，經審結後，罰以杖責之刑，乾隆五十年二月〈山西巡撫農起天主教案內餘犯審擬咨部摺〉載云：

> 惟各犯持齋念經，刊刻一定日期，名曰瞻禮單，向係會首李時泰等六犯彙總分散，該犯等雖與得受番銀，號稱神甫者，情罪稍輕，而總領其事，充當會首，究與被惑鄉里，僅止入教者較重，請將李時泰、王廷相、鹿登山、連習智、劉繼宗、郭增仁等六犯，發往依黎，給厄魯特為奴。李有亮、郭咬元、任道光、張耀遠、李永富、李金鼎、朱林、馬兆瑞八犯，雖訊無稱為會長名目，但曾容各神甫等潛住往來，或展轉傳人入教，應于神甫遺罪上量減一等，擬杖一百徒三年，相責發落，不准授赦、減等。其相沿傳習之韓連等六十五犯，均請照違制律，各杖一百，遵旨，勒令梭改，銷燬經像。[256]

四川拏獲傳教之西士及協助的信徒，乾隆五十年二月〈兼處四川總督印務成都將軍保寧拿獲西洋人訊明解京摺〉載：

> 拿獲西洋人馮若望即得三馬爾定，又於十八日，據委員把總蒙彪協同崇寧府縣知縣陳文絃汛弁王剛在縣屬掃箒溝地方拿獲西洋人李多林即都費斯，先後押解來省，并拿獲接引之張萬鍾、張萬效及往來住宿之周仁義等犯到案，……該臣審得西洋人馮若望、李多林均係西洋方濟亞國人。[257]

又乾隆五十年三月〈四川總督李世傑續獲西洋人吧咄哩吠哂等訊明解

---

256 《天主教流傳中國史料》，見故宮博物院文獻館編：《文獻叢編》，上冊，頁452。

257 《天主教流傳中國史料》，見故宮博物院文獻館編：《文獻叢編》，上冊，頁450。

京摺〉載云：

> 茲據後補府經歷施鑑於二月二十一日在安岳縣地方，會同該
> 縣，將吧吡哩呋哂，並容留之謝懋拿獲。又於二十六日在巴縣
> 地方會同該縣，拿獲來川傳教之西洋人額呬咦德窩一犯，並窩
> 留之唐正文及經卷等物，……逐一研鞫，吧吡哩呋哂及額呬咦
> 德窩，均係西洋方濟亞國人。該處素重天主教，以傳教為行
> 善，若來中國傳教，尤為體面。[258]

　　直隸拿獲奉教的信徒，乾隆五十二年二月〈直隸總督劉峨拿獲梅
神甫案內姜保祿摺〉云：「將郝保祿即郝濟美拿獲訊據。供稱伊現年
五十九歲，自幼隨父奉天主教。」[259]

　　湖北緝獲華人天主教徒，乾隆五十年六月〈湖廣總督特成額湖北
巡撫吳垣覆奏嚴緝蔡伯多祿摺〉云：「臣特成額於事發之初，即經屢
飭文武各官，密速跴拿，并懸立重賞，設法購緝，嗣獲有賀宗道等四
犯，訊與蔡伯多祿同教認識，……蔡伯多祿一犯，籍隸閩省。」[260]

　　被捕之教士共十二人解往京城受審，乾隆不願重罰他們，只限制
他們祇可留在北京的教堂居住，不准四出傳教，不願留者則押往澳
門，乾隆五十年十月，《高宗實錄》云：

> 諭：前因西洋人吧吡哩呋等，私入內地傳教，經湖廣省查拿，
> 究出直隸、山東、山西、陝西、四川等省，俱有私自傳教之
> 犯，業據各該省陸續解到，交刑部審擬，定為永遠監禁，第思

258　《天主教流傳中國史料》，見故宮博物院文獻館編：《文獻叢編》，上冊，頁452。
259　《天主教流傳中國史料》，見故宮博物院文獻館編：《文獻叢編》，上冊，頁452。
260　《天主教流傳中國史料》，見故宮博物院文獻館編：《文獻叢編》，上冊，頁465。

> 此等犯人，不過意在傳教，尚無別項不法情事，如呈明地方
> 官，料理進京者，原屬無罪，因該犯等，並不報明地方官，私
> 在各處潛藏，轉相傳引，如鬼蜮伎倆，必致煽惑滋事，自不得
> 不嚴加懲治，雖座以應得之罪，朕仍憫其無知，僅予圈禁，今
> 念該犯等，究係外夷，未諳國法，若令其永禁囹圄，情殊可
> 憫，所有吧咃哩唊等十二犯，俱著加恩釋放，如有願留京城
> 者，即准其赴堂安份居住，如情願回洋者，著該部派司員押送
> 回粵以示矜恤遠人，法外施恩致意。[261]

從上面的奏章及諭旨的記載，乾隆晚年的打壓天主教事件，範圍遍全
國，最少包括直隸、山東、山西、陝西、四川、湖北、廣東、廣西八
省，由此可見，在乾隆一朝，壓迫天主教的活動沒有停止，天主教的
發展也沒有停止，西洋天主教士也可潛入各地傳教。

二　乾隆重用天主教士

雖然乾隆年間，民間的天主教與天主教士都受到不同程度的壓
迫，但乾隆也是愛才之人，對不少天主教士信用有加。他在皇宮裏任
用了不少天主教士如欽天監監正戴進賢，監副徐懋德，其後有劉松
齡、高慎思、安國寧、鮑有管、傅作霖、索德超等。又有宮廷畫師郎
世寧、艾啟蒙、潘廷章、安德義、王致誠等。另有鐘錶匠林濟各、陸
伯嘉、德天賜、楊自新、汪達洪。亦有樂師羅懷忠等人。[262]
宮中既有這麼多教士，對乾隆作出不少貢獻。教士除了這些技藝

---

261 〔清〕慶桂監修：《大清高宗純（乾隆）皇帝實錄》，冊25，卷1240，頁14，總頁
　　18181。
262 張澤：《清代禁教期的天主教》，1992，頁62。

之外，西士亦為乾隆擔任翻譯的工作，外國與清廷的往來文獻，歐洲
國家使節來華，由西教士任翻譯工作。如英國大使馬戛爾尼於乾隆五
十七年（1793）來華時，乾隆帝便派出北京的天主教士擔任譯員，馬
戛爾尼經過通州時，中國官員便對此英國大使表示有西士任翻譯的工
作，《乾隆英使覲見記》載：

> 吾（馬戛爾尼）在通州時，華官謂余，吾輩一抵圓明園，即當
> 有歐州教士，來此與吾覿面，然而今日乃未有人來，意或尚在
> 途中也，二十二日禮拜四晨間，韃靼欽差來此候安，言有一國
> 老，奉皇帝之命，自熱河來此，與貴使討論覲見事宜，又言國
> 老現首途，隨帶歐州教士三人，大約明日可到[263]。
> 二十三日禮拜五晨間，金大人遣人來言，今日十時，彼當帶同
> 歐洲教士數人，至吾館舍中謁見，既而果來，中有葡萄牙人二
> 名。一即彼那鐸阿爾美達路丁其司（參考▲中國旅行記曰，此
> 人初信羅馬教，茲已脫離教籍，年六十九歲，到中國後，以長
> 於天文地理之學，由乾隆皇帝聘為客卿，給與三品頂戴。）一
> 曰安東尼，（參考▲中國旅行記又曰安東尼信聖法倫雪司一派
> 之宗教，年約五十左右）意大利人三名，一曰路易司卜雷脫。
> （參考▲中國旅行記又曰，此人亦已脫教之羅馬教徒，年六十
> 八歲，千七百七十三年，受顧於乾隆皇帝為畫工。）一曰約瑟
> 本西，（參考▲中國旅行記又曰，此人亦己脫教之羅馬教徒，
> 年六十歲，亦以千七百七十三年，受顧於乾隆皇帝為畫工。）
> 一曰第奧豆的，（參考▲中國旅行記曰，此人年三十七歲，以
> 千七百八十四年，受顧於乾隆皇帝，為鐘表師及機器師。）法

263　馬戛爾尼（George Macartney）著，劉復譯：《乾隆英使覲見記》（臺北：臺灣學生
　　書局，1973年），頁48-49。

人一名，日約瑟巴黎，（參考▲中國旅行記曰，此人年五十歲，不學無術，識見亦淺，而乾隆皇帝乃亦強之為鐘表師及機器師。）此外亦復一二西人，藉隸他國，無關緊要，各西人來時，均穿中國禮服。[264]

馬戛爾尼對北京的神父們的批評，未必公允，但從其記載可以知道在華的天主教士，成為清廷與外國使節溝通的翻譯。馬戛爾尼與勞克司神父頗為投契，從二人的對話，可知道北京教堂尚保持完整，《乾隆英使覲見記》載謂：

二十七日，禮拜二，法國巴黎聖拉撒勒司教會會員勞克司神父，（參考▲中國旅行記曰，此人年四十歲，以千七百八十五年至北京，乾隆皇帝以其長於算學，聘為客卿。[265]
今日克勞神父仍如日常之例，到館舍中辦事，且攜來精潔食物多種，如德國麵包，糖果、蜜漬物、大紅花果、紅白葡萄等，其中白葡萄一種，味美而無核，向產於察莫，察莫地傍戈壁，在中國之東北部，此種葡萄，自移植於北京教堂以後，以栽種得法，種乃益美，故甘冽獨絕。[266]

據勞克神父所言，其時中國天主教徒有十五萬之眾，《乾隆英使覲見記》云：

勞克神父又言，目下北京城中，信耶教之華人，已達五千名之

---

264 馬戛爾尼（George Macartney）著，劉復譯：《乾隆英使覲見記》，頁49-50。

265 馬戛爾尼（George Macartney）著，劉復譯：《乾隆英使覲見記》，頁59。

266 馬戛爾尼（George Macartney）著，劉復譯：《乾隆英使覲見記》，頁66。

多，全國共計，數在十五萬以上，再越數年，耶教之發達，必數十倍於此。[267]

西教士設有育嬰院，拯救棄嬰，《乾隆英使覲見記》載：

> 又言我輩讀中國之歷史，証以目睹，則中國社會似尚無顯著之缺點。惟殘害嬰兒一事，吾西人以為極背天理，華人則視為無足輕重，即日日見之，亦不以為怪，近日北京巡警（當是步軍統領衙門）備一車，每日清早，令人驅車巡視街道，見有已死或見棄之嬰兒，則納之車中，拉至義塚埋之，亦有棄於溝中者。自此種巡街車發現後，北京各教士乃大忙，每日此車巡視歸來時，諸教士群集車旁，遍察各嬰兒之屍，見其中尚有氣息者，必抱歸灌救，救活則就教堂中撫養之，長而施以洗禮，使知此殘餘之生命，係仰託上帝之佑護，自鬼界奪來，非終身虔信上帝，不能報此再生之德。[268]

在朝廷供職之西士，亦知道清廷對他們有疑心，《乾隆英使覲見記》載：

> 勞克司又言，目下中國人仇教之心，已不如往昔，此雖時代使然，要亦由於現在各教士，能謹慎將事，不若前此各教士，時有性情燥急之舉也。然中國政府，對於此等教士，仍不能無疑忌，近十二月中，各教士往來信札，自北京廣東間驛使傳寄者，恆於未達之前，先有人為之啟閱，推其啟閱之故，半由於

---

267 馬戛爾尼（George Macartney）著，劉復譯：《乾隆英使覲見記》，頁67。
268 馬戛爾尼（George Macartney）著，劉復譯：《乾隆英使覲見記》，頁67-68。

疑忌，半則在於刺探歐洲之息耗。[269]

北京有主教，管理該地天主教：「是日北京主教亞歷山大戈尼阿，得華官之許可，止式至吾館舍中謁見。」[270]是以京中的四大教堂得以完整保存，分別是「南堂」，位於宣武門內，由湯若望所建。[271]「東堂」，附屬於南堂，在順治時代由利類思、安文思所建。[272]「北堂」位於北京西安門內，於康熙卅二至卅六間，由法國耶穌會士張誠等人所建。[273]「西堂」直屬於羅馬教皇，於雍正元年由神父德理格建[274]。神父們亦可以舉行彌撒，教友也可以參加彌撒。乾隆也對教士們的請求，予以照准。但解除教禁一項，卻因為祖訓和廷中大臣的反對，不能批准。[275]

第六章　嘉慶年間的天主教與基督教

一　嘉慶年間的基督教政策

若以廣義之基督宗教而言，基督宗教第一次叩中國大門者，為唐朝來華之景教；第二次叩中國之門者是元朝之也里可溫及天主教；第三次入中國傳道者，是明末來華之天主教耶穌會士。然而每次來華，傳教一段時期後，都礙於客觀的政治環境而沉寂下來，不能名正言順

---

269 馬戛爾尼（George Macartney）著，劉復譯：《乾隆英使覲見記》，頁69。
270 馬戛爾尼（George Macartney）著，劉復譯：《乾隆英使覲見記》，頁69。
271 〔法〕白晉（Joachim Bouvet）：《清康乾兩帝與天主教傳教史》，頁135。
272 〔法〕白晉（Joachim Bouvet）：《清康乾兩帝與天主教傳教史》，頁137。
273 〔法〕白晉（Joachim Bouvet）：《清康乾兩帝與天主教傳教史》，頁129。
274 〔法〕白晉（Joachim Bouvet）：《清康乾兩帝與天主教傳教史》，頁142。
275 張澤：《清代禁教期的天主教》，頁62-63。

的廣為傳播。而第四度之來華者，是更正教之宣教士，以倫敦傳道會
之馬禮遜（Robert Morrison）為首，稍後天主教亦捲土重來，此時期
直延至當代。更正教來華，也可分開幾個時期，由一八〇七年至一八
四二年可說是中國基督教之開創期或預備期；一八四二至一九〇七年
是基督教之廣傳期；一九〇七年至現在可說是本色教會建立並廣傳
期，除文革時期，中國大陸之基督教會發展受阻之外，此時期可說是
基督教之最大發展期。

　　自更正教來華之後，有被中國人稱耶穌教者，有被稱基督教者。
現時，一般被稱為基督教的教會，通常都指更正教或由其衍生出來的
教會，為了方便讀者起見，本書由此章開始，把更正教與其相關的宗
派教會，一律通稱為基督教，以與天主教相對。

　　馬禮遜於嘉慶十二年（1807）抵華，然而在嘉慶年間，基督教並
沒有長足發展，這與嘉慶年間的基督教政策頗有關係。

（一）禁止刻書傳教

　　乾隆年間，天主教暗中發展，乾隆年後，禁教令漸弛，天主教士
又活躍起來，進行刻書傳教，朝臣乃上奏皇帝，建議禁止洋人刻書傳
教，嘉慶於十年夏四月（1805）下詔禁西洋人刻書傳教，並將繳獲的
書籍銷毀，王之春《清朝柔遠記》載云：

　　御史蔡維鈺奏請嚴禁西洋人刻書傳教，奉諭：京師設洋學堂，
　　原因推算天文、參用西法，凡西洋人等情願來京學藝者，均得
　　在堂棲止，乃各堂西洋人每與內地民人往來講習，並有刊刻書
　　籍，私自流傳之事。在該國習俗相沿，信奉天主教，伊等自行
　　講論，立說成書，原所不禁，至在內地刊刻書籍，私與民人傳
　　習，向來本有定例，今奉行日久，未免懈弛，其中一二好事之

徒，創立異說，妄思傳播，而愚民無知，往往易為所惑，不可
不申明舊例，以杜岐趨。嗣後著管理西洋堂務大臣，留心稽
察，如西洋人私刊書籍，即行查出銷毀，並隨時諭知在京之西
洋人等，務當安份學藝，不得與內地民人往來交結。仍著提督
衙門五城順天府，將坊肆私刊書籍一體查銷，不得任聽胥役藉
端滋擾，致干戾咎。[276]

（二）監禁天主教士

此時期信奉天主教者，除了漢人之外，亦有滿州人，清政府認為
此乃破壞民心風俗之舉，於是圈禁西洋傳教士德天賜，而協助傳教的
中國信徒，無論男女，往伊黎為奴，王之春《清朝柔遠記》云：

廣東民陳若望私代西洋人德天賜遞送書信、地圖，拿解刑部，
並究出傳教，習教多人。刑部奏將各犯分別定擬，得旨：德天
賜膽敢私行傳教，不惟愚民婦女被其煽惑，兼有旗人亦有信
奉，並用漢字編造西洋經卷，至三十一種之多，若不嚴行懲
辦，何以闢異說而杜岐趨？且該國原係書寫西洋字，內地民人
從無傳習，今查出所造經卷俱係刊刻漢字，其居心實不可問。
此在內地愚民已不得傳習，而旗人尤不應出此，關繫人心風俗
者甚巨。所有寄信人陳若望、在堂講道之漢軍周炳德，會長民
人劉朝棟、趙廷畛、朱長泰、漢軍汪茂德，或往來寄信，或展
轉傳惑，著照刑部所擬，發往伊黎，給厄魯特為奴，仍先用重
枷枷號三個月，以示懲儆。民婦陳楊氏，以婦女充當會長，尤

276 〔清〕王之春著，趙春晨點校：《清朝柔遠記》（北京：中華書局，1989年），頁149。

屬不安本份，著發往伊黎，給兵丁為奴，不准折枷收贖。民人
簡恒，曾代為寄信，請人傳教；漢軍佟恒善，經反復開導，迷
執不悟。周炳德、汪茂德、佟恒善既自背根本，甘心習學西洋
教，實不齒於人類，均令燒去旗檔。德天賜來京當差，不知安
份守法，妄行刊書傳教，實為可惡，著圈禁厄魯特營房，交慶
傑嚴為管束，以杜煽惑。[277]

天主教士活動自如，皆因管理天主教堂的大臣疏於管束，清嘉慶帝於
是撤換管理天主教事務的大臣，另擇人任之，並且訂立管理章程，以
便管理天主教的活動，於是在嘉慶十年夏五月罷免管理西洋堂事務的
大臣常福，王之春《清朝柔遠記》載：

甲申朔，上諭：向來西洋堂事務，俱派總管內務府大臣管理，
而歷任總管之大臣等，不能實心經理，其派委司員亦不常川稽
查，大率有名無實。即如近日德天賜等妄行刊書傳教，煽惑旗
民，此皆由歷任該管大臣官員等平日不能認真查察，以致伊等
敢於私通書信，往來交結。現在管理西洋堂事務的常福，著無
庸兼管，改派祿康、長齡、英和管理。其應如何設立章程、嚴
加管束之處，著祿康等悉心妥議具奏。
尋議酌派司員到堂稽查，設立堆撥輪流巡綽，撤毀堂額天主字
樣，禁止旗民彼此往來，封禁該堂女堂房屋，稽察海淀各區寓
所，譯驗該國投寄書信，編造服役人數冊檔，示諭習教治罪條
款，禁止收買藥材洋草，從之。[278]

---

277 〔清〕王之春著，趙春晨點校：《清朝柔遠記》，頁149-150。
278 〔清〕王之春著，趙春晨點校：《清朝柔遠記》，頁150。

（三）禁止旗人信奉天主教

滿州人入主中國，其民族自視高人一等，旗人加入天主教，乃被視為彌天大罪，其時有身為朝廷官員的旗人信奉天主教，嘉慶帝下令其革職，並命其出教，而且下令禁止旗人學習天主教，王之春《清朝柔遠記》謂：

> 時有佟瀾、色克舒敏、李慶喜因傳教習天主教革職，交刑部審辦。刑部奏：佟瀾等俱願出教，請革職、免其治罪。奉諭：佟瀾等均係旗人，且任職官，輒敢棄背根本，學習西洋教，見雖據供明真心悔改，但恐因一時畏罪求免，伊等全家久為邪說所惑，一經釋放，或仍私相崇奉，其言殊難憑信。佟瀾、色克舒敏、李慶喜仍著在刑羈禁，將伊家屬傳至令其當面告誡，各將洋教不祀祖先，不供門竈等事全行改革，仍交各旗查明伊全家出教屬實，由該管參佐領具結詳報，再行釋放。如釋放後再敢私行習教，即加倍治罪，決不寬貸。[279]

（四）對傳教者處以極刑

嘉慶帝從記載乾隆帝日常工作的《高宗實錄》知道乾隆帝禁教之事，亦明白到廣東乃西洋人來華要道，乃下諭廣東地方官嚴密監視，不准廣東有傳教活動，西洋人士只准在廣州貿易，不准傳教。嘉慶十年冬十一月下諭申嚴粵省禁止傳教，王之春《清朝柔遠記》載云：

> 奉上諭：軍機大臣等：「本日朕恭閱皇考高宗純皇帝《實錄》乾隆四十九年十一月內欽奉聖諭。『以西洋人蔓延數省，皆由

---

279 〔清〕王之春著，趙春晨點校：《清朝柔遠記》，頁150-151。

廣東地方官未能稽察防範所致。向來西洋人情願進京效力者，
尚須該省督撫奏明充准後，遣員伴送來京，何以此次羅瑪當家
竟然分派多人赴各省傳教！澳門距省甚近，地方官平日竟如聲
聵，毫無覺察，自有應得處分。倘嗣後仍有西洋人潛出滋事
者，一經發覺，惟該督撫是問，即當重治其罪等因。』又奉聖
諭：『以孫士毅奏委員伴送西洋人德天賜等四人進京，已敷當
差，嗣後可無庸選派，俟將來人少需用之時，另行聽候諭旨等
因。』仰見皇考禁絕邪說，訓誡嚴明至意。當德天賜等進京效
力之時，在京西洋已敷當差，即諭令停止選派，可見西洋人等
來至內地授徒傳教，為害風俗，早在聖明鑒察之中。粵省澳門
地方洋舶往來，該國人等自因赴廣貿易，與內民人鉤結，始能
惑眾傳教，如果粵省稽察嚴密，何至私越內地乎？本年因江西
省拿獲為西洋人送信之陳若望，及山西省民人李如接引西洋人
若亞敬傳教等案，業經根訊明確，分別懲創。嗣後著該督撫等
飭知地方官，於澳門地方嚴查西洋人等，除貿易外如有私行逗
留，講經傳教等事，即隨時飭禁，勿任潛赴他省，致滋煽誘。
其有內地民人暗為接引者，即當訪拿懲辦，庶知儆懼。並當曉
諭民人等，以西洋邪教例禁綦嚴，不可受其愚惑，致蹈法網，
俾無知愚民各知遷善遠罪，則西洋人等自無所肆其簧鼓，即舊
設有天主堂之處亦不禁而自絕，此尤潛移默化之方。該督撫等
惟當善為經理，實力稽查，絕其根株，正其趨向，亦整風飭俗
之要務也。[280]

若中國人傳習天主教，會處以絞決之刑，入教而不傳教者，發配

---

280 〔清〕王之春著，趙春晨點校：《清朝柔遠記》，頁151-152。

黑龍江為奴，嘉慶十六年夏五月丙午諭云：

> 丙午，諭內閣，刑部議覆，御史甘家斌奏請嚴定西洋人傳教治
> 罪專條一摺。西洋人素奉天主，其本國之人自行傳習，原可置
> 之不問。至若誆惑內地人，甚至私立神甫等項名號，蔓延各
> 省，實屬大干法紀。而內地民人安心受其誘惑，遞相傳授，迷
> 罔不解，豈不荒悖？試思其教，不敬神明，不奉祖先，顯畔正
> 道，內地民人聽從傳習，受其詭立名號，此與悖逆何異。若不
> 嚴定科條大加懲創，何以杜邪術而正人心？嗣後西洋人有私自
> 刊刻經卷，倡立講會蠱惑多人及旗民人等，向西洋人轉為傳習
> 並私立名號煽惑及眾確有實據為首者，意當定為絞決，其傳教
> 煽而無名號者，著定為絞，其僅止聽從入教不知悛改者發往黑
> 龍江，給索達倫，呼爾為奴，旗人燒去旗檔。至西洋人現在住
> 居京師者，不過令其在欽天監推步天文，無他技藝足供差使，
> 其不諳天文者，何容任其閒住滋事。著該管大臣等，即行查
> 明，除在欽天監有推止步天文差使者，仍令供職外，其餘西洋
> 人俱著發交兩廣總督，俟有該國船隻到粵，附便遣令歸國。其
> 在京當差之西洋人，仍當嚴加約束，禁絕旗民往來，以杜流
> 弊。至直省地方，更無西洋人應當差役，豈得容其潛往傳習邪
> 教。著各該督府等實力嚴查，如有在境逗遛者，立即查拏，分
> 別辦理，以淨根株。[281]

只留下在京城的西洋人供職欽天監，這是讓西洋人留居京師的唯一原
因。此外，廣東省准洋人留下貿易，其他省份則嚴密查拿西洋人，不

---

281 〔清〕曹振鏞監修：《大清仁宗睿皇帝實錄》，見《大清歷朝實錄》（臺北：華聯出
版社，1964年），冊6，卷243，頁32-33，總頁3594-3595。

准其傳教，若查得各省有傳教活動的西洋人，即刻逮捕，並遣送之歸國。嘉慶十六年，秋七月（1811），下諭嚴禁洋人傳教，王之春《清朝柔遠記》說：

> 時奉上諭：「西洋人居住京師，原因其諳習算法，可以推步天文，備欽天監職官之選。昨據管理西洋堂務大臣查明，在京共十一人，除福文高、李拱辰、高守謙三人見任欽天監監正、副監，南彌德在內閣充當繙譯差使，又畢學源一人通曉算法，留備敘補，賀清泰、吉德明二人均年老多病，不能歸國，此外學藝未精之高臨淵等四人，俱已飭令回國。見在西洋人之留京者，止有七人。此七人中，其有官職差使者，出入往來俱有在官人役隨地稽查，不能與旗民人等私相交接；其老病者，不過聽其終老，不准擅出西洋堂，外人亦不准擅入，管理大臣及官員弁兵巡邏嚴密，諒不敢有聽其傳教惑眾之事。至外省地方，本無需用西洋人之處，即不應有西洋人在境潛住。從前外省拿獲習教人犯，每稱播始於京師，今京師業已按名稽核，徹底清釐，若外省再有傳習此教者，必係另有西洋人在彼煽惑，地方匪徒私自容留，不可不加之屬禁。除廣東省向有西洋人往貿易，其居住之處應留心管束，勿任私行傳教，有不遵禁令者，即按例懲治外，其餘各直省著該督撫等飭屬通行詳查，如見有西洋人在境，及續有西洋人潛來者，均令地方官查拿具報，一面奏聞，一面遞交廣東，遣令回國。如地方官辦理不力，致令傳教惑眾，照新定條例嚴參重處。若內地民人私習其教，復影射傳惑者，著地方官一律查拿，按律治罪。將此通諭知之。[282]

---

282 〔清〕王之春著，趙春晨點校：《清朝柔遠記》，頁163-164。

嘉慶對付天主教絕不手軟。有天主教士在湖南耒陽縣傳教,被該地方官捉獲,清廷予以嚴辦,嘉慶廿年冬十月(1815)下諭誅傳教洋人,王之春《清朝柔遠記》載:

> 湖南耒陽縣查獲西洋人蘭月旺授徒傳教,巡撫翁元圻以聞。奉諭:「蘭月旺以西洋夷潛入內地,遠歷數省,收徒傳教,煽惑多人,不法已極。著翁元圻嚴加訊究,審明後將該犯問擬絞決,奏明辦理。其供出之犯,按名查拿務獲,並飛咨各該省一體嚴緝究辦。耒陽縣知縣常慶查緝認真,於此案辦竣後送部引見,再行施恩。」[283]

在上述各個嘉慶所下的諭旨,都是指著天主教的傳教活動而言,因基督教更正教士馬禮遜直到現時為止,仍然不能公開傳教。

(五)禁止英國人傳教

到了嘉慶十九年,形勢有所轉變,不准傳教的矛頭也指到了英國人身上,嘉慶十九年冬十一月(1814),下諭禁止英人傳教,王之春《清朝柔遠記》謂:

> 先是,乾隆間英人司當東隨入貢使臣至京,後貢使歸,司當東留住澳門,誘惑愚民甚眾。至是,上特降旨:「聞有英吉利夷人司當東,前於該國入貢時曾隨入京師,年幼狡黠,回國時將沿途山川形勢俱一一繪成圖冊,到粵後又不回本國,留住澳門已二十年,通曉漢語。定例澳門所住夷人不准進省,司當東在

---

283 〔清〕王之春著,趙春晨點校:《清朝柔遠記》,頁167。

　　粵既久，夷人來粵者大率聽其教誘，日久恐至滋生事端。著蔣攸銛等查明司當東有無教唆勾通款蹟，如查有實據，或遷徙安置，奏明妥辦。[284]

　　這道諭旨直指馬禮遜的好友史丹頓而言。然而嘉慶於一八一四年下這諭旨，但史丹頓早已於一八一一年回英國養病[285]。自從馬禮遜於一八〇七年九月八日抵廣州之後，就繼續學習華文與翻譯《聖經》[286]，他於一八〇九年二月廿日受聘為東印度公司的翻譯員[287]，並在一八一一年出版了一千本中文版《使徒行傳》，又於一八一二年出版了《基督教新教教義問答》一書[288]。不過，早在這些作品出版之前，其工作已被廣東海關得悉了[289]。一直以來，馬禮遜在華的傳道譯經工作，都得到史丹頓大力支持。同時，清廷的北京官員對史丹頓比較認識，不太認識馬禮遜[290]，嘉慶的諭旨指史丹頓涉及傳教活動，是可以想見的。

（六）嚴格規定洋人在廣東的活動

　　嘉慶帝不滿英人船隻駛至虎門，直迫內地，乃收緊對西洋人的政

284　〔清〕王之春著，趙春晨點校：《清朝柔遠記》，頁164。

285　Mrs Elizabeth Morrison, *Memoirs of The Life and Labours of Robert Morrison* (London: Longman, Orme, Brown, and Longmans, 1839), Vol.1, p.299.

286　Mrs Elizabeth Morrison, *Memoirs of The Life and Labours of Robert Morrison*, Vol.1, pp.267-268.

287　Marshall Broomhall, *Robert Morrison: A Master Builder* (London: Student Christian Movement, 1927), p.60.

288　Mrs Elizabeth Morrison, *Memoirs of The Life and Labours of Robert Morrison*, Vol.1, p.314.

289　馬禮遜夫人（Mrs Elizabeth Morrison）編，顧長聲譯：《馬禮遜回憶錄》（桂林：廣西師範大學出版社，2004年），頁61。

290　Mrs Elizabeth Morrison, *Memoirs of The Life and Labours of Robert Morrison*, Vol.1, p.317.

策，嘉慶十九年十二月申定〈互市章程〉，不准英船駛近內洋，中國人民不為外國人做役，做生意的洋人也不准蓋搭西式洋房，《清朝柔遠記》載云：

> 近來英吉利國護貨兵船，不遵定制停泊外洋，竟敢駛至虎門，其詭詐情形甚為叵測。……嗣後所有各國護貨兵船，仍遵舊制，不許駛近內洋，貨船出口，亦不准逗留。如敢闖入禁地，即嚴加驅逐，倘敢抗拒，即行施放槍炮，懾以兵威，使知畏懼。所有該督等請嚴禁民人私為夷人服役，及洋行不得搭蓋夷式房屋，鋪戶不得用夷字店號，及清查商欠，不得濫保身家淺薄之人承充洋商，並不准內地人私往夷館之處，均照所議行。[291]

可見西洋人在華的活動空間受到很大的限制。

嘉慶一朝，其禁教政策比乾隆有過之而無不及，乾隆尚有優待遠人的心態。嘉慶對傳教的西教士及中國信徒施以絞決的極刑。然而天主教士仍然在內地暗地裏活動。而於嘉慶十二年，英國倫敦傳道會派遣的傳教士馬禮遜抵達廣州，但其活動只限於澳門與廣州，未亦能深入中國內地，然其翻譯《聖經》及其他文字事工，卻為日後傳播基督教奠下了根基。

二　馬禮遜與基督教在華之初期發展

馬禮遜是更正教來華之第一位宣教士，他在華期間，傳教的實際成果不多，唯其在東印度公司任職，工餘之暇翻譯《聖經》，對中國

291　〔清〕王之春著，趙春晨點校：《清朝柔遠記》，頁165。

基督教之發展，幫助很大，而其因應時勢，在馬六甲創辦英華書院，造就人才，以便傳教之工，實有助於中國近代基督教之發展。嘉慶帝年間中國教禁未解，馬氏所做者，全是預備功夫，為日後之宣教事工，建立根基。誠為中國基督教不朽之人物。

（一）馬禮遜之生平

勞勃・馬禮遜（Robert Morrison）生於一七八二年元月五日。生於英倫北部那森伯蘭郡（Northumberland）之摩柏市（Morpeth）的布綠村（Buller's Green），[292]另有一說指他生於溫蓋村（Wingaler）。[293]他排行第八，也是幼子。其父雅各・馬禮遜（James Morrison）原籍蘇格蘭，先居於都芬蘭（Dunfernline），後遷往迷德村（Tweed）務農為生，一七八五年攜眷遷居紐卡素（New Castle）。[294]

馬氏自小受宗教熏陶，生長於一個虔誠的基督教家庭，自少接觸《聖經》，而且他亦協助其父在鞋廠做學徒，生活艱苦。其父是長老會的長老，是一虔誠基督徒。馬禮遜在十五至十六歲（1797-1798）有很深的宗教經歷，[295]並於十六歲（1798）加入長老會（Presbyterian Church）成為教友，[296]一八〇二年十一月廿四日，其母去世不久，馬氏請求教會牧師代向倫敦鶴斯敦學院（Hoxton Acadamy）申請入學，接受傳道訓練，以期服務教會。[297]一八〇三年元月六日抵倫敦入

---

292 Mrs Elizabeth Morrison, *Memoirs of The Life and Labours of Robert Morrison*, Vol.1, p.2. 地名中譯參考李志剛：《基督教早期在華傳教史》（臺北：臺灣商務印書館，1985年），頁63。

293 Marshall Broomhall, *Robert Morrison A Master Builder*, p.7.

294 李志剛：《基督教早期在華傳教史》，頁63。

295 Mrs Elizabeth Morrison, *Memoirs of The Life and Labours of Robert Morrison*, Vol.1, pp.4-5.

296 Mrs Elizabeth Morrison, *Memoirs of The Life and Labours of Robert Morrison*, Vol.1, p.6.

297 Marshall Broomhall, *Robert Morrison A Master Builder*, p.22-23.

學。[298]馬氏入學初期，有志於海外傳道事工，每於課餘之暇，參與倫敦遊行佈道會（The London Itinerant Society）之工作，到倫敦附近之村落佈道，以期多得實際之傳道經驗。[299]

一八〇四年五月廿七日，馬氏致函校方考試委員主席華夫牧師（Rev. Alexander Waugh），申請做倫敦傳道會（The London Missionary Society）的宣教士職，[300]獲批准。馬氏並在高思博傳教學院（The Missionary Academy at Gosport）接受海外傳道訓練。馬氏受訓之初，原有志非洲宣教，有意於卒業後加入柏兒（Mungo Park）赴非洲之團體，惜該團中途遇險，馬氏取消此念頭。[301]適於此時，有一英國牧師莫士理（Williams Mosley），[302]有心志將《聖經》翻譯成各國文字，更感到中國的靈性需要，希望用中國文字翻譯《聖經》，並發表了一些鼓吹翻譯中文《聖經》的文章，他的文章被高思博傳教學院院長濮固（Bogue）看到了，濮固受到感動，於是倫敦道會決定選派合適人選前往中國學習中文及翻譯中文聖經。[303]原本有志往非洲宣教的馬禮遜被選中前往中國，他並且以拯救中國三億五千萬靈魂為心志。[304]其時，倫敦傳道會擬派宣教士往中國佈道，高思博傳教學院之保固院長（Mr. Baugue）力薦馬氏擔此重任，幾經鼓勵，馬氏終答應來華宣教。

馬氏為擔此大任，於一八〇五年八月離開高思博傳教學院赴倫敦，

298 Mrs Elizabeth Morrison, *Memoirs of The Life and Labours of Robert Morrison*, Vol.1, p.31.

299 Marshall Broomhall, *Robert Morrison A Master Builder*, p.23.

300 Mrs Elizabeth Morrison, *Memoirs of The Life and Labours of Robert Morrison*, Vol.1, pp.51-52.

301 Marshall Broomhall, *Robert Morrison A Master Builder*, pp.24-26.

302 〔英〕海恩波（Marshall Broomhall）著，簡又文譯：《傳教偉人馬禮遜》（香港：基督教文藝出版社，1956年），頁18。

303 Marshall Broomhall, *Robert Morrison A Master Builder*, pp.27-31.

304 Marshall Broomhall, *Robert Morrison A Master Builder*, p.31.

在聖巴多羅買醫院（St. Bartholomew Hospital）跟隨畢賴爾醫生（Dr. Blair）習醫學；在格蘭威治（Greenwich）天文台隨赫頓博士（Dr. Hutton）學天文學；另又跟一青年華人容三德（Yong Samtak）學習中文。[305]主要學習寫讀及翻譯中文《聖經》，其時倫敦大英博物館（The British Museum）存有羅馬天主教教士所譯中文《聖經》。馬氏於數月間，將博物館之中文《聖經》和皇家學會拉丁文之中文字典全部抄錄，是次之工作，成為馬氏在華譯經及編寫中文字典之基礎。[306]

馬氏於一八〇七年元月八日於倫敦燕子街（London Swallow Street）之蘇格蘭教會（Scots Church）受按立為牧師，[307]並在廿八日抵蓋里咸順港（Gravessend）候船出發。其來華之行程頗周折，因其時之東印度公司（The East Indian Company）不准其旗下船隻載傳教士前往印度及中國，馬氏唯有先前往美國再轉往中國廣州。馬氏於一八〇七年元月卅一日乘「匯款號」（Remitance）直往紐約，於四月十二日抵達，在紐約逗留數週，於五月十二日乘「三叉號」（Trident）東來。船經好望角、馬來半島，於一八〇七年（嘉慶十二年）九月四日抵澳門。[308]

馬禮遜來到了澳門，遇到了在倫敦相識的史丹頓爵士（Sir. George Staunton），他當時擔任東印度公司的翻譯。史丹頓提醒馬禮遜，中國政府嚴令禁止中國人民教外國人中文，違者處死，而東印度公司的洋房，除了經商者外，也不准外人居住，居留在澳門亦有特別困難，因

---

305 Mrs Elizabeth Morrison, *Memoirs of The Life and Labours of Robert Morrison*, Vol.1, p.77.

306 李志剛：《基督教早期在華傳教史》，頁64。

307 Mrs Elizabeth Morrison, *Memoirs of The Life and Labours of Robert Morrison*, Vol.1, pp.93-94.譯名參照李志剛：《基督教早期在華傳教史》，頁64。

308 李志剛：《基督教早期在華傳教史》，頁65。

天主教士異常嫉忌。[309]

　　九月七日馬氏乘三叉號抵廣州，暫住於美國領事館，後改住米羅（Milnor）及布爾（Bull）之寓所，唯其時外人在廣州之生活費用高昂，馬氏為節衣縮食，遷往貨倉居住，改吃中國菜。但馬氏為求通曉中文，對購買中文典籍卻毫不吝惜。馬氏於一八○八年二月租法國洋行為居所。他為學中文，重金聘請二私人教習，一名楊廣明（Abel Yun Kwong Ming），一名李先生（Le Seen Sang），教其粵語及官話。一八○八年九月，馬氏因英法戰爭，被迫往澳門。[310]於十一月九日造訪莫頓博士（Dr. Morton），因而認識了莫頓（Mary Morton）小姐。一八○九年二月廿日，馬氏在澳門與莫頓小姐結婚，並於同日受聘於東印度公司之中文翻譯員，[311]馬氏於東印度公司工作至一八三三年，其後馬禮遜被史丹頓爵士（Sir G. Staunton）推薦任律勞卑之中文祕書兼翻譯官（Chinese Secretary and Interpreter），[312]職位如同副領事（Vice-Counsel），惜馬氏履新未及一月，於一八三四年八月一日（星期五）魂歸天國。[313]在其逝世十年後，各國友好為其墓立碑，以表其貢獻，碑云：

　　　　嘗聞天地間有萬世不朽之人，端賴其人有萬世不朽之言行，如
　　　　我英國之羅伯馬禮遜者，乃萬世不朽之人也。當其於壯年來中
　　　　國時，勤學力行，以致中華之言語、文字無不精通，迨學成之

309　Marshall Broomhall, *Robert Morrison A Master Builder*, p.52.

310　李志剛：《基督教早期在華傳教史》，頁66。

311　Marshall Broomhall, *Robert Morrison A Master Builder*, p.60.

312　Mrs Elizabeth Morrison, *Memoirs of The Life and Labours of Robert Morrison*, Vol.2, pp.523-524.

313　Mrs Elizabath Morrison, *Memoirs of The Life and Labours of Robert Morrison*, Vol.2, pp.533-534.

日，又以所得於己者，作為華英字典等書，使後之習華文漢語者，皆得藉為津梁，力半功倍，故英人仰慕其學不厭教不倦之心，悉頌為英國賢士，由此不忘其惠，立碑以誌之曰：

羅伯・馬禮遜英人也，生於乾隆四十六年正月初五日，距終於道光十四年六月二十六日共享壽五十二歲，溯自嘉慶十一年九月間始來中國，至嘉慶十三年間初為經理公司事務，及道光十四年三月內，公司既散，復經理國家政事，迨未數月而病遂不起，幸其子儒翰・馬禮遜者，雖未足繼其徽，亦略能濟其美，故今日學廣所傳，功垂永久，實為近代之所罕睹者焉。

道光二十三年八月十五日

聖人一千八百四十三年十月初八日

各國眾友人等全立碑[314]

此碑現仍立於澳門基督教墳場。

（二）馬禮遜之文字事工

1　翻譯聖經

宗教之傳佈能綿延不絕，端賴其宗教之經典是否流行。佛教之來華也，以一外來宗教立足於中國，而且由印度佛教蛻變為中國佛教，此因魏晉南北朝及唐朝之佛經翻譯。蓋有中文之佛經，尋道之士即可自行研經，用中國人之思維方式和語言習慣，建立一套合乎國人之佛教信仰，此中國佛教之建立也。

314　〔英〕賴廉士（Lindsay Ride）、梅麗・賴德（May Ride）著，梅樂彬（Bernard Mellor）補充，譚樹林譯：《澳門基督教墳場》（澳門：澳門特別行政區政府文化局，2017年），頁324。參 "Epitaphs on the graves of the Rev. Robert Morrison", *The Chinese Repository,* Vol.15, pp.105-107.

　　基督教之來華，有明確史料可尋者當溯自唐貞觀九年景教之來華。景教之阿羅本來華後，便進行譯經工作，〈景教碑〉云：「翻經書殿，問道禁闈」。可知唐朝景教已有譯經之事，唯所傳下來的都是神學文獻，至於有沒有翻譯基督教之《新舊約全書》則不得而知。及至明末清初，天主教耶穌會士來華，亦有譯經之舉。而馬禮遜來華，其實際之傳教工作不多，唯其翻譯聖經之工作則影響後來之基督教頗大。

　　早在馬禮遜加入倫敦傳道會之初，莫理士牧師（William Mosley）已感到向中國傳道之重要，乃於一七九八年三月七日設立協會，提倡以東方民族語言翻譯聖經，六年後乃有英國聖經公會（The British and Foreign Bible Society）之創立。就在這一天，他發出了一封公開信，公開呼籲成立一個組織，把聖經翻譯成那個人口最多的東方民族之語言。[315]雖然此一志願被人看淡其可能性，但最終都達成了。而且，更出現了在印度與中國兩地差不多同時翻譯中文《聖經》的情況。

　　此公會計劃派一駐華之教士，進行譯經工作，其後馬禮遜應上帝呼召，可見馬禮遜來華之主要使命，就是翻譯《聖經》。

（1）馬殊曼譯本

　　馬殊曼（John Marshman）與其他二人組成了一個三人小組，在印度的塞蘭坡著手把《聖經》翻譯成中文。馬殊曼是一個很有學問的人，年十二歲時已閱讀了過百本書。他與一位同伴名拉沙（Joannes Lassar）一同合作譯經，拉沙是自幼於澳門長大的亞美尼亞人。先由拉沙把經文英文譯成中文，再由馬曼根據希臘文《聖經》，逐字斟酌修改。審閱兩三次之後，再由一位不懂英文的中國人加以修訂。如有

315　〔英〕海恩波（Marshall Broomhall）著，陳翼經譯：《聖經與中華》（香港：宣道出版社，1951年），頁50。

懷疑，再參考拉丁漢文字典。[316]

　　馬殊曼比馬禮遜幸運，因為他及其他教會同工，在印度的塞蘭坡，受庇於丹麥人旗下，而且也無須受制於清廷的政治壓力。馬殊曼翻譯中文《聖經》的時候，馬禮遜到了廣州，而且把白日陞手稿複本寄給馬殊曼，其後馬禮遜又將其譯本的複本寄給馬殊曼。在這之前，馬殊曼所譯的《聖經》與馬禮遜有很大分別，但到了馬殊曼出版整本《舊約聖經》就與馬禮遜的譯本有很多相近的地方。[317]

　　馬殊曼與拉沙合作的成果，是於一八○一年（嘉慶六年）出版《馬太福音》修訂本，同年出版了《馬可福音》，三年之後再出版《約翰福音》與《約翰書信》。《新約全書》於一八一六年（嘉慶廿一年）出版。《舊約聖經》的中譯則在一八一六至一八一七（嘉慶廿一至廿二年）年間完成。一八二二年（道光二年）全本中文《聖經》完成並在塞蘭坡五卷本印行。[318]於一八二三年（道光三年）五月，在英國聖書公會（British and Foreign Bible Society）年議會的時候，馬殊曼的長子約翰馬殊曼（John Clark Marshman）代表其父將一本完整《舊約聖經》呈送給該會。[319]

（2）馬禮遜譯本

　　馬禮遜翻譯《聖經》較諸馬殊曼是困難得多，因嘉慶帝下令不准洋人刻書。馬禮遜所做之事可謂危險之極。

---

316 誠質怡：〈聖經之中文譯本〉，見賈保羅編：《聖經漢譯論文集》（香港：基督教輔僑出版社，1965年），頁5。

317 〔德〕尤思德（Jost Oliver Zetzsche）著，蔡錦圖譯：《和合本與中文聖經翻譯》（香港：國際聖經協會，2002年），頁39。

318 〔德〕尤思德（Jost Oliver Zetzsche）著，蔡錦圖譯：《和合本與中文聖經翻譯》，頁37。

319 〔英〕海恩波（Marshall Broomhall）著，陳翼經譯：《聖經與中華》，頁58。

　　馬氏來華後，一面在東印度公司工作，工餘之暇則努力研習中文，與及翻譯《聖經》。但在翻譯之始，卻遇到一個問題，就是採用中國的經典式文體抑或使用白話文體。馬禮遜決定使《聖經》成為通俗的讀品，決定用中間線，即是用話本小說的文體。[320]他向倫敦道教會的報告云：

> 倫敦博物院的新約譯稿，（即天主教舊譯本）即是我前時得自倫敦傳教會之手抄本，乃是我完成及編修之新約中文譯本之藍本。[321]
>
> 中國有學問的人以為凡可敬重的書籍，當以深奧的古文辭出，而不當以白話寫成，一如歐洲中古時代的學者們之必用拉丁文一般。朱子（熹）之寫其哲理文學（即理學）始別開生面，（用「語錄」體）因為新的觀念之傳達，誠不如淺白文字之為愈。中文經典式的古文辭，簡略至甚，祇可使舊觀念復甦而矣。[322]
>
> 一個翻譯者，無論翻譯甚麼書，必有兩大職責。其一是必須洞明書裏的意義而且領會著者的精神。其次是必須以誠信，明達，及典雅之文筆，表達原著之意義及精神。[323]

一八一〇年（嘉慶十五年）九月譯成《新約‧使徒行傳》並付印，[324]

320　Marshall Broomhall, *Robert Morrison A Master Builder*, p.66.

321　Marshall Broomhall, *Robert Morrison A Master Builder*, p.118. 中譯轉引自海恩波著，簡又文譯：《傳教偉人馬禮遜》，頁92。

322　Marshall Broomhall, *Robert Morrison A Master Builder*, p.121. 中譯轉引自海恩波著，簡又文譯：《傳教偉人馬禮遜》，頁93。

323　Marshall Broomhall, *Robert Morrison A Master Builder*, p.121. 中譯轉引自海恩波著，簡又文譯：《傳教偉人馬禮遜》，頁94。

324　Marshall Broomhall, *Robert Morrison A Master Builder*, p.66.

一八一一至一八一二年（嘉慶十六至十七年）譯成《路加福音》及大
半部《新約》，一八一三年（嘉慶十八年）全部新約譯成付梓，整部
新約之雕刻及印刷多出自梁發之手。《新約聖經》出版後，馬氏致力
翻譯《舊約》，其中有部份是由米憐（Rev. William Milne）所譯，經
馬氏審訂，《舊約》卅九卷於一八一九年（嘉慶廿四年）譯畢，[325]至
一八二三年（道光三年）出版。[326]

　　這本譯本得以印行，乃因英國聖書公會前後捐助印刷費不下萬鎊
英元，[327]在當時實在是一很大數目。

2　華英字典（*Chinese Dictionary*）

　　除了把《聖經》翻譯為中文之外，馬禮遜亦編著了《華英字
典》。他曾經每天花七至八個小時在編著《華英字典》的工作上，他
在日記中表示，為了編著《華英字典》，沒有時間閱讀家鄉寄來的國
會公報。[328]這本字典編成之後，由東印度公司（East India Company）
撥款一萬二千鎊印行之。[329]

　　《華英字典》與《聖經》中譯成為英國了解中國文化的重要媒
介。就如他在〈中國傳教事業開首十五年〉一文所說的，倫敦傳道會
之目的，是要傳福音於異教人士，及感化本土人士，引其捨棄撒旦而
皈依基督，為達到此目的，熟習其文字語言是不可少的。當倫敦傳教
會開創中國傳教事業時，英國對中國文化的知識較之歐洲其他國家落
後，並且無學習中文能力，然而時至今日英國得到學習中文的途徑，

---

325 Marshall Broomhall, *Robert Morrison A Master Builder*, p.117.

326 李志剛：《基督教早期在華傳教史》，頁162。

327 Marshall Broomhall, *Robert Morrison A Master Builder*, p.173.

328 Marshall Broomhall, *Robert Morrison A Master Builder*, p.111.

329 Marshall Broomhall, *Robert Morrison A Master Builder*, p.173.

較之他國為優，他在此十年間所印行多種書籍，對歐洲人的效用，遠
勝於其他傳教士在上一世紀所印行的全部書本。[330]

3 其他文字事工

馬禮遜自一八二七年（道光七年）始，應麥滌孫（James Matheson）
之邀，為其創刊的第一份在中國出版的英文報《廣州志乘》（*Canton
Register*）的撰述員，實際上是副編輯，這份報紙以週刊形式出版。自
南京條約之後，香港割讓予英國，這份周報遷往香港出版，改為《香
港志乘》（*Hong Kong Register*）。馬禮遜為此份周報撰稿的條件是，寫
任何宗教性的文章，都可完全自由發表意見。[331]

三 米憐與海外華人福音事工

馬禮遜之來華，志在譯經和傳道，唯其一則囿於時局及其職務，
活動範圍限於澳門、廣州兩地，不能有所逾越；二則受制於法令，其
傳教工作不能容於澳門及廣州。為了方便向華人傳道，興起向恆河外
方之華人傳道之念。[332]他的日記記載了他對組織恆河外方傳教會（The
Ultra-Ganges Mission）的計劃，其云：

> 我很想得見在馬來半島之馬六甲地方建立一個機構，以為訓練
> 歐洲人及本土的傳教士，兼為訓練恆河外所有各國傳教士之用
> 的。在那裏又應開設一印刷所，這是更為得力的傳教工具。……
> 我們需要一個傳教基地的中心總站。……這個委員會從事於異

---

330 Marshall Broomhall, *Robert Morrison A Master Builder*, pp.152-153.

331 Marshall Broomhall, *Robert Morrison A Master Builder*, p.174.

332 李志剛：《基督教早期在華傳教史》，頁201。

國的傳教工作，能決斷當地的事情遠勝於在英國而未嘗親到東
方的人，他們能洞知傳教士深心，但最後的決定權當仍操諸祖
國董事之手。[333]

這一心願，由他的同工米憐完成。

米憐牧師（Rev. William Miline）生於一七八五年（乾隆五十年），
出生地是蘇格蘭（Scotland）的亞巴甸書爾城（Aberdeenshire）裏的康
涅特門（Kennethmnnt）教區。他六歲喪父，由其母撫養成人，供書教
學。[334]他童年時期並沒有追求真理的心志，直至十六歲時，情況有了
顯著不同，他離家去當牧羊人的工作，此時清楚感受到救主的愛，在
清靜的牧羊之地，他和一些心志純潔的朋友一起生活，經常在寧靜的
環境祈禱與及閱讀屬靈書籍，他的靈性有了徹底的轉變，對真道加深
認識。一八〇四年（嘉慶九年）米氏十九歲，為肯特利（Huntly）的
公理會（Congregational Church）的會友。他二十歲時起了做宣教士的
心志。[335]一八〇九年（嘉慶十四年）得到倫敦道會接納，並在高思博
（Gosport）傳教學院跟隨保固博士（Rev. Dr. Bogue）學習，一八一
二年（嘉慶十七年）受按立為牧師，不久即與高惠小姐（Miss Rachel
Cowie）結婚。他受按後一月，便與妻子一同在樸茨茅斯港（Portsm-
outh）啟程來華。經過長途的海程，繞過非州的好望角，米憐牧師夫
婦終於一八一三年（嘉慶十八年）七月四日抵澳門，馬禮遜夫婦迎接
他們。米憐的遭遇也如馬禮遜起初的遭遇一般，不能容於澳門，[336]於

---

333 Marshall Broomhall, *Robert Morrison A Master Builder*, pp.65-66. 中譯轉引自海恩波
　　著，簡又文譯：《傳教偉人馬禮遜》，頁50。

334 "Life and Labors of the Rev. William Milne D.D.", *The Chinese Repository*, Vol. 1, p.317.

335 "Life and Labors of the Rev. William Milne D.D.", *The Chinese Repository*, Vol. 1,
　　pp.317-318.

336 Alexander Wylie,*Memorials of Protestant Missionaries to the Chinese: Giving A List of*

是同年九月廿日偷渡往廣州，其妻則留在澳門馬禮遜家中生產。[337]米憐在廣州住了約六個月，跟隨中文老師努力學習中文。然後在依照馬禮遜的指示，前往南洋的華僑聚區，開始海外華人的福音工作。[338]他於一八一四年（嘉慶十九年）回到廣州，又於一八一五年（嘉慶廿年）到了馬六甲，他在當地不單止做華人福音事工，而且辦中、英文刊物，翻譯《聖經》，任英華書院校長。他於一八二○年（嘉慶廿五年）十一月廿六日得到英國格拉斯哥大學（The University of Glasgow）頒授道學博士學位，米憐孜孜不倦的工作，直至一八二二年（道光二年）六月廿一日安息，享年只得卅七歲。[339]

（一）米憐與恆河外方傳教會

米憐於一八一四年（嘉慶十九年）初前往南洋群島爪哇及馬六甲一帶，向那裏的華人佈道。馬禮遜為他印制了二千本《新約聖經》，一萬本宣道小冊子，及〈真道問答〉五千本。在當地華僑中派發。[340]其時之馬六甲，約有二萬人口，有馬來人、華人、印度人、葡萄牙人、荷蘭人、英人。其地之華人多從商，信仰則以儒釋道混合之宗教及祭祖等為主，頗富中國傳統。一八一四年（嘉慶十九年）九月，米憐回到廣州，建議馬禮遜在馬六甲設立傳道基構。[341]米憐徵得馬禮遜

Their Publications, and Obituary Notices of the Decease (Taipei: Cheng Wen Publishing Company, 1967), p.13. 中文譯名參照李志剛：《基督教早期在華傳教史》，頁96。

337 Marshall Broomhall, *Robert Morrison A Master Builder*, pp.78-79.

338 "Life and Labors of the Rev. William Milne D.D.", *The Chinese Repository* Vol. 1, pp.319-320.

339 "Life and Labors of the Rev. William Milne D.D.", *The Chinese Repository* Vol. 1, pp.319-324.

340 Marshall Broomhall, *Robert Morrison A Master Builder*, p.82.

341 George Hunter McNeur, *Liang A-Fa: China's First Preacher, 1789-1855* (Eugene: Pickwick Publication, 2013), p.21.

之同意，前往馬六甲成立中國傳教總部，設立福音機構，設學校，印
《聖經》等事工。茲摘錄馬禮遜「恆河外方傳教會」的計劃如下：

（一）中國的現狀，不容許我們傳教事業舉辦印刷及其他幾種
　　　事工，甚至個人之居留亦不能確定。是故必須在信奉基
　　　督教的歐洲政治下之地域，另覓一個近中國基地，可於
　　　此成立中國傳教事業的總部。

（二）一俟米憐先生到了馬六甲，即擬申請或購買地段，此地
　　　將為差會的產業。

（三）在最短期間，開辦免收學費的中文書院一所。

（四）擬在馬六甲發行一種中文月刊。

（五）這總部將以華人事工為主，但亦不會摒除其他。

（六）這總部的宗旨在聯合中國、馬來亞及印度以東其他的傳
　　　教會，其名稱（或規模）將有包括各方的一般性。

（七）一俟得有專人及經費，即舉辦中文、馬來文、及英文之
　　　印刷業務。

（八）擬編定一種小型的英文期刊，用以促進印度各處各教會
　　　之聯合工作，並以促進基督教道德之愛慕與實行。

（九）總部內將常以中國語舉行禮拜儀式。

（十）因馬禮遜使用全部時間編著《華英字典》，不克分心翻
　　　譯工作，擬由其他同工負責，從事翻譯舊約之一部份，
　　　直至全部完成為止。[342]

一八一五年（嘉慶廿年）四月十七日米憐偕同夫人及中文助手，梁發

---

342 Marshall Broomhall, *Robert Morrison A Master Builder*, pp.84-85. 中譯轉引自海恩波
　　著，簡又文譯：《傳教偉人馬禮遜》，頁66-67。

及數名印刷工人啟程往馬六甲，於五月廿一日抵達。八月五日米憐在其寓所開設一免費男童學校，有數學及寫作等科，由華人以福建語授課。[343] 米憐也協助馬禮遜翻譯《聖經》，他負責翻譯的有《舊約》的《約伯記》，[344] 及《申命記》與《約書亞記》。[345]

（二）米憐與馬六甲的英華書院

米憐是英華書院的首位校長，他的晚年就奉獻予英華書院的工作，直至他去世為止。[346]

馬禮遜於一八一五年向倫敦及蘇格蘭提出在馬六甲創辦英華書院（Anglo-Chinese College），計劃提出後，獲印度、美國、英國等地人士之捐款，倫敦傳道會撥款五百鎊。而馬禮遜本人則先捐獻一千鎊，並於創辦首五年，每年認獻常費一百鎊。東印度公司為表支持，每年撥款一千二百元為經常費。英華書院乃得於一八一八年（嘉慶廿三年）十一月十一日在馬六甲舉行奠基禮。[347] 此書院之設立概況，在一八一一年（嘉慶十六年）十月的《印中搜聞》（The Indo-Chinese Gleaner）中有〈馬六甲籌組英華書院計畫書〉說明其詳，其云：

I 名稱
本機構定名為英華書院，該名稱於原始創設之計畫尤涵蓋中學，小學及其他稱謂之意義。

---

343 李志剛：《基督教早期在華傳教史》，頁202。

344 Marshall Broomhall, *Robert Morrison A Master Builder*, p.117.

345 Marshall Broomhall, *Robert Morrison A Master Builder*, pp.126-127.

346 Alexander Wylie, *Memorials of Protestant Missionaries to the Chinese: Giving A List of Their Publications, and Obituary Notices of the Decease*, p.13.

347 李志剛：《基督教早期在華傳教史》，頁203。

II　宗旨

本院之設立以交互教育中西文學及傳播基督教理為宗旨。

一則造就歐人學習中國語言及中國文字；二則舉凡恆河外方各族，即中國、印支及中國東岸諸藩屬之琉球、高麗、日本等民族，其就讀於中文科者皆能以英語接受西歐文學及科學之造就。本院各項課程之設計均本以和平傳播基督教以及東方一般文化之原則，冀以達致有效影響為目的。

III　書院

1. 書院開設一所廣闊之中文圖書館；以及一所西歐文庫，專集有關以上各民族之語言、歷史、風俗之西書論著。

2. 聘任歐籍教習以中文教授歐洲學術；以及聘任本地華人教師，歐籍教習，以基督教徒為限。

3. 書院供給部分學生之膳宿，其名額日後始行公佈。惟自願寄宿於市區，一如歐洲之情況者，則務須有自我照顧之能力。

4. 設有基金以供本土清貧學生維持生活之需。

5. 歐籍學生必須授予中國語文，惟各生得按其意願在宗教、文字、經濟諸科上有所選擇。

6. 本土學生必須以英國語文授以地理、歷史、數學，及有關學術與科學之各項科目。如屬時間許可，亦將授以倫理哲學，基督教神學及馬來文等。

7. 本教會總部設有英文及中文之印刷所，學習文科之學生應多為利用。

IV　入學資格

凡屬歐洲美洲各族而屬教會教友者，攜具得力荐函，保證其道德習慣及有關意見，均得申請入學。

凡屬歐洲大學允予遊歷獎助者、傳教士、商行人員或附有領事介紹者，均得申請入學。

凡屬本土青年，或自費，或傳道會支助，或私人支助，旨在接受
英語教育者，此等青年則無須強制接受基督教之信仰；及強制
對基督教之禮拜。惟校方舉行各項公開性之演講，則必須出席。

V　書院之續辦

書院之續辦時間，其後依實際情況處理。

VI　經費

本院經費乃來自歐籍及本土學生之自費，或來自各方友好對學
生之贊助，以及志願者之捐獻。

VII　管理

本院行政及基金之管理，則由贊助人及受託人處理之。

凡為英華書院之一般目的，或某部份計畫捐贈兩元及以上者，
均表謝意，並可逕交

馬六甲米憐牧師

中國馬禮遜牧師

一八一八年十月[348]

英華書院雖設於馬六甲，但其主要之服務對像則是華人，馬禮遜嘗
云：「竊思於英國統治之地區，對華人有正規教導者，英華書院乃唯
一所在……則或在英國亦無為華人而設立之學校。」[349]英華書院之發
展頗速，一八三一年（道光十一年）全馬六甲有小學廿五所，其中十
五所乃由英華書院主辦。一八四三年（道廿三年）因倫敦傳道會之總

348 "General Plan of the Anglo-Chinese College, Forming at Malacca"，見〔英〕馬禮遜
（Robert Morrison）、〔英〕米憐（William Milne）編：《印中搜聞》（*The Indo-Chinese Gleaner, 1817-1822*）（北京：國家圖書館出版社，2009年），頁233-235。中
譯轉引自李志剛：《基督教早期在華傳教史》，頁203-205。

349 Brain Harrison: *Waiting for China, The Anglo-Chinese College at Malacca, 1818-1834, and Early Nineteenth-Century Missions* (Hong Kong: Hong Kong University Press, 1979.) p.155. 中譯轉引自李志剛：《基督教早期在華傳教史》，頁206。

部由南洋遷往香港，馬六甲之英馬書院亦相繼遷港。至是，馬六甲之
教育事業停頓，其時之院長理雅各牧師帶同傳道人梁發、屈昂、印刷
工人何亞新（何進善之父），學生何進善及 Ng Mun-sou、Li Kim-lin、
Song Hoot Kien 四人來港。[350]

　　馬禮遜自一八一八年在馬六甲創辦英華書院，米憐任創校校長，
至一八四三年英華書院遷港，直至一八五六年停辦，歷卅八載，為社
會及教會造就頗多人才，如何進善（福堂）即為其中之表表者。米憐
與馬禮遜實功不可沒。

（三）米憐的出版工作

1　中文報刊《察世俗每月統紀傳》

　　米憐除了辦學之外，也進行出版工作，他在一八一五年（嘉慶廿
年）八月五日在馬六甲用中文刊刻月刊《察世俗每月統紀傳》（*Chinese
Monthly Magazine*），直到一八二一年（道光元年）停刊，共出了七卷，
合共五百七十四頁。撰稿人有馬禮遜、麥都思、梁發等，[351]最初每期
五百本，後來增至二千本。[352]米憐深知在中國內地傳播福音困難重重，
乃希望藉文字可以廣泛流傳的特性，向中國人揚福音，他曾表示：

> 再者，中國正在採取封鎖政策，實施嚴密禁令，而且對外國人
> 存有令人難以理解的嫉妒心。耶穌教的傳道者不准在該國自由
> 活動，不准以活生生的聲音向其國人傳播福音，傳道者幾乎不

350　李志剛：《基督教早期在華傳教史》，頁212。參〔紐西蘭〕麥沾恩（George Hunter
　　McNeur）著，胡簪雲譯：《梁發傳》（香港：基督教輔僑出版社，1955年），頁90。

351　Alexander Wylie, *Memorials of Protestant Missionaries to the Chinese: Giving A List of
　　Their Publications, and Obituary Notices of the Decease*, p.19.

352　戈公振：《中國報學史》（上海：上海古籍出版社，2003年），頁76。

敢在其境內對無數耽於偶像崇拜的民眾發出呼籲其悔改的聲音。書籍卻可以廣泛流通和傳誦，只要透過適當的代理人並採取謹慎的方式，書籍是有可能廣泛傳入中國的。[353]

米憐在這份期刊第二期內撰文說明其刊物宗旨，就是灌輸知識，闡揚宗教，砥礪道德，而其最終的對象是居於中國大地的中國人，其云：

> 第一期本報文字印刷，胥不免於簡陋之譏。惟積學之士，當能心知其意，而曲為之諒。記者深願此後假以時日，俾得於中國文字研究益深，而逐漸加以改善。至本報宗旨，首在灌輸知識，闡揚宗教，砥礪道德，而國家大事之足以喚吾人之迷惘，激發吾人之志氣者，亦兼收而並畜也焉。本報雖以闡發基督教義為唯一急務，然其他各端，亦未敢視為緩圖而掉以輕心。智識科學之與宗教，本相輔而行，足以促進人類之道德，又安可忽視之哉？中國人民之智力，受政治之束縛，而呻吟憔悴無以自拔者，相沿迄今，二千餘載，一旦欲喚起其潛矣之本能，而使之發揚蹈勵，始終不懈，庶幾能挽回於萬一耳。作始雖簡，將畢必巨，若干人創之於前，若夫發揮光大，則後之學者，責無旁貸矣。是故不揣謭陋，而率爾為之，非冒昧也，不過樹之風聲為後人之先驅云爾。
>
> 本報篇幅有限，種種資料，自不能網羅無遺；然非割棄或停止也，將循序而為之耳。前此所載論說，多屬宗教道德問題，天文軼事傳記政治各端，採擇甚寡。此則限於地位，致較預計為少，非本意也。

---

353 William Milne, *A Retrospect of the First Ten Years of the Protestant Mission to China* (Malacca: The Anglo-Chinese Press, 1820), pp.153-154.

欲使本報隨時改良，以引起讀者的興味，非竭教士一人半月之時間以從事於斯不為功，且須徵求外來稿件，以補其不足。記者其願致力於是。他日國人之習華文者日多，當有佳作以光本報之篇幅，而年來最不易得者，即此項資料是也。本報發展，尚在萌芽時代，更無酬報可言。年來月印五百冊，藉友人通信遊歷船舶之便利，以銷售於南洋群島、暹羅、交趾支那各地華僑薈萃之區，而內地亦時有輸入焉。近者改印一千冊，需要大增，銷路漸暢，三四年後，或能增至一二千冊以上，未可知也。[354]

這份刊物，內容豐富，不乏宣揚基督教教義的文章，如〈神理〉、〈聖經之大意〉、〈解信耶穌之論〉、〈古今聖史記〉、〈進小門走窄路解論〉、〈萬人有罪論〉、〈神主無所不知無處不在論〉、〈聖事注〉、〈引聖錄句證神原造大地〉、〈聖書卷分論〉、〈舊遺詔書卷分〉、〈論新遺詔書〉、〈論不可拜假神〉、〈真神與菩薩不同〉、〈假神由起論〉、〈溺偶像〉等。[355]除宗教性質的文章外，也有一些介紹西方天文學的連載文章如〈天文地理論〉。[356]同時亦有少量的新聞報導。[357]

　　這份刊物雖然印於馬六甲，但其對象是雲集東南亞的華僑乃至中國本土的中國人。這刊物免費分送給檳城、暹邏、安南等地的華僑。[358]還祕密運往廣州、澳門等地散發。[359]分送方法是透過朋友、通

---

354 "The Chinese Magazine", *The Chinese Repository*, Vol. 2, pp.235-236.中譯轉引自戈公振：《中國報學史》，頁76-78。

355 卓南生：《中國近代報業發展史》，頁31-32。

356 卓南生：《中國近代報業發展史》，頁34。

357 卓南生：《中國近代報業發展史》，頁38。

358 卓南生：《中國近代報業發展史》，民87，頁39。

359 顧長聲：《傳教士與近代中國》，頁36。

訊員、旅行者等人分發的。[360]

　　在《察世俗每月統紀傳》刊登過的有價值的文章，後來都印成小冊子出版，廣泛傳佈，這些小冊子，對基督教日後在華的傳播工作，無疑是奠定了良好的基礎。[361]

2　英文報刊 *Indo-Chinese Gleaner*（《印中搜聞》）[362]

　　Indo-Chinese Gleaner 是一英文季刊，創刊於一八一七年五月，一八二二年四月停刊，在馬六甲的英華書院印刷並發行。這是一份綜合性的刊物，內容有文學、歷史、哲學、宗教、神話等，[363]主要撰稿人是米憐與馬禮遜二人，不少文章都轉載到 *The Chinese Repository*（《中華叢報》）裏面。[364]

四　嘉慶時期的傳道收穫：初期華人信徒

（一）蔡高

　　馬禮遜在中國收的第一個中國信徒名蔡高（Tsae A-Ko），[365]他的哥哥蔡盧興是馬禮遜的助手。馬禮遜來華一年後，蔡高便時常到馬禮遜家中聽他講耶穌的道，但因馬禮遜的華語不流利，蔡高最初是聽不懂馬氏所說的內容。後來，馬禮遜需刻印《新約聖經》，蔡高就受僱

360　卓南生：《中國近代報業發展史》，頁39。

361　卓南生：《中國近代報業發展史》，頁40。

362　李志剛：《基督教與近代中國文化》，頁43。

363　"The Indo-Chinese Gleaner", *The Chinese Repository*, Vol. 2, p.186.

364　*The Chinese Repository*, Vol. 18, p.435.

365　Mrs Elizabath Morrison, *Memoirs of The Life and Labours of Robert Morrison*, Vol.1, p.408.

雕印《新約全書》的工作，此時，馬禮遜的華語也進步了，蔡高也常
到馬氏家中聽經。他終於信了耶穌，並且拋棄了偶像，他於一八一二
年（嘉慶十七年）九月八日，向馬禮遜請求受洗，但馬氏因他性情急
躁，經常與他的兄長及同事口角，所以沒有答應。但蔡高仍然每逢禮
拜日到馬氏家中聽道，也顯示出真心悔改的態度。[366] 蔡高受洗前所寫
的信仰自白可反映心路歷程，其云：

> 耶穌為我們贖罪是福音。耶穌的仁慈、奇妙和優越的表現是無
> 法用筆墨和口舌形容的。現在，我要相信耶穌，依靠他流血的
> 功勞，赦免我的罪孽。我是有罪和有虧欠的人，如果我不相信
> 耶穌能赦免我的罪，我將永遠要受痛苦。現在我已經得知，只
> 要通過耶穌，我就可得到赦免。這樣，我們就應該全心全意地
> 依靠他的功勞。凡不這樣做的，就不是一個好人。我決不能依
> 靠我自己的善行。當我對過去捫心自問時，我實在不曾有過力
> 量，有過功勞，有過知識，到今天，我已經27歲了。我對上帝
> 使我能活在世上的恩德，並沒有做過一樁報答的事。我也沒有
> 對我的父母、親戚和朋友們的恩德報答過。我想要埋怨嗎？我
> 想要依靠我自己的行為嗎？不，我要完完全全地呼求天父上
> 帝，依靠他赦免我的罪。我也要常常求告上帝將聖靈降在我身
> 上。[367]

馬禮遜於一八一四年（嘉慶十九年）七月十六日在一個遠離人煙的海

---

366 George Hunter McNeur, *Liang A-Fa: China's First Preacher, 1789-1855*, p.22.

367 Mrs. Morrison, *Memoirs of the Life and Labours of Robert Morrison*, Vol.1, P.408. 中譯
　　轉引自馬禮遜夫人編，顧長聲譯：《馬禮遜回憶錄》，頁110-111。

邊從高山上流下的溪水中為蔡高施洗。[368]照麥沾恩（George Hunter McNeur）所說，馬禮遜是在澳門海濱某小山山側的泉水中向蔡高施洗。其自受水禮後便嚴守信仰，直至一八一九年（嘉慶廿四年）因肺病而安息，在澳門有以「蔡高」命名的禮拜堂紀念他。[369]

（二）梁發（Leang-Afa/Liang A-Fa）

1 信主前的梁發

梁發生於乾隆五十三年（1789），出生地是廣東省廣州府西南約五十英里的高明縣。[370]他的父母是鄉下人，務農為業，因家貧之故，梁發在十一歲時才被送到村塾裏讀書，那時村塾念的是三字經、四書五經，他在村塾中讀了四年書，已經有了相當好的文學根底，對中個的儒家典籍有了相當的知識，造就他日後寫《勸世良言》的文學根基。[371]

梁發十五歲（嘉慶九年，1804）離開村塾，到了廣州謀生，而此時剛好是馬禮遜上書英國倫敦傳道會，請求來華傳道。梁發最初是學做筆的，後來轉而學習雕版，如是者過了四年的雕版工人生涯。[372]他的母親於嘉慶十五年（1810）去世，他回到家鄉高明奔喪，此時他已廿一歲。[373]

2 因工作而信主

梁發回到廣州繼續雕版的印刷工作。受僱於馬禮遜的助手蔡盧

368 Mrs Elizabath Morrison, *Memoirs of The Life and Labours of Robert Morrison*, Vol.1, p.410.

369 George Hunter McNeur, *Liang A-Fa: China's First Preacher, 1789-1855*, p.22.

370 George Hunter McNeur, *Liang A-Fa: China's First Preacher, 1789-1855*, p.7.

371 George Hunter McNeur, *Liang A-Fa: China's First Preacher, 1789-1855*, pp.10-11.

372 George Hunter McNeur, *Liang A-Fa: China's First Preacher, 1789-1855*, p.13.

373 George Hunter McNeur, *Liang A-Fa: China's First Preacher, 1789-1855*, p.20.

興，為馬禮遜刻印《新約聖經》。梁發認識福音應該是從刻印《新約聖經》開始，因為無證據顯示他從宣教士口中聽聞福音。[374]

　　帶領梁發成為基督徒的人是米憐，米氏於一八一三年（嘉慶十八年）七月四日抵達澳門，後偷渡到廣州的「十三行」，米氏與馬禮遜都認為其時在中國建立宣教基地的時機未成熟，決定先到馬六甲向當地華人傳福音。米憐夫婦於一八一五年（嘉慶廿年）四月帶梁發一同前往當地。[375]梁發到了馬六甲後，成為熱心慕道的信徒，他從前所刻的《聖經》，對他產生了作用。他在自述中表示，初期對宣教士所講抱著拒絕的態度，而且有信佛的念頭。後來聽宣教士講耶穌赦罪的教訓，他查閱《聖經》，看到禁止不潔、不可欺騙、不可拜偶像的教訓，知道《聖經》是一本教人棄惡從善的書，於是他勤讀《聖經》，崇拜時留心聽道，終於決志悔改，歸依基督。[376]於一八一六年（嘉慶廿一年）梁發在馬六甲接受米憐牧師為他施行洗禮。[377]在受洗之後的三年，他仍然繼續為米憐做印刷工作，而且他過著嚴謹的基督徒生活，熱心認識基督教信仰，也協助傳福音的工作。[378]

3　信主後的佈道活動

　　一八一九年（嘉慶廿四年）米憐夫人去世。梁發於米憐夫人去世後一個月，便回到家鄉高明縣，並且在家鄉成家立室。眼見家鄉中人仍然崇拜偶像，所以決心向其鄉鄰傳道。因此，他做了一本只有卅七頁的佈道小冊子，名為《救世錄撮要略解》（*A Brief Explanatory*

374 George Hunter McNeur, *Liang A-Fa: China's First Preacher, 1789-1855*, pp.20-21.

375 George Hunter McNeur, *Liang A-Fa: China's First Preacher, 1789-1855*, p.21.

376 George Hunter McNeur, *Liang A-Fa: China's First Preacher, 1789-1855*, pp.24-25.

377 George Hunter McNeur, *Liang A-Fa: China's First Preacher, 1789-1855*, pp.26-27.

378 George Hunter McNeur, *Liang A-Fa: China's First Preacher, 1789-1855*, p.29.

Abstract of the Plan of World Salvation），[379]最初刻印了廿本，內容包括一些《聖經》經文、拜偶像的罪惡，和悔改相信主耶穌基督，還有〈十誠〉、三首聖詩和一些禱文。此冊子雖小，但意義重大，因為這是第一本由中國人用中文寫成的基督教佈道小冊子。[380]

可惜梁發印製佈道小冊子的事，被人向當地官府告發，縣官連人帶書把他抓到衙門去，他被囚禁，小冊子當然被充公了，雕版也被毀了。但梁發極力在縣官面前證明他所印的小冊子並無教人為惡的地方，而且是勸人為善的。縣官就用了一個「凡軍民人等私自出洋貿易及遷往外洋群島居住者，治以私通敵人之罪。」[381]打了腿上卅大板。後來馬禮遜向有勢力的中國商人求助，梁發又把積蓄交了罰金，這些積蓄原本是預備為他的父親和新婚妻子建屋用的，而且具結以後永遠不在廣州工作，才可以獲得釋放。他這次在獄中的經歷，可說是上帝苦其心志，勞其筋骨，將降大任於他的試煉。[382]

梁發於一八二〇年（嘉慶廿五年）春天，重往馬六甲，與米憐共事與學習約一年，然後他又回到家鄉。一因他的妻子即將生產，二因他想向妻子傳福音。他回鄉後常與其妻讀經、祈禱，向她解釋聖經，他的妻子也信了耶穌，他的妻子可說是第一個中國女基督徒。而且由梁發為他妻子施行洗禮。梁發感動其妻信道受洗之後，就有更大的心志希望中國人也可信耶穌，得救恩。梁發決定再到馬六甲跟隨米憐學道，受更好的培訓。於一八二一年（道光元年）梁發再赴馬六甲，可惜，此時的米憐已經身體虛弱，患病甚重，經常肺出血，並於一八二二年（道光二年）六月二日安息。[383]

---

379 〔紐西蘭〕麥沾恩（George Hunter McNeur）著，胡簪雲譯：《梁發傳》，頁21。
380 George Hunter McNeur, *Liang A-Fa: China's First Preacher, 1789-1855*, p.33.
381 〔紐西蘭〕麥沾恩（George Hunter McNeur）著，胡簪雲譯：《梁發傳》，頁23。
382 George Hunter McNeur, *Liang A-Fa: China's First Preacher, 1789-1855*, p.33-34.
383 George Hunter McNeur, *Liang A-Fa: China's First Preacher, 1789-1855*, pp.35-36.

4　中國第一位華人宣教士

梁發心感米憐已去世，他也無意在馬六甲留下，於是回到家鄉高明縣。他於一八二三年（道光三年）十一月廿日帶同兒子梁進德（Leang-tsin-tĭh/Liang Tsen-teh）到澳門請馬禮遜為兒子施洗。[384] 其後，馬禮遜需要於是年十二月回英國，在起程回英之前，封立了梁發做宣教士，梁發自述道：「馬禮遜博士按手在我頭上，按立我去各處各方宣揚福音真道。」自受按立做宣教士之後，一直到去世，梁發的薪水都由倫敦傳道會支付。[385]

梁發努力傳道，希望中國人能皈依真道。馬禮遜在一八二六年（道光六年）回到中國。梁發於是年致書倫敦傳道會云：

> 但我儕中國人，由上至下，各種各界之人皆已久為罪惡所迷惑，且極端自高自大，福音真道彼等是新異之訓，而中國士人學問之傳授，其習慣又與別國不同，所以我恐怕德薄能淺如我者，實不足以教導彼等也。我惟有竭力盡心，且望至高上帝用聖靈之影響以感動到人心而已。[386]

梁發又在一八二七年（道光七年）致書倫敦傳道會，此信之中文版仍然存於倫敦會的檔案之中，茲轉抄如下：

學善者梁發拜書奉與：

384　Mrs Elizabeth Morrison, *Memoirs of The Life and Labours of Robert Morrison*, Vol.2, p.225.

385　George Hunter McNeur, *Liang A-Fa: China's First Preacher, 1789-1855*, p.42.

386　〔紐西蘭〕麥沾恩（George Hunter McNeur）著，胡簪雲譯：《梁發傳》，頁31。原文見George Hunter McNeur, *Liang A-Fa: China's First Preacher, 1789-1855*, p.45.

英國京都傳福音會，眾位老先生及凡敬信主耶穌之尊前請安，請安。愚感蒙吾主變化全家之大恩，實萬分僥倖之至矣。但既受吾主之大恩已為幸矣，更貴乎遵主的誠律而行之，纔算為尤幸之至矣。但主誠命律之中，獨以真道之義存心愛己及愛人而已，且愛人者莫切於以真道之義教人知識造化天地人萬物之真神主，及知敬信吾主耶穌，求獲靈魂之救，纔足盡愛人如己之義，是以愚見本國之人獨迷惑而奉事之偶像。不知有獨一位主宰真神，更不知人有個寶貝的靈魂，故感動激勵於心，甚欲學明真道之義，勸教本國之人，棄假歸真，庶不辜負　真神主造養之恩，又不負吾　主耶穌代贖救世之德，尤不忘　貴國　眾位老先生萬理重洋來到敝國苦竭心志，翻譯福音真道之心。更兼數十年來，破費十餘萬白金，悉係　貴國眾誠信者廣發仁愛之心，愛人如己之盛德，而本國凡敬信吾　主耶穌者皆仰沾此大恩矣。況且　貴國賢人君子，尚有如此愛人之德，而愚本國之人反不愛本國者，豈是屬吾　主之民乎？緣此，愚今在老先生馬禮遜門下，習讀聖道[387]，一載有餘，幸得老先生馬禮遜循循善誘，博文約義，頓開茅塞，略知福音真道之義，第見真理無窮，其境難盡，愈思愈深，欲罷而不能，是以日夕早晚，切求上主施賜聖風之德，啟愚靈心，竭盡吾才，或能學習於一二，可以過欲寡過，正己修身，或以之勸眾教人也。雖然愚思學道或者容易，恆心守道而行者甚難矣。[388]故愚心雖願學道傳

---

387 中譯本的「緣此，愚今在老先生馬禮遜門下，習讀讀道，一載有餘」，見〔紐西蘭〕麥沾恩（George Hunter McNeur）著，胡簪雲譯：《梁發傳》，頁34。但George Hunter McNeur, *Liang A-Fa: China's First Preacher, 1789-1855*是 "Because of this I am now studying the doctrine with the venerable Dr. Morrison, and have been thus engaged for over a year." 所以，筆者認為譯作「習讀聖道」較為合理。

388 對照George Hunter McNeur, *Liang A-Fa: China's First Preacher, 1789-1855*的英文原

世，而猶恐力行不足，反害真道之義，故此敬拜手書，懇求
貴國　眾位老先生代愚祈求，上主賜聖風加我智力，使我得小
心謹慎，不致違背真道，然後或者可以教人。但中國之人，教
門繁多，繁華之地，人心傲倨，欲速變化其心歸向真道，誠恐
未能有效，不過學明真義，恆心固守而行之，令人觀感動心，
更求　上主變化人心，則容易勸人敬信之矣。祇因中國人往往
膠固在萬樣偶像，根深蒂固，忽然欲拔除改變之，亦不容易
矣。更兼真理之道，新聽異聞，況且近被西洋天主教有些穢黷
之謠言，已經拒絕人心之路，說道，凡有入耶穌天主教之人，
其妻任巴地里（即神父）寵幸與之同宿，死了之人亦要抉去眼
睛纔給埋葬。又說耶穌天主之教每人每月有糧銀數元發給。是
以中國人因被天主教之敗壞福音之真，縱有良善之人欲想敬信
之者，聽此怪誕之謠言，則不敢敬信之，故此福音真道卻被天
主教之名聲塞斷真路，以致傳福音之道有如此多般阻礙人心，
故難得多人敬信之矣。但雖如此，愚示恆心，竭力學明真道之
義，筆之於書，存心恆守而行之，令人觀看觸目，或者可以感
動人心，更哀求上主賜聖風變化人心之意，則富貴貧賤之人必
然興起而敬信之，如在希比留（即希伯來）第八章十一二節
云：「蓋將來從極小至極大，都認識神，且神必施慈悲，以恕
世人之不義也。」因此更仰望　貴國　眾位老先生及凡敬信吾
主耶穌者尤要廣發愛人如己之盛德，以普天下萬國算為一家之
人，更資助福音真道散播於宇宙之內，使人人得主上主而獨尊
敬之，又知有救世主耶穌，敬信之而獲靈魂之救，庶不孤負吾
主代贖罪救世之恩，而　貴國　眾位老先生及凡敬信吾主耶穌

本，只引述了由「況且　貴國賢人君子」至「恆心守道而行者甚難矣。」一段。
見該書頁48。

者，若有此愛人如己之大德，則至來生亦必在天堂永享安樂之
真福於無窮之世世也，亞們。厄拉氏亞（即加拉太），第六章
九節云：「我們行善，不可喪志；若不灰心，到了時候，就有
收成。」拜書奉上英國京都傳福音會眾位老先生及凡敬信吾主
者尊前鈞鑒。

道光七年孟秋吉日後學侍教弟梁亞發頓拜書[389]

　　一八二八年（道光八年）馬禮遜向倫敦傳道會報告梁發工作情況，
說梁發除了辦學和向鄉人傳道之外，還著作了大批佈道小書，共有十
二種之多。大都是回答非基督教人士之質詢的。[390]一八二九年（道光
九年）梁發因為在家鄉設立的學塾被官府查封，他也被官府追捕，所
以他被迫逃到澳門投靠馬禮遜，梁發在這年大部份時間在澳門傳道，
後來又離開四周派發他所寫的勸世文。[391]一八三〇年（道光十年）梁
發的業徒屈昂（Kew-agong）受到梁發的影響，亦信了耶穌，接受了
馬禮遜所施的洗禮，洗禮地點是在澳門。[392]馬禮遜也提及這事。[393]

　　梁發從沒有放過任何機會向人傳福音，也經常與妻子討論《聖
經》問題，而且過著虔誠的讀經祈禱的生活。[394]他的虔誠信仰感動了
其父親梁仲能，改變了對福音的態度，也和梁發一同跪下禱告，[395]可

---

389 轉引自〔紐西蘭〕麥沾恩（George Hunter McNeur）著，胡簪雲譯：《梁發傳》，頁
　　34-36。

390 George Hunter McNeur, *Liang A-Fa: China's First Preacher, 1789-1855,* pp.49-50.

391 Mrs Elizabeth Morrison, *Memoirs of The Life and Labours of Robert Morrison,* Vol.2,
　　p.429.

392 George Hunter McNeur, *Liang A-Fa: China's First Preacher, 1789-1855,* p.50.

393 Mrs Elizabeth Morrison, *Memoirs of The Life and Labours of Robert Morrison,* Vol.2,
　　p.433.

394 George Hunter McNeur, *Liang A-Fa: China's First Preacher, 1789-1855,* pp.52-53.

395 Mrs Elizabeth Morrison, *Memoirs of The Life and Labours of Robert Morrison,* Vol.2,
　　p.459.

惜他的父親卻沒有全心歸向上帝。[396]

　　梁發的工作，逐漸取得了效果，他先後為多人施洗，一八三二年（道光十二年），梁發已為七人施洗加入教會，在廣州已經已有十二人每禮拜日聚集，已儼然一小教會了。[397]而且，也在廣州向參加鄉試的士子派發福音小冊子，請苦力把箱子抬到貢院去，向二萬五千個考生派福音冊子。這種傳道方式，竟在日後發生始料不及的果效，其中一個參加鄉試的生員名叫洪秀全，就是經由這種方式得到梁發所寫的《勸世良言》小冊子，他考試落第後，在家中發病，病中夢見很多異像，他在恍惚中看見一個老人授給他一柄「斬魔劍」，又看見一個自稱長兄的中年教他使用這柄劍，後在書架中發現了這本從梁發得的小書，把夢中看見的老人看為上帝，把「兄長」看作耶穌。洪秀全因而有求道之心，曾就教於羅孝全牧師，後來與馮雲山等人創立了拜上帝會。[398]詳情會於稍後討論。

　　一八三三年（道光十三年）馬禮遜逝世，馬氏逝世不到一個月，新的英國大使那俾亞（Lord Napier）奉派來華，他想改變英國與清朝的商業與政治關係，引起清政府不滿，結果導致中英商業關係暫告停頓。那些曾幫助過英國人辦事的中國人也受到牽連，境況危險，梁發被官府捉拿，於一八三四年（道光十四）十月十八日乘坐英國輪船逃到新加坡。[399]後來去到馬六甲，在華僑當中做傳道工作，他在新加坡與馬六甲二地穿梭傳道一直到一八三九年（道光十九年）。[400]

396　〔紐西蘭〕麥沾恩（George Hunter McNeur）著，胡簪雲譯：《梁發傳》，頁61。

397　Mrs Elizabeth Morrison, *Memoirs of The Life and Labours of Robert Morrison*, Vol.2, p.462.

398　George Hunter McNeur, *Liang A-Fa: China's First Preacher, 1789-1855*, pp.75-76.

399　〔紐西蘭〕麥沾恩（George Hunter McNeur）著，胡簪雲譯：《梁發傳》，頁67-68。
　　　參見George Hunter McNeur, *Liang A-Fa: China's First Preacher, 1789-1855*, p.71.

400　George Hunter McNeur, *Liang A-Fa: China's First Preacher, 1789-1855*, p.83.

他於一八三九年（道光十九年）年底回到廣州，剛好是中英因鴉片事件交惡的時期，林則徐於是年三月到了廣州，進行禁煙工作，收繳了外國船上或貨倉的鴉片，並在虎門燒毀之。激起了中英第一次鴉片戰爭，戰事由道光十九年（1839）持續到道光廿二年（1842）簽訂南京條約才正式結束。梁發在這段期間曾經為平息戰爭而努力。此時馬禮遜的兒子馬儒翰在廣州做了英國領事，梁發求見馬儒翰說，如果英國派兵到中國來打中國人，中國人就再也不會接納《聖經》和聽英國宣教士講道了。可惜這場戰事並不是一個領事加上一個傳道人可以阻止的。但他的勇氣實在令人佩服。[401]

戰事結束後，梁發與馬禮遜的女婿合信（Dr. Hobson）醫生和伯駕醫生合作做醫院佈道工作。[402]一八四三年（道光廿三年），他到了香港，與何進善（福堂）共同發展傳道工作，設立了許多宣教組織。[403]自此也在香港與廣州兩地往返做傳道工作。而且大部份時間在廣州與合信醫生合作，向病人講道。他於一八五五年（咸豐五年）四月十二日（禮拜四）病逝。[404]

5 梁發的生命特質

香港合一堂的張祝齡牧師為梁發的一生作了如下的描述：

梁發之足為吾人模範者凡七端：

（一）篤信順命 查其自信道受洗之日起，至死不變，隨所往，隨所遇，靡不竭力作工；不以戚友之勸阻與困苦之

---

401 George Hunter McNeur, *Liang A-Fa: China's First Preacher, 1789-1855*, pp.85-86.

402 George Hunter McNeur, *Liang A-Fa: China's First Preacher, 1789-1855*, p.87.

403 George Hunter McNeur, *Liang A-Fa: China's First Preacher, 1789-1855*, p.93.

404 George Hunter McNeur, *Liang A-Fa: China's First Preacher, 1789-1855*, p.110.

迫逼而叛信，甚且不以喪明之痛而障礙其佈道之精神；
命往內地，命往南洋各埠，皆立即起行。其篤信順命，
信可媲美亞伯拉罕。可法者一也。

（二）忠心至死　未受職前，已能盡本份，無忝職守；已受職
後，益表忠貞，至死不渝。非以悅己，非以求榮，惟求
上帝之榮耳。洵可媲美摩西。可法者二。

（三）勇敢犧牲　以當日社會之黑暗，政治之暴戾，官民上下
咸視入教者為蛇蝎，遇則非殺即逐。兼有天主教先入為
主，推波揚瀾，助紂為虐。然梁公之著書，刻板、印
刷、手派、口宣，與馬禮遜米憐二博士互相助理，無稍
恐怯，非具絕大勇敢，抱絕大犧牲者，不克有此，洵足
媲美彼得。可法者三。

（四）勤勞無間　觀其為天國而忘私，足跡遍澳門南洋一帶，
甚且隨考生而遍走省府州縣，與士子談道派書，入夜又
誦習中英文，親自刻板繙譯，著書傳道，無一息休暇，
與他人養尊處優袖手裹足而放棄職守者相去何啻天壤。
洵可謂直接學習基督。可法者四。

（五）堅忍受難　其因佈道派書印書之故，屢被凌辱窘逐，遭
鞭韃，受處罰，數次被幽囚；然越磨練，越堅固，其心
越高興，視為榮幸。如當年耶路撒冷之信徒。可法者五。

（六）精研真道　考其信主未久，便能做個人佈道之工，且能
以文字發揮盡致，非平日精研聖經，深明其道不可。能
聽道，學道，信道，隨即行道：如食物入胃，能一一消
化；如受五千二千金之僕役，能運用生息；如沃地之種
子能結實多倍。他不但自己研經，更能勸友研經，入山
不空手歸。靈之糧，道之光，聖神之利器，靡不一一取

而實用，且以供應他人。洵足媲美提摩太。可法者六。

（七）著述傳世　能以餘暇作文字佈道，輯之成書，雖今日失
傳已久，然當日竟能鼓動人心，移風易俗，則其文字感
格之力不少。以一手民之梁發能為非常之事，非有靈助
不可。洵不愧與保羅媲美。可法者七。

要之，梁公可法之事尚多，茲不盡述。而考其能如是者，全在
其「肯畀主用」。主於今日實急於用人，因稼多工少，吾人能
學以賽亞之言「我在此，可遣我」乎？如爾肯獻身與主，任主
用爾，則卑微如基甸可用，勇武如耶弗大可用，怪僻如參孫可
用，藐小如大衛可用，賤役如阿摩司可用，稅吏如馬太可用；
甚至不貞潔如敘加婦人，愚魯如漁魚之彼得約翰，元凶大惡如
保羅，靡不可用。以無術之梁發竟成中華第一宣教師，留為吾
人千古不磨之紀念，無他，肯畀主用耳。[405]

6　梁發的文字業

據馬禮遜所說，梁發曾意譯了《羅馬書》，這譯本對來華宣教士
甚有幫助。[406]梁發所寫的佈道小冊的內容，都是談論一些與中國人有
關的事情，例如登山寶訓的道德教訓，保羅的傳道經歷等。《聖經》
中有不少教訓都是與中國的情況相似的，例如《使徒行傳》十九章記
載，保羅在小亞細亞傳道，他見到在那裏的希臘人，拜許多的神，甚
至有未識之神。又例如《以弗所書》記載以弗所人拜亞底米神，情形
就如中國一樣，中國各個城市都充滿了偶像，各地都有術士、卜筮、

---

405 轉引自〔紐西蘭〕麥沾恩（George Hunter McNeur）著，胡簪雲譯：《梁發傳》，頁
116-118。

406 George Hunter McNeur, *Liang A-Fa: China's First Preacher, 1789-1855*, pp.47-48.

法術書，中國人都相信鬼上身。這些都是中國人熟識的東西，梁發的佈道小冊就是談論這些內容[407]。梁發與在華的西教士有別，他在私塾是讀《四書》、《五經》的。但他的佈道小冊子卻不是用古文體裁，而是用接近口語化的文體。他認為西教士的《聖經》譯文與本土語言相差太遠，《聖經》本身已經是深奧難明，再加上深奧難明的文字，其意義就更難明白了。所以他用通俗的文體，有如章回小說般，解釋《聖經》的內容，使人明白《聖經》。[408]梁發的著作，在當時來說不是少數目。梁發可說是中國基督教第一個本色神學家。

梁發的著作：[409]

名稱	著作年份	著作地點
救世錄要略解	1819	廣州
熟學聖理略論	1828	廣州
真道問答淺解	1829	馬六甲
真道尋源、靈魂篇、異端論	1830	高明
聖經日課初學便用	1831	廣州
勸世良言[410]	1832	廣州
祈禱文讚神詩	1833	澳門

---

407 〔紐西蘭〕麥沾恩（George Hunter McNeur）著，胡簪雲譯：《梁發傳》，頁76-77。

408 George Hunter McNeur, *Liang A-Fa: China's First Preacher, 1789-1855*, p.79.

409 Alexander Wylie, *Memorials of Protestant Missionaries to the Chinese: Giving A List of Their Publications, and Obituary Notices of the Decease*, pp.22-25.

410 《勸世良言》全文附錄於〔紐西蘭〕麥沾恩（George Hunter McNeur）著，胡簪雲譯：《梁發傳·附錄》，頁1-148。

（三）屈昂（Kew A-gong Wat Ngong）

屈昂出生於廣東黃埔附近一條村莊，他是跟隨梁發學習印刷的，受梁發的影響而信了耶穌，他在一八三〇年（道光十年）春天一個禮拜日，於馬禮遜在澳門的家中接受馬禮遜的施洗禮。受洗之後，立即回到家中向妻子傳福音，但卻受到妻子的責罵，指屈昂的祈禱為她帶來厄運，又向鄰舍說他不拜自己的神靈，卻去拜西洋的神。[411]

他後來與梁發做了同事，襄助梁發辦理傳道文字工作。[412]他在一八三一年（道光十一年）開始受僱於倫敦傳道會，向馬儒翰學習石印術，在澳門印刷佈道小冊子，並將之派送給親友，他曾印行一份一面有經文另一面有圖畫的福音單張。[413]一八三一年（道光十一年）馬禮遜提及屈昂學到了石印術，除了每天向中國同胞傳福音之外，更印送了九款他自己設計的佈道小冊子。[414]

後來，他因得罪了朋友，這朋友到官府告發他與外國人來往，清政府下令逮捕他，他潛逃到泊在伶仃島的英國船上躲避。他又於一八三六年（道光十八年）由此地逃往馬六甲，並在那裏做傳道工作。[415]

一八四四年（道光二十四年）馬六甲的傳道機關遷到香港，他就和理雅各牧師一同回到香港，後又到了廣州，住在博濟醫院中並協助合信醫生向醫院中的病人傳道。[416]

---

411 George Hunter McNeur, *Liang A-Fa: China's First Preacher, 1789-1855*, pp.50-51.

412 George Hunter McNeur, *Liang A-Fa: China's First Preacher, 1789-1855*, p.51.

413 〔紐西蘭〕麥沾恩（George Hunter McNeur）著，胡簪雲譯：《梁發傳》，頁40。

414 〔紐西蘭〕麥沾恩（George Hunter McNeur）著，胡簪雲譯：《梁發傳》，頁62-63。

415 〔紐西蘭〕麥沾恩（George Hunter McNeur）著，胡簪雲譯：《梁發傳》，頁41。

416 〔紐西蘭〕麥沾恩（George Hunter McNeur）著，胡簪雲譯：《梁發傳》，頁41。

第七章　道光初年至南京條約期間的基督教事工及其對社會的貢獻

一　建立水面禮拜堂

　　馬禮遜直接得到的華人福音果子不算多，事實上是非常少。但他在埋首於文字工作之餘，不忘向身處廣州的二三千名外國海員做福音工作。他倡議成立一個水面醫院（a floating hospital）和一個水面禮拜堂（a floating chapel）。[417]他的提議得到一些外商及船主贊成，在一八二二年十月三日，他獲邀到黃埔一艘商船上宣教，一直到了同年十二月八日，出現了一艘高懸禮拜旗幟的船，水面禮拜堂正式成立。[418]

二　基督教醫療傳道事工

（一）馬禮遜的推動

　　馬禮遜於來華傳道之前，曾在倫敦學習天文學及中國語文，又在倫敦巴多羅買醫院（St. Bartholomew's Hospital）習醫學，且申請倫敦傳道會准其領得醫生資格，以便作醫藥傳教士，但不獲批准。[419]

　　馬禮遜與李文斯敦醫生（Dr.Livingstone）於一八二〇年在澳門開設一間醫館，聘請了一位中國醫生贈醫施藥，求診者日眾，這間醫館，可說是基督教在中國醫療事工的鼻祖。[420]

417　Marshall Broomhall, *Robert Morrison A Master-Builder*, p.146.

418　Mrs Elizabeth Morrison, "Appendix", *Memoirs of The Life and Labours of Robert Morrison* Vol. 2, p.44.

419　李志剛：《基督教早期在華傳教史》，頁224。

420　李志剛：《基督教與近代中國文化論文集》（臺北：宇宙光出版社，1989年），頁29。

　　一八二八年馬禮遜徵得東印度公司的郭雷樞醫生（Dr. Thomas
Richardson Colledge）同意，在澳門租了兩所平房，開設了一間眼科
醫館（Ophthalmic Hospital），並獲得東印度公司資助部份經費，求診
者不單止澳門人，更有不少內地人，[421]至 八三二年十月病癒者計有
四千多人，此醫館為慈善性質，服務貧苦大眾。[422]翌年，在廣州亦設
一小型醫院，有白拉福醫生（Dr. James H. Bradford），柯克思醫生
（Dr. R.H. Cox）襄助。[423]澳廣兩地的醫館，雖然不是由馬禮遜開辦
和主診，但是由其推動而成事。可謂是中國基督教醫療事工之濫觴，
對日後來華之醫療宣教士起了倡導作用。[424]

　　綜觀此時期（1807-1834）之醫療事工，究非專業化。直至道光
十四年（1834）伯駕來華，及道光十八年（1838）醫藥傳道會（The
Medical Missionary Society）之成立，中國之基督教醫療事工才得以
專業化，對華人之心靈及身體皆施療治。

（二）伯駕來華與醫療事工

1　伯駕來華前的心志

　　伯駕（Rev. Peter Parker M.D.）先祖多馬伯駕（Thomas Parker）於
一六三五年由英國倫敦移民至美國麻薩諸撒斯州（Massachusettes），
其父拿單伯駕（Nathan Parker）於其地之非林明翰（Framingham）務
農。一八〇四年六月十八日，伯駕生於非林明翰，孕育於新英倫加爾

---

421 "A brief account of an Ophthalmic Hospital at Macao, during the years 1827 to 1832,
　　inclusive.", *The Chinese Repository*, Vol.3, p.364.

422 "A brief account of an Ophthalmic Hospital at Macao, during the years 1827 to 1832,
　　inclusive.", *The Chinese Repository*, Vol.3, p.366。

423 陳邦賢：《中國醫學史》（上海：商務印書館，1937年），頁188

424 Alexander Wylie,*Memorials of Protestant Missionaries to the Chinese: Giving AList of
　　Their Publications, and Obituary Notices of the Deceased*, pp.81-82.

文主義（New England Calvinism）之宗教精神。一八三一年畢業於耶
魯大學。伯氏在學期間，有志海外傳道事工，一八三一年請求美部會
（American Board of Commissioners For Foreign Mission）差往中國傳
道，遂於耶魯大學神學系（Theological Department of Yale College）
習神學。攻讀期間，在往中國及土耳其（Symrna）兩地傳道有所抉
擇，其後得神學院教授高勵志（Professor Goodrich）之鼓勵，以中國
為宣教目標，並鼓勵其習醫，伯駕遂同時於耶魯大學醫院（Medical
College）習醫，一八三三年獲宣教執照，一八三四年醫學畢業。[425]

　　伯駕於一八三四年（道光十四年）六月一日在美國紐約長老堂
被任命為醫療傳教士之時，美部會負責人宣讀了一份聲明，其中一段
云：

> 你所獲得的內外科知識，在適當時候要用出來治療病患者的痛
> 苦。你也可以隨時用科學技術幫助他們。但你要緊記，只可在
> 幫助到你傳福音的時候才重視這些福音的婢女。醫生的特質及
> 懂科學的人，無論如何受人尊重，甚至可以有助於你傳福音，
> 但這些東西永遠不可取代或影響你作為宗教教師的品格。[426]

當時，伯駕向大會表示云：

> 我祈求從上帝而來的智慧實行這個永久良善的計劃，我願意用
> 我的一生為百萬計的中國人治理身體，我也認為減輕他們身體

---

425 李志剛：《基督教早期在華傳教史》，頁127。

426 George B. Stevens, *The Life, Letters, and Journals of the Rev. and Hon. Peter Parker,
M.D.*, (Boston and Chicago:Congregational Sunday-School and Publishing Society,
1896)，p.82.

病痛是稱心如意的的事工。但是，千年之後，這種在地上忍受
肉身的痛苦可說微不足道，但那與靈魂有關的事情才有永恆的
重要性。聯繫起來，那就有萬世不易的重要性。[427]

伯駕認為一生人最大榮耀是成為耶穌基督的傳教士到中國傳道。[428]

一八三四年（道光十四年）六月三日於紐約乘馬禮遜號東來，十
月廿六日抵廣州，居於十三行，因氣候不合，折往澳門，十二月十四
日南下新加坡學華文。並於一八三五年元月一日在新加坡開設一診
所。直至是年八月離開新加坡。[429]

2 伯駕在華初期的醫療事工

伯駕於一八三五年九月八日返抵廣州。[430]返抵廣州後，在新豆欄
街（Hog Lane）豐泰行三號（Number 3, Fung Tac Hong）租得一屋宇，
開設一眼科診所。[431]開辦之初，就診華人不多，惟日後陸續增加，第
一季已有一千一百九十五人就診，後來擴充業務，租得新豆欄街豐泰
行七號開設新醫館，進口處書以博濟醫院（Pu Ai Yi Yuan, or the Hospital
of Universal Love），此為廣州博濟醫院的前身；外人稱此醫院為 Oph-
thalmic Infirmary，日後定名為 The Canton Hospital。博濟醫院於一八

---

427 George B. Stevens, *The Life, Letters, and Journals of the Rev. and Hon. Peter Parker,
M.D.*, p.87. 參考William Warder Cadbury, *At The Point of ALancet: One Hundred Years
of the Canton Hospital, 1835-1935*（Shanghai: Kelley & Walsh Ltd., 1935），p.29.

428 George B. Stevens, *The Life, Letters, and Journals of the Rev. and Hon. Peter Parker,
M.D.*, p.88.

429 Alexander Wylie,*Memorials of Protestant Missionaries to the Chinese: Giving A List of
Their Publications, and Obituary Notices of the Decease,* pp.81-82.

430 李志剛：《基督教早期在華傳教史》，頁247。

431 Alexander Wylie, *Memorials of Protestant Missionaries to the Chinese: Giving A List of
Their Publications, and Obituary Notices of the Decease,* p.82.

三五年十一月四日開辦，首年已有二一五二人就診，一八三七年病者
日增，每日平均有二百至三百人就診，亦有多至六百人者。此醫院由
伯駕醫生全權主理，此外有郭雷樞醫生（Dr. Thomas Richardson Colle-
dge），白拉福（Dr. James H.Bradford），柯克司醫生（Dr. R.H.Cox），
渣甸醫生（Dr. William Jardine），及安德遜醫生（Dr. Alexander Ander-
son）等人抽暇襄助，並聘有華人為傳譯及配藥員。[432]

3　伯駕在華醫藥傳道會

　　伯駕醫生在廣州開辦博濟醫院後，業務日漸興隆，為配合日後之
人事及經濟需要，乃於一八三六年十月與郭雷樞醫生及裨治文牧師倡
議成立一「協會」（Society），作為該院日後之支持。並希望透過此會，
呼籲各國傳道差會支持開設醫院之事工及中國之醫療傳道事工[433]。是
年十二月，郭雷摳醫生在《中華叢報》（*The Chinese Repository*）撰文
〈任用醫生在中國傳教商榷書〉（"Suggestions with regard to employ-
ing Medical Practitioners as Missionaries to China"），引起英美教會之
注意。他在文中呼籲：

> 　　我所建議的是基督教所有宗派及教派，聯合起來改善中國世俗
> 的和社會的狀況，差派醫務界善心的專業精英前來做好事，以
> 博取中國人民的信任，藉此而為中國人慢慢接受美好無疵的基
> 督教鋪平道路。從各個宗派與教派選拔人才做這差事不應該構
> 成任何問題。只需他們有基督教的原則、有行善的精神、有精
> 力與膽量且符合實際需要。……這個帝國的無數被上帝創造的
> 生靈需要我們關心。所以，讓我們學習在他們中間行善，向他

432　李志剛：《基督教早期在華傳教史》，頁247-248。
433　李志剛：《基督教早期在華傳教史》，頁248。

們展示基督教原理為基礎的慈善和人道工作。這樣，基督教的
傳播就必然有成果。[434]

一八三八年二月廿一日在廣州舉行會議，會議通過成立「在華醫
藥傳道會」（The Medical Missionary Society in China），郭雷樞醫生被
選為會長，伯駕醫生為副會長，同年四月二人與裨治文牧師聯合簽署
了一份「在華醫藥傳道會」的宣言，其云：

> 第一項公開行動，即成立一個新會社的組織，已經完成。……
> 本會的宗旨，如同在成立會上通過的決議中指出的，是要鼓勵
> 在中國人中間行醫，並將賜予我們的科學、病例調查和不斷鼓
> 舞我們發明等有益的知識提供一部份給他們分享。……我們希
> 望，我們的努力將有助於推倒偏見和長期以來所抱的民族情緒
> 的隔墙，並以此教育中國人，他們所岐視的人們是有能力和願
> 意成為他們的恩人的。……
> 我們稱呼我們是一個傳教會，因為我們確信他一定會推進傳教
> 事業。……利用這樣的一個代理機構，就可鋪更高處的道路，
> 贏得中國人的信任和尊重，他有助於把我們同中國的貿易及其
> 一切往來置於更想望得到的地位上，也可為輸入科學和宗教打
> 開通道。
> 我們可以提供一個好處是醫學科學移植於中國可能產生有益的
> 效果。……第二個好處是將可從這個方法搜集情報，這將對傳
> 教士和商人都有極高的價值。……因為只有在這樣的場合才可
> 與人交往，可以聽到大部份真實情況，回答我們許多問題，這

---

434 "Suggestions with regard to employing Medical Practitioners as Missionaries to China",
The Chinese Repository, vol. 4, pp.388-389.

些問題都是現在我們感興趣要提出的，而且可以獲得答案。因為一個病人在醫生面前往往是坦率對待的，盡管他對別人可能有意隱瞞事實或者掩飾真相。[435]

此會並在英美之大城市設立海外代理，至一八三八年五月籌得善款九千三百六十六元七角五分。唯因籌備醫藥傳道會，廣州博濟醫院暫告停辦，一八三八年四月廿四日決定在澳門開設醫院，伯駕乃於同年六月五日攜同三位年青華人醫學生到澳門設醫院。十月又恢復廣州博濟醫院。[436]

4　伯駕醫治林則徐

伯駕也曾間接醫治禁鴉片的欽差大臣林則徐的疝氣病。林則徐於道光十八年受命為欽差大臣前往廣東省主責禁鴉片煙工作，林氏於道光十九年（1839）正月廿五日抵廣東，隨即開始一連串的禁煙舉措[437]。而此時，梁進德即梁發之子擔任林則徐的英文翻譯員，[438]進德的工作是將澳門出版的《英文週報》譯為中文。[439]因這種關係，伯駕可以間接為林則徐醫治疝氣病。伯駕很重視這次機會，為林則徐開了一張病歷咭，號碼是六五六五，其主要內容是：

> 林則徐疝病欽差大臣，前湖廣總督，即今廣東廣西兩大省。醫學上看，這個沒有值得可以引起興趣的地方。事實上這位病人

435　"Address", The Chinese Repository, vol. 7, pp.37-44. 中譯轉引自顧長聲：《傳教士與近代中國》，頁44-45。

436　李志剛：《基督教早期在華傳教史》，頁249-250。

437　林則徐：《林則徐集》（北京：中華書局，1965年），中冊，頁625。

438　George Hunter McNeur, Liang A-Fa: China's First Preacher, 1789-1855, p.86.

439　〔紐西蘭〕麥沾恩（George Hunter McNeur）著，胡簪雲譯：《梁發傳》，頁86。

從來也沒有見到過，但是我想，對於這樣一位著名人物，他的行為是中英這樣兩個大國間破裂的近因。

他第一次申請是在七月間，不是為了看病，而是要我翻譯滑達爾著的《各國律例》，書中的若干段落，是由高級行商送來的。摘譯的段落包括戰事及其附帶的敵對措施，如封鎖、禁運等等，是用毛筆寫的。他還要我對有關鴉片的情況提出事實的陳述，並列出鴉片受害者的一般性藥方。

他通過南海縣知事和高級行商索取「治療他疝病的藥品」，大約是在他第一次派人來找我的相同的時候。……他要求送他一副疝帶來減輕他的疼痛，可是重要的是第一次必須由外科醫生親自代病人托綁。這裏遇到了困難，他害怕同一個外國人有任何私自的接觸。在這之後，他立時赴虎門公幹，一直拖到秋天才再來求醫。這次是通過一位他在北京的老同療，這位官員早已使用疝帶治好了，他來求我替欽差大臣帶一副。

據報告，疝帶送去給欽差大臣之後，健康情況良好，只有當他咳嗽時肚子上的東西較易滑落。從他說的病狀看來，他似乎還有氣喘，我給他送去了一些藥。為了向我道謝，他送來了水果等禮物。還要附帶提一下，欽差大臣特別垂詢了有關眼科醫局的情況，說明這所醫局是同在別國的醫局相似的。他聽了之後表示贊同。[440]

5 伯駕的貢獻

一八四○年，伯駕到英、美、法等地呼籲各地教會人士支持中國醫藥傳道事工，廣州博濟醫院停辦，一八四二年十一月廿一日伯駕復

---

440 "Reports of the Medical Missionary Society", *The Chinese Repository*, vol.VIII pp.634-636. 中譯轉引自顧長聲：《傳教士與近代中國》，頁45-46。

開廣州博濟醫院，其後南京條約簽訂，五口開放通商，傳教事業間接得益，博濟醫院成為梁發之佈道場所。[441]

廣州博濟醫院及醫藥傳道會，可謂基督教在華最早之醫療傳道機構，雖然伯駕於一八四四年轉任美國大使顧盛（Caleb Cushing）之祕書，後又任職美國外交部，無暇兼顧醫療傳道事工，唯因其所辦之醫療工作，引發歐美之醫療傳教士陸續來華，不單有助福音在中國之傳播，亦有助西醫學在中國之傳播。[442]

清人黃恩彤輯錄的《撫夷紀略》對伯駕有頗高的評價，其云：「有名醫伯駕者，在粵久，治病輒愈，藥不索值，人皆愛之。」[443]

三　基督教士推動的教育事業

馬禮遜與米憐曾經在馬六甲開設英華院，以辦學為傳福音的媒介。其後裨治文到了廣州之後，在家裏收了幾個窮孩子讀書，伯駕也在他的醫局裏收了幾個少年幫助他做雜務，同時也教他們一些簡單的醫療知識。一八三五年，郭士立的妻子在澳門的家裏收容了幾個窮孩子，開了一個讀書班。[444]然而，這些都是較小型的教育事工，而且對中國社會影響不大，直至馬禮遜紀念學校成立，基督教在華的教育事工，才日見重要。

（一）「馬禮遜教育協會」（The Morrison Education Society）

一八三五年元月在廣州的外僑發起了成立「馬禮遜教育協會」

441　李志剛：《基督教早期在華傳教史》，頁250-251。

442　李志剛：《基督教早期在華傳教史》，頁251。

443　黃恩彤：《撫夷紀略》，收入陳建華、曹淳亮主編：《廣州大典》（廣州：廣州出版社，2008年），第29輯，第3冊，總第178冊，頁812。

444　顧長聲：《傳教士與近代中國》，頁39。

（The Morrison Education Society），目的是紀念馬禮遜牧師，因而用這名稱。一八三五年元月廿六日發出了「馬禮遜教育協會通告」，[445]通告中說明其宗旨云：

> 本教育會的宗旨將是在中國開辦和資助學校，在這些學校裏除教授中國少年讀中文外，還要教授他們讀寫英文，並通過這個媒介，把西方世界的各種知識送到他們手裏。這些學校要讀《聖經》和有關基督教的書籍。……如果不是我們自己，那末，我們的後世將在不遠的日子裏，看到中國人不但為了商業、知識和政治的目的正在訪問歐洲和美國，而且在拋棄了他們的反感、迷信和偶像之後，同基督教國家的大眾在一起，承認崇拜真神上帝。[446]

到了二月廿四日，已籌得開辦費四千八百六十元，並組織「馬禮遜教育協會臨時委員會」（Provisional Committee），其成員有羅賓臣（Sir George Best Robinson）、渣甸（William Jardine）、奧立芬（David W.C. Olyphant）、登特（Lancelot Dent）、馬儒翰（John Robert Morrision）、裨治文牧師等人，推舉英商怡和洋行（Jardine Matheson & Co.，亦稱渣甸洋行）處理財務，裨治文做書記。臨時委員會進行經費籌募及購置書籍等工作。[447]

　　一八三六年十一月九日選出馬禮遜教育協會董事，並成立協會

445　李志剛：《基督教早期在華傳教史》，頁214。

446　轉引自顧長聲：《傳教士與近代中國》，頁40。

447　"Proceedings relative to the formation of the Morrison Education; including the Constitution, names of the Trustees and Members, with remarks explanatory of the object, of the Institution.", *The Chinese Repository*, Vol.V, pp.373-375. 中譯參考李志剛：《基督教早期在華傳教史》，頁214-215。

章則：

第一條：本組織定名為馬禮遜教育協會。

第二條：本會是以學校或其他方法促進或改善在中國之教育為
　　　　目的。

第三條：凡一次捐贈不少於二十五元，或每年認捐不少於十元
　　　　者得為會員，在大會時有表決權。如因事未能出席，
　　　　須得會議准許方得委予他人代理表決事宜。如有特
　　　　別事故，以書面提出者，須隨會議公報一併提出，以
　　　　便討論。

第四條：基金是以捐獻、贈予及其他方法籌募，惟須由董事會
　　　　處理之。

第五條：協會事務由董事會全權處理。五人董事須居於中國。
　　　　董事之選舉乃在每年九月最後禮拜三之大會，以不記
　　　　名投票選出之。

第六條：董事會主席一人，副主席一人，財務一人，祕書一
　　　　人，書記一人。

第七條：董事會定二、四、六、八月之第三禮拜三召開會議，
　　　　商討會議。惟須三人出席方得成會。

第八條：董事會主席職責，乃主持大會及董事會之會議，及執
　　　　行協會有關的職務。

第九條：董事會副主席之職責，於主席缺席時，乃代主席主持
　　　　會議，如正副主席缺席時，得由財務處理之。

第十條：董事會財務之職責，保管協會錢銀處理日用收支，每
　　　　年年會均須提出收支及所存基金之報告。有關財務之
　　　　帳目，需於年會中公報，並須選出專人以作稽核。

第十一條：董事會祕書之責，乃處理協會一般事務，履行董事會之決議及指導其工作包括協會之來往書信，招收學生，聘任教員，選用課本等。此外有關協會之文件均需保管。年會報告，須得董事會決議後方得提出年會及正式公佈。

第十二條：董事會書記之職責，專司協會年會及董事會會議的紀錄，協助祕書招收學生，聘任教師，選用課本及預備年會報告等工作。

第十三條：本章則有未善之處，須予修正或增訂者得於協會大會議決。

惟有關修正或增訂之建議乃須早於一月前書面提交董事會，獲董事會一致通過後方得提出大會議決；如未獲通過亦無須延至下屆會期討論，可另行召開大會商討。凡屬修正或增訂之建議須得超過出席大會之三分二會員通過，方得接納。

附則：

第一款：學生

1. 不分年齡，性別，在中國內地或海外之青年，並獲協會贊助人接受者，得申請入學，惟仍須由董事會核准。

2. 凡六歲、八歲或十歲之兒童，隨時均表歡迎入學。

3. 凡屬馬六甲海峽、印度、歐洲、美洲為達成學習目的之兒童，如獲協會董事核准及家長監護人之保證，乃得申請入學。

4. 如有需要，學生得從協會獲得膳宿、衣服、書籍、學費之供給，但不設賞金及獎金，倘捐款人另有書面或經協會通過者屬例外。

第二款：教師

1. 校長及教師從歐洲、美國徵聘，如屬協會同意得為長期聘任。

2. 如有需要及有良好品格之教師，亦得聘任。

第三款：課本

1. 本校課本旨在教導學生學習閱讀、寫作、數學、地理及其他科學，並以英語及華語授課，以期獲得最佳效果。

2. 一如基督教國家之優良學校，各學生有《聖經》供應，藉教師之教導及幫助，完成聖經課程。惟其接受之教義信仰，實非作為學生資格認可之證明。

3. 凡屬教育協會之書籍乃為建立一公共圖書館，其名稱為「馬禮遜教育協會公共圖書館」（The Library of Morrison Education Society）。

4. 該圖書館由董事會直接管理，對於外籍居民及來賓於使用尤有限制，為使圖書館獲得良好保管，故圖書館實非絕對公開。在使用圖書館之外籍居民亦應承擔部份經費。

5. 圖書館之管理規則乃由董事會制定，其後出版圖書目錄，凡准予使用協會圖書館者，即獲手抄副本乙份。[448]

（二）馬禮遜紀念學校

「馬禮遜教育協會臨時委員會」成立後，便發起成立「馬禮遜紀念學校」。其發展可分三段時期，一是附設時期：由一八三五年至一八三九年，二是澳門時期：由一八三九年至一八四二年，三是香港時

---

[448] "Proceedings relative to the formation of the Morrison Education; including the Constitution, names of the Trustees and Members, with remarks explanatory of the object, of the Institution.", *The Chinese Repository* Vol. V, pp.375-377. 中譯參照自李志剛：《基督教早期在華傳教史》，頁215-218。

期：由一八四二年至一八五○年。[449]

1 附設時期：由一八三五年至一八三九年

馬禮遜紀念學校成立之初期，附設於「在印度及東方之婦女促進會」（The Ladies Association for the promotion of female Education in India and the East）開設之女校，亦即是郭士立夫人之女校，容閎是「馬禮遜紀念學校」成立初期的學生，他的《西學東漸記》載云：

> 古夫人所設塾，本專教女生，其附設男塾，不過瑪禮遜學校（Morrison School）之預備矣。瑪禮遜學校發起於一八三五年，至一八三九年成立。未成立時，以生徒附屬古夫人塾中，酌撥該校經費，以資補助，是予本瑪禮遜學校學生而寄生於此者。憶予初入塾時，塾中男生，合予共二人耳。[450]

那時的學生都需要寄宿，衣服、伙食、文具都由學校供給，校務由郭士立夫人管理，有華人教師教授中文，葡人教師教授英文，學童有來自新加坡與澳門者，其一八三七年九月廿七日的第一次年報云：

> 現有男童五人，在協會供助下，其中四人己習中文、英文，另一只得六歲。……其中一童入學之紀錄，乃為父兄見棄於市之孤兒。……其中二童，乃來自星加坡者。……此外為郭士立夫人於澳門招收者。其部份所需均由協會基金供助。[451]

---

449 李志剛：《基督教早期在華傳教史》，頁220。

450 容閎著，沈潛、楊增麒譯注：《西學東漸記》（鄭州：中州古籍出版社，1998年），頁68-69。

451 "First annual report of the Morrison Education Society, read before the general meeting

除中英文外，也有數學、歷史等科，一八三八年十月三日第二次年報云：

> 第二名學童於去歲十月，自星返華。他年逾八歲，現已能誦讀簡易英文、華文。每日習地理、數學、歷史、文法、亦能翻譯中英文短句，時以英語口語及時以文字表達。[452]

此時清廷派林則徐到廣州厲行禁止鴉片煙工作，林於道光十九年正月廿六日抵達廣州[453]，中英關係交惡，英大使義律通知停泊外海的英艦準備開戰，五月廿二日，廣州的英人交出全部鴉片，廿七日撤出廣州，退至澳門。其後因林維喜事件，居澳的英人亦要被迫撤離澳門，其時郭士立做英大使之翻譯員，郭夫人是英國人，因而要撤離[454]。馬禮遜紀念學校亦告停辦，容閎《西學東漸記》云：「其後此塾因故停辦，予等遂亦星散，古夫人攜三盲女赴美。」[455]

2　澳門時期：由一八三九年至一八四二年

中英因鴉片戰爭交惡，只有美國人可留居澳門。其時有美國的勃朗牧師（Rev. Samuel R. Brown）應聘為馬禮遜紀念學校的校長，他於一八三九年二月十九日與妻子抵達澳門，住於衛三畏家中，並學習

---

convened in Canton, September 27th, 1837.", *The Chinese Repository* Vol. 6, p.231. 中譯參考李志剛：《基督教早期在華傳教史》，頁220。

452 "The Second Annual Report of the Morrison Education Society: read 3rd October, 1838.", *The Chinese Repository*, Vol. 7, P.304。中譯參考李志剛：《基督教早期在華傳教史》，頁221。

453 林則徐：《林則徐集：日記》（北京：中華書局，1962年），頁333。

454 李志剛：《基督教早期在華傳教史》，頁221。

455 容閎著，沈潛、楊增麒譯注：《西學東漸記》，頁69。

中文，與主持校務。[456]馬禮遜紀念學校於一八三九年十一月四日復課，校址設於「大三巴」毗鄰的馬禮遜教育協會之內。其時學生有六人。[457]設有地理、數學、四書、中文聖經等科目。[458]據勃朗於一八四一年九月廿九日第二次年務報告，可知其時的學校概況，其曰：

> 十一月一日（一八三九年），我們搬進教育會購置的屋中，四日上了課，有六名學生。……我安排他們半天讀漢語，半天讀英語，早上六點鐘開始，到晚上九點鐘結束，其中讀書八小時，其餘三、四小時在露天場地上運動和娛樂。……孩子們和我家庭混合在一起，我們對待他們如親生兒子，鼓勵他們對我們具有親密無間的信仰，做他們的最好朋友。他們可以自由地參加我們家庭的早晚禮拜。簡言之，我們是在努力使他們感到是同在家裏一樣，給他們以一個基督徒家庭的教育。[459]

3 香港時期：由一八四二年至一八五〇年

中英鴉片戰爭結束，南京條約簽訂，五口開放通商，香港被割讓予英國。馬禮遜紀念學校也遷校來港，時港督砵甸乍（Sir Hunry

---

456 "Benevolent Societies: Medical Missionary Society: Morrison Education Society; Useful Knowledge Society; Singapore Institution Free School; the Anglo-Chinese College.", *The Chinese Repository* Vol. 10, pp.52-53.

457 "The Third Annual Report of the Morrison Education Society: read September 29th, 1841.", *The Chinese Repository* Vol. 10, p.569.

458 "The Third Annual Report of the Morrison Education Society: read September 29th, 1841." *The Chinese Repository* Vol. 10, pp.573-577.

459 "The Third Annual Report of the Morrison Education Society: read September 29th, 1841."
The Chinese Repository Vol. 10, pp.569-570.中譯轉引自顧長聲：《傳教士與近代中國》，頁40-41。

Pottinger）撥地一幅予該校建立校址，並命名該地為馬禮遜山
（Morrison Hill，現稱摩利臣山）。勃朗牧師也於一八四二年十一月一
日攜眷及學生遷港[460]。其時來港的學生只有十一人，其中三人是黃
勝、容閎、黃寬。[461]勃朗牧師於一八四七年元月五日攜此三人返美，
此校的校長由麥克先接任。勃朗牧師回美後沒有來華，而創校人之一
的裨治文牧師於一八四七年離港赴上海，馬禮遜學校也於一八五〇年
結束。[462]

　　勃朗牧師回美時，攜同上述三學生即容閎、黃勝、黃寬赴美留
學，[463]成為中國近代第一批留學美國的學生。而且學成歸國各有貢
獻。[464]容閎畢業於美國耶魯大學，回國後提倡教育改革，對中國近代
文化影響甚大。黃寬後由美赴英習醫，一八五七年歸國，在廣州惠愛
醫院任職，可說是中國近代第一位華人西醫。黃勝回中國後，先後任
英華書院印字局監督，上海同文館教習，獲委任為香港太平紳士，被
委任為定例局議員等。[465]

　　馬禮遜學校雖然只有短短十五年，但這校是中國近代第一間有系
統地傳播西學的學校，也是中國近代第一批外國留學生的母校，對中
國近代社會，與中西文化交流起了一定的作用。[466]

---

460 "Fifth annual report of the Morrison Education Society, for the year ending Oct. 1st,
　　1843." *The Chinese Repository* Vol. 7, p.620.

461 "Fifth annual report of the Morrison Education Society, for the year ending Oct. 1st,
　　1843." *The Chinese Repository* Vol. 7, p.623. 參李志剛：《基督教早期在華傳教史》，頁
　　231-233。

462 李志剛：《基督教早期在華傳教史》，頁223。

463 容閎著，沈潛、楊增麒譯注：《西學東漸記》，頁75-76。

464 李志剛：《基督教早期在華傳教史》，頁222-223。

465 李志剛：《基督教早期在華傳教史》，頁234-238。

466 顧長聲：《傳教士與近代中國》，頁42。

四　基督教的文字事工

除了馬禮遜翻譯《聖經》，編訂《華英字典》之外，西教士在此段期間更出版中英文刊物與中文書籍，為中國近代文化事業，開創新路向。

（一）中文報刊

1　海外中文報刊

宣教士來華初期，中國口岸未開放，唯有轉到東南亞發展，等候時機進入中國大陸。

（1）《察世俗每月統紀傳》

《察世俗每月統紀傳》，由米憐主編，從一八一五年八月五日創刊至一八二一年停刊（由嘉慶廿年起至道光元年止），共出了七卷，合共有五百七十四頁，出版地在馬六甲。[467]

（2）《特選撮要每月紀傳》

《察世俗每月統紀傳》停刊兩年之後，繼之而起的是《特選撮要每月紀傳》，亦名《特選撮要》，[468]但其出版時的名稱應是《特選撮要每月紀傳》。[469]這份月刊由米憐的助手麥都思為了繼承米憐遺志而創辦，發刊於巴達維亞（Batavia），[470]巴達維亞現稱椰加達。[471]自一八

467　詳見本書第六篇第六章第三節「米憐與海外華人福音事工」。

468　Alexander Wylie,*Memorials of Protestant Missionaries to the Chinese: Giving A List of Their Publications, and Obituary Notices of the Decease*, p.28.

469　卓南生：《中國近代報業發展史》，頁50。

470　Walter Henry Medhurst,*China: Its State And Prospects*（London: John Snow, Reprinted, 1973），pp.331-332.

二三年起至一八二六止（道光三年至道光六年），共四卷，內容是宗
教、時事、歷史及雜文等。[472]麥都思在其創刊號的序文中充份說明了
他辦這份月刊的目的是繼承米憐的未竟之工，透過文字向東南亞及中
國內地的唐人傳達福音信息，其創刊詞云：

> 在嗎啦呷、有同類仁愛之人、已經印了各號勸世文、而分送於
> 中國幾省人民、中、及外邦安南、暹邏、日本等國、又三抹、
> 息力、檳榔嶼、各處地方、唐人之間、約有十餘萬本、……。
> 夫從前到現今已有七年、在嗎啦呷曾印一本書出來、大有益於
> 世、因多論各樣道理、惜哉作文者、一位老先生、仁愛之人已
> 過世了、故不復得印其書也、此書名叫察世俗每月統紀
> 傳、……夫如是、弟要成老兄之德業、繼修其功、而作文印
> 書、亦欲利及後世也、又欲使人有所感發其善心、而過去其欲
> 也、弟如今繼續此察世俗書、則易其書之名、且叫做特選撮要
> 每月記傳、此書名雖改、而理仍舊矣、夫特選撮要之書、在乎
> 記載道理各件也、如神理一端、……是人中最緊要之事、所以
> 多講之。其次即人道、……其次即天文、……又其次地
> 理、……除了此各端理、還有幾端、今不能盡講之、只是隨時
> 而講。[473]

由此可見，麥都思雖然把期刊稱為《特選撮要每月紀傳》，但其辦雜誌
的目的與雜誌的發展方向實與《察世俗每月統紀傳》無異。《特選撮

---

471 卓南生：《中國近代報業發展史》，頁46。

472 Alexander Wylie, *Memorials of Protestant Missionaries to the Chinese: Giving A List of Their Publications, and Obituary Notices of the Decease*, p.28. 參戈公振：《中國報學史》（北京：生活・讀書・新知三聯書店，1955年），頁67。

473 轉引自卓南生：《中國近代報業發展史》，頁47。

要每月紀傳》所刊載的文章，不少都與基督教有關或是與護教有關，試觀下列的文章題目就可見一斑：一、咬嚙吧總論；二、道德興發於心編；三、中華諸兄慶賀新禧文；四、清明掃墓之論；五、普渡施食之論；六、媽祖婆生日之論；七、神天十條聖誡註解；八、兄弟敘談；九、耶穌贖罪之論；十、鄉訓；十一、論善惡人死；十二、上帝生日之論。[474]上述的文章，後來都編成小冊子出版。[475]從題目可以看到，麥都思除了傳播基督教之外，也批評中國傳統的民間信仰行為。這些小冊子成為麥都思在華僑當中傳道的工具，而且效果不俗。[476]當然，這些批評中國傳統的小冊子，也引致一些華僑的不滿。[477]《特選撮要每月紀傳》對知識傳播及信仰宣揚兩方面都起到一定作用。

3 《天下新聞》

《天下新聞》（*Universal Gazette*）是繼《特選撮要每月紀傳》而起的刊物，是由一八二八年（道光八年）創刊，至一八二九（道光九年）結束，發刊於馬六甲（Malacca），編輯是當時身任英華書院院長的吉德（Samuel Kidd），所載內容分為中國新聞、歐洲科學、歷史、宗教與倫理之類的文章，其最觸目的是連載了麥都思的《東西史記編年對照》（*Comparative Chronology*）。[478]此報是用活版及報紙所印，在當時為創見。[479]《天下新聞》於一八二九年（道光九年）停刊，原因是吉德夫人有病，吉德帶著夫人與三個兒子於一八二九年（道光九

---

474 卓南生：《中國近代報業發展史》，頁49-51。

475 卓南生：《中國近代報業發展史》，頁51。

476 Walter Henry Medhurst,*China: Its State And Prospects*, pp.333-334。

477 Walter Henry Medhurst, *China: Its State And Prospects*, p.338.

478 Alexander Wylie, *Memorials of Protestant Missionaries to the Chinese: Giving A List of Their Publications, and Obituary Notices of the Decease*, pp.48-49.

479 戈公振：《中國報學史》，頁67。

年）十二月遷往新加坡，小住數月後就舉家回到英國，這份報刊亦告
停刊。[480]

2　在華出版的中文報刊及書籍

（1）《東西洋考每月統紀傳》

在中國出版的中文基督教期刊是《東西洋考每月統紀傳》，這份
刊物原名 *Eastern Western Monthly Magazine*，自一八三三年（道光十
三年）起至一八三七年止（道光十七年）總共四卷。最初在廣州發
行，以宗教、政治、科學、商業與雜文為主要內容。於一八三三年
（道光十三年）八月一日在廣州創刊。[481]一八三四年（道光十四年）
遷至新加坡後，由郭士立（Charles Gutzlaff）主持。[482]至一八三七年
（道光十七年），這刊物被讓予「在華實用知識傳播會」（The Society
for the Diffusion of Useful Knowledge in China）負責出版。[483]出版基
地也因而遷回廣州。

這份刊物的宗旨，有別於過去幾份由西教士出版的刊物的宗旨。
由《察世俗每月統紀傳》到《天下新聞》，其出版的宗旨都以宣揚基
督教為主，但《東西洋考每月統紀傳》的出版宗旨卻是為了保護西洋
人在廣州與澳門的利益；藉介紹西方的文化、藝術、科學與哲學等知
識，向中國人證明西人不是「蠻夷」；反之，西方文化更值得中國學
習。郭士立在出版《東西洋考每月統紀傳》之前，把創刊宣言刊登在

---

480 Alexander Wylie, *Memorials of Protestant Missionaries to the Chinese: Giving A List of
　　Their Publications, and Obituary Notices of the Decease*, p.48.

481 Alexander Wylie,*Memorials of Protestant Missionaries to the Chinese: Giving A List of
　　Their Publications, and Obituary Notices of the Decease*, p.58.

482 顧長聲：《傳教士與近代中國》，頁37。

483 Alexander Wylie, *Memorials of Protestant Missionaries to the Chinese: Giving A List of
　　Their Publications, and Obituary Notices of the Decease*, p.58.

《中華叢報》一八三三年八月號，其云：

> 正當世界大部地方的無知識與行為不正確的民族的文化急促發
> 展的時候── 即使信仰頑固的印度人也已經出版了幾份使用本
> 土語言的刊物──但中國仍依然故我，與過去的世代並無分
> 別。儘管我們和他們（中國人）有長期的交往，他們仍然公然
> 表示是高於其他國家而位居世界第一，並視其他民族為「蠻
> 夷」，這種無知與自傲嚴重地響了旅居廣州的外國人的利益，
> 妨礙了他們與中國的交往。這份月刊旨在維護廣州澳門的外國
> 人利益，要促使中國人認識我們的工藝、科學及基本信條，與
> 其高傲和排外的觀念相抗衡。此刊物不會談論政治，也不要在
> 任何問題上以刺耳的語言觸怒他們。我們有更高明的辦法顯示
> 我們並非「蠻夷」。編者認為更好的手法是通過事實的展示，
> 從而說服中國人，讓他們知道自己還有更多東西需要學習。與
> 此同時，編者也認識到外國人與當地有影響力人士之間關係的
> 重要性，因此將盡力促進彼此間的友誼，並希望最後能證明是
> 獲得成功的。[484]

從這宣言來看，郭士立反映了中國並不是一個文化發達的國家，他這
個觀念，應該是他先後三次深入遊歷中國內地，[485]看到中國的實際情
況而產生。如此說來，這份刊物的目的是要改變中國人對西方人的固
有觀念，向中國人宣揚西方的優越文化，促使中國人學習西洋文化。

---

484 "A Monthly Periodical in the Chinese Language", *The Chinese Repository* Vol.II, p.187.
　　中譯參照卓南生：《中國近代報業發展史》，頁58-59。

485 Alexander Wylie, *Memorials of Protestant Missionaries to the Chinese: Giving A List of
　　Their Publications, and Obituary Notices of the Decease*, pp.54-55.

（2）「在華實用知識傳播會」出版工作

　　一八三四年十一月廿九日，廣州、澳門各西方好友，在廣州組織了「在華實用知識傳播會」（The Society for the Diffusion of Useful Knowledge in China），由英商馬地臣任會長，美商奧立芬任司庫，裨治文、郭士立、馬儒翰任中英文祕書。該會的宗旨是：

> 本會的主要宗旨將是出版能啟迪中國人民智力的一類書籍，把西方的學藝和科學傳給他們，要採取適當措施不僅能在廣州，而且能在全國流通。[486]

而該會於成立時發出的「通告」載云：

> 我們現在這個試驗，是在把天朝帶進與世界文明各國聯盟的一切努力失敗之後，她是否會在智力的炮彈前讓步，給知識以勝利的棕櫚枝。我們路程的終點是遙遠的，壁壘是很高的，路途是崎嶇的，通道是艱巨的。因此，我們的前途可能是緩慢的。我們準備它可能出現各種意外，也知這不是一日之功，我們歡呼這項事業的開始，並欣然參與這一場戰爭。我們必定是勝利者，而被征服者遇到的只能是共同的雀躍與歡樂。[487]

---

486 "Proceedings relative to the formation, of a Society for the Diffusion of Useful Knowledge in China", *The Chinese Repository* Vol.3, p.382. 中譯轉引自顧長聲：《傳教士與近代中國》，頁38。

487 "Proceedings relative to the formation, of a Society for the Diffusion of Useful Knowledge in China", *The Chinese Repository* Vol.3, p.380. 中譯轉引自顧長聲：《傳教士與近代中國》，頁38。

一八三五年（道光十五年）十月十九日，「在華實用知識傳播會」在
廣州舉行第一屆年會，裨治文的會務報告云：

> 本會迄今還沒有發出一本書給中國人。……目前在編譯的三種
> 準備出版，第一部是世界通史，第二部是世界地理，第三部是
> 一幅世界地圖。[488]

到了一八三七年（道光十七年）三月十日，「在華實用知識傳播會」
在廣州舉行了第二屆年會，增補伯駕、林賽等為委員，裨治文在會務
報告中，說出了該會的運作困難，並提出了一個計劃，準備出版廿四
種書刊包括歷史、地理、自然科學、醫學、機械等[489]。

　　該會在一八三七年（道光十七年）十一月廿日和一八三八年（道
光十八年）十二月八日先後舉行第三、四屆年會，編了兩卷《東西洋
考每月統紀傳》，又出版了《伊索寓言》的節譯本。但鴉片戰爭爆發，
該會的工作也被迫停止。[490]

3　《各國消息》

　　《各國消息》（*News of All Nations*）由麥都思於一八三八年（道
光十八年）在廣州創刊的中文月刊。內容以外國新聞與及廣州的商品
市場價格消息為主，並沒有宗教信息，只出版了數期便停刊。[491]

---

488 "First Report of the Society for the Diffusion of Useful Knowledge in China, with the minutes of the first annual meeting, held at Canton, October, 19th, 1835." *The Chinese Repository* Vol.4, pp.355-356. 中譯轉引自顧長聲：《傳教士與近代中國》，頁38。

489 "Second Report of the Society for the Diffusion of Useful Knowledge in China, read before the Members of the Society on the 10th of March, 1837", *The Chinese Repository* Vol.5, pp.510-512。

490 顧長聲：《傳教士與近代中國》，頁39。

491 卓南生：《中國近代報業發展史》，頁73。

　　由米憐於一八一五年（嘉慶廿年）創辦《察世俗每月統紀傳》，至一八四二年（道光廿二年）南京條約之前，傳教士辦的中文雜誌可分兩個時期。第一期是一八一五年（嘉慶廿年）至一八三〇年（道光十年）前後；第二期是一八三〇年（道光十年）前後至一八四二年（道光廿二年）南京條約。[492]

　　第一期所刊行的中文刊物，主要目的是為了宣傳基督教教義，而其出版地點，不是英國殖民地的馬六甲，就是荷蘭殖民地的巴達維亞。內容是說明基督教教義，至於加插了一些知識性的文章，其目的只不過是加添刊物的閱讀趣味，不致太乏味而已。而此時期刊登的宗教性文章，後來大多印成了小冊子，成為傳道工具。[493]

　　第二時期出版的刊物，無論路向與出版地點都有了轉變。例如《東西洋考每月統紀傳》是在廣州出版、而「在華實用知識傳播會」也是在廣州成立。而其出版的刊物，目的是向中國人介紹西方文化，因為在那時期正值鴉片戰爭前夕，華人眼中的西洋人，總離不開鴉片。適值清朝中葉，中國的科學、醫藥、天文、地理等知識，都遠較西方落後，西教士向華人宣揚西方文化的優越性，就成為此一時期刊物的一大特徵。[494]

（二）英文報刊

　　道光時期在華所辦的外文報刊，其負責人不少是西教士，此亦可見西教士對中國近代文化的影響。戈公振云：「外人之在我國辦報也，最初目的，僅在研究中國文字與風土民情，為來華傳教經商者之嚮導而已；而其發榮滋長，實亦藉教士與商人之力。今時世遷移，均

492　卓南生：《中國近代報業發展史》，頁244。
493　卓南生：《中國近代報業發展史》，頁244。
494　卓南生：《中國近代報業發展史》，頁244-255。

轉其目光於外交方面矣。語其時間，以葡文為較早；數量以日文為較多；勢力以英文為較優。外人在我國殖民政策之努力，可以此推知也。此種外國文報紙之發行，當然係供給本國人閱覽，然外人在華所設學校之中國學生及少數注意外事之華人，亦有購而讀之者；同時亦能招致我國大商店及有關外人之廣告，故不能謂其直接與華人無關係也。」[495]

茲摘其與基督教或傳教士有關的報刊論述之如下：

1 *The Chinese Repository*（《中華叢報》）

《中華叢報》是一英文期刊，於一八三二年（道光十二年）五月創刊，至一八五一年（咸豐一年）十二月停刊。這份期刊原本無中文名，近代學者多隨心所欲的翻譯其中文名，戈公振稱之為《中國文庫》，梁嘉彬譯為《大華聞見錄》，王治心名之為《中國的倉庫》，日本學者稱之為《支那叢報》，郭廷以譯之為《西儒耳目資》，李定一譯做《華事彙報》，黃嘉謨譯作《中華叢報》、王爾敏稱之做《中華叢刊》。[496]

最先產生發行這份期刊的理想者，可歸之於馬禮遜與米憐二人，二人曾於馬六甲發行《察世俗每月統紀傳》，又於一八一六至一八二一年間（在馬六甲發行 *Indo-Chinese Gleaner*，又於一八二六年發刊 *The Malacca Observer and Chinese Chronicle*，每半月發行一次，這份半月刊在一八三七年十一月廿九日刊登了一則啟事，大意謂西洋人士對中國缺乏認識擬發行一種季刊，以便西方人了解中國的歷史、文學、政治、風俗等，此期刊擬定名為 *Indo-Chinese Repository*，由此名

---

495 戈公振：《中國報學史》，頁92-93。

496 王爾敏：〈衛三畏與《中華叢刊》〉，見林治平編：《近代中國與基督教論文集》（臺北：宇宙光出版社，1985年），頁186。

稱來看，可以知道馬禮遜早有發行《中華叢報》的志願。[497]

　　馬禮遜這個心志，直到裨治文（Elijah Coleman Bridgman）於一八三〇年二月十九日抵達廣州之後，才得到實現。[498]而此期刊能出版，亦因得到美國在廣州貿易的商人柯利芬（D.W.C. Olyphant）之助，柯利芬說服了美國紐約畢利克爾街（The Bleecker Street）長老會把一套印刷機器與鉛字送予「美國海外宣教委員會」，這印刷機於一八三一年十二月運抵廣州，而鉛字遲數月才運到。而且，柯利芬願意在經濟上支持這份期刊出版，如這刊物有所虧損，他會捐錢補充。[499]於是《中華叢報》在一八三二年五月開始，由裨治文負責下出版了創刊號。[500]

　　《中華叢報》出版到了第二卷第六期，就由衛三畏（Samuel Wells Williams）負責印刷及發行的事宜。衛三畏是美國海外宣教委員會（American Board of Commissioners for Foreign Mission）的宣教士，他在來華之前已經在美國學習印刷術，以便到中國後，從事出版工作，他於一八三三年十月廿六日抵達廣州，隨即投入印刷《中華叢報》的工作。[501]

　　此時的清政府仍然禁止傳教與分發宗教書籍，傳教士便把出版事業遷離中國內地，《中華叢報》的辦事處也於一八三六年遷往澳門，

497　王爾敏：〈衛三畏與《中華叢刊》〉，見林治平編，《近代中國與基督教論文集》，頁174。

498　Alexander Wylie, *The Memorials of Protestant Missionaries: Giving A List of Their Publications, and Obituary Notices of the Decease*, p.68。

499　王爾敏：〈衛三畏與《中華叢刊》〉，見林治平編：《近代中國與基督教論文集》，頁175。

500　Alexander Wylie, *The Memorials of Protestant Missionaries: Giving A List of Their Publications, and Obituary Notices of the Decease*, p.71。

501　Alexander Wylie, *The Memorials of Protestant Missionaries: Giving A List of Their Publications, and Obituary Notices of the Decease*, pp.76-77。

《南京條約》簽訂後，其出版工作於一八四四年十月十九日遷往香港，而衛三畏於這年年底返回美國家鄉，[502]出版工作又再由裨治文負責，並於一八四五年將印刷室遷回廣州，這份期刊一直出版至一八五一年十二月停刊，此時的中國人排外情緒比《南京條約》前有增無減，尤以廣州為甚，一八五六年發生亞羅船事件廣州市民將夷館全部焚毀，《中華叢報》的印刷器材與已印成的書籍，其中約有六千五百餘冊的《中華叢報》都付諸一炬。[503]

　　《中華叢報》是一套很有參考價值的期刊，現時在香港中央圖書館、香港大學圖書館、與香港中文大學圖書館都可找到這套期刊，一套合共廿本，並有索引一本，索引把其中的文章分為卅類，茲表列如下：

文章類別	文章數目
1.地理	63
2.中國政府與政治	81
3.財經與海陸軍	17
4.中國人民	47
5.中國歷史	33
6.自然史	35
7.科學、工藝與藝術	27
8.遊記	27
9.語言文字	94
10.商業	60

---

502 Alexander Wylie,*The Memorials ofProtestant Missionaries: Giving A List of Their Publications, and Obituary Notices of the Decease*, p.77。

503 王爾敏：〈衛三畏與《中華叢刊》〉，見林治平編：《近代中國與基督教論文集》，頁178。

文章類別	文章數目
11.船運	26
12.鴉片	55
13.廣東、夷館等	36
14.中國對外關係	34
15.中英關係	38
16.中英戰爭	74
17.香港	22
18.中美關係	21
19.日本、韓國等	24
20.交趾支那半島	21
21.其他亞洲諸國	18
22.南洋群島	36
23.異教	43
24.傳教	103
25.教會醫院	48
26.修改聖經	40
27.學會	31
28.宗教	29
29.傳記	38
30.其他	37

2　*Canton Register*（《廣東紀錄報》）

　　於一八二七年（道光六年）十一月八日，在廣州發刊，係馬德生（James Matheson）創辦，執筆者有馬禮遜、施賴德（John Slade）

等。每週一冊。第二冊改名為 *The Canton Register*，一八三九年，遷至澳門發行，一八四二年又遷至香港，改名為 *Hongkong Register*。[504]

3 *Hongkong Gazette*（《香港鈔報》）

於一八四一年五月一日在香港發刊，為馬禮遜等創辦。次年拼入 *The Friend of China*。[505]

4 *The Friend of China*（《中國之友》）

於一八四二年三月十七日在香港發刊，係半週刊，執筆之人是馬禮遜，華德（James White）等。到了一八五八年，因為英政府不滿意其論調，曾停刊數月。一八六〇年遷至廣州刊行，一八六六年又遷到上海，改為晚報，一八六九年易名 *The Friend of Shipping Gazette*，不久即停刊。[506]

這些英文刊物，一方面增加了在華西人的溝通，另一方面則扮演了更重要的角色，就是讓西方社會各界認識中國文化，例如在《中華叢報》裏面，就有不少文章是與中國文化有關的，包括中國經典、文字、政治、民間信仰、社會民生狀況等，無疑是起了中西文化溝通的作用。

總括來說，在鴉片戰爭前，西教士所辦的中英文刊物，都扮演著中西文化溝通的角色。而且，為研治中國近代史、或中西文化交流史的學者，提供了甚為豐富的資料。

---

504 戈公振：《中國報學史》，頁82。

505 戈公振：《中國報學史》，頁83。

506 戈公振：《中國報學史》，頁83。

五　嘉慶至道光中期宣教士的貢獻

　　自從道光朝的中英鴉片戰爭，清廷戰敗後，訂立《南京條約》，外人在華活動的範圍擴大了，也較從前自由了。基督教的傳教活動、教育事工、醫療事工、社會事工、文字事工等，都得長足的進展，究其原因，皆因在此之前的西教士已經建立了雛形，創其篳路藍縷之功。

　　基督教來華之預備時期，傳教士都在艱苦環境中傳教，此時教禁未開，傳教士以各種方式在華立足。此時期之特色，乃以西教士為主，華人可以協助傳道者，僅得梁發與屈昂二人。據《中華叢報》（The Chinese Repository）第十二卷所載的「基督教教士來華統計表」（A list of missionaries sent to the Chinese by Protestant Societies）[507]及第廿卷「基督教宣教士來華統計表」（List of Protestant Missionaries to the Chinese）[508]，所公報之來華西教士統計表，自嘉慶十二年至道光廿二年（1807-1842）間，共有教士六十三人，而六十三人中能於一八四二年之前踏足於廣州及澳門兩地者，則只有廿四人，分別是馬禮遜、米憐、麥都思、郭士立、裨治文、雅裨理、崔理時、衛三畏、施迪芬、伯駕（Rev. Peter Parker）、粦為仁（Rev. William Dean）、叔未士（Rev. Lewis Shuck）、羅孝全（Rev. Issachar Jacob Roberts）、文惠廉（Rev. William James Boone）、施快爾（Edward Squire）、波乃耶（Rev. Dyer Ball）、雒魏林（William Lockhart）、勃朗（Rev. Samuel Robino Brown）、戴華爾（William Beck Diver）、合信（Benjamin Hobson）、美魏茶（William Charls Milne）、麥畢烈特（Thomas L. Macbryde）、

---

[507] "The Great Commission;—with notices of modern missions, Catholic and Protestant, in China.", *The Chinese Repository*, Vol.12, p.223.

[508] "List of Protestant Missionaries to the Chinese, with the present position of those now among them.", *The Chinese Repository*, Vol.20, p.514.

婁華理（Rev.Walter Macon Lowrie）、高民（Dr. William Henry Cumming）。

（一）他們的工作成果大要

在一八四二年《南京條約》簽訂之前來華之西教士，未能自由傳教，但在他們悉心經營之下，其開創之傳教事業，卻是日後之中國基督教傳教事業的基礎。現茲列出初期來華宣教士之影響重大者之功業，以示其辛苦耕耘之成果及貢獻。

一、馬禮遜牧師（Rev. Robert Morrison D.D.）
　（一）十九世紀首位來華之基督教牧師
　（二）首位出版基督教佈道小冊之教士
　（三）首位在華翻譯《聖經》之牧師
　（四）出版《英華字典》
　（五）創辦馬六甲英華書院
　（六）創辦「恆河外方傳教會」（Ultra Ganges Mission）
　（七）主辦首份中文月刊《察世俗每月統紀傳》
　（八）為首位中國基督徒蔡高施浸
　（九）按立首位中國宣教師梁發
　（十）主辦馬六甲《印中搜聞》（Indo-Chinese Gleaner）

二、米憐牧師（Rev. William Milne D.D.）
　（一）馬六甲英華書院首任院長
　（二）主辦中文首份月刊《察世俗每月統紀傳》
　（三）主辦馬六甲之英文季刊《印中搜聞》（Indo-Chinese Gleaner）
　（四）首位在馬六甲向華人傳道之牧師
　（五）首位為華人傳教而殉職之牧師

三、麥都思牧師（Rev. Walter H. Medhurst D.D.）
　　（一）主辦中文首份月刊《察世俗每月統紀傳》
　　（二）首位向巴達維亞華僑傳教之牧師
　　（三）在巴達維亞創辦基督教之孤兒院
　　（四）首位在上海傳道之倫敦會牧師

四、恩士敦牧師（Rev.John Ince）
　　（一）首位在檳榔嶼向華人傳教之牧師
　　（二）首位在檳榔嶼創辦華人學校之牧師

五、美爾敦牧師（Rev. Samuel Milton）
　　（一）首位向新加坡華人傳教之牧師
　　（二）首位翻譯暹羅文聖經之牧師

六、喜迪牧師（Rev. Samuel Kidd）
　　（一）英國大學學院首位漢學講座教授

七、台約爾牧師（Rev. Samuel Dyer）
　　（一）改良中文銅字活版印刷

八、郭士立牧師（Rev. Fredrich August Gutzlaff）
　　（一）首位在暹羅曼谷向華人傳教之牧師
　　（二）首位遊歷中國沿海及佈道之牧師
　　（三）首位遊歷朝鮮、琉球、臺灣及傳道之牧師
　　（四）翻譯《聖經》為日文
　　（五）信義宗來華之首位牧師

（六）創辦「在華實用知識傳播會」（The Society for Diffusion of Useful Knowledge in China）

（七）創辦「福漢會」（Chinese Union）

九、裨治文牧師（Rev. Elijah Colemen Bridgmen D.D.）

（一）美部會首位來華牧師

（二）創辦及主編《中華叢報》（*The Chinese Repository*）

（三）創辦「在華實用知識傳播會」

（四）創辦「馬禮遜教育協會」（The Morrison Education Society）

（五）創辦「醫療傳道會」（The Medical Missionary Society）

十、雅裨理牧師（Rev. David Abeel D.D.）

（一）首位廣州美國「海員之友會」（The Seaman's Friend Society）牧師

（二）美部會在閩傳教之首位牧師

十一、崔理時牧師（Rev. Ira Tracy）

（一）美部會向新加坡華人傳教之首位牧師

（二）美部會在新加坡主持中文出版事業之首位牧師

十二、衛三畏教士（Samuel Wells Williams L.L.D.）

（一）在日本遊歷之首位教士

十三、約翰生牧師（Rev. Stephen Johnson）

（一）美部會首位在暹羅曼谷向華人傳教之牧師

（二）美部會首位在福州傳教之牧師

十四、文信牧師（Rev. Samuel Munson）
　　（一）美部會首位在巴達維亞向華人傳道之牧師
　　（二）美部會首位被爪哇土人射殺殉職之牧師

十五、伯駕牧師（Rev. Peter Parker M.D.）
　　（一）基督教在華首位醫藥傳教士
　　（二）中國「醫藥傳道會」創辦人
　　（三）廣州博濟醫院創辦人
　　（四）往日本遊歷之首位牧師

十六、粦為仁牧師（Rev. William Dean D.D.）
　　（一）美國浸聯會在暹羅曼谷向華人傳教之首位牧師
　　（二）泰國曼谷華人「浸信會心聯堂」創辦人

十七、叔未士牧師（Rev. Jehu Lewis Shuck）
　　（一）美南浸信會首位來華牧師
　　（二）美南浸信會首位來港牧師
　　（三）香港皇后大道浸信會（現稱香港浸信會）創辦人
　　（四）香港「宏藝書塾」創辦人

十八、羅孝全牧師（Rev. Essachar Jacob Roberts）
　　（一）美南浸信會來港傳教之首位牧師
　　（二）中國內地浸信會創始人
　　（三）首位向太平天國領袖傳教之牧師

十九、何沛牧師（Rev. M.B. Hope M.D.）
　　（一）美部會差往新加坡向華人傳教之首位牧師

二十、杜里斯醫生（Rev. Sethen Tracy M.D.）
（一）美部會差往暹羅曼谷向華人傳教之首位醫生教士

廿一、羅啻牧師（Rev. Elihu Doty）
（一）美部會差往婆羅州向華人傳道之首位牧師

廿二、文惠廉牧師（Rev. William James Boone）
（一）首位聖公會來華傳教牧師
（二）中華聖公會首任主教
（三）首位在上海傳教之聖公會牧師

廿三、施敦力約翰牧師（Rev. John Stronach）
（一）倫敦傳道會在廈門傳教之首位牧師

廿四、施快爾教士（Mr. Edward B. Squire）
（一）英國聖公會差往新加坡向華人傳教之首位教士

廿五、雒魏林醫生（William Lockhart M.R.C.S.）
（一）倫敦傳道會差往中國之首位醫生教士
（二）創辦上海東山路醫院
（三）創辦北京協和醫院

廿六、勃朗牧師（Rev. Samuel Robbins Brown）
（一）馬禮遜紀念學校首任校長
（二）首位帶學生赴美留學之牧師

廿七、高德牧師（Rev. Josiah T. Goddard）
　　（一）美國浸聯會在寧波傳教之首位牧師

廿八、弼利民牧師（Lyman B.Beet）
　　（一）美部會在福州傳教之首位牧師

廿九、理雅各牧師（Rev. James Legge D.D.）
　　（一）倫敦傳道會在港公開傳教之首位牧師
　　（二）創辦香港佑寧堂（The Union Church）
　　（三）首位帶學生赴英留學之牧師

三十、美魏茶牧師（Rev. William Charles Milne）
　　（一）倫敦傳道會在寧波傳教之首位牧師

卅一、合信醫生（Benjamin Hobson）
　　（一）創辦香港醫藥傳道會
　　（二）以中文著述西洋醫學將近代西洋醫學傳華之創始者

卅二、麥畢烈特牧師（Rev. Thomas L. McBryde）
　　（一）美國長老會差往新加坡向華人傳教之首位牧師

卅三、協幫醫生（James C. Hepburn M.D.）
　　（一）美國長老會差往新加坡為華人服務之首位醫生教士
　　（二）往日本從事醫藥傳教之首位醫生教士

卅四、婁理華牧師（Rev. Walter M. Lowril）
　　（一）美國長老會在寧波傳教之首位牧師[509]

509　李志剛：《基督教早期在華傳教史》，頁346-354。

（二）他們建立的傳道方式

早期來華之基督教宣教士，受清廷禁教令所限，雖可於廣州、澳門二地居留，但不能公開傳教，在南洋地區之華人社會，多受傳統信仰習俗影響，傳教工作亦不易為。正因傳道困難，傳教士乃用不同方式傳教，計有：

1　文字佈道

傳教士藉派發書刊和單張，使華人以閱讀文字認識福音，文字佈道事工乃屬「無聲傳教」（Silent Evangelism），其時之印刷中心為馬六甲、新加坡和巴達維亞。

2　醫藥佈道

早期之傳教士，除接受海外之傳教訓練外，亦有學習基本之醫學常識，各西教士來華之後，無論在粵、澳或南洋各地傳教，亦多藉贈醫施藥方式傳播信仰，其後各個差會也有差遣專業醫生往各地作醫療傳教事工。醫療工作是此階段傳道事工的重要領域，第一個來華的醫生傳教士是伯駕，他是道光十八年（1838）在廣州成立的博濟醫院發人起之一。[510]

3　個人佈道

西教士無論在中國或南洋傳教，都藉個人接觸，以彼此交往之關係，建立友誼，以便傳道，早期之華人信徒，大多都因個人佈道而皈依基督的。

---

510 保羅・科恩（Paul A. Cohen）：〈1900年以前的基督教傳教活動及其影響〉，見費正清、劉廣京編：《劍橋中國晚清史：1800-1911》（北京：中國社會科學出版社，1985年），上卷，頁533。

4　旅行佈道

在南洋之華人社會，最流行遊行佈道。西教士在爪哇、馬來半島、暹羅、婆羅洲各地旅行佈道，每到一地方即進行逐家訪問，藉分發佈道書刊，或贈醫施業，或個人談道，達到傳道之目的。[511]

自馬禮遜於於一八〇七年（嘉慶十二年）九月四日到達中國開始，直至道光廿二年七月廿四日（1842年9月29日）簽訂不平等的《南京條約》之前，基督教在華的事工發展可說困難重重，收效頗弱。然而若用中國現代的社會狀況與基督教發展來與之相比，是對這些傳教先鋒不公平的。如柯保安（Paul A. Cohen）所說：

> 由於新教活動被限制在廣州和葡屬澳門兩地，又沒有從前在中國的經驗可資借鑒，後來幾十年福音傳佈受到限制。到1840年，傳教士增加到20人以上，代表六個不同的差會。不過已接受洗禮的華人不到100人（馬禮遜直到1814年才給他的第一個中國信徒行洗禮），其中大多數或者是教會學校的學生，或者是教會的僱員。
>
> 評價新教早期傳教士的真正標準，不在於他收了多少信徒而在於他為後來的工所奠定的基礎。最重要的基礎是準備了初步的、但卻是大批的中文基督教書籍。[512]

由利瑪竇進入中國大陸開始，耶穌會士由士大夫入手，也以文化做橋樑，同時也將天主教傳入社會，故此，雍、乾、嘉三朝雖云禁止天主

---

511 李志剛：《基督教早期在華傳教史》，頁268-269。

512 保羅・科恩：〈1900年以前的基督教傳教活動及其影響〉，見《劍橋中國晚清史：1800-1911》，上卷，頁532。

教的傳播，實際卻不能完全消滅天主教。從更正教宣教士的工作，可見到他們不像唐朝景教或元代的也里可溫與天主教般，由朝廷入手，反而是從社會、文化入手，把「道」種入社會人士心中，這可說是他們成功之處。

六　道光年間的鴉片戰爭

清廷因為戰敗而與外國簽訂的不等條約，以中英鴉片戰爭失敗之後所簽訂的《南京條約》為最早，戰爭的導火線是清廷的禁鴉片政策使然。

（一）鴉片輸入中國

鴉片最初輸入中國的年代，現在已不能稽考。鴉片是從罌粟的汁液提煉出來，罌粟輸入中國，從現存的史籍來看，大概可推知在唐朝德宗貞元年間已有罌粟輸入中國的記載。

唐宋時代也有人種植鴉片，唐朝郭橐駝《種樹書》言：「罌粟九月九日及中秋夜種之，花必大，子必滿。」[513]高濂《草花譜》云：「罌粟花，有千瓣。」[514]可見唐貞元年間或以前已有鴉片輸入中國，且名之曰罌粟。

到了宋朝年間，煎罌粟湯服用相當普遍。有稱之曰罌子粟、柴囊子、御米等名稱。宋徽宗趙佶的御醫寇宗奭在《本草衍義》有一條〈罌粟湯〉的方子云：「罌子粟，其花亦有多葉者，其子一罌有數千

---

[513] 〔唐〕郭橐駝：《種樹書》，收入〔明〕馮可賓編：《廣百川學海》（明萬曆年間，約1598-1619年刻本），冊19，頁15。

[514] 〔唐〕高濂：《草花譜》，收入〔明〕馮可賓編：《廣百川學海》（明萬曆年間，約1598-1619年刻本），冊19，頁9。

萬粒，大小如葶藶子，其色白。隔年種則佳。研子以水煎仍，加蜜為罌粟湯服，石人甚宜飲。」[515]應該就是為宋徽宗準備的飲品。

宋代大詩人蘇軾也有詩題及飲用罌粟湯，蘇軾〈歸宜興留題竹西寺〉詩第二首云：「道人勸飲雞蘇水，童子能煎鶯粟湯。暫借藤牀與瓦枕，莫教孤負竹風涼。」[516]「鶯」宋刻本蘇詩作「罌」，[517]看來似是藥用居多。

至於蘇軾的弟弟蘇轍也有詩提及罌粟，而且描述較為細緻。蘇轍《欒城集》〈種藥苗〉詩兩首，一是〈種罌粟〉另一是〈種決明〉，此兩詩的引言云：

> 予閒居潁川，家貧不能辦肉，每夏秋之交，菘芥未成，則槃中索然。或教予種罌粟、決明以補其匱，寓潁川諸家多未知此，故作種藥苗二詩以告之，皆四章章八句。[518]

描寫罌粟像是一種調理身體的藥用食品，另其〈種罌粟〉詩云：

> 築室城西，中有圖書，窗戶之餘，松竹扶疏，拔棘開畦，以毓嘉蔬，畦夫告予，罌粟可儲。罌小如罌，粟細如粟，與麥皆種，與穄皆熟，苗堪春菜，實比秋穀，研作牛乳，烹為佛粥。老人氣衰，飲食無幾，食肉不消，食菜寡味，柳槌石鉢，煎以蜜水，便口利喉，調養肺胃。三年杜門，莫適往還，幽人衲僧，

515　〔宋〕寇宗奭：《本草衍義》（上海：商務印書館，1957年，重印第一版），頁137。

516　〔宋〕蘇詩著，〔宋〕施元之注：《施注蘇詩》，上冊，卷23，頁7，總頁320。

517　〔宋〕蘇軾著，〔清〕王文誥輯註：《蘇軾詩集》，冊4，頁1347。

518　〔宋〕蘇轍：《欒城三集》，收入《四部叢刊正編》（臺北：臺灣商務印書館，1979年），冊48，卷5，頁乙，總頁697。

相對忘言，飲之一杯，失笑欣然，我來潁川，如遊廬山。[519]

詩中描寫罌粟可「研作牛乳，烹為佛粥。」又云：「煎以密水，便口
利喉，調肺養胃。」說到罌粟可調理身體，但是又使人產生幻覺，
「飲之一杯，失笑欣然，我來潁川，如遊廬山。」

明人吳幼培〈罌粟花〉詩云：「庭院深沈白晝長，堦前仙卉吐群
芳。含烟帶雨呈嬌態，傅粉凝脂逞艷粧。種自中秋須隔歲，開于初夏
伴傾陽。更誇結子累累碩，何必汙邪滿稻粱。」[520]

由此可知，唐宋時人，不但有種植罌粟花，而且也頗為普遍，且
有詩人以之入詩，詠其花之嬌艷。從上述的詩文與藥典所載，唐宋時
代，對罌粟的用途，並不像近代一樣用其汁液提煉出鴉片來吸食消
遣，而是藥用，有養氣之效。[521]

明代時期，罌粟已有作為醫藥用途，明代人王璽《醫林類證集
要》云：「阿芙蓉，天方國傳，專治久痢不止及一切冷證，打溝陰水
種紅鸚粟花，……至七八月間於花卸後三五日，其殼即鸚粟殼。」[522]

至於鴉片用作吸食之用，大概是明代之事，明代已有人指出提煉
罌粟的津液作為吸食之用。明代人李時珍編撰的《本草綱目》，清楚
記載了罌粟與鴉片的分別，可以說明吸食鴉片應該是從明朝開始，
《本草綱目‧穀二‧罌子粟》載：「罌子粟，釋名：米囊子、御米、
象穀。……集解：……時珍曰：『其實狀如罌子，其米如粟，乃象乎

---

519 〔宋〕蘇轍：《欒城三集》，卷5，頁乙，總頁697。

520 〔明〕吳幼培：〈罌粟花〉，見〔明〕汪砢玉撰：《珊瑚網》，收入《文淵閣四庫全
書》（上海：上海古籍出版社，1987年），冊818，卷46，頁16，總頁861。

521 徐頌周：〈鴉片輸入中國考〉，見《早期中外關係》，收入包遵彭、李定一、吳湘湘
編：《中國近代史論叢》第1輯，冊3，頁156。

522 〔明〕王璽：《醫林類證集要》，見オリエント臨床文獻研究所監修：《臨床漢方病
証學叢書》（大阪：オリエント出版社，1997年），第3期，第14冊，上冊，頁154。

穀而可以供御，故有諸名。』……時珍曰：『罌粟秋種冬生，嫩苗作蔬食甚佳，葉如白苣。』」[523]

此外，李時珍《本草綱目・穀二・阿芙蓉》云：「阿芙蓉，釋名阿片。時珍曰：『俗作鴉片，名義未詳。』……時珍曰：『阿芙蓉前代罕聞，近方有用者，云是罌粟花之津液也。罌粟結青苞時，午後以大針刺其外面青皮，勿損裏面硬皮，或三五處。次早津出，以竹刀刮，收入瓷器，陰乾用之。故今市者，猶有苞片在內。王氏《醫林集要》言是天方國種紅罌粟花。」[524]

鴉片輸入中國，在明代中葉日漸增加，中國人亦開始吸食之，明代時期鴉片十分昂貴，價若黃金，明代人徐伯齡《蟫精雋・合甫融》云：「海外諸國并西域產有一藥名「合甫融」，中國又名鴉片。狀若沒藥而深黃，柔韌若牛膠。……成化癸卯嘗令中貴出海南、閩浙、川陝近西域諸處收買之，其價與黃金等。」[525]「成化癸卯」是明憲宗十九年（1483），可見鴉片已開始流行。

明神宗萬曆年間，鴉片輸入增多，明政府制定了鴉片稅制，明神宗萬曆十七年（1589），關稅表中載有鴉片抽稅條例，張燮《東西洋考》載云：「阿片每十斤稅銀二錢」[526]另外於明神宗萬曆四十三年，稅例有所修改《東西洋考》云：「阿片，每十斤稅銀一錢七分三釐。」[527]可見此時期的鴉片貿易也相當繁盛。而且，鴉片也是南洋一些國家入貢的貢品，其時稱鴉片為「烏香」。據《大明會典》所載，

523　〔明〕李時珍：《本草綱目》（南京：江蘇科學技術出版社，2008年，影印《四庫全書》本），中冊，卷23，頁22-23，總頁1203。

524　〔明〕李時珍：《本草綱目》，中冊，卷23，頁25，總頁1204。

525　〔明〕徐伯齡：《蟫精雋》，收入《文淵閣四庫全書》（上海：上海古籍出版社，1987年），冊867，卷10，頁14-15，總頁139-140。

526　〔明〕張燮：《東西洋考》（北京：中華書局，2000年），頁142。

527　〔明〕張燮：《東西洋考》，頁144。

邏羅、[528]爪哇、[529]榜葛剌，[530]皆有烏香入貢。

清人俞正燮《癸巳類稿・鴉片煙事》已經指出吸食鴉片的弊害甚大，其云：「鴉片為害，使民貧，尚可通變，其使民弱，則所關甚大。」[531]

明代末葉，鴉片輸入中國，由葡萄牙人所壟斷但輸入之數不足二百箱。其後英國商人取代了葡萄牙人的商業權，認為鴉片利益厚，乃於印度遍植鴉片，鴉片由是大量輸入中國，為中國人帶來無窮後患。至清宣宗道光以來，初期基督教之傳入也與鴉片及大炮結下不解之緣，成為一種糾纏不清的關係。[532]

（二）清廷禁鴉片的措施

清世宗雍正年間，因為東南沿海各省人民吸食鴉片人數日多，乃於雍正七年（1729）下令禁止吸食鴉片，這時的鴉片輸入量年不過二百箱左右。但是禁令雖下，吸食依然，而且日漸增加，輸入量也有增無已。況且，雍正的上諭是禁止吸食鴉片，而非禁止輸入，鴉片仍然以藥品名義輸入，且朝廷照樣抽稅，清高宗乾隆十八年（1753），廣東稅關的紀錄，鴉片一擔抽稅三兩，到乾隆卅二年（1767），鴉片輸

---

528 〔明〕李東陽撰，〔明〕申明行重修：《大明會典》（臺北：中文書局，1963年），冊3，卷105，頁13-14，總頁1591。

529 〔明〕李東陽撰，〔明〕申明行重修：《大明會典》，冊3，卷105，頁9-10，總頁1589。

530 〔明〕李東陽撰，〔明〕申明行重修：《大明會典》，冊3，卷106，頁5-6，總頁1599。

531 〔清〕俞正燮：《癸巳類稿》，收入《續修四庫全書》（上海：上海古籍出版社，1995年，據北京圖書館藏清道光十三年求日益齋刻本影印），冊1159，卷14，頁17，總頁556。

532 徐頌周：〈鴉片輸入中國考〉，見《早期中外關係》，收入包遵彭、李定一、吳湘湘編：《中國近代史論叢》，第1輯，冊3，頁156。

入每年已達一千箱。乾隆卅八年（1773）英國東印度公司取得東方商業的專利權，鴉片的中國貿易權也落入其手中，到了乾隆五十五年（1790），鴉片輸入已達四千箱了。英國對中國輸入的鴉片量，由原來佔貨量的六分之一，逐漸上升到二分一以上。[533]

至嘉慶元年（1796），因為吸食鴉片的習慣已經瀰漫全中國，輸入不斷增加，清政府接納廣東總督的建議，嘉慶帝下令禁止輸入鴉片。嘉慶四年（1799），又再下諭禁鴉片煙。[534]《清朝柔遠記》載：

> 嘉慶二十年（西元一八一五年），春二月，申禁鴉片煙。……乾隆季年，閩粵吸食漸多，粵督奏禁入口，然官吏奉行有名無實。嘉慶初元，申禁鴉片，躉船在黃埔者改泊澳門或急水門，而私銷如故，每年已三、四千箱。
>
> 至是粵督蔣攸銛等奏查禁鴉片章程，奏上諭：「鴉片煙一項，流毒甚熾，多由夷船夾帶而來，自應按船查驗，杜絕來源。至粵省行銷鴉片煙，積弊已久，地方官皆有失察處分，恐伊等瞻顧因循，查拿不力，嗣後有拿獲鴉片煙之案，除查明地方委員等有得規故縱情事，應嚴參辦理外，其僅止察者，竟當概行寬免處分。至所請獲興販煙自二百斤至五百斤以上，分別紀錄加級，及送部引見，並軍民人等獲獎賞，以及誣良治罪之處，俱著照該督等所請行。」[535]

道光元年（1821），又再申禁鴉片，《清朝柔遠記》云：

533　李劍農：《中國近百年政治史》（臺北：臺灣商務印書館，1974年），上冊，頁32。

534　李劍農：《中國近百年政治史》，上冊，頁32。

535　〔清〕黃之春：《清朝柔遠記》，頁165-166。

道光元年（西元一八二一年），申鴉片煙禁。

初，禁鴉片時已裁稅項，禁雖嚴，而私銷益廣，價亦日增，鴉片躉船泊於澳門者，繼仍移入黃埔，皆於貨物夾帶私售。至是查出，奉旨重申前禁，凡洋艘至粵，先由行商出具所進黃埔貨船並無鴉片甘結，方准開艙驗貨，其行商容隱，經事後查出者，加等治罪。[536]

煙禁之旨雖下，但官員受賄，鴉片走私之風反而更劇烈，道光二年（1822）兩廣總督曾再奏禁鴉片，《清朝柔遠記》載：

時，鴉片躉船又改泊急水門、金星門等處，勾結內地奸民往來傳送，包買則有窯口，說合則有行商，賄通則有關卡衙門一切規禮，攬運則有快艇護送，甚至炮械拒捕。於是躉船歲來粵漸增至萬箱，洋商易貨無多，輒載銀出洋。元憂之，乃疏禁鴉片，以嚴馭洋商為務，遇事裁抑之。[537]

禁止鴉片輸入既然不能收效，乃有朝廷大臣上奏建議食鴉片煙定其有罪，《清朝柔遠記》說：

道光十六年（西元一八三六年）……定食鴉片煙罪。

時鴉片煙禁循名不核實，徒資奸盜，是歲已銷至三萬餘箱。太常寺卿許乃濟上言：「近日鴉片禁愈嚴，而食者愈多，幾遍天下。蓋法令者，胥役棍徒之所藉以為利，法愈峻則胥役之賄賂愈豐，棍徒之計謀愈巧。臣愚以為，匪徒之畏法，不如其驚

---

536 〔清〕黃之春：《清朝柔遠記》，頁175。

537 〔清〕黃之春：《清朝柔遠記》，頁175。

利，且逞其鬼蜮伎倆，則法令亦有時而窮。究之食鴉片者，率
皆浮惰無志，不足輕重之輩，亦有愈者艾而食之者，不盡促人
壽命，海內生齒日繁，斷無減耗戶之虞，而歲竭中國之脂膏，
則不可不早為之計。閉關不可，徒法不行，計惟仍用舊制，照
藥材納稅，但只准以貨易貨，不得用銀錢購買，應將紋銀、番
洋一體嚴禁偷漏。又，官員、士子、兵丁不得漫無俱別，犯者
請立加斥革，免其罪名，管上司及統轄各官有知而無故縱者，
仍分別查議。似此變通辦理，庶足以杜漏卮而裕國計。」有旨
交議，而一時議者，謂其有傷政體，於是內閣學士朱嶟、給事
中許球封章迭上，并陳澳門近日情形，請嚴治漢奸。

奉上諭：「鴉片煙來自外洋，流毒內地，例禁綦嚴，近日言者
不一，或請量為變通，或請仍嚴例禁，必須體察情形，通盤籌
劃，行之久遠無弊，方為妥善。著鄧廷楨等將摺內所奏，如販
賣之奸民，說合之行商，包買之窯口、護送之蟹艇、賄縱之兵
丁，嚴密查拿各情節，悉心妥議，力塞弊源，據實具奏。」
是時，鴉片弛禁之議已絀，疆臣奏覆悉請嚴定販賣吸食罪名，凡
吸煙販煙，例禁始而枷杖、繼而流徒者，至是請皆以死論。[538]

兩年後，鴻臚寺卿黃爵滋奏吸食鴉片行保甲連坐法，《清朝柔遠記》
云：

鴻臚寺卿黃爵滋奏請將鴉片從嚴懲辦，以塞漏卮，意在嚴吸食
之罪，定保甲之連坐。其略云：「近年銀價昂而錢價賤，每紋
銀一兩，易制錢千，今則兌一千六百有奇，耗銀於內地，實由

---

538 〔清〕黃之春：《清朝柔遠記》，頁183-184

粵中洋船鴉片煙盛行，漏銀於外洋也。蓋自鴉片流入中國，道光三年以前每歲漏銀數百萬兩。其初不過紈袴子弟習為浮靡，嗣後上自官府縉紳，下至工商優隸，以及婦女、僧尼、道士，隨在吸食，粵省奸商勾通兵弁，用扒龍、快蟹等船運銀出洋，運煙入口。故自道光三年至十一年，歲漏一千七百萬兩，十一年至十四年，歲漏銀二千餘萬兩，十四年至今，漸漏至二千萬兩之多。福建、浙江、山東、天津各海口，合之亦數千萬兩。以中土有用之財，填外海無窮之壑，易此害人之物，漸成病國之憂，日復一日，臣不知伊于胡底？查鴉片煙製自英吉利，嚴禁本國人勿食，專以誘他國之人，使其軟弱。既以此取葛留巴，又欲誘安南，為安南嚴始絕。今則蔓延中國，槁人形骸，蠱人心志，喪人身家，實生民未有之大患，其禍烈於洪水猛獸，非雷屬風行，不足以振聾發聵。請仿《周官》重典之法，治以死罪。」

又云：「耗銀之多，由於販煙之盛；販煙之盛，由於食煙之眾。無吸食自無興販，則外夷之煙不來矣。今欲加重罪名，必先重治吸食。」

又云：「伏請飭諭各督撫，嚴飭府州縣清查保甲，預先曉諭居民，定於一年後具五家互結，仍有犯者，准令舉發，給予優獎，倘有容隱，一經查出，本犯照新例處死外，結之人照例治罪。通都大邑，往來客商責成店鋪，如有容留食煙之人，照窩藏匿類治罪。現任文武大小各官，如逾限吸食者，照常人加等，子孫不准考試。官親、幕友、家丁，除本犯治罪外，本管官嚴加議處。各省滿、漢營兵，照地方保甲辦理，管轄失察之人，照地方官辦理。庶軍民一體，上下肅清，漏巵可塞，銀價不致再昂，然後講求理財之方，誠天下萬世臣民之福也。」

疏上，詔內廷諸臣及各省將軍，督撫會議速奏。時湖廣總督林則徐奏最剴切，言：「鴉片不禁絕，則國日貧，民日弱，十餘年後，豈惟無可籌之餉，抑亦無可用之兵。」上謂深識遠慮之言，遂詔來京，面授方略，以兵部尚書頒欽差大臣關防，赴粵東查辦。[539]

（三）傳教士與鴉片戰爭

西教士見傳道的果效未如理想，便轉而想藉強硬手段以助傳播基督教，裨治文在《中華叢報》一八三四年十二月撰文云：

> 依我看，請願者是如實地提出了主要的問題，我們認為任何對中國有所了解的人，縱然可能和請願者在次要問題上有差異，都將會同意他們的主要立場。那就是，最好的辦法是採取果斷措施，否則的話，一切過去的情況又將漠視，讓英國僑民「各自為政地」與中國人打交道。
> 讓我首談一下「沉默的方式」，如果採取這條路線，那末，過去的一切錯誤必保存在案，並作為中國人和外夷未來交往的準繩。……採取這條路線，就要天子宮中永遠記錄著大不列顛是一個進貢的屬國，順地恪守天朝的律例。採取這條路線，所有外國人都是蠻夷，就要肯下來並要傳之於後世。……不論我們從商業、政治、社會或道德的任何一個角度看，沉默方式的效果都是壞的。……
> 我們現轉而考慮請願者提出的路線。……我們認為，這些措施是必需的，正確的，得策的，因此是實用的。……我們從實際

539　〔清〕黃之春：《清朝柔遠記》，頁185-186。

中知道偉大的造物主曾保證要將全世界交給全人類管理，我們
無論如何，或在任何情況下，決不從上帝所保證的適當考慮和
應當履行的一切責任退縮，不管它是社會的、宗教的或是政治
的責任。……國與國之間是互相負有義務的，而中國，在她與
別國的關係上，是公然觸犯要愛你的鄰舍如同愛自己這條法則
的。中國這種態度，各國可以而且必須勸諫她，如果各國不能
說服她，就強迫她走上一條與各國的權利和她的義務更為一致
的路上。[540]

《中華叢報》一八三五年元月號（*The Chinese Repository* Jan.）有一
篇名為 "Remarks on British relations and intercourse with China" 作者應
該是郭實臘（Charles Gutzlaff），他就提出了使用武力的言論云：

武力手段應該受反對，除非關係到好的結果，當為了維護公
正，為保護和維護一個國家的國格而有必要使用武力手段，這
種手段是永遠不會受到譴責的。
按照中華帝國目前的態度，如不使用武力，就沒有一個政府可
以與之保持體面的交往。[541]

《中華叢報》一八三六年二月號一篇名為〈與中國訂約──一個巨大
的迫切要求〉，除了提出武力之外，還提出了需與清朝訂立有助英國

---

540 "British authorities in China; petition to the King in Council from the British residents in
this country; with remarks on the proposed measures for the regulation of future
intercourse between China and Great Britain", *The Chinese Repository*, Vol.3, pp.345-363.
中譯轉引自顧長聲：《傳教士與近代中國》，頁33-34。

541 An American Merchant, "Remarks on British relations and intercourse with China.", *The
Chinese Repository*, Vol.3, p.413. 中譯轉引自顧長聲：《傳教士與近代中國》，頁34。

之條約，其云：

> 最近在沿海的偵察證明，天朝的聯合艦隊無能驅趕一艘只配備
> 數名歐籍武裝人員的商船。我們已經見識過一些他們自吹自擂
> 的英雄們，可以斷言，英國兵只要一個團就可以擊退他們幾省
> 的軍隊。……
>
> 中國，雖然是一個遼闊的國家，有三億六千萬眾多的人口，卻
> 是一個極端屛弱的國家。
>
> 中國當今的皇帝道光，是一個性情非常溫和人，對於敢於反叛
> 他們的起義者，他不是採取殲滅，而是籲請他們的領袖們投
> 誠，採用金彈和銀彈同他們展開不流血的戰爭辦法。他說過不
> 少反對擴大貿易的話，但是這事如能由他親自來處理（這在過
> 去從來不曾有過的），倘若他開始覺察事態已是十分嚴重，對
> 於我們的要求除了老老實實地接受別無他法時，我們確信在必
> 要的時候他會悄悄地作出讓步的。
>
> 從上述事實我們可得出幾個重要結論。首先，採用低聲下氣的
> 請求，我們必將一無所獲。倘若我們希望同中國締結一項條
> 約，就必須在刺刀尖下命令他這樣做，用大炮的口來增強辯
> 論。……
>
> 走中國人達到真正的和解的第一步，必須是從他們那裏獲得完
> 全承認大不列顛是一個獨立的國家。……
>
> 在締結條約時，必須重視獲得英國使臣能常駐北京的權利。要
> 確定一個固定的關稅，廢止公行的壟斷，完全准許我們在所有
> 沿海有海關的港口和京城裏通商。……
>
> （編者按語）我們完全同意我們的通訊員所說的，我們還是要
> 學會應怎樣對付一個高傲、半開化、專橫的政府，……我們是

主張採用有力的和果斷措施的鼓吹者。[542]

《中華叢報》一八三六年八月號，刊登了一篇對中國軍實力調查
的文章，[543]對清代道光年間的廣東軍事力量作出詳細的描寫，此文章
描述廣東的海軍戰船是廢物，只是一大堆笨重的木頭。[544]換言之說道
光年間的中國是軍事弱國。

此外，《中華叢報》一八三六年十一月號刊登了一份由格拉斯哥
東印度協會呈交英國外交部大臣巴麥尊的一備忘錄，[545]其中有八條意
見反映了日後中英條約的雛型，其云：

> 1.為了保護不致受到下級當局的壓制，准許同北京最高政府自
> 由聯繫。同樣地，為了不致受低級中國官員和商人的壓制，准
> 許同廣州當局自由聯繫；2.准許在廣州有居住權，不僅個別商
> 人，還包括他的妻子和家屬；3.准許在廣州建造和擁有倉庫；
> 4.准許除了同公行貿易外，可同任何其他中國人貿易；5.中國
> 法律應如所載給予保護；6.給予在廈門、寧波和靠北方的一個
> 第二港口的貿易特權；7.通過談判或者購買以取得一座華東沿

542　" Treaty with the Chinese, a great desideratum; probability of forming one, with remarks
　　concerning the measures by which the object may be gained.", *The Chinese Repository,*
　　Vol.4, pp.441-449. 中譯轉引自顧長聲：《傳教士與近代中國》，頁34-35。

543　"Military skill and power of the Chinese; actual state of the soldiery, forts, and arms;
　　description of the forts on the river of Canton; army and navy of China; modes of warfare;
　　offensive; and defensive arms, &c., &c.", *The Chinese Repository,* Vol.5, pp. 165-178.

544　"Military skill and power of the Chinese; actual state of the soldiery, forts, and arms;
　　description of the forts on the river of Canton; army and navy of China; modes of warfare;
　　offensiveand defensive arms, &c., &c.", *The Chinese Repository,* Vol.5, p.173.

545　"Memorial of the Glasgow East India Association to the Right Honorable Lord Viscount
　　Palmerston a secretary of state for foreign affairs &c.",*The Chinese Repository*, Vol.5,
　　pp.334-336.

海的島嶼，在島上置商行，居民受英國法律管轄，不與中國人
有所衝突；8.至少在英國船上擁有海事司法權。[546]

天主教士也在鴉片戰爭中向英國提供情報：

> 這年（1842年）初，我軍從一些傳教士方面，獲得了不少情
> 報，偵知中國政府以為我軍將必定沿著白河進攻北京。傳教士
> 們送來的情報自從寧波為我軍攻陷後，清政府就使用全力，在
> 預計我軍所要進攻的地點佈防，建築起各種障礙物。清政府把
> 天津看成是北京的一個海港，因而特別重視天津，把天津作為
> 頭等防禦陣地。
> 我們在此時還收到傳教士們從長城口外寄來的一些信件，向
> 我們報告在那裏屬於滿族地區出產生鐵的許多村莊裏，正在鑄
> 造各種口徑為數甚多的新鐵炮，終日源源不斷地向北直隸運
> 輸。[547]

　　一八四二年二月十四日，一個在澳門的天主教教士，寫信向另一
位傳教士說道：

> 大炮在天朝呼嘯，……城市在征服者面前，一座接著一座陷
> 落。……這是政治提出的要求，是大炮迫令其實現的。
> 一次我信步走到一個城門口，城牆上似乎永恆地寫著：「洋人莫

---

546 "Memorial of the Glasgow East India Association to the Right Honorable Lord Viscount
　　Palmerston a secretary of state for foreign affairs &c."*The Chinese Repository*,Vol.5,
　　p.335.中譯轉引自顧長聲：《傳教士與近代中國》，頁35-36。
547 轉引自顧長聲：《傳教士與近代中國》，頁54-55。

入」。……我是一個洋人,又是一個傳教士,我看到了牆上寫的那句話,可是我不顧一群在場中國人的驚詫,闖進了城門。時候已經到來,我們已沉默到今天,現在是可以到中國城市的大街上,提高我們的嗓門大喊大叫的日子了。[548]

曾在中國傳教的西教士賴德烈(Kenneth Scott Latourette, 1884-1968)這樣批評那些鼓吹鴉片戰爭的西方傳教士:

事實上,在西方及在華的新教傳教士圈子中,這場戰爭總體上受到歡迎,因為它被認為是一種能進一步開放華夏、華人進一步接受福音的方式。教會內似乎沒有一個顯要的人物曾真正質疑過這種在列強軍隊開道下及在條約的保護中進入這個帝國的一致性。……但似乎沒有任何傳教士,沒有差會祕書或者教職人員曾經反對過這些容忍傳教士的規定。大多數不列顛的福音教派,都很贊同他們政府對華的政策(販運鴉片除外),只有聖公會的一份重要文獻反對這場戰爭。[549]

在中英鴉片戰爭的過程,與及不平等條約制定與簽訂的過程中,傳教士都擔當了重要角色。例如郭實臘是英國在華的翻譯官,馬禮遜的兒子馬儒翰是為英人做翻譯,美國傳教士雅裨理與文惠廉協助英軍在廈門的活動;英國傳教士雒魏林醫生、米憐的兒子米威憐在定海城幫助英軍的活動。伯駕在廣州是美國領事的助手,裨治文是美國海軍司令

---

548 轉引自顧長聲:《傳教士與近代中國》,頁47。

549 Kenneth Scott Latourette, *A History of Christian Missions in China*(Piscataway: Gorgias Press, 2009年),p.359. 中譯轉引自賴德烈著,雷立柏等譯:《基督教在華傳教史》(香港:道風書社,2009年),頁306。

加尼的翻譯和助手。[550]中美簽訂《望廈條約》時，裨治文與伯駕是美國代表團的祕書。[551]

（四）林則徐禁鴉片

清廷面對鴉片對百姓的影響，道光帝乃差派林則徐南下負責禁煙。黃之春《清朝柔遠記》載云：

> 道光十九年（西元一八三九年）春正月，欽差大臣林則徐至廣東禁鴉片煙。
>
> 林則徐是月馳驛抵粵，與兩廣總督鄧廷楨申嚴煙禁，頒新律，以一年又六月為限，吸煙罪絞，販煙罪斬。
>
> 時嚴拿煙販，洋人不敢庇匿，於是鴉片躉船悉寄零丁洋，凡二十二艘。聞欽差至，將徙避。則徐欲窮治其事，咨會水師提鎮，飭各營分路扼守，傳令在洋躉船，先將鴉片悉數燒毀，方准開倉。又傳集十三洋行商人伍怡和等，令傳諭各洋公司商人，估較煙土存儲實數，令即稟覆，并索歷年販煙奸商查頓、顛地二人。查頓聞風遁去。義律先知其事，託回澳門住冬不至。至洋商觀望，遷延不覆。
>
> 及事亟，義律始來省，入洋館中，如弗聞適顛地乘間逃脫，則徐遂以兵役監守洋館，而於省河琶洲、獵得二礮臺設橫筏，以斷其小舟往來，移咨海關監督，封閉各洋泊黃船貨物，停其貿易，撤其沙文，而羈禁之（凡漢人受顧洋館，充其買辦者，曰沙文）。

---

550 顧長聲：《傳教士與近代中國》，頁52。

551 Alexander Wylie,*The Memorials of Protestant Missionaries: Giving A List of Their Publications, and Obituary Notices of the Decease*, p.69.

洋人供應既窘，消息不通，躉船之在洋面者，亦以兵役防守、斷水陸接濟，餉道垂絕。義律懼，始謀於各商，通查躉船所存煙土，實數呈出，凡二萬二百八十三箱。餉即馳赴虎門，候收繳。[552]

夏四月，欽差大臣林則徐毀鴉片煙土。

先是，則徐會同鄧廷楨赴虎門，咨會提鎮統各營兵船分布口門內外，海關監督駐稅口稽查，於是泊零丁洋之躉船二十二艘，先後駛至虎門，繳出煙箱，如數收畢，每箱償茶葉五斤。復傳集外洋各商令其具結，「永不售賣煙土，事後犯者，人即正法，貨船入官。」[553]

據林則徐的日記記載，燒鴉片的事由道光十九年四月廿二日（1839年6月3日）至五月十一日結束。[554]黃之春《清朝柔遠記》載燒毀鴉片的情況云：

據奏奉旨：「所繳鴉片煙土，餉即在虎門外銷毀完案，無庸解送來京，俾沿海居民及在粵夷人共見共聞，咸知震攝。該大臣等唯當仰體朕意，核實稽查，毋致稍滋弊混。」則徐遂會同督撫提鎮，率員弁悉集虎門，監視銷毀，煙土就海灘高處樹棚開池，浸以鹽滷，投以石灰，頃刻湯沸自焚，啟閘隨潮入海。是時，中外屏懾，遂下令盡逐外洋躉船與澳門奸匪。[555]

552　〔清〕黃之春：《清朝柔遠記》，頁186-187。

553　〔清〕黃之春：《清朝柔遠記》，頁187。

554　〔清〕林則徐：《林則徐集：日記》（北京：中華書局，1984年），頁342-344。

555　〔清〕黃之春：《清朝柔遠記》，頁187。

燒毀鴉片之事，有邀請澳門的外國人來觀察，道光十九年五月初六日
（1839年6月15日），裨治文牧師與一眾美商坐船馬禮遜號前往虎門觀
看燒鴉片，然後轉小船前往燒鴉片現場。[556]《林則徐集：日記》云：

> 初七日，辛丑。晴。昨晚有咪唎嘿喨夷等，向游擊羊英科稟
> 稱，見有告示，奉旨銷毀煙土，俾夷人共見共聞，伊等請來看
> 視，當即傳諭允准。今日巳刻，喨夷帶其女眷與啤咟哎、唥喺
> 等，同駕小船，由船師帶至虎門，在池上看視化煙，並至廠
> 前，以夷禮摘帽見，令員弁傳諭訓誡，犒賞食物而去，是日化
> 公土一千六百箱。[557]

據裨治文的報告，可見到林則徐禁煙的認真態度，並且可知道林與西
洋人見面的詳情和林的訓誡內容：

> 由于許多人聲言中國人不會銷毀一斤鴉片，還有另外不少人認
> 為，即使真的銷毀，大量的煙土大概也會被偷走，……因此，
> 我欣然利用這次機會，決心到那從未見過的場面作一個目擊
> 者。……鎮口是一座位於小河東邊的狹長村莊，由北而南約三
> 分之一英里，選擇作為堆放和銷化鴉片的地點是在小河岸邊離
> 村子北頭不遠的山坡頂上，包括一塊四周填滿竹子的約四、五
> 百平方英尺的空地。當我們的船（于十七日）經過村子時，出
> 現了成群的觀眾，有的在船裏，有的在屋頂，有的在山坡上。
> 我們駛近登岸處時，戰船和帆一同擂鼓致賀。

---

556 "Crisis in the opium traffic; continuation of the narrative with official papers, &c.", *The Chinese Repository,* Vol.8, p.70.

557 〔清〕林則徐：《林則徐集：日記》，頁343。

我們可先去詳細檢查整個銷化煙土的過程,然後再去謁見欽差大臣。……可以按照我們的意願檢查每一部份,需要多長時間就多長時間,需要多麼詳細就多麼詳細。

到十一點半鐘,我們已經反復檢查了銷煙過程的每一部份。他們在整個工作進行中的細心和忠實的程度,遠遠超過我們的預料,我不能想像再有任何事情會比執行這任務更為忠實的了。我對在溝裏銷化鴉片的檢查感到非常滿意。這之後,又問我們是否已經準備好去謁見欽差大臣。……金氏和我兩人由盧和王陪同前往圍場東首欽差大臣的駐地。……在我們離開澳門時,我們簡直沒有料到我們會那樣快被引至現在所面對的顯赫高貴的人物面前,不管怎麼樣,我們決意充份利用中國人的溫和,拉長我們的會晤,看清楚這次機會,究能取得甚麼收穫。我們按照中國方式抱著適當的冷漠和應有的莊重朝著接見廳的西面走去。我們在那裏脫了帽,面向欽差大臣行了鞠躬禮。

尊貴的欽差大臣說,鴉片毒害是逐步地祕密地滋長起來,由於當局制止不力,現在已到了不能再容下去的時候了。他說,這種違法交易,現在必須禁止,而其他貿易則應受到保護。……一句話,善有善報,惡有惡報。讓善者放下一切擔心,自由地經商,不必疑懼會受到阻礙。對那些作惡的人,只許他們及早回頭,改變經營,放棄他們所有的幻想。

在談話過程中,金氏呈給欽差大臣兩個文件,一件是涉及他自己的幾條船,請求批准進港經商如同從前一樣。對此,欽差大臣說,可以批准。第二個文件中,在婉轉提到最近事態所做成的不愉快和危險地位之後,敦促對不公正地蒙受的一切損失應予迅速賠償,應提供充份的安全保證,不再干擾正當的貿易。應明確宣佈,只反對鴉片貿易並從嚴處分。為了革除目前存在

的壞事並防止其重新發生，為了維護和平和發展商業。這個文件進而建議：港口稅應根據貨物量固定其限額；在北方增闢三個港口，對一切外國人開放；准許商人帶家屬住在一起；所有一切犯罪案件，被告人應由其本國領使審訊，和中國地方官一同會審；允許在京都駐節全權大臣，接近皇帝等等。

欽差大臣非常具體地詢問了關於從港口撤退的英國人的意圖，還詢問了與英國女王和其他歐洲君主們通信應採用何種最相宜的方式，以取得他們對禁止鴉片貿易的合作。他還向我索取地圖、地理書和別種外國書，特別要一本馬禮遜編的《字典》的完整本。

在會晤當中，從談話和詢問的整個傾向看來似乎非常明顯：欽差大臣的唯一目的，過去是，現在還是，要禁絕鴉片貿易，而對合法的體面的貿易則加以保護和維持，這從他的談話的態度和內容都充份地體現出來。……在整個會晤過程中，欽差大臣是和藹的、輕鬆愉快的，一點沒有表現出「野蠻和粗魯」。看樣子他不超過四十五歲，矮個子，但相當結實，有一副光滑全圓的面龐，細長的黑鬍鬚，和一雙敏銳烏黑的眼睛。他發音清晰，語氣明確。他的容貌顯示出是一個習慣於深思熟慮的人。在向欽差大臣告別之後，我們和先前進來時的方式一樣被帶領回去，隨後又給我們送來了一大批禮物。下午五點鐘我們已在回澳門的途中。……第二天日落時份，我們抵達澳門。我們對這次旅行感到非常高興。[558]

---

558 "The New year; posture of public affairs; prospects and probable consequences of war between the governments of China and Great Britain.", *The Chinese Repository*, Vol.8, pp.70-77。中譯轉引自顧長聲：《傳教士與近代中國》，頁48-51。

這次會面，金查理給林則徐的第二份文件，是值得注意的，文件可說
是中英條約的雛型，而且還提出了領事裁判權。

到了是年九月十一日，裨治文又跟林則徐的助手見面，裨治文
寫道：

> 在去年六月和九月兩次訪問鎮口時，對或許會發生戰爭曾作為
> 談話的一個題目。我們方面極力主張，目前存在的糾葛不應導
> 致這樣的一個結局。試用兵力只能加重目前的禍害，根本不可
> 能使它緩和。一但掀起戰爭風暴，無人能預料它將何時和怎樣
> 終止。每次爭論都常常給我們反復地回答：打仗不怕。當我們
> 親眼看到他們顯然孤注一擲於「戰爭運氣」令我們很痛心。他
> 們沒有覺察到，現代科學和工藝已經將優勢給了西方的軍人，
> 當他們以敵對者出現並相信他們的事業是正義時，中國人似乎
> 感到，他們所做的，完全是正當的和必需的。他們似乎認為沒
> 有人敢於同他們作戰。[559]

林則徐於燒鴉片之後，下令將外洋躉船驅逐出境，[560]而王之春《清朝
柔遠記》載英國對鴉片的討論，其云：

> 躉船一朝失利，遂生觖望，義律恥見挫辱，遂以此鼓動國人，
> 教唆國主。英吉利國王謀於上下議院，僉以「此項貿易，本于
> 中國禁例，其曲在我」。遂有律士丹衛門遞稟求禁，並請禁印

---

559 "The New year; posture of public affairs; prospects and probable consequences of war
between the governments of China and Great Britain.", *The Chinese Repository*, Vol. 8,
p.444。中譯轉引自顧長聲：《傳教士與近代中國》，頁51-52。

560 〔清〕黃之春：《清朝柔遠記》，頁187。

度人栽種波畢。又有地爾洼者，在倫敦（英國都）作《鴉片罪
過論》，以為既壞中國風俗，又使中國猜忌英人，反礙通商之
局。英王聞而是之。然自銷煙之信傳入外洋，茶絲日見翔踊，
銀鋪利息長至六分，義律遂以為鴉片興衰實於國計民生兩有關
係，國王惑焉。則徐因兩次照會該國王，始則懾之以威，繼則
懷之以德，詞義嚴正。[561]

可見，由於經濟收益關係，義律並無停止向中國輸入鴉片的計劃。

（五）鴉片戰爭的結果與南京條約

　　清宣宗道光廿至廿二年（1840-1842），中英因鴉片問題而發生戰
爭，史家多稱之為鴉片戰爭。結果是清廷被英國打敗，被逼簽下不平
等條約。此條約初無定名，史籍有稱《江寧條約》又稱《白門條
約》，中國近代史家多稱之為《南京條約》。[562]道光廿二年七月廿四日
（1842年8月29日），中英《南京條約》在英國軍艦「孔華麗士
（Coonwallis）」號簽字，英方代表為樸鼎查，清廷代表為欽差大臣耆
英及乍浦副都統伊里布。[563]《南京條約》共十三款，無一條與傳教有
直接關係者，唯其中一至三款，卻對傳教有間接之助。此三款云：

　　第一款：嗣後大清大皇帝、大英國君主永存平和，所屬華英人
　　　　　　民彼此友睦，各住他國者必受該國保祐身家安全。
　　第二款：自今以後，大皇帝恩准英國人民帶回所屬家眷，寄居

561　〔清〕黃之春：《清朝柔遠記》，頁187-188。
562　褚德新、梁德編：《中外約章滙要（1689-1949）》（哈爾濱：黑龍江人民出版社，
　　　1991年），頁72。
563　褚德新、梁德編：《中外約章滙要（1689-1949）》，頁69。

沿海之廣州、福州、廈門、寧波、上海等五處港口，
貿易通商無礙。英國君主派設領事、管事等官住該五
處城邑，專理商賈事宜，與各該地方官公文往來。令
英人按照下條開敘之例，清楚交納貨稅、鈔餉等費。

第三款：因英國商船遠路涉洋，往往有損壞修補者，自應給予
沿海一處，以便修船及存守所用物料。今大皇帝准將
香港一島給予英國君主暨嗣後世襲主位者，常遠主
掌，任便立法治理。[564]

五口開放通商，英人受到清廷保護，英人和其他外國人亦可在各通商
口岸有立足之地，而且清廷被迫割讓香港島予英國，英人在自己國家
之領土居留更屬理所當然，其他外國人當然亦有居留之便。南京條約
雖無批准外國教士可以自由傳教，然而傳教士可藉此條約之保護，在
通商之五口岸及香港名正言順的居留。因此，歐美各差會之華人福音
事工，轉以中國為中心，不再以南洋各地之華僑社會為中心，中國近
代之基督教事業，乃有突破性發展。

---

564 北洋洋務書局輯：《約章成案滙覽》（臺北：華文書局，1967年），冊1，頁172-174。

哲學研究叢書·宗教研究叢刊 0702014

中國基督教史——唐代至清代南京條約

作　　　者	梁鑑洪
責任編輯	蔡昀融

發 行 人　林慶彰

總 經 理　梁錦興

總 編 輯　張晏瑞

編 輯 所　萬卷樓圖書股份有限公司

　　　　　臺北市羅斯福路二段 41 號 6 樓之 3

　　　　　電話 (02)23216565

　　　　　傳真 (02)23218698

發　　　行　萬卷樓圖書股份有限公司

　　　　　臺北市羅斯福路二段 41 號 6 樓之 3

　　　　　電話 (02)23216565

　　　　　傳真 (02)23218698

　　　　　電郵 SERVICE@WANJUAN.COM.TW

香港經銷　香港聯合書刊物流有限公司

　　　　　電話 (852)21502100

　　　　　傳真 (852)23560735

ISBN 978-986-478-994-8

2023 年 12 月初版

定價：新臺幣 740 元

本書為臺灣師範大學國文學系 2023 年度「出版實務產業實習」課程成果。部分編輯工作由課程學生參與實習。

如何購買本書：

1. 轉帳購書，請透過以下帳戶

　　合作金庫銀行　古亭分行

　　戶名：萬卷樓圖書股份有限公司

　　帳號：0877717092596

2. 網路購書，請透過萬卷樓網站

　　網址 WWW.WANJUAN.COM.TW

大量購書，請直接聯繫我們，將有專人為您服務。客服：(02)23216565 分機 610

如有缺頁、破損或裝訂錯誤，請寄回更換

國家圖書館出版品預行編目資料

中國基督教史 ── 唐代至清代南京條約 / 梁鑑洪著.

-- 初版. -- 臺北市：萬卷樓圖書股份有限公司, 2023.12

　　面；　公分. -- (哲學研究叢書. 宗教研究叢刊；702014)

ISBN 978-986-478-994-8(平裝)

1.CST: 基督教史 2.CST: 中國

248.2　　　　　　　　　　　　11201678